全国司法职业教育"十二五"规划教材

法律援助实务 （第二版）

全国司法职业教育教学指导委员会　审定

主　编◎ 刘爱君　郑自文

撰稿人◎ 刘爱君　郑自文　丛淑垚　王　玲

　　　　邢五一　王晓林　张小海　马　升

　　　　余正权　向玲莉

 中国政法大学出版社

2015·北京

作 者 简 介

刘爱君　北京政法职业学院副教授，中国法律语言研究会理事。拥有经济学硕士与法学学士双学位，并有 14 年新闻从业经验。具有中国律师资格及新闻从业资格证书，具有澳洲职业培训师与评估师资格。现受聘为人民法院人民陪审员、社区调解委员会专家顾问。多次受邀为北京市的法官、检察官进行业务培训。

主编的《法律援助实务》（第一版）于 2013 年荣获司法部司法行政系统业务培训优秀教材二等奖。参与主讲的"法律文书情境训练"被评为司法部精品课程。2010 年获得北京市优秀教学团队奖。在从教之前，曾为《法制日报》主任编辑，曾多次获得司法部、北京女新闻工作者协会、律师行业协会等机构颁发的多个奖项，代表作品被收入《中国大律师》、《二十一世纪中国律师》等著作出版，多篇作品被广泛转载。著有《婚姻律师以案说法》、《青春脱轨》等书籍。

郑自文　法学博士，司法部法律援助中心副主任，中国国际私法学会常务理事。

曾任教于武汉大学，自 1996 年初参与筹建司法部法律援助中心以来，一直从事法律援助监督管理、业务指导、政策理论研究、人员培训、宣传和对外交流合作工作，亲历并直接参与了我国法律援助制度的创立发展、国务院《法律援助条例》的起草论证，先后主持编写《中国国际私法立法理论与实践》、《中国法律援助立法研究》、《中国法律援助制度研究》、《法律援助制度改革与发展》系列文集、《法律援助志愿者培训读本》等法律著作、译著二十余部，发表《国外法律援助制度比较研究》、《关于法律援助体制改革问题的思考》、《加强和改进县区法律援助工作的思考》等论文若干篇，多部书籍和多篇论文获得有关部门颁发的一、二、三等奖。

邢五一　中国律师杂志社副编审。毕业于北京师范大学，获得学士学位。现为中央政法委政法部门宣传舆论工作联席会成员，《北京律师》编委、顾问，北京女新闻工作者协会理事。

从事记者工作以来，发表各类体裁作品约一百万字，多篇作品被其他报刊、网络转载。曾主编《世纪末要案》并对部分案件进行点评，曾主持《中国律师年鉴》（2001～2003、2004、2005 共 3 卷）的编纂工作。

丛淑萍　山东司法警官职业学院副教授，警务与安保系系主任，济南市法学会理事、第五届学术委员会委员，政协济南市历下区委员会第七届、第八届委员。

长期从事基于法律援助平台的理论与实践一体化教学研究与实践，获山东省教育厅 2014 年职业教育教学成果一等奖；2009 年获山东省司法厅授予的全省司法行政系统先进个人并荣记三等功；2011 年获中共山东省委员会、山东省人民政府授予的 2006～2010 年全省普法依法治理工作先进个人。曾参与编著司法行政系统政法干警招录培养体制改革试点专业教材《司法行政工作人员职业道德》等教材；主持中国法学会等多项省部级法学研究课题。

王　玲　法学博士，北京政法职业学院副教授，社会法律工作系副主任，北京市经济法学会常务理事。

主要从事经济法基础理论、企业公司法教学和研究工作。出版专著《经济法语境下的企业社会责任研究》，编写教材《法律基础》（副主编）。曾在《法学家》等杂志发表多篇论文，主持、参与多项省部级科研课题。

王晓林　法学硕士，北京政法职业学院讲师，兼职律师，北京市律师协会宪法与人权专业委员会副主任，北京市宪法学会理事，主要从事宪法和法院庭审实务的研究工作。

曾参与编写《宪法》、《宪法学导论》等多本教材，发表《宪法解释模式评价》等多篇论文。

张小海　法学博士，北京政法职业学院教师。主要研究领域为刑事诉讼法学、刑事证据法学。

从事检察工作 13 年，目前主要为学生讲授《刑事诉讼法学》、《刑事侦查学》、《书记员工作原理与实务》、《庭审实务训练》等课程。参与编写《刑事诉讼法学》、《证据法学》、《法律文书情境写作教程》等高校教材、著作 6 部，先后负责、参与中央政法委、团中央有关科研课题 3 项，有十余篇学术论文发表。

马　升　海南政法职业学院副教授，海南省"五五"普法讲师团成员。《青海民族大学司法鉴定中心》项目组副组长。

主讲《犯罪侦查学》、《法理学》、《司法伦理学》、《法美学》等课程，先后发表《民族法律援助的立法思考》等论文二十余篇，合著《少数民族权利保障研究》，先后主持参与省部级课题 4 项。

余正权 武汉警官职业学院副教授，基础课部主任。兼职律师，湖北省法学会会员，湖北省监狱学会会员，中国管理科学院特聘研究员。主要从事刑事法律制度的教学与研究工作。

主编或参编《青年学生修养》（主编）、《刑事侦查技术教程》（主编）、《宪法》（副主编）、《公安行政法实用教程》（参编）等教材多部。发表《论加强监狱干警队伍人文素质教育的重要性》、《论加强警官职院教师职业道德修养的重要性》、《论监狱民警与罪犯之角色平衡》等论文十多篇。

向玲莉 武汉警官职业学院讲师，研究生学历。湖北省监狱学会会员，湖北省法学会会员，兼职律师。主要从事民商法的教学与研究工作。

参与编写《刑事法律制度》（参编）、《刑事法律制度自学考试指导》（副主编）等多部著作。发表《试论引诱违约》、《从娃哈哈与达能之争看商标权的流失》、《论虚拟财产的法律保护》、《因特网上精神权利的保护》等论文十多篇。

出版说明

　　世纪之交，我国高等职业教育进入了一个以内涵发展为主要特征的新的发展时期。1999 年 1 月，随着教育部和国家发展计划委员会《试行按新的管理模式和运行机制举办高等职业技术教育的实施意见》的颁布，各地成人政法院校纷纷开展高等法律职业教育。随后，全国大部分司法警官学校，或单独升格，或与司法学校、政法管理干部学院等院校合并组建法律类高等职业院校举办高等法律职业教育，一些普通本科院校、非法律类高等职业院校也纷纷开设高职法律类专业，高等法律职业教育蓬勃兴起。2004 年 10 月，教育部颁布《普通高等学校高职高专教育指导性专业目录（试行）》，将法律类专业作为一大独立的专业门类，正式确立了高等法律职业教育在我国高等职业教育中的重要地位。2005 年 12 月，受教育部委托，司法部组建了全国高职高专教育法律类专业教学指导委员会，2012 年 12 月，全国高职高专教育法律类专业教学指导委员会经教育部调整为全国司法职业教育教学指导委员会，积极指导并大力推进高等法律职业教育的发展。

　　截至 2007 年 11 月，全国开设高职高专法律类专业的院校有 400 多所，2008 年全国各类高校共上报目录内法律类专业点数达到 700 多个。为了进一步推动和深化高等法律职业教育教学的改革，促进我国高等法律职业教育的质量提升和协调发展，原全国高职高专教育法律类专业教学指导委员会（全国司法职业教育教学指导委员会）于 2007 年 10 月，启动了高等法律职业教育规划教材编写工作。该批教材积极响应各专业人才培养模式改革要求，紧密联系课程教学模式改革需要，以工作过程为导向，对课程教学内容进行了整合，并重新设计相关学习情景、安排相应教学进程，突出培养学生一线职业岗位所必需的职业能力及相关职业技能，体现高职教育职业性特点。教材的编写力求吸收高职教育课程开发理论研究新成果和一线实务部门工作新经验，邀请相关行业专家和业务骨干参与编写，着力使本规划教材课程真正反映当前我国高职高专教育法律类专业人才培养模式及教学模式改革的新趋势，成为我国高等法律职业教育的精品、示范教材。

全国司法职业教育教学指导委员会
2013 年 6 月

第二版说明

为配合全国政法干警招录培养体制改革试点专业"法律事务专业（基层司法行政事务方向）"的课程建设需要，《法律援助实务》作为全国司法职业教育"十二五"规划教材之一，于 2009 年正式问世，第一版出版后获得了较好的职业教育与行业培训效果，并于 2013 年被司法部评为司法行政系统业务培训优秀教材。本教材编写组在全国司法职业教育教学指导委员会的指导下，结合新《刑事诉讼法》的实施以及《关于刑事诉讼法律援助工作的规定》、《办理法律援助案件程序规定》等部颁规章，在总结第一版教学实践经验的基础上，对本教材进行了全面修订与完善，力求在教材内容上继续体现行业一线改革与发展实践的成果，以基层法律援助职业岗位（群）相关法律援助工作过程和工作任务分析为基础，对法律援助基础理论知识与方法性知识的教学内容进行全新整合，突出培养学生一线职业岗位所必需的职业能力及相关职业技能，体现高职教育职业性特点。

本教材在保持原有体例不变的基础上，仍将内容分为基础理论和实务两大部分。针对行业实践与教学环节的反馈意见，根据法律援助事项申请、审查、实施、办理的工作流程和环节的顺序，选取近几年基层办理的典型法律援助实践案例，充实和序化教材内容，设计学习单元，对基础理论部分的原有章节进行了重新整合，重点介绍了法律援助申请、审查与实施的基本程序与规范，为学习者明确将来的工作性质并做好相关实务工作奠定基础；实务部分以常见的法律援助服务事项为载体，结合司法部颁布实施的《办理法律援助案件程序规定》、《法律援助文书格式》等文件，提炼典型工作任务与技巧，设计相关学习情境，真正体现本课程学习的理论必需性、职业针对性。第二版中修改部分涉及 14 个学习单元，其中，对学习单元三、四的内容进行了重新整合，对学习单元十四的内容进行了重新编写，对附录也进行了较大幅度的修改，并将主要章节的导入案例与训练案例进行了更新。

　　本次修订仍由刘爱君和郑自文任主编，郑自文统稿。第一版编写组成员中的余正权、向玲莉、马升三位老师因未能参加本次修订，其原编写章节的修订工作由张小海、丛淑萍、刘爱君三位老师完成。本书编写人员修订分工如下（以编写单元先后为序）：

邢五一（中国律师杂志社）　　　　　　学习单元一、附录；

刘爱君（北京政法职业学院）　　　　　学习单元二、三（学习情境1）、
　　　　　　　　　　　　　　　　　　七、十四；

丛淑萍（山东司法警官职业学院）　　　学习单元三（学习情境2、3）、
　　　　　　　　　　　　　　　　　　四、五；

王　玲（北京政法职业学院）　　　　　学习单元六；

张小海（北京政法职业学院）　　　　　学习单元八、九；

王晓林（北京政法职业学院）　　　　　学习单元十、十一、十二、十三。

　　本书的修订工作得到了司法部法律援助中心的大力支持，吸收和借鉴了法律援助专业领域学者、专家的最新研究成果，值此教材出版之际，一并向相关作者以及本书的原编写老师致以衷心的感谢。鉴于本书由多名老师合作编创，写作风格不尽一致在所难免，同时，限于编写者的理论水平和司法实践经验，书中难免出现疏漏甚至错误，敬请读者谅解和指正。

刘爱君

2015 年 4 月于北京

编 写 说 明

　　《法律援助实务》是全国政法干警招录培养体制改革试点专业"法律事务专业（基层司法行政事务方向）"的专业核心课程。该课程教材编写组按照法律事务专业人才培养目标和课程标准，遵循高职高专教育规律，紧密联系司法行政系统法律援助工作实践，以基层法律援助职业岗位（群）的相关法律服务工作过程和工作任务分析为基础，对法律援助基础理论知识与方法性知识的教学内容进行了全新的整合，以培养职业能力为主线，并紧紧围绕近年来法律援助事业的发展和行业科研开发的成果，按照法律援助事项申请、审查、实施、办理的工作流程和环节，以基层典型法律援助实践案例为载体，选取和序化教材内容，设计学习单元，突出教材内容的职业性、教学活动的实践性和教学效果的针对性。

　　本教材内容包括基础理论和实务两部分。基础理论部分突出阐述了法律援助的基本理论与基本规范，为学习者明确将来的工作性质并做好相关实务工作奠定基础；实务部分以常见的法律援助服务事项为载体，围绕刑事诉讼、民事诉讼的基础程序以及典型法律事务处理实务及技巧，提炼典型工作任务，设计相关学习情境，明确具体法律援助事项的处理方法和步骤，训练相应的法律援助事务处理能力，真正体现本课程学习的理论必需性、职业针对性，实现培养学生基层法律服务实际能力的目标。本教材涉及学习单元14个、学习任务或者学习情境40个、案例/实例/范例60多个、拓展训练9个。本教材也适用于高职高专法律类相关专业选用，同时还适用于在职干警业务培训。

　　本教材由主编刘爱君拟定编写提纲和编写计划，多年从事法律援助一线管理工作的专家、多年从事高职法律课程教学的教师和资深从业律师等参与了编写体例的商讨、确定，最终由主编郑自文（司法部法律援助中心）统稿并统一修改、定稿。

本书编写人员撰写分工如下（以编写单元先后为序）：

邢五一（中国律师杂志社）	学习单元一；
刘爱君（北京政法职业学院）	学习单元二、三，附录的编辑整理、统稿；
丛淑萍（山东司法警官职业学院）	学习单元四；
王　玲（北京政法职业学院）	学习单元五；
马　升（海南司法警官职业学院）	学习单元六、七、十四；
余正权、向玲莉（湖北司法警官职业学院）	学习单元八、九；
王晓林（北京政法职业学院）	学习单元十、十一、十二、十三。

本书的编写参考和借鉴了相关教材、学术著作和网络媒体资讯，并吸收和借鉴了法律援助专业领域的学者、专家的研究成果，对此谨向原作者致以衷心的感谢。鉴于本书由各地多名老师合作编创，写作风格不尽一致在所难免，同时，限于编写者的理论水平和司法实践经验，书中出现疏漏甚至错误在所难免，敬请读者谅解和指正。

编　者
2010 年 7 月于北京

目录 CONTENTS

第一部分　法律援助基础知识

第二部分　法律援助实务

附 录

第一部分
法律援助基础知识

学习单元一 法律援助总论

【学习目标】

● 明确法律援助的概念、特征及性质，了解法律援助的现状及其发展，法律援助对构建社会主义法治的意义。

【学习任务】

● 结合具体案例，能够判断此案是否为法律援助，并能够说明要点。

 【案例导入】

案例一[1]

2011 年 9 月，67 岁的四川泸县农民张守富乘坐兰州某客运有限公司的大型客车在甘肃省静宁县发生车祸，张守富当场死亡。事故发生后，张守富的儿子张学平向其户籍所在地四川泸县的法律援助中心求助。经过审查，法律援助中心认为张学平符合法律援助条件，但因事故发生在甘肃省，遂与兰州市城关区法律援助中心联系，希望给予当事人帮助。兰州市城关区法律援助中心很快与肇事客运公司负责人联系，协商无果后，法律援助中心指派援助律师向法院提起了诉讼。经过援助律师的不懈努力，双方当事人在法庭的主持下达成了调解协议，共计赔偿 21 万元。

案例二[2]

2012 年，宋某等 4 位农民受重庆市南川区西城街道办事处沿塘村 4 组毛某的雇请，到重庆市江津区四面山为毛某承包的农网改造做工程。工程结束时，毛某欠 4 人劳务费共计35 775 元，约定回到南川后几日内兑现。回到南川数十日后，4 人多次上门讨薪，毛某却置之不理。

2013 年 3 月，宋某等 4 来到南川区法律援助中心，陈述了事情的经过，法律援助中心经过审核认为 4 人符合法律援助条件，遂指派律师为 4 人提供法律援助。在援助律师收集了相关证据后，代 4 位农民向重庆市南川区人民法院提起了民事诉讼。2013 年 4 月，南川区人民法院公开审理了此案，并判决毛某支付所欠 4 位农民劳务费35 775 元。

---

[1] 本案例选自《甘肃日报》2012 年 7 月 3 日。
[2] 本案例来源于《中国法律援助网》2013 年 5 月 16 日。

从以上【案例导入】的两个案例中，同学们看到了一个新的法律概念——法律援助。通过一个学期的学习，你将知道法律援助制度的基本概念、特征、性质与原则；明确实施法律援助的基本规范；掌握基本的法律援助工作技能和办案技能，具备处理相关法律事务以及指导基层法律援助工作的能力。

【学习情境1】 法律援助的概念性质及意义[1]

一、法律援助的概念与特征

在以上【案例导入】的两个案例中，我们看到张学平和宋某等4人，都遇到了难以解决的问题而求助于法律。但是由于经济窘迫，如果让他们自己到律师事务所聘请律师，会因为付不起律师费而使他们的合法权益难以得到维护。通过两个案例，我们看到，他们到政府设立的法律援助机构，由法律援助机构安排本机构具有法律执业资格的人员或指派律师事务所的律师无偿为他们代理了整个案件。他们没有付任何费用就得到了法律帮助，使被侵害的合法权益得到了维护，这就是法律援助。

（一）法律援助的概念

1. 法律援助是指由政府设立的法律援助机构组织法律援助人员和法律援助志愿者，对因经济困难无力支付法律服务费用的公民，给予免费的法律帮助，以保障法律赋予公民的权益得以平等实现的一项法律制度。

它作为实现社会正义和司法公正、保障公民基本权利的国家行为，在国家的司法体系中占有十分重要的地位。2003年9月1日起施行的国务院《法律援助条例》明确规定我国的法律援助是无偿的法律服务。

2. 法律援助概念因其外延的不同，分为广义的法律援助和狭义的法律援助。

（1）广义的法律援助是指"国家在司法制度运行的各个环节中和各个层次上，对因经济困难及其他因素无法通过一般意义上的法律救助手段保障自身基本社会权利的公民，免费提供的法律援助"。比如，法律援助机构、律师、基层法律工作者提供的免费法律服务和法院诉讼费用的减免等。

（2）狭义的法律援助专指"政府设立的法律援助机构组织法律服务人员和社会志愿者，为某些经济困难的公民或特殊刑事案件的当事人提供免费的法律援助"。我国的法律援助制度是狭义的法律援助制度。

---

[1] 本节内容参见郑自文、朱昆编著：《法律援助志愿者培训读本》，法律出版社2014年版，第4页。

（二）法律援助的特征

1. 法律援助是政府的责任，具有无偿性。从【案例导入】的两个案例中我们看到，为张学平和宋某等4人提供法律援助的都是该地政府的一个职能机构——法律援助中心。这个政府机构承担着组织法律援助人员对因经济困难无力支付法律服务费用的公民提供无偿法律帮助的责任，以维护公民的合法权益，从而体现了政府对公民应尽的义务。

国务院《法律援助条例》第3条第1款规定："法律援助是政府的责任，县级以上人民政府应当采取积极措施推动法律援助工作，为法律援助提供财政支持，保障法律援助事业与经济、社会协调发展。"政府为了切实承担起法律援助责任，依照法律规定，县级以上司法行政部门均设有法律援助机构，这些法律援助机构在乡镇、社区、公安看守所和人民法院、有关社会团体等设有法律援助工作站。

法律援助是政府责任，它体现的是政府对公民应尽的义务和责任。对于符合法律援助条件的公民而言，从政府设立的法律援助机构获得法律援助是一种法定权利，而不是任何机构或个人的恩赐与施舍。

2. 法律援助是法律化、制度化的国家保障司法公正的行为。法律援助是一项法律制度，国家对于法律援助所需的经费、实施法律援助的人员、法律援助机构如何支付法律援助人员的办案补贴，以及什么人能够接受法律援助，都有明确的制度性规定。国家之所以要用法律确定法律援助制度，就是为了使贫弱公民能够通过政府免费提供的法律援助实现他们的法定权利，以保证社会的公平与正义。可见，法律援助与单纯的经济救济和以生活保障为目的的社会保障制度有本质的不同。

3. 法律援助的受援对象是作为自然人的公民，援助的范围广泛。从【案例导入】的两个案例中，我们看到，接受法律援助的张学平和宋某4人都是作为自然人的公民，但并不是所有的公民都可以得到法律援助。对于普通公民来说，要符合相关的法律规定，到政府设立的法律援助机构提交相关的资料，通过法律援助机构的审查，才能成为法律援助的受援人。法律援助的范围不仅仅是到法院打官司（诉讼），还包括调解、仲裁等。

4. 法律援助的实施者是法律专业人员。法律援助是法律援助机构指派律师等法律专业人员运用他们娴熟的法律知识、丰富的办案经验和技能，为经济困难的公民提供法律咨询、诉讼代理、非诉讼代理和刑事辩护、撰写法律文书等法律服务的活动。国务院《法律援助条例》第6条规定："律师应当依照律师法和本条例的规定履行法律援助义务，为受援人提供符合标准的法律服务，依法维护受援人的合法权益，接受律师协会和司法行政部门的监督。"之所以将律师规定为法律援助的实施者，并非排斥其他的法律专业人员和社会志愿者，而是由于律师具有较强的法律专业性、稳定性和规范性，这是其他专业人员无法替代的。

5. 法律援助具有一定的社会性。虽然法律援助是政府的责任，但社会团体、法律院校中的法律援助志愿者也是一支不可忽视的力量。此外，社会各界还可以根据国家的有关法律和规定，给予法律援助事业以财力支持。因此，我国的法律援助是政府的责任，但也具有一定的社会性。

二、法律援助的性质和基本原则

（一）法律援助的性质

法律援助的性质：政府是法律援助的责任主体。也就是说，对某些经济困难的公民或特殊刑事案件的当事人提供免费的法律援助是政府的责任。我国《法律援助条例》第 3 条第 1 款明确规定："法律援助是政府的责任，县级以上人民政府应当采取积极措施推动法律援助工作，为法律援助提供财政支持，保障法律援助事业与经济、社会协调发展。"可见，法律援助是实现社会正义和司法公正、保障公民基本权利的一项制度，它的实施是一种国家行为。这一规定是我国首次以法律的形式明确把法律援助确定为政府责任，是使法律援助从传统的律师个人慈善和社会道义行为发展到国家对公民的一项司法救济和保障措施，是现代法律援助制度的基本标志。

（二）法律援助的基本原则

1. 法制原则。法律援助是国家为了维护司法的公平正义而建立的法律制度，法律援助的实施过程就是法律制度落实的过程。法律援助机构的设立、法律援助的实施人、法律援助的受援人、法律援助的事项以及形式均由法律规定；法律援助的受理、申请、审批、执行和其他程序也都是法定的；法律援助的实施人、受援人和法律援助机构的工作人员在享有法定权利的同时，也要承担法定义务，否则就要受到法律的追究。

2. 公正原则。法律援助在实施过程中，要做到公正保障所有符合条件的公民获得法律援助，不能因为公民的身份不同、经济状况不同、民族不同或其他情况就对其应当获得的法律援助产生影响。对于符合法律援助条件的公民，应当公正地保障所有应当获得法律援助的事项都能获得法律援助，不能因为需要法律援助的事项不同而对公民应当获得的法律援助产生影响[1]。

3. 政府主导与社会参与相结合原则。国务院《法律援助条例》虽然已经明确规定了法律援助是政府的责任，但鉴于我国经济发展的水平，国家财力还难以完全满足公民对法律援助的要求；另外，律师人数和服务地域的不均衡，也难以完全满足公民对法律援助的要求。从现实出发，我国政府鼓励社会对法律援助活

---

[1] 国务院《法律援助条例》第 2 条：符合本条例规定的公民，可以依照本条例获得法律咨询、代理、刑事辩护等无偿法律服务。

动提供捐助，鼓励和支持社会团体、事业单位等社会组织利用自身资源为经济困难的公民提供法律援助。

4. 效率原则。国务院《法律援助条例》第 18 条第 2 款规定："对符合法律援助条件的，法律援助机构应当及时决定提供法律援助；对不符合法律援助条件的，应当书面告知申请人理由。"第 25 条规定："法律援助机构对公民申请的法律咨询服务，应当即时办理；复杂疑难的，可以预约择时办理。"自 2012 年 7 月 1 日起施行的《办理法律援助案件程序规定》第 4 条规定："法律援助人员应当依照法律、法规及本规定，遵守有关法律服务业务规程，为受援人提供优质高效的法律服务。"因此，对于需要法律援助的公民，法律援助机构应当及时有效地提供法律援助，而不能推诿、拖沓。

三、法律援助的意义

（一）法律援助是保障公民基本人权的客观要求

法律援助是国家通过法律制度化的形式，对法律服务资源进行再分配，以保障经济困难的公民或特殊刑事案件的当事人，平等地获得法律帮助，实现当事人合法权益的一项制度。这项制度体现了政府对公民基本人权的保障责任。政府对社会中贫、弱群体的权利保障得如何，是现代国际社会衡量一个国家的社会制度文明进步程度的重要标志。作为社会主义国家的中国，更应当通过法律援助，使贫、弱群体的基本权利与社会其他人的权利一样得到保障。

（二）法律援助是诉权[1]平等的需要

我国在宪法中赋予每个公民诉权，但一般情况下，要实现这种权利需要支付律师费和诉讼费。这些费用对于经济困难的公民或其他特殊刑事案件的当事人来说，难以支付。而法律援助制度的存在，就使他们能够在政府的无偿帮助下，维护自己的合法权益，体现了全体公民在社会中地位的平等。

（三）法律援助有助于弘扬正义、平等、公正等法律理念

法律援助有利于促进社会正义，加快了人类社会迈向文明的步伐，它帮助人类用法律的方式解决冲突，最大限度地避免暴力的出现。法律援助制度更是对平等的制度化阐释，它是对社会贫弱群体享有社会平等的制度保障。任何一个社会都有贫弱群体的存在，法律援助正是通过制度性的规定，使这部分公民能够用法律维护自己的权益，最大限度地实现社会公正。

（四）法律援助是建设法治国家、构建和谐社会的需要

法治不仅要求治国者能够依靠法律来治理国家，还要求普通公民能够运用法律来维护自己的权益。如果那些有理无钱、有理无能的人群得不到法律的帮助，

---

〔1〕诉权是指在民事活动中，当事人向法院请求通过民事诉讼来解决民事纠纷和保护民事权益的基本权利。

法律的数量再多，法官的素质再高，都是没有意义的。在目前社会矛盾多发的时期，法律援助不仅能够帮助符合法律援助规定的公民打得起官司，还能通过调解等方式化解矛盾，促进社会和谐。

【学习情境2】 我国法律援助的建立与发展

一、建立法律援助制度的社会背景

（一）建国初期尚不具备建立法律援助制度的条件

法律援助作为国家的一项法律制度，是政府应当承担的责任，它的建立与发展需要一定的社会经济和政治条件以及人民群众对法律认识的水平。建国初期，我国受到当时政治、经济发展因素的制约，还不具备法律援助制度产生的土壤。但是，国家对于需要法律救助的经济困难群众仍然给予关心。在20世纪50年代，国务院制定的《律师收费办法》规定，律师应为人民提供法律帮助，对无力交纳律师费用的可以减免费用。但是，制度意义上的法律援助在这一时期尚不具备建立的条件。1957年"反右"斗争之后，律师制度被取消，"文化大革命"使中国的法律制度受到重创，中国经济走到了崩溃的边缘，法律援助制度的建立更是无从谈起。

（二）党的十一届三中全会奠定了"依法治国"基本方略的理论和实践基础

1978年，中国结束了十年动乱，开始了以经济建设为中心的改革开放。1978年12月13日，邓小平在中央经济工作会议上强调："为了保障人民民主，必须加强法制。必须使民主制度化、法律化，使这种制度和法律不因领导人的改变而改变，不因领导人的看法和注意力的改变而改变。"1978年12月18日，党的十一届三中全会在会议公报中指出："为了保障人民民主，必须加强社会主义法制，使民主制度化、法律化，使这种制度和法律具有稳定性、连续性和极大的权威，做到有法可依，有法必依，执法必严，违法必究。"这就为今天实施的"依法治国"基本方略奠定了理论和实践基础。

1979年底，司法部提出了恢复律师制度的要求。1980年8月26日，五届全国人大常委会通过了《律师暂行条例》，这是恢复重建后的中国律师制度中第一部规范律师职业行为、促进律师事业发展的法规，其中就有对经济困难需要法律帮助的群众，律师费用可以减免的规定。1996年3月，八届全国人大常委会四次会议制定的《关于国民经济和社会发展"九五"计划和2010年远景目标纲要》，第一次提出了"依法治国，建设社会主义法治国家"的政治目标。

（三）中国法律援助制度的正式建立

改革开放后社会政治经济的变化和人们对民主法治认识的加深，使我国法律援助制度的建立有了现实的可能。1994年初，司法部提出了探索建立有中国特色社会主义法律援助制度的设想；1996年初，司法部再次提出将建立有中国特色法律援助制度作为当年全国司法行政工作的重点；同年3月，司法部批准成立了国家法律援助中心筹备组；也是这一年，修改后的《中华人民共和国刑事诉讼法》第一次把"法律援助"明确写进法律；新中国第一部《律师法》也在这一年通过，其中明确规定，律师必须按照国家规定承担法律援助义务，尽职尽责为受援人提供法律援助。

1996年我国正式建立了法律援助制度。虽然中国建立社会主义市场经济体制的时间不长，政府财力紧张，百业待兴，但国家在这一时期建立法律援助制度，显示了政府在发展社会主义市场经济的同时，也在关注困难人群。

二、我国法律援助制度的萌芽与试点

（一）法律援助的萌芽（1992～1994年）

1992年5月，武汉大学成立了"社会弱者权利保护中心"，这是我国以经济困难的诉讼当事人为援助对象的法律援助的萌芽，它揭开了我国法律援助的序幕。1994年，司法部正式提出了在全国开展法律援助工作试点的要求，法律援助工作率先在北京、广州、上海、武汉、郑州等地开展起来。广州市法律援助中心是中国第一个由政府设立的法律援助机构，标志着我国正式开始探索实施法律援助制度。

（二）法律援助的试点情况（1994～1996年）

1994年，司法部正式提出了在全国开展法律援助工作试点的要求后，广州市法律援助中心开业后仅100天，就处理了刑事、民事等法律援助案件75件，产生了很好的社会效果。当时广州市法律援助中心的特点是：法律援助中心是政府组建的法律援助专门机构，拥有自己的专职律师；法律援助中心既是组织、管理、监督和指导全市法律援助工作的管理机构，又是具体提供法律援助的执业机构。整个法律援助的模式运作体现为统一受理申请、统一审查申请、统一指派律师、统一监督法律援助案件办理情况，体现了法律援助是政府行为的性质。此后，北京、上海、青岛等城市的政府也相继建立了法律援助机构，都取得了良好的效果，受到各级党政领导、广大法律工作者尤其是人民群众的欢迎。1996年6月13日，在司法部《关于迅速建立法律援助机构开展法律援助工作的通知》发出10天后，四川省法律援助中心经编制部门批准成立，这是全国最早成立的省级法律援助机构。

这一时期，全国各地都处于探索和实践时期，形成了几种不同的法律援助工作模式，其特点是：法律援助只是一些大中城市的新鲜事物，在相当程度上还是律师个人和少数律师事务所的道义行为；法律援助工作大多缺乏统一有效的管

理，在法律援助的对象、标准、范围等方面没有统一的规范。

1996 年 11 月，为了总结各地法律援助试点的情况，司法部在广州市召开了全国首届法律援助工作会议。5 个试点单位的代表和各地代表对我国建立法律援助制度的重大意义、中国特色法律援助制度的建立和具体实施的有关问题进行了充分的交流探讨。与会者对中国要不要建立法律援助制度、应建立什么样的法律援助制度等关系到法律援助制度发展前途的重大问题进行了讨论。随后，会议对法律援助的概念、性质、立法依据，法律援助机构的设置、性质和职能，法律援助的对象、范围和形式，法律援助的程序，法律援助的经费等基本达成了共识。会议还讨论修改了《法律援助工作试行办法》。这次会议在中国法律援助史上具有里程碑的意义。会议明确了中国法律援助制度基本框架，为建立和实施法律援助制度指明了方向。

三、我国法律援助制度的发展状况

1996 年 3 月颁布的《刑事诉讼法》和同年 5 月颁布的《律师法》，正式规定了法律援助的有关内容。同年 6 月，司法部发出了《关于迅速建立法律援助机构开展法律援助工作的通知》，随后着手组织有关人员制定《法律援助条例（草稿）》，以总结、规范各地已开展的法律援助工作。1996 年 12 月 16 日，由国家编制部门批准的司法部法律援助中心正式成立。1997 年 4 月，司法部与最高人民法院联合下发了《关于开展刑事法律援助工作的通知》。同年 5 月，中国法律援助基金会成立暨司法部法律援助中心挂牌仪式在北京人民大会堂隆重召开，同月，司法部下发了《关于开展法律援助工作的通知》，11 月又下发了《关于开展公证法律援助工作的通知》。上述几个规范性文件的下发，大大推动了《刑事诉讼法》和《律师法》中规定的法律援助的贯彻、落实。2003 年 9 月 1 日，国务院通过的《法律援助条例》正式实施，在法制的范畴内规范了法律援助的发展方向，标志着我国的法律援助从最初的无法可依、自行其是，步入了法制的轨道。

经过近二十年的发展，截止到 2013 年底，省、市、县三级共建立了 3236 个法律援助机构，专职工作人员达 14 330 人，注册法律援助志愿者达 89 820 人，其中，市县两级是组织实施法律援助的主要力量，80% 的案件由县一级组织办理。此外，还依托街道、乡镇司法所和工、青、妇、老、残等相关单位设立了 63 710 个法律援助工作站，形成了司法行政机关监督管理、法律援助机构组织实施、社会力量协同参与的工作格局，为推进法律援助工作发展提供了有力保障。2013 年全国法律援助经费收入总额为 16 亿余元，共办理法律援助案件 115 万余件，比 2012 年增长 13%。其中，刑事法律援助案件总数为 22 万余件；民事法律援助案件申请数为 99 万余件，批准数 93 万余件；行政案件批准数为 5647 件。各类受援人总数达到 128 万余人次；提供来访、来电、来信咨询近 630 万人次。法律援助工作的思路越来越明晰，制度建设不断得到加强，工作机制基本完善，工作基本原则基本形成。

法律援助制度的建立和实施，有利于保障司法人权和维护社会公正，有利于完善社会保障体系，是社会主义民主和法制不断健全完善的具体体现，是社会文明进步的具体体现。这项在西方已实行五百多年的法律制度，因为真正体现了法律面前人人平等的原则，深受广大人民群众的欢迎。

【学习情境 3】　我国法律援助的立法

一、建立法律援助制度的宪法依据

作为法治国家，任何一项社会制度的建立都要有法律的依据。1982 年 12 月 4 日第五届全国人民代表大会通过的《中华人民共和国宪法》，尽管没有关于法律援助制度的具体规定，但明确了建立法律援助制度的原则，这些原则成为法律援助制度建立的宪法依据。

《宪法》第 2 条规定："中华人民共和国的一切权力属于人民。"这是表明国家权力来源于公民权利，国家在享有和行使管理社会权利的同时，也相应地负有代表公民利益的责任，特别是有责任维护社会贫、弱样体公民的利益。

《宪法》第 4 条规定："中华人民共和国各民族一律平等。"法律条文中所规定公民享有的权利只是一种程序上平等的权利。公民在行使或者实现这些权利的过程中，会受到诸如社会地位高低、智力强弱、年龄大小、财产多寡、受教育程度、性别、健康、宗教、语言以及民族经济发展不平衡等因素的影响，为保障公民的平等地位，国家理所应当承担起保障的职能。

《宪法》第 33 条第 2 款规定："中华人民共和国公民在法律面前一律平等。"2004 年 3 月 15 日第十届全国人民代表大会通过的宪法修正案中，增加了"国家尊重和保障人权"。这是国家以根本大法的形式对公民的政治、社会地位与法律权利平等的庄严承诺。这一宪法规定表明，只要是中华人民共和国的公民，在法律面前都是平等的，法律规定公民享有的种种权利都应当得到尊重和保障。但在现实中，公民的合法权利受到侵犯需要获得法律帮助时，都需要付出一定的费用，而贫弱、残疾的群体或一些特殊刑事案件的当事人很难承受这样的经济负担。为了保障所有公民平等享有社会权利，政府有义务进行法律援助。"尊重和保障人权"是衡量一个国家的社会制度文明进步程度的重要标志，体现了我国社会主义制度的本质要求，有力地推进了我国法律援助事业的发展。

二、建立法律援助制度的基本法律依据

宪法是国家的根本大法，一般规定得比较原则。法律援助制度的具体落实，还需要基本法律的支持。我国《刑事诉讼法》和《律师法》中的相关规定，勾画出了中国法律援助制度主要的实施人和实施范围，两法所规定的法律援助条款，成为公民要求获得法律援助的基本依据。

（一）刑事诉讼法中的规定

1. 刑事诉讼法。1996 年 3 月 17 日，第八届全国人民代表大会第四次会议通过了《关于修改〈中华人民共和国刑事诉讼法〉的决定》。1997 年 1 月 1 日起实施的《中华人民共和国刑事诉讼法》首次以立法形式对刑事法律援助进行了规定，从而建立了刑事法律援助制度的基本框架。2013 年 1 月 1 日起实施的修改后的《中华人民共和国刑事诉讼法》进一步对刑事法律援助制度加以完善，犯罪嫌疑人、被告人的合法权益得到了更好的保护。第 34 条规定："犯罪嫌疑人、被告人因经济困难或者其他原因没有委托辩护人的，本人及其近亲属可以向法律援助机构提出申请。对符合法律援助条件的，法律援助机构应当指派律师为其提供辩护。犯罪嫌疑人、被告人是盲、聋、哑人，或者是尚未完全丧失辨认或者控制自己行为能力的精神病人，没有委托辩护人的，人民法院、人民检察院和公安机关应当通知法律援助机构指派律师为其提供辩护。犯罪嫌疑人、被告人可能被判处无期徒刑、死刑，没有委托辩护人的，人民法院、人民检察院和公安机关应当通知法律援助机构指派律师为其提供辩护。"

修改后的《刑事诉讼法》更加明确地规定了法律援助申请的条件，不仅因经济困难或者其他原因没有委托辩护人的犯罪嫌疑人、被告人本人可以申请法律援助，其近亲属也可以向法律援助机构提出申请；人民检察院、人民法院和公安机关负有对符合法律援助的犯罪嫌疑人、被告人均应通知法律援助机构指派律师为其提供辩护的义务。第 267 条规定："未成年犯罪嫌疑人、被告人没有委托辩护人的，人民法院、人民检察院、公安机关应当通知法律援助机构指派律师为其提供辩护。"第 286 条第 2 款规定："人民法院审理强制医疗案件，应当通知被申请人或者被告人的法定代理人到场。被申请人或者被告人没有委托诉讼代理人的，人民法院应当通知法律援助机构指派律师为其提供法律帮助。"修订后的《刑事诉讼法》进一步扩大了法律援助的范围，使更多因经济困难或者其他原因无力委托辩护人的公民获得法律救济。

2. 刑事诉讼法司法解释。2012 年 11 月 5 日，为了正确实施修改后的《刑事诉讼法》，最高人民法院审判委员会通过了《最高人民法院关于适用〈中华人民共和国刑事诉讼法〉的解释》，在第 39 条第 1 款、第 41 ~ 44 条、第 46 条第 2 款、第 472、473、528 条等条款中，进一步明确了刑事法律援助的对象、范围及相关救济程序。

第 39 条第 1 款：被告人没有委托辩护人，人民法院自受理案件之日起 3 日内，应当告知其有权委托辩护人；被告人因经济困难或者其他原因没有委托辩护人的，应当告知其可以申请法律援助；被告人属于应当提供法律援助情形的，应当告知其将依法通知法律援助机构指派律师为其提供辩护。

第 41 条：人民法院收到在押被告人提出的法律援助申请，应当在 24 小时内转交所在地的法律援助机构。

第 42 条：对下列没有委托辩护人的被告人，人民法院应当通知法律援助机构指派律师为其提供辩护：①盲、聋、哑人；②尚未完全丧失辨认或者控制自己行为能力的精神病人；③可能被判处无期徒刑、死刑的人。高级人民法院复核死刑案件，被告人没有委托辩护人的，应当通知法律援助机构指派律师为其提供辩护。

第 43 条：具有下列情形之一，被告人没有委托辩护人的，人民法院可以通知法律援助机构指派律师为其提供辩护：①共同犯罪案件中，其他被告人已经委托辩护人；②有重大社会影响的案件；③人民检察院抗诉的案件；④被告人的行为可能不构成犯罪；⑤有必要指派律师提供辩护的其他情形。

第 44 条：人民法院通知法律援助机构指派律师提供辩护的，应当将法律援助通知书、起诉书副本或者判决书送达法律援助机构；决定开庭审理的，除适用简易程序审理的以外，应当在开庭 15 日前将上述材料送达法律援助机构。法律援助通知书应当写明案由、被告人姓名、提供法律援助的理由、审判人员的姓名和联系方式；已确定开庭审理的，应当写明开庭的时间、地点。

第 46 条第 2 款：法律援助机构决定为被告人指派律师提供辩护的，承办律师应当在接受指派之日起 3 日内，将法律援助手续提交人民法院。

第 472 条：审判时不满 18 周岁的未成年被告人没有委托辩护人的，人民法院应当通知法律援助机构指派律师为其提供辩护。

第 473 条：未成年被害人及其法定代理人因经济困难或者其他原因没有委托诉讼代理人的，人民法院应当帮助其申请法律援助。

第 528 条：审理强制医疗案件，应当通知被申请人或者被告人的法定代理人到场。被申请人或者被告人没有委托诉讼代理人的，应当通知法律援助机构指派律师担任其诉讼代理人，为其提供法律帮助。

（二）律师法中的规定

1996 年 5 月 5 日第八届全国人民代表大会常务委员会第 19 次会议通过的《中华人民共和国律师法》，与修订后的《刑事诉讼法》同时实施。为了保证法律援助制度的具体落实，《律师法》在第六章对律师进行法律援助作出了专门规定：第 41 条："公民在赡养、工伤、刑事诉讼、请求国家赔偿和请求依法发给抚

恤金等方面需要获得律师帮助，但是无力支付律师费用的，可以按照国家规定获得法律援助。"第 42 条："律师必须按照国家规定承担法律援助义务，尽职尽责，为受援人提供法律服务。"这是我国在法律中首次对律师承担法律援助的范围进行规定。

2007 年 10 月 28 日第十届全国人民代表大会常务委员会第 30 次会议修订、2008 年 6 月 1 日起实施的《律师法》中虽然取消了"法律援助"一章，但在"律师的业务和权利、义务"一章中规定：律师、律师事务所应当按照国家规定履行法律援助义务，为受援人提供符合标准的法律服务，维护受援人的合法权益。而且规定了拒绝履行法律援助义务的律师和律师事务所要承担的法律责任。

《律师法》第 47 条："律师有下列行为之一的，由设区的市级或者直辖市的区人民政府司法行政部门给予警告，可以处 5000 元以下的罚款；有违法所得的，没收违法所得；情节严重的，给予停止执业 3 个月以下的处罚：①同时在两个以上律师事务所执业的；②以不正当手段承揽业务的；③在同一案件中为双方当事人担任代理人，或者代理与本人及其近亲属有利益冲突的法律事务的；④从人民法院、人民检察院离任后 2 年内担任诉讼代理人或者辩护人的；⑤拒绝履行法律援助义务的。"

三、建立法律援助制度的国际法依据

法律援助是一个国家依法而治、文明进步、人权得到切实保障的重要标志，也是维护社会公平正义的最后防线。现代社会中，不少国际公约中都规定了法律援助的内容。虽然我国建立法律援助制度较晚，1994 年之前，法律援助在我国的法律体系中还是一片空白，但我国在一开始设计和建立法律援助制度时，就十分注重广泛借鉴各国法律援助制度中的有益经验，并吸取他们的教训，尽量考虑与有关国际公约和国际法律文书规定的精神相衔接，尽可能体现现代法律援助制度的内涵。

（一）联合国宪章

从 20 世纪 40 年代开始，特别是第二次世界大战以后，世界各国公民对人权、人格尊严与人的价值的认识大大超过从前，最能体现各国对公民基本权利保障的当属《联合国宪章》（1945 年 6 月 26 日联合国国际组织会议签署，同年 10 月 24 日起生效）。目前，世界上已经有包括我国在内的 50 多个国家成为《联合国宪章》的签署国，140 多个国家依此建立了现代法律援助制度。

在《联合国宪章》序言中，"……重申基本人权，人格尊严与价值，以及男女与大小各国平等权利之信念……"被认为是法律援助制度建立的国际法依据。《联合国宪章》是联合国的基本法，它既确立了联合国的宗旨、原则和组织机构设置，又规定了成员国的权利、义务和责任，以及处理国际关系、维护世界和平与安全的基本原则和方法。我国作为联合国的缔约国之一，始终把遵守联合国宪章、维护联合国威信作为义不容辞的责任。

（二）公民权利和政治权利公约

《公民权利和政治权利公约》（联合国大会 1966 年 12 月 16 日通过，1976 年 3 月 23 日生效）第 14 条第 1 款规定：所有的人在法庭和裁判所前一律平等。第 3 款规定：在判定对他提出的任何刑事指控时，人人完全平等地有资格享受以下的最低限度的保证：……出席受审并亲自替自己辩护或经由他自己所选择的法律援助进行辩护；如果他没有法律援助，要通知他享有这种权利；在司法利益有此需要的案件中，为他指定法律援助，而在他没有足够能力偿付法律援助的案件中，不要他自己付费。第 26 条：所有的人在法律前平等，并有权受法律的平等保护，无所歧视。在这方面，法律应禁止任何歧视并保证所有的人得到平等的和有效的保护，以免受基于种族、肤色、性别、语言、宗教、政治或其他见解、国籍或社会出身、财产，出生或其他身份等任何理由的歧视。

《公民权利和政治权利公约》被认为是国际社会中维护公民权利最重要的国际公约。我国政府于 1998 年 10 月 5 日在联合国总部签署了该公约，这是我国参加的国际公约中对法律援助制度规定得最明确的公约。该公约不仅将刑事法律援助作为最低限度的人权保障标准，还规定了法律对不同国籍的人应给予平等的法律保护。如果被指控有罪的人经济有困难，可以不必支付费用。

（三）涉及法律援助的其他国际公约

我国政府一向重视对人权的保障，特别是对弱势群体权利的保障。在《联合国宪章》、《公民权利和政治权利公约》之外，我国政府还于 1980 年 7 月 17 日签署了《消除对妇女一切形式歧视公约》，1985 年 11 月在北京通过了《联合国少年司法最低限度标准规则》（《北京规则》），1990 年签署了《世界儿童权利公约》。此外，我国政府还与几十个国家签订了多个双边刑事或民事司法协助条约（或协定），这些双边条约中都有关于相互提供法律援助的规定。

目前，我国加入的国际公约越来越多，法律援助制度经过不断的改革和发展，已经日益完善。有关国际公约和国际法律文书中关于法律援助的规定，在我国已经得到了比较切实的遵循和执行。

四、我国法律援助的立法状况

（一）关于法律援助的法律法规

我国从 1996 年正式建立法律援助制度至今，经过十多年的发展，法律援助的法律制度已经基本形成。依据宪法原则，我国在《刑事诉讼法》、《律师法》、《残疾人保障法》、《妇女权益保障法》、《老年人权益保障法》、《未成年人权益保护法》中，都有法律援助的规定，确立了法律援助在我国法律体系中的地位，形成了我国对法律援助实施人、法律援助对象的全方位规定。

2003 年 7 月 16 日国务院通过的《法律援助条例》是我国第一部全国性的专门的法律援助行政法规。《法律援助条例》认真总结了我国近十年来开展法律援助工作的成功经验，吸收和借鉴了各国法律援助立法的有益做法，以法律的形式，确立了我国法律援助制度的基本框架，明确了经济困难的公民申请并获得免费法律服务的权利，明确了法律援助是政府的责任、政府应当为法律援助提供财政支持的原则，明确了司法行政机关管理监督法律援助工作和法律援助机构组织提供法律援助的职责，规定了社会力量参与法律援助的原则以及法律援助各方的权利义务和法律责任等，为从根本上解决影响和制约我国法律援助事业发展的一些突出问题，为促进和规范法律援助工作提供了基本的法律依据和制度保障，标志着有中国特色的法律援助制度基本形成。

（二）关于法律援助的部门规章

我国还先后制定了一系列关于法律援助的部门规章，以促进和规范我国的法律援助工作。现行的部门规章主要有：

1. 司法部发布的部门规章。

（1）《办理法律援助案件程序规定》；

（2）《法律援助格式文书（示范文本）》。

2. 联合发布的部门规章。

（1）最高人民法院与司法部联合发布的《关于民事诉讼法律援助工作的通知》；

（2）最高人民法院与司法部联合发布的《关于充分保障律师依法履行辩护职责确保死刑案件办理质量的若干规定》；

（3）最高人民检察院与司法部联合发布的《关于刑事法律援助工作若干问题的联合通知》；

（4）最高法院、最高人民检察院、公安部与司法部联合发布的《关于刑事诉讼法律援助工作的规定》等。

（三）关于法律援助的地方性法规

在 2003 年《法律援助条例》实施前后，各地纷纷出台了有关法律援助工作的地方性规范。截至目前，广东、浙江、江苏、上海、重庆、宁夏、河北、海南、北京等地相继出台了关于法律援助的人大立法，已制定或修改了地方法律援助立法的省份达到 27 个，有 31 个省级地方按照《法律援助条例》的相关规定，制定了法律援助案件经济补贴标准，有 30 个省级地方制定了公民经济困难标准，有 29 个省级地方补充了法律援助事项范围。各地还建立、完善了受理、审查、指派和案件质量监督等各项规章制度。我国法律援助工作已经走上了法制化、规范化的轨道[1]。

【学习情境4】　国外法律援助制度概况

综观世界各国，英美法德等国家的法律援助制度已经有了超过百年的历史，在世界范围内也较具有代表性，它们的演化过程为我国法律援助制度的完善提供了较好的借鉴。

一、萌芽期的慈善行为

世界上最早的法律援助产生于15世纪的英国，其基本理念为，有钱人应当为穷人义务提供法律救助；1851年，法国出现了法律援助的立法，但只是要求法律职业人士为穷困被告人提供免费援助，政府并不参与其中，在法律制度中还没有"获得法律援助权"的概念。1853年，美国的印第安纳州高等法院认可了穷困被告人获得律师帮助的权利并以公共资金支付服务费用，但并没有通过这方面的法律或法案。

在资本主义萌芽和自由发展阶段，西方国家尤其英美，只是要求法律人士为穷人提供法律帮助，还没有国家法律制度意义上的法律援助。另外，欧美等国私人社团比较发达，法律援助主要由私人社团提供费用。这一时期，法律援助制度的对象只是穷人，无论这种援助是由私人宗教组织提供，还是由行政机关提供，或是由公共援助机构提供，均被视为慈善行为。

二、从慈善到权利保障

到20世纪中期，随着联合国的成立和越来越多国家之间联系的紧密，法律援助逐渐从律师个人的道义行为或社会团体的慈善行为，转变为国家对公民的责任，成为国家保障公民合法权益得以平等实现应尽的义务。

1949年，英国政府推出了让社会更加公正的系统改革，统一的法律援助安排就是其中的一部分。在立法上，英国从1949年《法律援助与法律咨询法案》的制定到1999年《获取公正司法法案》的通过，形成了较为完善的法律援助制度。

而美国的现代法律援助制度则是在20世纪60年代中期才覆盖了联邦各州的司法程序，美国总统约翰逊提出了"向贫穷宣战"的计划，政府注入的大量资金使美国的法律援助获得迅速发展。

法国的现代法律援助制度建立于1972年，在国会的一项法案中，对提供法

---

〔1〕　数据来源：司法部法律援助中心编：《2008中国法律援助年鉴》，中国民主法制出版社2009年版。

律援助规定了清晰的标准。1991 年，法国对法律援助制度进行了重大改革，大幅增加了政府对法律援助资金的投入，使之能够覆盖 50% 左右的家庭；国家建立了法律援助委员会，各地建立了法律援助委员会分委会。

德国的法律援助制度从一开始建立，就在宪法中作出规定，使法律援助成为公民的宪法权利。

20 世纪中期以后，作为建立完善法律制度的一个象征，绝大部分国家建立了符合本国国情的现代法律援助制度。这一制度的主要特征有：①完善了法律援助的相应立法；②建立健全了独立的法律援助机构和专门的法律援助学科；③建立了法律援助资金的供给制度，使法律援助的实施有了较为稳定的经济保障；④法律援助逐步从私人实施的道义、慈善行为，发展成为面向全体贫困者的社会保障体系，而这一保障的主导者是政府。

三、国际模式及其借鉴意义

（一）国际上法律援助制度的几种模式

1. 英国。英国的法律援助直到 19 世纪末，还被认为是律师或其他社会组织的一种慈善行为，或者说是一种社会责任。1949 年以后，英国形成了较为完善的法律援助制度。在这项制度中，法律援助委员会为全国的法律援助管理机构，这一机构由法律服务团和刑事辩护团组成。法律援助委员会在各地设有地区委员会，对地区的法律援助实行管理。具体的法律援助工作全部由律师事务所、法律中心、独立咨询中心和公民咨询局等非营利机构承担。法律援助实施人主要是政府批准的实施法律援助的律师，也有雇请的公共辩护人；如果是刑事案件的法律援助，法院则有较大的决定权。法律援助实施人所需的资金，由政府按事先的约定给付。

2. 美国。美国法律援助制度的建立不是源于法案或法律，而是源于经济穷困的人有权获得律师法律帮助的社会公平原则。在 20 世纪中期以前，美国多数州还是依靠个体执业律师的公益性和志愿性为穷困的人提供法律帮助。直到 1964 年，刑事案件穷困被告人获得律师帮助的权利才完全确立起来，并覆盖了联邦和各州的司法程序。

美国法律援助的实施机制主要有三种，即公共辩护人制度、指定律师制度以及契约律师制度[1]。在后两种制度中，都是律师承担具体的法律援助工作，政府支付一定的费用。美国对各州法律援助的形式没有统一规定，可以采用单一的或混合的形式。比如，美国的缅因州采取的是指定律师制度和契约律师制度；俄亥勒冈州采取的是契约律师制度；而新泽西州则采取的是公共辩护人制度。

---

〔1〕 契约律师制度，指政府部门与个体执业律师或事务所就某一事项及其具体付费制度达成协议，由律师承担具体工作的制度。

3. 法国。法国的法律援助从诞生时就通过立法要求法律职业人士为穷困被告人提供免费援助，但政府不提供资金。1991 年，法国国会通过了一个法案，对法律援助制度进行了重大改革，突出体现在政府大幅度提高对法律援助资金的投入并设立专门的法律援助机构，政府依照各类法律工作的收费价目表，支付法律援助实施人费用。考虑律师提供法律援助的垄断地位，政府提倡律师法律援助的费用应低于普通的法律服务收费。公民对法律援助的申请由设立在地方法院中的司法援助办公室进行审批，申请人可以选择自己的刑事辩护律师，但如果他们获得的只是部分法律援助，则需要支付另外的费用。

3. 德国。与英美法三国不同，德国的司法援助权是由宪政法院规定的，是公民的宪法权利。在刑事案件中，只要符合德国刑事程序法的相关规定，被告人就有权获得由政府付费的法律援助。德国刑事案件的法律援助对被告人的经济状况不予考虑，所有费用由政府支付，律师从中获得法定最低标准的费用。对于法律援助的实施人，被告人可从法庭提供的法律专业人士公开名单中进行选择。

4. 以瑞典、丹麦为代表的福利国家。这些国家的法律援助体制有一个显著特点，就是将法律援助纳入国家的福利制度，由国家统一实施。在这种制度下，法律援助作为由国家提供的福利而面向社会，法律援助的对象、范围很宽。这种法律援助制度是由国家设立专门的法律援助机构，雇佣专门从事法律援助的人员进行法律援助工作。私人律师不再是法律援助主要的实施人，使法律援助工作的社会化程度得到了较大的提高，国家责任原则得到了充分的体现。

（二）对我国的借鉴意义

经过几百年的发展，法律援助制度在世界大多数国家均已建立，我国的法律援助制度虽然建立较晚，但从建立之初就努力与现代法律援助制度接轨。在我国法律援助制度的发展和完善中，西方法律援助制度的有些内容我们可以借鉴。

1. 充分体现法律援助中的国家责任。2003 年，我国通过并实施了国务院制定的《法律援助条例》，明确提出法律援助是政府的责任，法律援助的经费应当由同级地方财政支付。但是，还有不少地方政府没有完全树立以人为本的执政理念，对法律援助这一政府职能认识不足，重视不够。还有一些官员把法律援助当作弱势群体的"福利"而非"权利"来看待。这种居高临下的观念，不利于人权保障和对社会公平正义的维护，难以体现法律援助中政府的职能作用。

2. 提高法律援助的立法层级。从世界上法律援助制度比较发达的国家来看，都立有专门的《法律援助法》，有的还是宪法规定，这就从法律体系上为法律援助提供了保障。但目前，我国的《法律援助条例》还只是一部国务院的行政法规，其他的规定均散落在不同的法律中。即便是现有的法规也比较粗糙。由于缺乏高层级立法的支持，缺乏对各级政府提供法律援助经费的强制性规定，难以令地方政府对法律援助事业给予足够的重视。

我们应当借鉴西方主要国家法律援助的模式，提高法律援助制度在我国法律体系中的地位，在宪法中增加公民享有"获得公正审判和法律援助权"的内容，并尽快由全国人大制定和通过专门的《法律援助法》，统一明确规定援助对象、援助方式、申请程序、机构设置、资金来源及管理等体制问题，改善目前立法缺失、模糊、经济发达地区和贫困地区法律援助失衡的局面。

3. 提高法律援助社会化程度。我国经过 30 年的改革开放，经济高速发展，财力大大增强，已经有能力借鉴西方一些国家法律援助的经验，加大对法律援助的财政拨款，由政府专门设立的法律援助机构雇佣专门从事法律援助的人员，进行法律援助工作。为了使应当得到法律援助的公民都能得到法律援助，政府可以号召社会团体和其他社会组织，发挥它们在法律援助中的作用，以提高法律援助社会化程度。

学习单元二 法律援助机构、人员与经费

【学习目标】

● 明确法律援助机构的概念、组成，以及我国法律援助机构的现行设置与职能。知晓法律援助人员，包括管理人员和服务人员的定位与特征，以及各自的资质与职责。了解社会组织以及法律援助志愿者参与法律援助工作的形式和发展状况。掌握财政预算拨款是法律援助经费的最重要来源。

【学习任务】

● 能够明确区分我国法律援助机构的设置和职责以及法律援助人员的概念、分类；掌握法律援助业务经费的使用规定。

 【案例导入】

案例一

岳坤从南京市安德门外来人员法律援助站的工作人员手中，接过讨回的6000元工钱时，这个从山东省枣庄市来南京打工的小伙子，坚决要请帮助他的工作人员吃顿饭，但援助站的工作人员拒绝了他的好意。

2005年3月，22岁的岳坤来到南京市某企业当切割学徒工，每月工资为300元钱。学徒工的工作很辛苦，每天工作10小时以上，双休日也要加班。一开始岳坤并不知道，单位给他的工资还不到南京市的最低工资标准。直到做工做了大半年后，岳坤才得知，南京市的最低工资标准为690元，而且单位也没为他交纳相关的社会保障金。岳坤当即找到单位要求提高工资待遇，并为其交纳社会保障金，但遭到拒绝。岳坤一气之下提出了辞职。

辞职后，岳坤身上仅剩回家车费。他想离开南京回老家。但就在他准备买车票时，一位工友建议他到安德门劳务市场里的法律援助站去试试。听了这个建议，岳坤走进了法律援助站，他本来并没奢望还能讨回工资，只是想去咨询一下，以防下次再被骗。他将单位克扣自己工资的事告诉了法律援助站的工作人员。结果，工作人员当即受理了他的申请，并很快委派律师车仑给予岳坤法律援助。

车仑律师了解了基本情况后，与法律援助站的工作人员先后几次到岳坤的打工单位了解情况。协商无果后，2006年4月，车仑作为代理律师向南京建邺区劳动仲裁委员会提请劳动仲裁。后经调解，单位同意支付岳坤一年少发的工资和加

班工资 6000 元。

有了这次经历，岳坤现在和他的工友只要遇到法律问题就会去安德门法律援助站，这里已经成了他们这些外来务工人员的"娘家"。

案例二[1]

2012 年 7 月 20 日，灌云县人曹东骑着一辆摩托车在江阴和一辆客车相撞，曹东被送到江阴市中医院救治，经江阴市中医院诊断为高位截瘫，虽然意识尚在，但生活却不能自理。客车司机王峰在垫付了 3 万元医药费后就音讯全无，曹东的家人到保险公司索赔，而公司不予理睬。

2013 年 5 月，曹东的弟弟来到江阴市法律援助中心进行法律咨询，并申请法律援助，帮助其哥哥维护合法权益。江阴市法律援助中心在接受当事人家属的法律援助申请后，指派江苏信卓律师事务所张松律师承办此案。

因为受援人家境贫寒，无力支付医药费，已回苏北老家由老母亲照顾，又因为身体原因，无法来到江阴进行相关司法程序，法援过程变得异常艰难。援助律师通过积极与相关部门沟通联系，一趟趟往返于法院、司法鉴定所、受援人户籍所在地调取相关材料，并为受援人申请司法鉴定援助。

就在开庭前几天，当事人家属又来电话告知曹东经抢救无效去世了。另一个难题随之而来，因为当事人死亡，诉讼请求和诉讼主体要进行变更，但律师调查发现，当事人婚姻登记信息错误，这就带来另一个诉讼程序上的问题：诉讼主体如何确定？援助律师又积极与当地相关部门沟通联系，确定诉讼主体。最终在 2013 年 12 月时通过诉讼程序为受援人争取到了赔偿款 12 万元，维护了当事人合法权益。

据悉，本案办理的难度十分大，因为尽管此案法律关系较为明确，但案情错综复杂，此案两次诉讼变更（包括诉讼主体），多次调查取证，需要调取的证据种类繁多，涉及的地区距离很远，涉及的部门、参与的人员非常多，付出了相当多的人力、体力、智力以及时间成本。（文中当事人为化名）

从以上【案例导入】的两个案例可以看出，我国给当事人提供法律援助的法律援助机构和人员并不是采用的单一的形式，而是由多种形式的法律援助机构共同组成。那么，我国的法律援助机构有哪些？他们的职责分工各有什么不同？法律援助人员又是由哪些人组成的呢？

---

[1] 此文选自《江南晚报》2014 年 5 月 6 日。

【学习情境1】　法律援助机构

一、法律援助机构的概念与分类

（一）法律援助机构的概念

法律援助机构就是按照国务院《法律援助条例》的规定设立的负责组织实施法律援助服务的机构。

从【案例导入】的两个案例中我们不难发现，我国的法律援助机构的形式并不是单一的，而是包括多种类型。一般来说，法律援助机构既包括具体组织实施法律援助服务的各级法律援助中心，也包括各社会团体、群众组织基于有关法律规定而组建的实施法律援助的服务机构。

狭义的法律援助机构一般仅指各级人民政府批准设立的法律援助机构。如【案例导入】案例一中展示的法律援助中心（法律援助工作站）。

（二）涉及法律援助工作的机构分类

依据法律援助的职能划分，涉及法律援助工作的机构主要分为三类：

1. 司法行政机关。这类机构的主要职责是法律援助的监督管理工作，包括：法律援助立法、政策以及辖区内法律援助计划的制定；法律援助经费的监督；法律援助工作标准和规范的设定；法律援助服务质量的监控；为法律援助工作创造良好外部环境；等等。

在我国，这类机构是指司法部法律援助工作司、司法部法律援助中心及各省、自治区、直辖市司法厅（局）法律援助中心（处）。除司法部法律援助工作司和司法部法律援助中心外，各省级法律援助中心（处）也适当办理一些在全国和地方影响较大、下级地方法律援助机构办理困难的援助案件。

2. 法律援助机构。这类机构的职责包括：具体组织实施法律援助工作，包括接受申请、审查批准申请、指派法律服务人员办理案件、使用法律援助经费向办案人员支付法律援助补贴，以及在组织办案过程中的具体管理活动等。这是由法律明确规定的专门负责法律援助的机构。

我国的法律援助实施机构一般是指各直辖市法律援助中心（处），以及设区的市或者县级的法律援助中心。这类机构常常身兼两职，除具体组织实施法律援助工作外，还经常直接参与办理法律援助案件。

3. 法律服务机构。这类机构的职责是接受政府设立的法律援助机构的指派，安排法律服务人员办理法律援助事务，即参与个案的法律援助服务，包括为受援人提供咨询、诉讼与非诉讼代理服务、刑事辩护等。

在我国，这类机构一般是指提供法律援助服务的律师事务所、公证处、基层法律服务所、乡镇司法所及其他社会法律援助组织。【案例导入】案例二中的法律援助工作站就属于此类型。

二、我国法律援助机构的设置

（一）政府法律援助机构的设置

1994年初，司法部正式提出建立和实施中国的法律援助制度，并在广州、深圳、上海、北京、武汉、南京、郑州、青岛等一些大中城市陆续开展了法律援助工作试点。1995年11月19日，广州市法律援助中心正式挂牌成立，成为全国最早成立的法律援助机构，该机构也是政府定编、全额拨款的行政事业单位。1996年6月，司法部发布了《关于迅速建立法律援助机构开展法律援助工作的通知》，提出全面推动建立国家法律援助制度，首要任务就是建立法律援助机构，为法律援助制度的建立和实施提供组织保障。

1995年10月10日，经司法部党组讨论决定，以司法部名义正式向中央编办提交《司法部关于成立国家法律援助中心的请示》，1996年12月18日，中央机构编制委员会办公室批复（中编字〔1996〕168号）同意成立司法部法律援助中心，核批事业编制35名，经费实行全额拨款，担负对全国法律援助工作的管理和监督工作。与此同时，省级地方的法律援助中心相继成立。2001年8月22日，西藏自治区法律援助中心正式宣告成立，至此，全国省级法律援助机构全部建成。

截至2003年6月底，国务院《法律援助条例》颁布前，全国已建法律援助机构2642个，其中县区级地方已成立2139个，占应建数的83%，全国法律援助专职人员8899名，其中近50%有律师资格。

在法律援助初创阶段，由于各地对法律援助性质的理解不尽相同，因此在机构设置上，各地法律援助机构的性质也不统一，出现了行政性质、全额拨款性质、差额补助性质以及自收自支性质的不同组织管理模式。

2003年9月1日，《法律援助条例》生效实施，这对于我国法律援助工作的规范化、制度化起到了重要的作用。《法律援助条例》第4条第1款规定："国务院司法行政部门监督管理全国的法律援助工作。……"第5条规定："直辖市、设区的市或者县级人民政府司法行政部门根据需要确定本行政区域的法律援助机构。法律援助机构负责受理、审查法律援助申请，指派或者安排人员为符合本条例规定的公民提供法律援助。"

由此，《法律援助条例》颁布之后，法律援助机构专指直辖市、设区的市和县级法律援助中心。

（二）社会法律援助机构的设置

《法律援助条例》第8条规定："国家支持和鼓励社会团体、事业单位等社会组织利用自身资源为经济困难的公民提供法律援助。"

依照这一规定，目前在我国，除了司法行政部门设立的政府法律援助机构外，一些社会团体、院校、民间组织也相继设立了所在地政府法律援助机构所属的法律援助工作站或者非政府性质的法律援助机构。一些地方的妇联、工会、残联等社会团体以及法律院校组建了具有行业特点的法律援助组织，开展以行业群体为服务对象、以非诉讼事项为重点的法律援助工作，他们成为了政府法律援助机构的有益补充，但也属于司法行政部门统一指导和监督的范围，禁止以法律援助名义开展有偿法律服务。

三、法律援助机构的职能

根据《法律援助条例》的规定，法律援助机构应履行两项职责：一是组织实施法律援助；二是承办具体法律援助案件。

（一）组织实施法律援助

组织实施法律援助，就是法律援助机构受理、审查公民法律援助申请，指派律师和有关人员办理法律援助案件的活动。看似简单的几个环节，涉及的工作内容却很多，具体工作内容及方法详见本书第三、四章。本章仅就主要工作简单列明：

1. 制订法律援助工作计划。

2. 受理、审查法律援助申请。内容见本书第三、四章。

3. 组织办理人民法院指定的刑事辩护案件。法律援助机构组织办理的人民法院指定的刑事辩护案件在总办案量中占相当大的比重。有些地方甚至以承办指定辩护案件为主。据 2006 年全国法律援助业务统计报表分析，在刑事诉讼辩护中，律师辩护意见全部或部分被法院采纳的占 88%，有的案件通过律师的辩护，被告人被法院判决无罪释放。

4. 指派与安排法律援助人员。《法律援助条例》第 21 条规定："法律援助机构可以指派律师事务所安排律师或者安排本机构的工作人员办理法律援助案件；也可以根据其他社会组织的要求，安排其所属人员办理法律援助案件。……"根据这一规定，司法行政部门不负责指派或安排人员办理法律援助案件，而是由法律援助机构进行。如【案例导入】案例二中，当地法律援助机构在具体实施法律援助过程中，指派与安排当地律师事务所的律师来完成案件承办工作。

另外，司法部《律师和基层法律服务工作者开展法律援助工作暂行管理办法》第 3 条规定："律师和基层法律服务工作者每年应当接受法律援助机构的指派，办理一定数量的法律援助案件。"《司法部、共青团中央关于实施法律援助志愿者服务计划的通知》规定，法律援助志愿者可以提供专业的法律援助。根据以上规定，法律援助机构不仅可以指派律师，也可以安排本机构的工作人员、社

会组织人员办理法律援助案件。

指派与安排法律援助服务有以下几种方式：

（1）指派律师事务所安排律师办理法律援助案件；

（2）安排法律援助机构的工作人员（包括法律援助机构内的专职法律援助律师和其他工作人员）办理法律援助案件；

（3）指派基层法律服务机构安排基层法律服务工作者办理法律援助案件；

（4）根据要求安排其他社会组织所属人员办理法律援助案件；

（5）安排法律援助志愿者提供法律援助。

在这一职能的行使中，应遵循合理、平衡地运用律师资源，充分考虑到办案人员的专长，以及做到指派及时，保证律师的办案时间的原则，以提高法律援助的办案质量。

5. 对办理法律援助案件的管理、监督。这里的管理、监督是指对具体实施法律援助及办案过程的监督管理，包括法律援助的经费管理、法律援助的统计管理、法律援助案件的档案管理和对办案过程的监督等。同时，法律援助案件办理结束后，法律援助机构根据案件承办人提交的结案相关材料和结案报告，经审核后向承办人发放办案补贴。

（二）承办具体法律援助案件

因本书就"法律援助的实施"设有专章，故在本节中不详细叙述提供法律援助服务及实施的具体内容。

1. 承担刑事辩护或刑事代理法律援助。刑事辩护法律援助，是指律师接受法律援助机构的指派后，担任犯罪嫌疑人、被告人的辩护人，参与刑事诉讼，根据事实和法律，反驳控诉人对犯罪嫌疑人、被告人提出的指控的一部分或全部，提出证明犯罪嫌疑人、被告人无罪、罪轻或减轻、免除其刑事责任的材料和意见，维护犯罪嫌疑人、被告人的合法权益的诉讼活动。

刑事诉讼代理法律援助，是指律师接受法律援助机构指派后，依法接受刑事自诉人或反诉人、公诉案件被害人、刑事附带民事诉讼当事人的委托，担任代理人参与刑事诉讼，在委托权限内代理诉讼，维护受援人合法权益的活动。

2. 承担民事诉讼代理法律援助。民事诉讼代理法律援助，是指律师等法律服务人员接受法律援助机构指派后，接受受援人的委托，以受援人的名义，在代理权限范围内代理受援人进行诉讼活动，对受援人权利义务产生直接影响的民事诉讼行为。

3. 承担行政诉讼代理法律援助。行政诉讼代理法律援助，是指律师等法律服务人员接受法律援助机构指派后，依照《行政诉讼法》的规定，代理受援人并以受援人的名义进行行政诉讼行为的活动。

4. 劳动争议仲裁代理法律援助。劳动争议仲裁代理法律援助，是指律师等法律服务人员在接受法律援助机构的指派后，根据受援人的委托，在代理权限范围内代理受援人进行仲裁活动，对受援人权利义务产生直接影响的行为。

5. 非诉讼法律事务代理法律援助。非诉讼法律事务代理法律援助，是指律师等法律援助人员接受法律援助机构指派后，根据受援人的委托，在授权范围内，处理受援人的非诉讼法律事务的活动。包括免费为受援人参与纠纷调解、进行资信调查、提供法律咨询及代写法律文书等。参见【案例导入】案例一。

【学习情境2】　法律援助人员[1]

一、法律援助人员的概念、特征及分类

（一）法律援助人员的概念

法律援助人员是指在司法行政部门和法律援助机构及法律服务机构中，或者接受法律援助机构的指派、安排或聘请，从事法律援助管理、提供法律援助服务的人员。

（二）法律援助人员的特征

1. 从事法律援助工作。从事法律援助工作，包括直接或间接地为当事人提供法律援助服务。这种法律援助工作的核心是法律援助服务，其内容包括围绕法律援助服务而发生的法律援助管理工作及法律援助服务工作。

根据《法律援助条例》第4条和第5条的规定，法律援助的管理工作，不仅包括国务院司法行政部门和县级以上地方各级人民政府司法行政部门所承担的组织、指导、管理、监督、协调工作，还包括法律援助机构负责的"受理、审查"法律援助申请，"指派或者安排"人员提供法律援助的工作（内容详见本书第四章）。法律援助服务工作的内容见本章第一节"提供法律援助服务"。

2. 具有特定的身份或者接受特定的指派或安排。具有特定的身份专指在司法行政部门工作或在法律援助机构工作。接受特定的指派或安排，是指接受法律援助机构的指派或安排而从事法律援助工作。这一群体包括在法律援助机构专门从事法律援助办案事务的专职人员（律师），也包括在律师事务所等其他法律服务机构接受法律援助机构的指派对受援人提供法律援助服务的人员。

（三）法律援助人员的分类

根据不同的标准，可以将法律援助人员分成不同种类。

---

〔1〕　参见宫晓冰主编：《中国法律援助制度培训教程》，中国检察出版社2002年版，第四章。

1. 根据法律援助人员的身份不同，可分为：律师（包括社会律师和法律援助机构的专职法律援助律师），基层法律服务工作者，志愿者，社会组织人员。

2. 根据法律援助人员从事的工作性质的不同，可分为：法律援助管理人员，法律援助服务人员。

法律援助管理人员包括：①司法行政部门的管理人员；②法律援助机构的管理人员和服务于法律援助机构从事法律援助管理工作的法律援助志愿者。

法律援助服务人员同分类一中的人员。

3. 根据法律援助人员是否志愿从事法律援助相关工作，可分为：一般法律援助人员和法律援助志愿者等。

二、法律援助管理人员的概念与特征

（一）法律援助管理人员的概念

法律援助管理人员是指从事法律援助管理工作的人员。包括在司法行政部门或者法律援助机构中从事组织、指导、管理、监督和协调等司法行政管理工作的人员和从事受理申请、审查、决定、指派（或者安排）等法律援助管理工作的人员。

（二）法律援助管理人员的特征

1. 国家公务人员属性。世界上多数国家的法律援助管理人员和专职法律援助律师都被认为是政府雇员。我国《法律援助条例》第3条也明确规定，法律援助是政府的责任，政府应当为法律援助提供财政支持，政府根据需要设立法律援助机构，负责受理、审查法律援助申请，指派或者安排人员为符合本规定的公民提供法律援助。从这一规定可以看出，法律援助管理人员在政府的司法行政部门或者政府设立的法律援助机构中从事工作，其身份显然是政府的公务人员。

但由于目前我国不同地区设立的法律援助机构的性质不尽相同，有的地方设立的是法律援助处，或者是司法行政部门的一个职能处室；有的地方设立的是独立的法律援助中心，是全额拨款的事业单位。单位性质的不同决定了法律援助管理人员的身份有所区别，但是，不管是公务员还是参照公务员管理的事业单位工作人员，其公务人员的属性是不会改变的。

2. 法律职业人员属性。法律援助管理工作的特殊性决定了法律援助管理人员必须较好地掌握法律专业知识。

由于法律援助管理工作中一项主要的职能是受理申请、审查、决定、指派（或者安排）等工作，因而对其从业人员的法律专业知识要求很高。法律援助管理人员代表法律援助机构对法律援助的申请进行审查，特别是要对是否给予申请人法律援助作出准确的判断与决定，没有丰富的法律专业知识是根本无法胜任的。

三、法律援助管理人员的资质

法律援助管理人员的资质是指法律援助管理人员代表国家管理法律援助工作而必须具备的相应资格和条件。

（一）具有公务员资格

法律援助管理人员代表国家行使管理职能，应当具备国家公务员资格。在我国司法行政部门内，监督、管理法律援助工作的人员都是公务员，如司法厅（局）内设立的法律援助管理处的工作人员。但是，由于我国的法律援助制度建立时间较晚，只有部分法律援助机构是行政机构，大部分法律援助机构属于事业编制，因此，现实中，一些法律援助机构内从事管理工作的人员不具有公务员资格。

（二）具有法律职业资格

法律援助管理活动的特殊性，要求管理人员必须专业化，很多国家和地区都有此类规定。《香港法律援助条例》第 3 条第 2 项规定："任何人除非已具有资格在香港、联合王国或《律政人员条例》附表 2 列出的地区以法律执业者身份执业，否则不得获委任为法律援助署署长、法律援助署副署长、法律援助署助理署长或法律援助主任，亦不得暂时署理该等职位。"在日本，法律援助协会的设立，须由日本律师协会联合推荐的律师和具有有关法律援助的学识经验者 7 人以上作为发起人。多数国家不仅要求法律援助管理人员应当具备法律职业资格，还要求法律援助管理人员应当具备一定年限的法律执业经历。在我国，主要是要求法律援助管理人员通过司法考试取得法律职业资格或律师执业资格。但目前由于客观条件的限制，有些地区的法律援助机构的管理人员尚未具备此项条件。

四、法律援助服务人员的概念及特征

（一）法律援助服务人员的概念及构成

法律援助服务人员是指具体从事法律援助服务工作的主体。在我国的法律援助实践中，律师和法律援助机构工作人员构成了法律援助服务人员的最主要和最具有代表性的部分。

法律援助服务人员主要包括下列群体：

1. 法律援助机构的法律援助专职律师。如【案例导入】案例一中的律师车仑。

2. 法律援助机构的工作人员。《法律援助条例》第 21 条规定："法律援助机构可以……安排本机构的工作人员办理法律援助案件。……"从此规定可以看出，法律援助机构内的工作人员，不管其是不是专职法律援助律师，都可以根据法律援助机构的安排，办理法律援助案件。

3. 在律师事务所执业的律师。《法律援助条例》第 21 条规定："法律援助机

构可以指派律师事务所安排律师……办理法律援助案件。……"根据这一规定，律师根据其所在执业机构即律师事务所的安排，接受法律援助机构的指派，办理法律援助案件，但他们不是专职的法律援助服务人员。目前，我国共有13万执业律师，律师是提供法律援助服务的主体力量。

4. 基层法律服务机构的基层法律服务工作者。目前，全国基层法律服务机构的工作人员已有10多万人，他们是法律援助服务人员的重要组成部分。

5. 在其他社会组织中提供法律援助服务工作的人员和法律援助志愿者。包括在工会组织、共青团组织、妇女组织、老年人权益保障组织、残疾人权益保障组织及其他社会组织设立的法律援助机构中从事法律援助服务工作的人员，在高等院校设立的法律援助组织中从事法律援助服务工作的人员以及在其他民间社会团体中从事法律援助服务工作的人员和法律援助志愿者。他们是法律援助实施主体的补充。

（二）法律援助服务人员的特征

1. 法律职业属性。作为法律援助服务人员，必须有资格或者能力提供法律援助服务，即具有法律职业人员属性。法律援助服务工作的特殊性决定了法律援助服务人员必须较好地掌握法律专业知识，在一些特定的法律领域，还要求法律援助服务人员必须具有特定的法律服务执业资格。

2. 无法律职业资格但具备足够法律专业知识。由于我国是发展中国家，从事法律援助所需要的人力和财力都不能满足巨大的法律援助需求，法律援助资金不足，法律专业人才也十分缺乏。因此，我国法律规定没有法律职业资格的人员也能为当事人提供法律援助服务，但是要具备足够的法律专业知识。例如，《法律援助条例》第5条第2款规定："法律援助机构……指派或者安排人员为符合本条例规定的公民提供法律援助。"第21条规定："法律援助机构可以指派律师事务所安排律师或者安排本机构的工作人员办理法律援助案件；也可以根据其他社会组织的要求，安排其所属人员办理法律援助案件。"这里的人员包括有法律职业资格的人员（包括律师和基层法律服务工作者）和一些社会组织中无法律职业资格但具备足够法律专业知识的人员。

五、法律援助服务人员的资质

（一）具有相应的法律服务职业资格

在我国要求具备的职业资格包括：律师执业证、基层法律服务工作者证、法律职业资格等。

（二）具有和所从事法律援助服务相适应的法律专业知识

目前，我国的绝大部分法律援助案件是由执业律师（包括社会律师和法律援助机构专职法律援助律师）和执业的基层法律服务工作者办理的，也有一部分案

件或者法律援助事项是由不具有相应的法律服务职业资格的人员办理的。这是由我国的国情决定的。实践中，一些省份为具有专业法律知识（如法律院校大专毕业）而没有取得法律服务职业资格的人授予了法律援助工作者证，专门办理法律援助案件或者法律援助事项。

　【学习情境3】　社会法律援助与法律援助志愿者

我国人口众多，法律援助需求大，政府财政负担重，鼓励社会组织参与法律援助，寻求各方面力量对法律援助予以支持及补充显得尤为重要，也是符合现实需要的。

1992年5月，"武汉大学社会弱者权利保护中心"宣告成立，成为我国最早的也是最典型的从事法律援助性质工作的民间组织，从而拉开社会团体、民间组织参与法律援助工作的序幕。以各地的工会、共青团、妇联、残联等群众团体为代表的各种社会团体及高校大学生法律援助机构，结合自身优势及维权职责，针对不同弱势人群，如妇女、未成年人、残疾人等而开展的社会公益性法律援助活动，成为政府法律援助的有益补充。

一、社会组织参与法律援助工作的现状

（一）法律依据

《法律援助条例》第8条明确规定："国家支持和鼓励社会团体、事业单位等社会组织利用自身资源为经济困难的公民提供法律援助。"这在立法上肯定了社会团体在法律援助工作中的作用。同时，《法律援助条例》第7条、第9条中分别明确规定：国家鼓励社会对法律援助活动提供捐助；对作出突出贡献的组织和个人给予表彰、奖励。可见，社会组织参与法律援助是有法可依的。

（二）组织形式

目前，我国参与法律援助工作的社会组织主要有三类：

1. 各级工会、共青团、妇联、残联等群众团体。利用本社团资金、人员、设备、场所等条件，为本社团成员提供法律援助。目前这类社团约有上万家，它们一般采取依托本社团内的维权部门设立法律援助分中心或法律援助工作站的办法，也有少数成立了独立的法律援助中心，如一些妇女法律援助中心、职工法律援助中心。其工作人员主要是一些有经验的社会工作者，其中有一些是法律专业人员。

2. 法学院校。目前，全国大约有三四十所法学院校在开展法律援助工作。法学院校的法律援助工作主要有两种类型：一是学生自发组成社团组织开展法律

援助活动。二是由法学教师负责指导，以高年级学生为主参加的诊所教育项目。主要代表有武汉大学、北京大学、人民大学、清华大学、中国政法大学等。

3. 民间组织。这一类数量很少。它们自筹资金，针对特定的对象有选择性地提供法律援助。其工作人员一般都是法律专业人士，多数具有律师身份。

（三）经费来源

1. 群众团体主要是在各团体办公、业务经费中挤出一部分保障法律援助工作日常开支，个别由编制部门批准的机构则由政府拨款。

2. 法学院校中的学生社团组织，一般是由团委出一部分活动经费，或是获得一些社会捐助。诊所教育活动经费则主要来源于一些境外的资助。

3. 民间组织多是自筹资金，其中有些有外资捐助。

社会组织人员接受政府法律援助机构的指派办理案件，会按照地方政府的规定标准从法律援助机构得到补贴。

（四）受援对象和方式

1. 受援对象：通常为本团体的工作对象，如经济困难的职工、农民工、残疾人、未成年人、妇女、老年人等。

2. 服务方式：解答咨询、代书、非诉讼调解等业务，经当地法律援助机构指派办理少量的诉讼案件。

一些作为政府法律援助机构工作站点的群团组织和法学院校的法律援助组织，一方面负责对上门求助的公民提出的法律援助申请进行初步审查，认为符合法律援助条件的转交地方政府的法律援助机构；另一方面接受政府法律援助机构安排办理一些案件。

除对个案提供指导和帮助之外，在一些具有纪念意义的日子，如"三八妇女节"、"全国助残日"等，各级社会团体还组织全国性的法律援助活动，积极开展宣传、法律咨询等活动。

（五）存在的问题

1. 从业人员素质参差不齐。群众团体及法学院校的法律援助组织从业人员中取得律师资格或其他法律资格的比例较大，但人员数量较少，拓展业务空间难。民间法律援助组织中取得律师资格或其他资格的比例较小，尤其是一些地区组建的法律援助志愿者队伍中，大多数志愿者有从事法律援助工作的热心，但缺乏必要的基本技能。一些高校法律援助机构难以吸纳社会法律援助人才，唯一可以依托的是学生骨干，但数量有限且流动性强。面对越来越多的社会新兴热点问题，对法律援助的要求越来越高，如劳资纠纷、城市拆迁、房产交易矛盾等，都对法律援助人员提出了挑战。

2. 经费困难。除个别经编制部门批准的外，其他社会组织基本上没有专项

经费或者经费有限，其业务活动受到很大制约。高校法援组织的经费几乎全靠外界提供，没有稳定的来源。以武汉大学为例，中心资金分别来自福特基金会资助、学校拨款、律师事务所及校友捐赠等渠道。从 2002 年起，福特基金会基本停止了资助。中心也曾试图进行社会融资，但效果不理想。一些学校的大学生进行法律援助时，对于诸如电话费、交通费、邮资等费用，有时也要自行垫付。

3. 管理与监督滞后。《法律援助条例》原则规定，鼓励和支持社会组织利用自身资源开展法律援助活动，但对其如何管理和监督却没有明确规定，对一些民间组织滥用"法律援助"而破坏法律援助声誉的情况缺乏有效的监管机制。

二、法律援助在高校的发展

（一）诊所式法律教育项目的兴起

在国外，法学院校的学生和教员志愿参与法律援助的情况非常普遍，其组织形式在美国称为"诊所"，在荷兰称为"法律商店"。诊所式法律教育兴起于 20 世纪 60 年代的美国，强调培养学生的实践能力和社会公益意识，基本模式是让学生在老师的指导下，主要在公益性法律实务中"寓学于行（learning by doing）"。进行法律援助性质的公益性服务是当今美国法学教育中不可或缺的重要组成部分。诊所式法律教育的首要目的是培养高素质、具备一定司法实践的法律人才。对弱势群体进行法律援助无疑是实现这一目的的最好途径。

20 世纪 90 年代末，中国高校也引入了诊所式法律教育。许多法律院校还建立了学生法律援助机构，将学生的专业知识运用到实践工作中。近年来我国法律院校参与法律援助的广度和深度均有所扩大，一方面将法学教育与社会实践较好地结合起来，另一方面为我国的法律援助工作提供了巨大的智力支持。

武汉大学社会弱者权利保护中心成立于 1992 年，是我国首家依托高校、为社会提供公益服务的民间法律援助机构。该校在法学院大三学生中挑选专业成绩优、实践能力强、社会责任感及服务热情高的志愿者，在老师的指导下，处理接待当事人、分析案情、调查取证、参与调解、撰写文书、代理诉讼等各个环节的工作。

中心的成功，带动了全国一批高校走上法援之路。北京大学、清华大学、中国人民大学、复旦大学、中国政法大学、厦门大学等高校都较早地建立了相应机构。它们以法学院系学生为主体，在教师指导下代理法律援助案件。高校法律院系的学生以青年人特有的热情和社会良知，积极投入到法律援助事业中来。这些高校学生法律援助组织成为法律援助的一支生力军。

（二）实践意义

1. 缓解法律援助的供需矛盾。我国法律援助制度面临着十分突出的供需矛盾。由于法律援助人才供给不足，我国约有3/4应援助的案件未得到援助。高校学生参与法律援助成了政府法律援助的有益补充。例如，中国人民大学志愿者法律援助中心，总体规模均在百人以上，由研究生及中高年级本科生组成，并有 8 名教授担任顾问。每一年法援中心招募志愿者时，法学院的同学都排着长队来面试。大家都抱着"以奉献激扬青春，以知识回馈社会"的热情，迫切希望加入到法律援助志愿者中来。

2. 培养学生的社会责任感，锻炼他们解决实际问题的能力。高校大学生法律援助的日常工作主要是接待来访咨询者、电话咨询、信函回复，提供诉讼支持，如代写法律文书、帮助调查取证等，并对少数案件进行诉讼代理。法律援助的主要对象是贫者、弱者和残疾者，法律援助工作洋溢着浓厚的人道主义精神。大学生参加法律援助工作就能直接面对这些社会问题，了解群众疾苦，并在提供法律援助过程中增强社会责任感和使命感。此外，一些高校在常规提供法律援助服务中，还大胆探索公益诉讼的道路。为培养学生良好的社会责任感和正义感，高校法律援助组织通过发挥参与公益诉讼案件的学生和指导教师的专业优势，用自己微薄的力量，针对自行设计的个案来呼吁社会关注相关现象。例如，首都经济贸易大学法律诊所在近几年策划并提起的"诉家乐福发票案"、"高校教师洗牙费案"、"诉烟草公司不当宣传案"、"诉大鸭梨饭店收费筷子案"等公益诉讼，都是于细微处让全社会受益的。

3. 大学生从事法律援助工作与大学法学教育很好结合，为法学院系的学生提供了一个实践的窗口，促进了法学教育方式的改革。例如，武大社会弱者权利保护中心将教学、实践和科研融为一体，每年利用假期组织学生进行普法宣传和社会调查。中心还编写了一套关于弱者权益保护理论与实务的丛书，免费赠送给前来求助的人们。中南财经政法大学法律援助中心以"在有限的资源下探索更加有效的援助方式"为目标，一方面通过建立民间调解中心，促进劳动争议及时解决；另一方面将视野从个案转向群体，大力开展社会调查，进而通过提案、研讨等方式引起相关部门的关注。中心进行的关于武汉市外来务工者权利保护等三项专题调查，均引起了较好的社会反响。

（三）存在的问题

诊所式法学教育在中国经过了几年的探索与发展，在实践中却出现了当事人对学生不信任、法院对公益诉讼不重视、社会对学生的行为不理解等问题，让有着培养高素质法律人才初衷的诊所式法学教育，几乎面临着举步维艰的尴尬境地。

1. 身份缺乏保障。高校中的法律援助机构，其服务的主体是在校大学生，而这些学生大多数并没有律师执业资格证书，因而，在办理具体案件时，会遇到很大困难，如查阅案卷、调查取证等工作无法独立完成。在刑事诉讼中，只能够以其他辩护人身份参加，相对律师而言，在取证、会见犯罪嫌疑人和被告等方面具有更大难度。同时，当事人都希望寻求"诊所"教师的法律帮助，而对安排为

之服务的经验不足的学生常常不予认可。因此，如何解决好最大限度保证当事人的权益与让法律诊所中每个学生都得到锻炼和培养之间的矛盾，是摆在所有法律诊所面前的首要问题。

2. 业务发展空间有限。法律诊所学生一般为大二、大三的高年级学生，学习任务重、时间有限，而法律援助往往要花较多时间和精力；同时，诊所课程一般只有一个学期，学生流动性大，而一些法律援助案件耗时长，一些案件不得不中途换人，由此可能对案件造成一些影响。考虑到这方面的因素，一些高校法律援助组织明确规定不接受外地案件，不接受标的较高的民事案件以及明显超出学生能力的案件，从而在案件受理方面缺乏空间。

3. 管理机制有待规范。法律援助的正常有序运作需要建立一套比较完整的制度，包括值班制度，案件受理、分配、承办制度，案情讨论制度，反馈制度等。但目前一些高校的法律援助机构尚未根据自身的情况制定一套比较合理、完整的制度。同时，在内部管理方面也缺乏规范。例如，缺少对大学生参与法律援助活动必要的奖惩机制。

4. 公益诉讼实践举步维艰。公益诉讼案件的特点是争议标的小、发生频率高、影响范围广，但由于我国目前支持公益诉讼的相关法律制度并不完善，因而，高校的法律援助机构在开展公益诉讼时常常面临着许多困难和阻力，比较典型的就是立案难。有些时候，此类诉讼还被看作是学生们在哗众取宠，从而严重损害了学生们的积极性。

三、法律援助志愿者

（一）法律援助志愿者的概念

法律援助志愿者就是利用自身的法律知识和技能，以免费服务形式自愿提供法律援助服务的人员。

《中国青年志愿者注册管理办法（试行）》规定："志愿者是指不为物质报酬，基于良知、信念和责任，自愿为社会和他人提供服务和帮助的人。"

根据《司法部、共青团中央关于实施法律援助志愿者服务计划的通知》规定，法律援助志愿者报名时，应在所在地区或单位的青年志愿者组织就近就便注册登记，成为中国注册志愿者。根据这一规定，法律援助志愿者专指经过注册的志愿者，绝大部分律师、基层法律服务工作者虽然都曾经做过志愿者，但基本上都没有经过注册，他们主要是通过接受法律援助机构的指派办理法律援助事务。因此，本节所说的法律援助志愿者主要是指《司法部、共青团中央关于实施法律援助志愿者服务计划的通知》中规定的注册法律援助志愿者。

（二）法律援助志愿者的特征

1. 志愿从事法律援助服务工作。

2. 无偿从事法律援助服务工作。

3. 从事多种形式的法律援助服务工作。

（三）法律援助志愿者组成

我国的法律援助志愿者主要包括：

1. 法律院校的师生。法律院校的学生是法律援助志愿者中一个数量较大的群体，在法律援助志愿服务活动中扮演了重要的角色。

2. 离退休司法人员。

3. 掌握法律知识的一般社会主体。

四、法律援助志愿者的资质

法律援助志愿者是利用自身的法律知识和技能，以免费服务形式自愿提供法律援助服务的人员。由于其提供的是一种法律服务，因此，除了具备志愿者的基本条件外，法律援助志愿者必须具有提供相应的法律援助服务的资格或者能力。根据团中央和司法部的有关规定，对于法律援助志愿者的资质有以下两方面的基本要求：

（一）满足基本条件要求

按照《中国青年志愿者注册管理办法（试行）》的规定，要成为志愿者，必须具备以下基本条件：

1. 年满 14 周岁。按照《司法部、共青团中央关于实施法律援助志愿者服务计划的通知》的要求，年龄一般在 20～60 岁之间。

2. 具有奉献精神。

3. 具备与所参加的志愿服务项目及活动相适应的基本素质。按照《司法部、共青团中央关于实施法律援助志愿者服务计划的通知》的要求，需大专以上学历，身体健康，具备相应法律专业知识或资格。

4. 根据自身愿望和条件至少选择一个志愿服务项目，从事一定时间的志愿服务工作。

5. 遵纪守法。

（二）具有提供相应的法律援助服务的资格或者能力

1. 具有相应的法律服务职业资格。是指具有律师执业证、基层法律服务工作者证。

2. 必须具有和所从事法律援助服务相适应的专业知识。对于不具备法律服务职业资格的法律援助志愿者来说，一般只能做一些诸如接待咨询、代书、提供法律意见、调解、宣传、处理法律援助的文件档案等辅助性工作，或办理一些情节简单、性质轻微或者不需要法律职业资格的案件。但是仍然要求他们具有相应的专业知识，否则无法开展工作。

五、法律援助志愿服务计划

从 2002 年开始，司法部和共青团中央共同实施了"法律援助志愿者计划"，动员社会各界、特别是青年人才通过志愿服务方式积极投身法律援助工作，取得了良好的效果。据统计，2009 年，已有84 108人报名成为注册法律援助志愿者，并在法律援助机构组织下办理诉讼和非诉讼法律援助事项 6350 件。法律援助志愿者在协助法律援助机构维护贫弱当事人合法权益、维护社会稳定方面作出了积极贡献，推动了法律援助和志愿服务事业的发展。

（一）主要任务和方式

法律援助志愿者服务计划的主要任务是：动员和组织法律界以及热心法律援助的各界志愿者参与法律援助工作，开展普法宣传、法律咨询、法律培训等方面的志愿服务，为建设社会主义法治国家贡献力量。其实施方式包括：

1. 专业法律援助。按照国家法律规定和服务对象的实际需要，招募专业法律人才作为法律援助志愿者，在各级司法行政机关所属法律援助机构的指导下，为符合援助条件的当事人提供专业法律援助服务。

2. 社区法律援助。依托各级法律援助中心、青年志愿者服务站，组织法律援助志愿者开展面向普通居民的形式多样的普法宣传、法律咨询等方面的志愿服务工作。

3. 远程法律援助。依托中国志愿服务网等网站，建立法律援助服务网点以及需求信息库，实现供需信息的网上对接。

4. 西部普法宣传。配合西部大开发战略的实施，与东西部对口法律援助、大中学生志愿者三下乡、青年志愿者扶贫接力计划等工作有机结合起来，招募法律援助志愿者前往中西部贫困地区开展法律援助制度普法宣传活动。

5. 法律援助培训。定期开设法律援助志愿者培训班，邀请法律专家开办专题讲座、案例分析等培训活动，不断提高法律援助志愿者的服务水平。

6. 志愿捐助。组织和动员社会各界捐赠款物支持法律援助志愿服务工作。

（二）实施范围

2003 年开始，司法部、团中央选择部分省（区、市）进行试点，在总结经验的基础上，逐步在全国推展开。目前，已在北京、上海、天津、重庆、辽宁、山东、江苏、浙江、安徽、广东、湖北等省、市组织法律援助志愿者专项注册试点工作。

（三）招募对象与方式

1. 招募对象。法律援助志愿者属于中国青年志愿者的一部分。志愿者主要在县级以上城市招募，同时也欢迎其他城镇的志愿者参与。报名者应符合法律援助志愿者的资质条件要求。

2. 招募方式。招募工作应坚持公开招募、自愿报名的原则。

（1）社会招募，即通过新闻媒体和其他形式发布招募启示，举办招募说明会，开展各种宣传活动，面向社会公开招募志愿者。

（2）组织招募，即各级司法行政管理部门、团组织、志愿者组织在当地党委、政府的领导和支持下，按照有关规定，通过组织系统开展动员工作。

法律援助志愿者报名时，应在所在地区或单位的青年志愿者组织就近注册登记，成为中国注册志愿者。

（四）组织管理

法律援助志愿者服务计划由司法部、共青团中央共同组织实施，并成立中国青年志愿者协会[1]法律援助志愿者分会，负责规划、协调、指导全国法律援助志愿服务的各项工作，筹划、组织全国性法律援助志愿服务活动，推动实施长期工作项目，配合每年全国青年志愿者行动"十杰百优"评选表彰工作，推荐参评人选，并组织法律援助志愿服务的专项宣传、表彰活动。

分会秘书处现设在司法部法律援助工作司。各省（区、市）司法厅（局）、团委根据实际工作需要建立相应的组织机构，并推荐司法厅（局）分管厅（局）长、团委分管书记担任中国青年志愿者协会法律援助志愿者分会执委，推荐法律援助机构、青年志愿者协会秘书处负责人担任分会委员。

（五）政策保障

1. 法律援助志愿者服务计划是促进法律援助社会人力资源开发的一种重要方式。各级司法行政管理部门、团组织应当结合实际制定具体政策，鼓励社会各界、特别是法律工作者或法律院校师生积极参与。

2. 企业向中国法律援助基金会、中国青年志愿者协会以及各级法律援助机构、志愿者组织或中西部贫困地区捐赠款物的，享受国家规定的税收优惠政策。

【学习情境4】　法律援助经费[2]

一、法律援助经费及其构成

（一）法律援助经费的概念

法律援助经费指政府设立的法律援助机构（以下统称为"法律援助机构"）

---

〔1〕　中国青年志愿者协会，成立于1994年12月5日，是由志愿从事社会公益事业与社会保障事业的各界青年组成的全国性社会团体，是中国共产主义青年团中央指导下的，由依法成立的省、自治区、直辖市青年志愿者组织和全国性的专业、行业青年志愿者组织和个人自愿结成的全国性的非营利性社会组织，是全国青联团体会员，联合国国际志愿服务协调委员会（CCIVS）联席会员组织。

〔2〕　本节内容参见宫晓冰主编：《中国法律援助制度研究》，中国方正出版社2004年版，第十二章。

办理法律援助事项所需的经费，即通常所说的法律援助业务经费。

（二）我国法律援助经费的特征

1. 法律援助经费的来源主要是政府财政预算拨款，辅以少量社会捐款。

2. 法律援助经费的使用主体是各级政府设立的法律援助机构。根据《法律援助条例》规定，法律援助机构负责受理、审查法律援助申请，指派或安排人员提供法律援助。法律援助机构在收到规定的结案材料后，应当向受指派办理案件的律师或接受安排办理法律援助组织的人员支付法律援助办案补贴。

3. 法律援助经费必须专款专用。《法律援助条例》第 3 条第 2 款规定，法律援助经费应当专款专用，接受财政、审计部门的监督。

目前，大部分省级司法厅、财政厅制定了法律援助经费管理办法，一般都规定业务经费必须用于承办法律援助事项、开展法律援助宣传、调研、培训、表彰、奖励、卷宗档案管理等开支项目。

（三）法律援助业务经费的构成

1. 办案补贴支出。

2. 其他业务经费支出。包括法律援助机构人员办理案件的成本费、宣传、培训、调研等费用。

二、法律援助经费的来源

《法律援助条例》第 3 条规定："法律援助是政府的责任，县级以上人民政府应当采取积极措施推动法律援助工作，为法律援助提供财政支持，保障法律援助事业与经济、社会协调发展。"落实政府责任，为法律援助提供财政支持最重要的形式就是将法律援助经费纳入财政预算。《法律援助条例》在规定政府责任的同时，还在第 7 条明确规定："国家鼓励社会对法律援助活动提供捐助。"社会捐助作为财政拨款的补充，也成为法律援助经费的一个重要来源。

（一）政府财政预算拨款

1. 同级财政预算拨款。除了《法律援助条例》的规定外，司法部、民政部、财政部、劳动和社会保障部、国土资源部、建设部、卫生部、国家工商行政管理总局、国家档案局 9 部门联合下发的《关于贯彻落实〈法律援助条例〉切实解决困难群众打官司难问题的意见》也明确规定："为保证条例的顺利实施，各级人民政府要按照条例的规定，根据本行政区域的经济发展水平及财力状况，将每年法律援助所需要的经费数额，逐步纳入年度财政预算。"同时，各省、自治区、直辖市的法律援助地方立法以及法律援助经费管理办法基本上都规定了县级以上的人民政府应当将法律援助经费纳入同级财政预算。

目前，全国大部分地方的法律援助经费已经列入了财政预算。河北、内蒙古等 12 个省级财政已落实农民工法律援助专项经费。为适应死刑二审开庭审理的

需要，江西、湖南、黑龙江等20个省还落实了死刑二审专项经费制度。

但是，法律援助经费工作还有很长的一段路要走，目前全国还有一些地方的法律援助机构的业务经费没有纳入财政预算，一些地方虽然纳入了预算，但是数量很少，不能满足开展工作的需要，个别地方甚至不能保证及时足额拨付。还有一些地方的法律援助经费与刑释解教经费、法制宣传经费、法律服务管理经费等捆绑在一起。随着农民工法律援助案件大量增多，各地经费压力进一步增大。

2. 中央补助地方法律援助办案专款和省级法律援助专项经费。2005年，财政部、司法部制定了《中央补助地方法律援助办案专款管理暂行办法》。中央补助地方法律援助办案专款是为落实《法律援助条例》，帮助经济不发达地区解决法律援助经费困难，促进不同地区法律援助工作的协调发展，由中央财政专项安排的补助地方办理法律援助案件的专项资金。法律援助办案专款的投向地点是国家级和省级扶贫开发工作重点县（市、区）以及经费保障能力较低的其他困难县（市、区）法律援助机构（含未单独设立法律援助机构，承担法律援助任务的县、市、区司法局，下同）。

根据9部门文件的规定，省级财政部门应设立法律援助专项经费，对省内贫困地区予以补助。截至目前，广东、重庆、浙江等20个省（区、市）设立了法律援助专项经费。

（二）社会捐助

我国是一个发展中国家，法律援助的经费短缺问题将在一个相当长的时间内存在，解决法律援助的供需矛盾，完全靠政府的力量是远远不够的，必须动员广大人民群众，依靠全社会的力量参与，探索建立资金筹措的社会化、经常化机制，充分利用社会财力（包括外国资金），发展法律援助事业。据统计，2009年，全国社会捐助的法律援助经费数额为266.42万元。

三、法律援助业务经费的使用

（一）办案补贴支出

1. 补贴原则。《法律援助条例》规定法律援助办案补贴标准由省、自治区、直辖市人民政府司法行政部门会同同级财政部门，根据当地经济发展水平，参考法律援助机构办理各类法律援助案件的平均成本等因素核定，并可以根据需要调整。同时，办案补贴要能够弥补律师办案成本支出，以保证法律援助工作正常开展。

目前，31个省级地方以及新疆兵团都制定了法律援助办案补贴标准，并随着经济社会发展和办案的需要进行了调整和提高。从制定这一标准的形式来看，北京、山西、山东、广东等地专门制定了补贴标准文件，更多的地区是作为经费管理文件的一项内容，还有的是规定在法律援助工作综合性文件中，如内蒙古自治区。

2. 补贴标准考量的因素。各地在制定补贴标准时考虑的主要因素有三个：

（1）是否跨行政区域。仅以办理的案件或事项是否跨县市省作为考虑因素，如浙江、山东、江苏、山西、河南、甘肃、安徽等。例如，安徽省规定：在本县、本市区内办案的，每件补贴 260～600 元，国家、省级贫困县每件不低于 150 元；跨县（市、区）办案的，每件补贴 500～1000 元，国家、省级贫困县每件不低于 350 元；跨省、省辖市办案的，每件补贴 800～1200 元，国家、省级贫困县每件不低于 500 元。

（2）案件类型。仅区分刑事、民事、行政案件，如北京、湖南、云南等。四川、黑龙江、辽宁、湖北、陕西等地则综合考虑是否跨省市县及案件类型。例如，黑龙江省的标准规定：①在本市、区、本县（市）办理案件的，刑事案件每件 350～700 元；民事、行政案件每件案件 450～900 元。②在本省辖市内跨县（市）办理法律援助案件的，刑事案件每件 450～900 元；民事、行政案件每件 550～1100 元。③跨省辖市办理案件的，刑事案件每件 600～1200 元；民事、行政案件每件 700～1500 元。④跨省办理案件的，刑事案件每件 800～2000 元；民事、行政案件每件 1500～2000 元。⑤律师超过核定义务量承办案件的费用补贴，按照每件办案定额补贴标准再增加人民币 200～500 元。⑥属群体上访、跨年度的重大疑难案件，或者因案情复杂、路途遥远及其他客观原因，致使差旅费支出数额较大的，经法律援助机构审核后，报同级财政部门审核同意，可适当增加补助费或者据实报销。

（3）省内不同地区经济状况。综合考虑省内不同地区经济状况、案件类型、是否跨县市省以及其他因素等。例如，广东省根据经济发展水平将省内划分三类地区，并且区分案件类型、所处阶段、办案是否跨县市省等。该省将刑事案件分为侦查、审查起诉、一审、二审的不同阶段，并区分提供不同的服务、确定不同的补贴标准。民事、非诉讼法律事务则以法律事务的所在地区为确定标准的主要依据。

3. 补贴对象。

（1）受指派办理法律援助案件的社会律师。

（2）接受安排办理法律援助案件的社会组织人员。

（3）接受安排办理法律援助案件的基层法律服务工作者。根据司法部制定的《律师和基层法律服务工作者开展法律援助工作暂行管理办法》以及各地规定补贴标准的文件，基层法律服务工作者办理法律援助案件也可以领取补贴。但从法律援助实践来说，法律援助办案补贴主要支付给律师。

4. 补贴所涉及的事项范围。

（1）承办法律援助案件的办案定额补贴。法律援助案件包括刑事案件、民

事和行政案件、仲裁、劳动争议、申请执行及申请再审案件。

（2）参与法律援助值班，接待来访、信访、咨询，代拟法律文书，出具法律意见书等事项中一项或几项的补贴。

（3）超过核定义务量承办案件的法律服务费用补贴。

5. 补贴标准类型。

（1）规定了幅度范围，并要求下级部门落实具体标准，如湖南、四川、山东、湖北、江苏、黑龙江、甘肃、浙江、河南、云南等；广东省则授权地级市司法行政部门和财政部门可根据当地经济发展水平另行制定补贴标准。根据案件类型、复杂程度、是否跨地区等因素，确定每一种案件类型的幅度范围。例如，海南省规定：承办刑事辩护案件的，在本市县内办理的，每件补助200元～500元；跨市县办理的，每件补助300元～1000元；跨省办理的，每件补助1200元～3000元。承办民事代理案件的，在本市县内办理的，每件补助200元～800元；跨市县办理的，每件补助300元～1500元；办案难度较大，支付办案费数额较大的（含跨省办理的民事案件），可视情况在补贴标准之外，经审批可实报实销。代书法律援助文书的，每件补助50元～100元；在法援机构接待群众来访、电话咨询的，每一个工作日补助50元～70元。

（2）采取定额标准，如北京、青海等。例如，北京规定，在法律服务中心值班的律师，每受理一起刑事案件，能够得到1000元的补助，受理一起民事案件，能够得到1500元的补助。

（3）特殊规定标准。

标准一：在完成规定义务量后再接受指定办理法律援助案件的补贴标准。例如，山西在原标准两倍内按实际发生的合理费用支付；河南增加100～500元；黑龙江增加200～500元。

标准二：案件成本支出较多的增加补贴。例如，湖北、云南、河南、浙江、山西适当增加补贴；广东、山东、江苏、甘肃在标准的两倍之内给予补贴；四川、辽宁、陕西、黑龙江适当增加或据实报销。

标准三：非因承办人员原因终止援助的补贴方法。例如，广东规定未开展实质性工作，不支付补贴，开展实质性工作，减半支付补贴；山东、陕西规定酌情给予补贴。

6. 补贴程序。办案补贴的发放程序，一般是规定法律援助人员在援助案件办结后的15个工作日内，有些省规定30个工作日内，向法律援助机构提交案件档案，填写法律援助办案补贴审批表，经法律援助机构审核后，按标准确定具体的补助金额，从法律援助专项经费中支付。

法律援助案件、事项由法律援助机构统一审查、统一受理、统一指派、统一监督，未经法律援助机构审查、批准、指派，法律援助机构不承担办案补贴费用。

一般有下列情形的则不予支付补贴：

（1）法律援助人员办理法律援助事项收取受援人财物的；

（2）擅自终止或者转委托他人办理法律援助事务的；

（3）经法律援助机构或者其他有关机关对法律援助事项监督检查，认定为办理质量不合格或者不负责任给受援人造成损失的；

（4）有事实证明法律援助人员不履行职责而被更换的；

（5）法律援助人员结案归档时所提交材料不符合要求，或者经修改或补足后仍不能达到规定要求的。

（二）其他开支

1. 法律援助机构工作人员办案成本费，主要包括差旅费、文印费、通讯费、调查取证费、伙食补助费等。

2. 仲裁费与鉴定费。对于受援人败诉的案件，受援人交纳仲裁费用和鉴定费用确有困难的，由法律援助机构承担相应的费用。

3. 法律援助卷宗档案管理和法律援助业务文书印刷费用。

4. 开展法律援助工作支出的费用，包括宣传、教育、培训、调研、检查、指导、表彰、奖励等。

5. 购置法律援助资料、有关设备，印制法律援助业务资料、文书等费用。

6. 法律援助业务的研讨、座谈，对外学习交流等费用

7. 其他经财政部门批准应由法律援助经费列支的其他费用。

背景资料一

优质高效的法律援助送到群众身边[1]
——法律援助条例实施十周年座谈会侧记
法制网记者 周 斌

"法律援助是社会稳定的'减压阀'，社会公平正义的'保障器'。要大力推进法律援助事业，让更多的困难群众享受到这项政府免费提供的法律服务。"在 9 月 26 日召开的《法律援助条例》实施十周年座谈会上，与会代表一致对近年来法律援助取得的成就高度赞赏，对今后进一步做好法律援助工作充满信心。

---

[1] 本文原载于《法制日报》2013 年 9 月 26 日。

会上，来自上海、江苏、湖北、山西、甘肃等五个省、市司法厅（局）的代表作了发言交流。

法律援助办案量大幅上升

2003 年以来，甘肃省法律援助办案数量年均增长 30% 以上，受援人数累计达 12.36 万人，2012 年办案数量比 2003 年增长 8.1 倍。

不仅仅是甘肃，记者在会议上了解到，这十年来，全国各地均大幅降低了法律援助门槛，法律援助人数大幅上升，惠及更多困难群众。

"这些年，江苏不断扩大法律援助范围，2005 年将人身损害赔偿、家庭暴力等事项纳入法律援助，2010 年又将征地拆迁、环境污染等纳入。"江苏省司法厅副厅长许同禄说，10 年来，全省办理法律援助案件 42 万余件，法律援助办案总量连续多年保持全国领先。

2012 年，山西省将涉及人身损害赔偿等案件纳入法律援助范围，同时，将经济困难标准确定为最低生活保障线 2 倍以下，老年人、未成年人等放宽到 2.5 倍以下，全省符合法律援助条件的群众由不到 250 万扩大到近 600 万。当年，全省法律援助办案量就从原来的年不足 5000 件增加到 2.4 万余件。

在法律援助中，刑事法律援助是重中之重，也是目前法律援助工作的薄弱环节，申请渠道不畅、衔接不够紧密等问题较为普遍。

上海市司法局局长郑善和介绍说，上海通过三项举措解决这一问题：新刑事诉讼法颁布后，公检法司联合出台文件，明确刑事法律援助工作的管辖、扩大通知辩护的适用情形等；司法局与市高级人民法院达成共识，将可能被判处三年以上有期徒刑的被告人纳入通知辩护的范围，部分区县试点轻伤害和未成年人案件刑事和解的法律援助；在看守所建立法律援助工作站或联络点，由法律援助值班律师提供法律咨询、代理申请法律援助。

2010 年以来，上海刑事法律援助案件年增长 30% 以上，为近 2 万名犯罪嫌疑人、被告人提供了法律援助。

便民化方便群众就近申请

对群众而言，法律援助不仅是一项免费的法律服务，而且还是一项便捷的法律服务。

湖北、江苏等地按照临街、一层、无障碍通道等要求，加强法律援助基础设施建设，方便群众就近、快捷、及时获得法律援助服务。积极推进便民服务窗口建设，设立了专门的等候区、咨询区、案件受理区。

"我们在所有司法所及部分看守所、法院和律师事务所，设立了法律援助接待窗口，方便群众就近申请。"山西省司法厅厅长崔国红说。

同时，各地大力加强基层法律援助工作站点建设。江苏在乡镇（街道）司法所和工、青、妇等社会团体建立法律援助工作站 2194 个，在法院、检察院、劳动仲裁等单位建立工作站点 913 个，在律师事务所设立代办点 950 个，形成了法律援助农村一小时、城市半小时的服务圈。

针对低保人群和符合条件的农民工、残疾人、孤寡老人等特殊群体，甘肃、山西、湖北等地均发放法律援助卡，不用经济困难审查，有诉求直接受理。

甘肃省司法厅厅长杨景海告诉记者，甘肃在部分市县探索推行了"一卡三通"法律援助便民模式，联合民政、卫生部门在困难群众办理社保低保、医保时，把法律援助纳入一卡服务范围。

湖北、江苏等地还建立了电话、网上预约服务机制，对残疾人、重病人、高龄者实行预约上门服务。

在法律援助工作中，各地普遍建立的"12348"法律服务热线已广为人知，专职律师值班，24 小时不间断服务，受到了人民群众广泛赞誉。

全程动态监督提办案质量

办案质量是法律援助的生命线。近年来，各地纷纷规范案件受理标准，完善案件指派制度，科学分案指派到位，探索建立了案件质量跟踪反馈、结案回访、结案评估等工作机制，确保法律援助案件的质量，让群众满意。

"上海对法律援助案件建立了案前的风险评估机制、案中的动态监控机制和案后的质量评估机制，提高法律援助办案质量。"郑善和举例说，法律援助机构根据案件的风险等级设置监控节点，采取重点督办、回访受援人、旁听审理、调取办案卷宗等方法，对案件办理过程动态跟踪监督。

山西省建立了法律援助机构首问负责制、限时办结制、重大援助案件检察官庭审旁听制、案件异地协作制、受援人电话回访制度，广泛开展法律援助案件质量评查活动，多种途径提升办案质量。

湖北省司法厅副厅长马安骏介绍说，湖北通过提升办案人员的专业化保障办案质量。通过健全学习研讨制度，定期开展业务培训，增强法律援助工作者的政策理论水平和依法执业能力，进一步提高法律援助业务技能。

各地还将办案质量的评判权交给群众，将群众满意度作为衡量评价法律援助办案质量的标准。同时，进一步完善法律援助办案质量奖惩机制，将办案补贴与办案质量挂钩。

"江苏省建立了法律援助受援人满意度服务评价制度，制发了统一的服务质量测评表，让受援人对来访接待、受理审查、案件办理等环节进行评价，受援人满意度在 99% 以上。"许同禄表示。

制度保障促法援事业发展

法律援助事业要长远健康发展，离不开完善的制度保障和有力的经费保障。为此，湖北、甘肃、山西等地大力加强法律援助制度建设，不断提高经费保障水平。

杨景海告诉记者，省人大常委会于 2011 年审议通过《甘肃省法律援助条例》，为全省法律援助工作发展提供了重要政策法律支持。此后，司法厅先后制定了《甘肃省法律援助经费使用管理办法》、《法律援助案件评查标准》等一系列制度规定，健全了科学有效的工作机制，保障了法律援助工作有效开展。

"我们提请省政府成立了法律援助工作协调小组，省高院、省检察院、省财政厅等 18 个单位为成员，共同协调解决法律援助工作中的困难和问题，为法律援助工作开展提供了有力的组织保障。"马安骏说。

在此基础上，各地法律援助经费近年来持续增加。

10 年来，江苏省累计投入法律援助资金 4 亿多元，年均增长 32%；2012 年，湖北全省共投入法律援助经费 5292 万元，其中财政拨款 5091 万元，分别比上年增长 25%、23%，是 2006 年的 5.6 倍和 5.5 倍。

许同禄介绍说，2007 年，江苏省财政建立了法律援助专项资金，补助经济困难地区办理法律援助案件，2012 年为 1500 万元，补助的覆盖面由 43 个县（市、区）增加到 61 个。同时，全省先后建立了省和地级市法律援助基金会 4 个，为法律援助案件办理、工作站建设提供了资金支持。

几位发言代表一致表示，今后将进一步推动加强法律援助的经费保障，完善法律援助工作、管理制度，让更多人民群众享受到优质高效的法律援助。

背景材料二

谁来为法律援助"撑把伞"[1]

本报记者　陶　涛

宁夏回族自治区开展法律援助工作已有 10 年。10 年来，我区各级法律援助机构和法律援助服务人员共办理各类法律援助案件 17 600 余件，为近 50 万贫弱群众提供了法律帮助。然而，法律援助在向贫弱者伸出援助之手的同时，却面临着经费短缺、法律援助工作者队伍有待壮大等现实问题，法律援助亟待"援助"。

记者日前在宁夏法律援助中心农民工工作站看到，一间办公室、一间会客室，为前来寻求法律帮助的农民工提供了一个来访、咨询的场所。这家我区首家农民工法律援助机构——正义达律师事务所挂牌成立后，在一年半的时间里累计办理法律援助案件 102 件，接待农民工现场法律咨询 248 件，接听农民工电话咨询 282 次。工作站工作人员杨娟告诉记者，农民工案件大多为民事、劳动争议案

---

〔1〕 本文原载于《宁夏日报》2007 年 11 月 7 日。

件，律师工作量大，耗费时间长，取证难。加之农民工经济都很困难，律师常常为办理农民工援助案件需要垫付费用。看来，为农民工雨中撑伞的法律援助机构，也面临着现实的困难。

遍地开花，法律援助服务网络不断延伸

我区开展法律援助工作至今已有 10 年。我区自 1997 年将法律援助工作列入"民心工程"以来，通过落实政府责任、建立法律援助网络、扩大法律援助覆盖面等举措，不断推动法律援助工作向纵深发展。

我区现有的 26 个法律援助机构中，行政机构 19 个，事业机构 7 个；依托基层司法所建立了 238 个法律援助工作站。法律援助服务网络进一步延伸，扩大了法律援助的覆盖面。在全区 50% 以上的乡镇（街道）村（居）民委员会设立法律援助工作站（点）的基础上，加快开展法律援助站点建设，全区已有 70% 的乡镇（街道）村（居）民委员会建立了法律援助联系点。2006 年，我区启动了农民工法律援助网络建设工作，建立了区、市两级农民工法律援助网络体系。依托律师事务所建立"农民工法律援助工作站"6 家，专门办理农民工法律援助案件，使农民工话有地方说，苦有地方诉，事有地方管。在区、市两级工作站的带动下，我区在每个外来人员劳务市场设立了法律援助窗口，在条件成熟的中宁县、青铜峡市、灵武市等县区（市）成立了农民工法律援助工作站，农民工法律援助体系不断完善。为了充实法律援助工作者队伍，今年 5 月，我区成立了"宁夏法律援助志愿律师服务团"，将全区 600 多名社会执业律师组织起来，通过志愿律师与基层法律援助工作站"一助一"结对服务，开展乡村行、工地行、社区行、信访行、社保行、狱所行的法律援助六行活动，为全区权利受到侵害、因经济困难无法委托代理人的贫弱群众无偿提供法律援助。

自 1997 年以来，我区各级法律援助机构和法律援助服务人员共计办理各类法律援助案件17 600余件，为近 50 万贫弱群众提供了法律帮助。

十年走过，法律援助亟待"援助"

记者 10 月 29 日从自治区司法厅法律援助工作管理处了解到：从我区法律援助工作现状看，目前仍然存在着一定的困难和问题。据了解，通过政府逐步加大对法律援助工作的经费投入，目前我区 25 个市、县（区）中有 21 个已将法律援助经费纳入本级财政预算。同时，我区通过积极拓展法律援助的社会捐助渠道，有效缓解了法律援助经费困难问题。虽然政府对法律援助工作给予了一定的财力支持，但法律援助专项经费仍然短缺。自治区司法厅法律援助工作管理处工作人员告诉记者，我区每年有近 9000 件法律援助申请，其中近1/2难以实现应援尽援。市县（区）特别是贫困县（区）地方财政给予法律援助经费拨付数量很少，难以满足工作发展需要。律师在代理符合援助条件的案件时，自始至终无偿服务，每件法律援助案件成本补贴只有 200~300 元。

2006 年，《宁夏回族自治区法律援助条例》实施，我区结合实际，在一定程度上扩大了法律援助范围，但目前能够得到援助的只是其中的一部分，无法适应群众日益增长的需求。对于逐年迅猛增长的法律援助案件而言，除了经费显得捉襟见肘外，从事法律援助的专门人才也十分短缺。据了解，我区 26 家法律援助机构设置的性质不统一，属行政编制的 19 个，事业编制的 7 个。143 名法律援助专职人员中，仅有 39 名律师。238 个乡镇法律援助工作站的 440 名工作人员中，没有 1 人具有律师资格。虽然，我区要求每名社会执业律师每年办理法律援助案件不少于 3 件、每名基层法律服务工作者每年办理法律援助案件不少于 5 件，但仍有大量的需要法律援助的社会困难群体得不到及时有效的法律援助，而现有的法律援助工作者又不堪重负。近 3 年来，我区已有近 80 名律师到经济发达的省市执业，致使从事法律援助的专门人才更加短缺。同时，我区法律援助机构的基础建设仍然薄弱，规范化建设面临诸多困难。

宁夏法律援助中心工作人员告诉记者，如今贫弱群体的法律意识虽然有所提高，但对法律援助的知识和实施程序了解的还不够，他们法律常识的缺乏，给办案人员的法律援助工作带来了一定困难。为了保证真正需要法律援助的公民能够及时有效地获得法律援助，公民在申请法律援助时，要按照条例的规定提交相应的证件和证明材料，但有不少到法律援助中心申请援助的公民，提供的证据往往不能保存完好。

自治区司法厅法律援助工作管理处工作人员介绍，法律援助实行"政府主导、社会参与"的原则，只有社会各界更多地关注和支持法律援助事业，更多的人参与到法律援助这项活动中来，法律援助工作才能继续前行。

 讨论与思考

1. 我国法律援助机构及人员是如何构成的？这种构成方式有哪些现实的考虑？

2. 为缓解法律援助机构经费紧张，同时满足一部分不符合法律援助条件，但经济也较困难的当事人的法律救助需要，法律援助机构能否向社会提供有偿法律服务？

3. 法律援助业务经费的补贴标准应该考虑哪些因素？

4. 现有法律援助工作、管理制度应该从几方面保障法律援助事业的顺利发展？

学习单元三　法律援助的申请

【学习目标】
  ● 明确法律援助的申请资格、条件及申请程序，熟悉无须申请即可获得刑事法律援助的情形。

【学习任务】
  ● 能够结合具体案件判断是否属于法律援助的申请范围。熟悉申请法律援助所需要准备的资料及申请的必要手续。

【案例导入】

案例一

武警战士为父追讨劳动报酬案[1]

1998 年 5 月，山东省边防总队战士赵某之父带领 68 名民工承揽了山东桓台某水利工程公司的施工项目。工程竣工后，该公司却迟迟不结算工资款。无奈之下，赵某之父向桓台市法院提起诉讼。经法院判决，被告山东某水利工程公司应赔偿原告工资款、利息及诉讼费共计 180 715.51 元。因山东桓台某水利工程公司工商注册为不具备法人资格的分支机构，由山东水利工程总公司承担连带责任。判决生效后，该公司拒不执行法院判决。几年来，赵某之父一直奔波于申请执行的路上，期间，其他民工见判决迟迟未能执行，认为是赵父将大家的血汗钱私藏起来，为此经常到赵家闹事。2004 年 5 月由于常年多次讨薪未果，而民工又纷纷将矛头对准赵父，致使赵父心力疲惫，饮恨离世。

由于父亲过早离世，母亲在家债务缠身，战士赵某一度情绪反常，严重影响在部队的正常工作。为维护自身合法权益，2005 年 9 月战士赵某通过所在部队法律援助工作站，向济南市法律援助中心提出法律援助申请。经审查，济南市法律援助中心接受赵某的法律援助申请，指派律师武某具伍承办本案。

---

〔1〕　选自熊中元主编：《法律援助读本》，黄河出版社 2008 年版，第 387、388 页。

案例二

焦某继承纠纷案[1]

2010 年 4 月 7 日，在上海某监狱服刑的焦某突然接到法院的一张传票，一位姓宋的女士状告他，要求与其一起分割焦某父亲单位发放的一笔 4 万余元的破产安置补偿款。焦某很是奇怪，急忙打电话询问母亲，得知哥哥同样也收到了这样一张传票。据哥哥回忆，有一个女的曾经和父亲在一起过，但时间不长，父亲 1993 年诊断为肺结核，1998 年开始卧床不起，2001 年病逝。从父亲病重到去世，都没有见到过这位宋女士，父亲生前也没有提起过，现在突然冒出个"后妈"，令人奇怪。焦某认为，如果宋女士真与父亲办理了结婚手续，那么该属于她的，她都可以拿走。焦某想请律师帮自己查明事实真相，但自己在监狱，一无所有，母亲六十多岁，经济上也很困难，哥哥在外地打工，收入微薄。这时，其所在监狱领导提醒他，可以让其母亲到当地法律援助中心咨询，寻求获得法律援助。

2010 年 4 月 14 日，焦某母亲按照儿子的建议，来到株洲市荷塘区法律援助中心，法律援助中心工作人员热情接待了焦某母亲。焦某母亲根据法律援助中心工作人员的指导，提交了相关申请材料。经审查，法律援助中心决定为其提供法律援助，根据案情特点，指派擅长婚姻家庭继承纠纷的律师承办该案。

从本章【案例导入】的两个案例中我们不难发现，当一个人权益受到侵害时，他/她可能寻求专业法律帮助的途径至少有两种：一种是聘请执业律师为其提供服务，这就需要当事人付出相应的律师费用；另一种是在这位当事人符合一定条件的情况下，向相关的法律援助机构申请提供法律援助，当事人不必为此支付相应的办案费用。那么，法律援助是不是对所有当事人都适用呢？答案是否定的，因此，当事人是否具备申请法律援助的资格条件，其所涉法律事务是否为法律援助的事项范围就显得尤为重要。同时，申请法律援助应该由谁提出？到哪里申请？应当提交哪些材料？法律援助机构是如何审查法律援助申请的？……

回答以上问题，简言之，公民在申请法律援助时，应由与案件有利害关系的当事人向法律援助的申请受理机构提出申请，将应提交的材料准备齐全，遵循法定的程序进行申请。法律援助机构也会视申请人的情况对法律援助申请进行审查，以作出是否予以法律援助的决定。上述几个环节相互关联、缺一不可。

---

[1] 选自《中国法律援助》2011 年第 4 期。

【学习情境1】 法律援助的申请条件[1]

一、谁有权申请法律援助——申请资格

（一）法律援助申请人条件

法律援助申请人，也被称为法律援助对象或法律援助的当事人，是指有充分理由证明为保障自己合法权益需要获得法律服务，确因经济困难、无能力或无完全能力支付法律服务费用，向有关法律援助机构提出法律援助申请的公民。由此可见，法律援助申请人需要具备一定的条件，其申请才能获得法律援助机构的批准，成为法律援助受援人，获得法律援助。

在实践中，如何衡量一个人是否符合法律援助条件，能否成为法律援助的对象——受援人，其资格条件与法律援助的服务范围密切相关。因此，不论是申请法律援助，还是要提供法律援助，首先都必须明确申请获得法律援助应当具备什么条件、哪些事项范围可以申请获得法律援助。只有在准确判断的基础上，才能使那些需要帮助的人能够及时获得法律援助。

2003年9月1日起正式实施的《法律援助条例》明确规定了援助对象和法律援助的受案范围。在援助对象上，规定申请法律援助的主体仅限于公民，而不包括法人和其他组织；在受案范围上，仅限于刑事诉讼、民事诉讼、行政诉讼中直接与当事人基本权利和切身利益相关的案件。

1. 法律援助申请人必须是自然人。《法律援助条例》第2条规定："符合本条例规定的公民，可以依照本条例获得法律咨询、代理、刑事辩护等无偿法律服务。"可见，我国的法律援助只针对作为自然人的中国公民，而不包括法人。

2. 法人不能获得法律援助。把法律援助申请人限定为自然人，是世界上大多数国家的通例。例如，英国、美国、德国等都只规定了自然人才可以申请并获得法律援助，而将法人排除在外。法国、加拿大某些省和土耳其的法律规定，非盈利法人可以享有法律援助的权利。奥地利、塞浦路斯等极少数国家和我国澳门特别行政区规定，某些特定的穷人团体或财团法人（多为慈善团体）或组织可以成为法律援助的对象，但它们所谓的法人和社团，也只是指符合一定条件的自然人的组合（如某一团体的大部分成员为经济困难者），而非我们通常意义上所说的法人或社团。

---

〔1〕 本节内容参见宫晓冰主编：《中国法律援助制度研究》，中国方正出版社2004年版，第五章、第七章。

3. 法律援助申请人限于经济困难者。本章【案例导入】的两个案例中，当事人需要法律援助的事项不同，但他们的自身条件有一点相同，就是均为经济困难者。这是因为，法律援助制度是从司法上对经济困难者进行救济的一项制度。当事人经济困难，无力支付法律服务费用，是法律援助的一个基本条件。当然，对于某些特定的刑事案件当事人，依据相关法律规定在需要法律援助时，不受经济困难标准限制。

申请人应当是有充分理由证明保障自己的合法权益需要帮助，且无能力按市场价格支付法律服务费用的经济困难者，包括：①享受最低生活保障金或领取失业保险金而无其他收入，经济困难的；②经济困难的优抚对象；③社会福利机构中由政府供养的收养人员；④农村"五保户"；⑤因自然灾害或其他不可抗力造成经济困难，正在接受国家救济的；⑥国家法律、法规规定应当获得法律援助的。通常包括老年人、未成年人及没有固定生活来源的残疾人等。

《法律援助条例》第17条规定，公民申请代理、刑事辩护的法律援助应当提交"经济困难"的证明材料。那么何为"经济困难"呢？在《法律援助条例》中并未就"经济困难"给出一个全国统一的固定标准，而是在第13条第1款中规定："本条例所称公民经济困难的标准，由省、自治区、直辖市人民政府根据本行政区域经济发展状况和法律援助事业的需要规定。"

《法律援助条例》第13条第2款规定："申请人住所地的经济困难标准与受理申请的法律援助机构所在地的经济困难标准不一致的，按照受理申请的法律援助机构所在地的经济困难标准执行。"

公民住所地是指公民的户籍所在地，公民经常居住地与户籍所在地不一致的，经常居住地视为住所地。当申请人的住所地与受理申请的法律援助机构所在地的经济困难标准不一致时，该条款对如何选择给出了明确的法律依据，这有助于实际工作中对申请人"经济困难"标准的确定。

根据2013年3月1日起施行的两高两部《关于刑事诉讼法律援助工作的规定》，公民经济困难的标准按案件受理地所在的省、自治区、直辖市人民政府的规定执行。

4. 刑事案件申请人的例外条件。这种情况是指由法律（包括司法解释）明文规定，赋予某些特殊的刑事案件当事人在非因经济困难的情况下，可以申请法律援助的资格。

根据最高人民法院、最高人民检察院、公安部、司法部联合下发的《关于刑事诉讼法律援助工作的规定》第2条第2款规定，犯罪嫌疑人、被告人具有以下情形的，在没有委托辩护人的情况下，可以申请法律援助：①有证据证明犯罪嫌疑人、被告人属于一级或者二级智力残疾的；②共同犯罪案件中，其他犯罪嫌人、被告人已委托辩护人的；③人民检察院抗诉的；④案件具有重大社会影响的。

对于上述情形的案件，犯罪嫌疑人、被告人是否经济困难已不是能否申请法律援助的决定条件，法律援助机构也不必对此类申请人进行相关经济状况审查，应当按照有关规定提供法律援助。

（二）申请人的范围

1. 刑事法律援助申请人。2012 年十一届全国人大第五次会议审议通过了《关于修改〈中华人民共和国刑事诉讼法〉的决定》，自 2013 年 1 月 1 日起施行。修改后的刑事诉讼法完善了辩护人在刑事诉讼中的法律地位和作用，扩大了法律援助在刑事诉讼中的适用范围和对象范围，将审判阶段提供法律援助修改为在侦查阶段、审查起诉阶段、审判阶段均提供法律援助，为更好地保障犯罪嫌疑人、被告人依法行使辩护权提供了重要制度保障。刑诉法第 34 条规定，犯罪嫌疑人、被告人因经济困难或者其他原因没有委托辩护人的，本人及其近亲属可以向法律援助机构提出申请。对符合法律援助条件的，法律援助机构应当指派律师为其提供辩护。对此，最高人民法院、最高人民检察院、公安部、司法部重新修改并下发了《关于刑事诉讼法律援助工作的规定》。对于刑事法律援助工作的要求都进一步加以了明确。

根据上述规定，刑事法律援助申请人包括以下三类：

（1）犯罪嫌疑人、被告人及其近亲属。《关于刑事诉讼法律援助工作的规定》明确了公检法机关告知申请法律援助权利的义务。公检法机关在办理案件时，应当在规定时限内告知犯罪嫌疑人、被告人等因经济困难或者其他原因没有委托辩护人的，本人及其近亲属可以向法律援助机构申请法律援助的权利。

告知可以采取口头或者书面方式，告知的内容应当易于被告知人理解。口头告知的，应当制作笔录，由被告知人签名；书面告知的，应当将送达回执入卷。对于被告知人当场表达申请法律援助意愿的，应当记录在案。

下列四种情形属于因经济困难以外的其他原因申请法律援助，法律援助机构无须进行经济状况审查：①有证据证明犯罪嫌疑人、被告人属于一级或者二级智力残疾的；②共同犯罪案件中，其他犯罪嫌疑人、被告人已委托辩护人的；③人民检察院抗诉的；④案件具有重大社会影响的。

犯罪嫌疑人、被告人及其近亲属、法定代理人，强制医疗案件中的被申请人、被告人的法定代理人认为公安机关、人民检察院、人民法院应当告知其可以向法律援助机构申请法律援助而没有告知，有权向同级或者上一级人民检察院申诉或者控告。

（2）刑事被害人及其法定代理人或者近亲属。《法律援助条例》第 11 条第 2

款规定："公诉案件中的被害人及其法定代理人或者近亲属,自案件移送审查起诉之日起,因经济困难没有委托诉讼代理人的,可以向办理案件的人民检察院、人民法院所在地同级司法行政机关下属法律援助机构申请法律援助。"

【举例】2007年9月,正在读大专的19岁的张某与同在一所学校读书的王某相识,二人很快坠入爱河。不久,二人开始在学校外的小区租住房间同居。但交往一年后,王某发现,张某对她的控制欲和占有欲极强,平时不仅查看她的私人短信和电话记录,甚至寸步不离地跟着她。因不堪忍受这种折磨,王某向张某提出分手,但被张某拒绝。半年后,王某再次向张某提出二人搬回学校宿舍住,以便冷静一下,考虑考虑两人之间的关系。当时张某既没同意,也没反对。王某遂搬回学校宿舍。不久,张某从同学口中得知,王某正与其原来的中学同学刘某联系甚密,且那个男生正在对王某展开追求攻势。张某听后,立即找到王某提出要求与她和好,并要求同居。在被拒绝后,张某几次找到王某提出,不和好就必须给他5000元,作为补偿交往时张某为她花费的钱和损失费。为摆脱张某的纠缠,2009年2月,王某给了张某2000元,然而,张某并未罢休,多次发短信和打电话对王某进行威胁。2009年4月,张某得到消息,约上一帮哥们,在校外堵到王某和刘某,对他们殴打威胁,并抢走现金350元。随后,张某以王某和自己谈朋友时花了他的钱为借口,要求刘某赔偿其2万元的损失费。刘某不给,张某等便将其强行带到另一地方持砖块殴打刘某,直到王某及其刘某的母亲报案后才被警察救出。经法医鉴定,刘某四肢及臀部损伤、肋骨骨折、鼻骨骨折,已构成轻伤。

2009年11月,公诉机关以张某犯抢劫罪、故意伤害罪、绑架罪对张某提起公诉。刘某则决定作为被害人向张某提起附带民事赔偿。由于刘某父母离异,刘某一直随母生活,但其母已经于3年前下岗,因此,刘某向当地法律援助中心提出了法律援助申请。[1]

(3)自诉人及其法定代理人。自诉案件主要包括三类:告诉才处理的案件;被害人有证据证明的轻微刑事案件;被害人有证据证明对被告人侵犯自己人身、财产权利的行为应当追究刑事责任,而公安机关或者人民检察院不予追究被告人刑事责任的案件。自诉案件中的自诉人及其法定代理人,自案件被人民法院受理之日起,因经济困难没有委托诉讼代理人的,可以向办理案件的人民检察院、人民法院所在地同级司法行政机关下属法律援助机构申请法律援助。

《法律援助条例》第11条第3款规定,自诉案件的自诉人及其法定代理人,自案件被人民法院受理之日起,因经济困难没有委托诉讼代理人的,有权向法律

〔1〕 选自《中国法律援助》2011年第6期。

援助机构提出申请。因此，不论是公诉案件的被告人、被害人，还是自诉案件的自诉人，只要是经济困难者均有权提出申请，但《法律援助条例》在此规定的只是申请法律援助的情况，是否能得到法律援助还要等法律援助机构对案件进行合法性审查，并对申请人的经济条件进行审查之后决定，因而，此类案件都属于"可以提供法律援助的刑事案件"。

2. 民事、行政法律援助申请人的范围。对于民事、行政法律援助申请人范围，法律并无特别规定，只要其合法权益受到事实上的侵害，或者行使某项法定权利因经济困难而无法实现时，申请人因缺乏相应的法律知识和诉讼技能，确实需要由专业法律人员提供法律帮助即可提出申请，但其申请的事项必须符合法律的规定。我国《法律援助条例》第二章和经《法律援助条例》授权的各省、自治区、直辖市人民政府的补充规定，都对民事、行政法律援助的事项范围作出了明确规定，申请人必须依据这些事项才可提出法律援助申请，申请人也是此类民事、行政案件或事项的当事人。关于事项范围在此不详细说明，可参见下一部分的民事法律援助范围。

二、什么事可申请法律援助——申请的范围

当公民存在法律援助需求时，根据法律法规规定，可对哪些案件（或事项）申请法律援助呢？

法律援助范围一般包括：刑事案件、民事案件、行政诉讼案件、非诉讼法律事务等。从形式上来说，法律援助的范围可以分为两类：一是法律援助案件，二是法律援助事项。凡是要经审判机构、仲裁机构或其他有关机构审理或处理的，称为案件，包括刑事、民事、行政等诉讼案件，劳动争议等仲裁案件，国家赔偿案件等；仅由法律援助机构办理，而没有审判机构、仲裁机构或其他有关机构参与的，称为事项。

（一）刑事法律援助申请范围

《刑事诉讼法》第34条规定，犯罪嫌疑人、被告人因经济困难或者其他原因没有委托辩护人的，本人及其近亲属可以向法律援助机构提出申请。对符合法律援助条件的，法律援助机构应当指派律师为其提供辩护。同时，依据《法律援助条例》第11条规定，刑事被害人、自诉案件的自诉人因经济困难均有权申请法律援助。因此，刑事法律援助的申请范围既包括公诉案件也包括自诉案件。只要犯罪嫌疑人、被告人或是被害人、刑事自诉人经济困难，需要法律帮助，均可申请法律援助。

（二）民事法律援助基本申请范围

民事法律援助的案件类型或事项是有法律的明确规定的，并非所有案件或事项均可因当事人经济困难而申请。民事法律援助申请范围为《法律援助条例》

第10条规定的：请求给付赡养费、抚养费、扶养费；请求支付劳动报酬；主张因见义勇为行为产生的民事权益三类基础事项。

1. 请求给付赡养费、抚养费、扶养费的案件。婚姻家庭纠纷主要有赡养费纠纷、抚养费纠纷、扶养费纠纷三种类型，法律规定这三类案件都可以获得法律援助，这就是我们常说的"三费"案件。

给付赡养费是由于年老、无劳动能力、生活困难的父母或长辈享有追索赡养费的权利，有经济负担能力的子女或晚辈有相应的给付义务。赡养纠纷是民事纠纷中比较多的一种纠纷，其权益受侵害人为老年人，把这类纠纷案件列为法律援助的范围体现了对老年人权益保障的重视。《老年人权益保障法》第55条规定："老年人因其合法权益受侵害提起诉讼交纳诉讼费确有困难的，可以缓交、减交或者免交；需要获得律师帮助，但无力支付律师费用的，可以获得法律援助。"

给付抚养费是由于未成年子女或晚辈享有追索抚养费的权利，父母或长辈负有相应的给付义务。抚养是父母对未成年子女所负的一项法定义务，如果父母不履行抚养义务，就不利于未成年子女的健康成长和顺利发展。当然，由于请求给付抚养费的主体主要是未成年人，所以，其因经济困难向法律援助机构申请法律援助权利时，应由其法定代理人代为行使。《婚姻法》第21条规定："父母对子女有抚养的义务；子女对父母有赡养扶助的义务。父母不履行抚养义务的，未成年的或不能独立生活的子女，有要求父母付给抚养费的权利。"按照《最高人民法院关于适用〈中华人民共和国婚姻法〉若干问题的解释（一）》的规定，"不能独立生活的子女"是指尚在学校接受高中教育及其以下学历教育，或者丧失或完全丧失劳动能力等非因主观原因而无法维持正常生活的成年子女。"抚养费"包括子女生活费、教育费和医疗费等费用。

给付扶养费，主要是履行夫妻之间、兄弟姐妹之间的扶养义务。《婚姻法》第20条规定："夫妻有互相扶养的义务。一方不履行扶养义务时，需要扶养的一方，有要求对方付给扶养费的权利。"

2. 请求支付劳动报酬的案件。劳动报酬是大多数公民最主要的生活来源，为请求支付劳动报酬的法律事项提供法律援助，是保障公民最基本生存条件的重要手段。

【举例】　　　　　　　　　费心劳动合同纠纷案[1]

2003年12月，手拄拐杖、衣衫褴褛的费心第一次走进了北京市西城区法律援助中心的大门。疲惫蜡黄的脸庞让工作人员几乎不敢将面前的她与身份证上那个神采奕奕的年轻妇女联系起来。费心拿出一大堆材料向值班律师和工作人员说

---

〔1〕　此案例选自北京市司法局编：《法律援助案例选编》，商务印书馆2006年版，第114~117页。

起了自己的遭遇。

1993 年，费心调入北京新农农场管理局（化名）设计所工作。当时，北京市顶亲（化名）工程咨询公司（以下简称顶亲公司）与北京新农农场管理局设计所同为北京市新农农场管理局（以下简称农场局）的分支机构，两单位合署办公。1996 年 12 月 19 日，顶亲公司与费心签订无固定期限的劳动合同。后农场局又成立了北京土木（化名）建筑设计有限公司（以下简称土木公司）。土木公司的工作人员均来自于顶亲公司，所有员工未签订新的劳动合同。但是 2000 年 5 月 8 日，土木公司作出了解除费心劳动合同的决定。6 月 11 日，土木公司与费心解除了劳动合同关系。

费心认为既然与单位签订了无固定期限的劳动合同，单位就不应该无故解除合同，于是向西城区劳动仲裁委员会申请了劳动仲裁。2000 年 9 月 14 日，西城区劳动仲裁委员会作出裁决，裁定土木公司支付费心经济补偿金，但驳回了费心要求恢复劳动关系的请求。费心不服仲裁裁决，向西城区人民法院提起诉讼，要求土木公司补发工资并撤销解除劳动合同的决定。西城区人民法院经审理后于 2000 年 11 月 24 日作出了判决，驳回了费心的诉讼请求。由于对一审判决不服，费心向北京市第一中级人民法院提起了上诉，2001 年 6 月 26 日，北京市第一中级人民法院作出了终审判决，维持西城区人民法院的一审判决。至此，费心打输了官司，成了失业人员，开始在街道领取最低生活保障金。

2003 年，经费心申请，北京市第一中级人民法院再审此案，作出了撤销原判决、发回西城区人民法院重审的决定。打了三年多的官司，此时的费心已经是身心疲惫，虽然案子有了转机，可她也失去了聘请律师的经济能力。此时，费心听说政府出台了《法律援助条例》，抱着最后一搏的心态，她拿着发回重审通知书来到了西城区法律援助中心。

在审查了费心的案件材料和低保证明后，西城区法律援助中心认为其符合法律援助条件，并于 2004 年 1 月 15 日作出决定给予费心民事代理法律援助。由于案情复杂，西城区法律援助中心决定指派北京市法律援助优秀律师屈京德和工作人员刘研为费心的代理人。代理人在仔细分析案情、宣查案情案卷材料后，认为原判决存在以下问题：费心无固定期限劳动合同是与顶亲公司所签，而并非与土木公司签订；在原合同未解除前，费心和顶亲公司存在劳动关系而与土木公司没有劳动关系。同时，土木公司在原审期间向法院提供的一份证明引起了代理人的关注。该证明承认顶亲公司与土木公司是一套人马，两块牌子。那么，费心在土木公司工作实际就是在顶亲公司工作，劳动关系一直存续，而土木公司无权解除费心的劳动合同。

2004 年 3 月到 7 月间，西城区人民法院两次开庭公审费心诉土木公司劳动合同纠纷案。2004 年 11 月 12 日，西城区人民法院经过审理作出判决：确认原告费心与被告土木公司及顶亲公司存在劳动关系，撤销了土木公司解除费心劳动合同的决定；判令土木公司及顶亲公司支付费心 2000 年 6 月至 2003 年 9 月 30 日的工资，土木公司及顶亲公司为费心补缴自 2000 年 6 月至 2003 年 9 月 30 日的养老、失业、医疗保险，土木公司及顶亲公司为费心办理退休手续，土木公司及顶亲公司向费心支付 2003 年 10 月 1 日至其退休手续办理完毕之日止的基本养老金。由于被告土木公司及顶亲公司不服西城区人民法院判决，向北京市第一中级人民法院再次提起了上诉。西城区法律援助中心继续给予费心法律援助。2005 年初，北京市第一中级人民法院作出终审判决，维持原判。

至此，费心历时 4 年经劳动仲裁、一审、二审、再审、终审五个程序，最终在西城区法律援助中心的帮助下打赢了这场官司。

在请求支付劳动报酬的法律事项中，申请人除了城镇单位、企业的职工外，另一主要申请主体为近年来进城打工的农民工群体。由于拖欠农民工工资问题在近些年成为较为普遍的现象，因久拖不结而引发的纠纷也不断增加。为此，国务院于 2006 年出台了《国务院关于解决农民工问题的若干意见》（以下简称《意见》），将农民工列为法律援助的重点对象。《意见》第 29 条规定："对申请支付劳动报酬和工伤赔偿法律援助的，不再审查其经济困难条件。"《意见》还规定，对农民工申请法律援助，要简化程序，快速办理。有关行政机关和行业协会应引导法律服务机构和从业人员积极参与涉及农民工的诉讼活动、非诉讼协调及调解活动。鼓励和支持律师和相关法律从业人员接受农民工委托，并对经济确有困难而又达不到法律援助条件的农民工适当减少或免除律师费。政府要根据实际情况安排一定的法律援助资金，为农民工获得法律援助提供必要的经费支持。

3. 主张因见义勇为行为产生的民事权益的案件。见义勇为是中华民族的传统美德，但公民在见义勇为过程中，有可能因见义勇为行为而使其个人或者家庭的财产或者其个人或者家庭成员的人身受到损害。为弘扬社会正气，鼓励公民见义勇为的行为，国家和社会都应当对见义勇为行为予以支持和鼓励。现实中，有些见义勇为者在其人身或者财产因见义勇为而遭受损失时，受益人不愿意或者没有能力予以补偿，或者没有具体的受益人，这就使见义勇为的行为人无法得到应有的补偿。将主张因见义勇为行为产生的民事权益的法律事项列入法律援助范围，优先予以法律援助，主要是基于对鼓励见义勇为、弘扬社会正气的考虑。

一般来说，见义勇为的认定由见义勇为行为发生地的乡镇人民政府或公安派出所、见义勇为人员的工作单位向县级以上公安机关申请，经县级以上公安机关确认后，再由同级人民政府批准并发给确认证书，因此，因见义勇为行为产生的民事权益，通常是指见义勇为后遭到损失的情况，在申请法律援助时，应出示确认证书。

（三）民事法律援助扩大的申请范围

由于《法律援助条例》第 10 条赋予了各省、自治区、直辖市人民政府可以根据本地情况对条例规定以外的法律援助事项作出补充规定的权利。因此，近年来，各省、自治区、直辖市都本着"为民服务、量力而行"的原则，结合本地区的经济发展状况，不断扩大法律援助的范围，特别是民事法律援助范围，并相继出台和修订了本地区的法律援助条例及相关补充规定。例如，《浙江省法律援助条例》规定，请求医疗事故、交通事故、工伤事故赔偿的可以申请法律援助。《河北省法律援助条例》规定，请求赔偿因使用伪劣化肥、农药、种子等直接用于农业生产的生产资料或者因遭受污染造成种植业、养殖业损失和其他损失的法律事项；主张因遭受家庭暴力、虐待、遗弃产生的民事权益的法律事项；主张适龄儿童、少年接受义务教育权利的事项都可以申请法律援助。2008 年，北京将法律援助的范围扩大为包括农民工权益保护等在内的四类新增事项。广东省自2006 年修订《广东省法律援助条例》起，对法律援助的事项范围已不作任何限制，只要是符合经济困难标准、有事实证明为保障自己的合法权益需要法律帮助的，都给予法律援助。

可见，各地的补充规定中，民事的法律援助范围已经相应地扩大，虽具体事项略有不同，但下列事项已经普遍被列入法律援助的范围：因家庭暴力、虐待、遗弃，合法权益受到侵害，请求司法保护的；因交通事故、工伤事故、产品质量事故或者其他人身伤害事故造成人身伤害请求赔偿的；农民工因请求支付劳动报酬或者工伤赔偿的；主张因环境污染、公共卫生、安全生产产生的民事权益赔偿的。另外，公民因重大疾病、自然灾害或者其他不可抗力无力支付法律服务费用的，可以向法律援助机构申请法律援助。

1. 人身损害赔偿的法律事项。

（1）因公受伤害请求赔偿的案件。因公受伤害包括两方面的内容：一是工伤事故；二是除工伤以外的因公受伤害，可以基于雇佣关系或劳动合同而引发的人身损害。在实践中，因为工伤而请求赔偿的，往往较容易得到法律的支持，国家有关法律也有较明确的规定，例如，《工伤保险条例》、《最高人民法院关于审理劳动争议案件适用法律若干问题的解释》等。而其他因公受伤害请求赔偿的，则往往不易得到支持，如无因管理、紧急避险等情况下发生的损害和伤害，往往不易得到补偿，法律在这方面的规定也不是十分详细，这就为由此引起的伤害赔偿设置了障碍。因此，在法律援助的范围中，除了规定"工伤"以外，还应当规定"因公受伤害请求赔偿的法律事项"。作这样的规定不仅可切实保护受伤害人的合法权益，更可以通过对因公受伤害的人的法律支持，弘扬社会正气，促进法律正义。

（2）因交通事故、医疗事故等请求赔偿的案件。

【举例】 　　　　　　**张亚芹交通事故损害赔偿案**[1]

家住吉林省长岭县十家户乡十三号村的张玉春、张亚芹夫妇和年迈的母亲及3个年幼的孩子一起生活，日子一直过得十分清苦。为了能多挣点钱，夫妇二人于1998年来到长春市，靠卖蔬菜、水果为生。然而，天有不测风云，2002年4月19日清晨，夫妻二人拉着满满一车蔬菜正走在长春市长新街时，被长春市公交公司的一辆大客车迎头撞上，造成张亚芹严重受伤，经公安交警部门认定，大客车负事故全部责任。

事发后，张亚芹住院治疗了30个月零10天，但仍因颈椎损伤致高位截瘫，构成一级伤残，从此丧失了生活自理能力。不仅医疗费花去了万余元，而且全家人的生活重担都从此落在了张玉春身上，这个原本就不宽裕的家变得更加窘迫。然而，肇事方一直以各种借口不按时支付张亚芹的医疗费及其赔偿等费用。在无奈之下，张玉春只得背着妻子找多个部门上访。直到2005年1月，他们才经人指点，来到了长春市法律援助中心，寻求法律途径解决此事。在了解了案情及他们的家庭状况后，长春市法律援助中心当即决定给予法律援助，并指派经验丰富的张怀明律师承办此案。

由于案件发生时间已久，解决又多有波折，调查取证工作为律师带来了很大的难度。为了能够收集到足够多的证据，张律师骑着自行车奔波于交警支队和张亚芹就诊过的各大医院之间，获取了许多有利证据，同时撰写了多份法律文书。在掌握了全部事实的情况下，张律师决定代理张亚芹向法院起诉。然而，立案的过程也并非一帆风顺。张律师数十次奔波于长春市宽城区人民法院、长春市南关区人民法院和长春市中级人民法院之间，经过不懈的努力，长春市中级人民法院终于对本案立案审理，并且在律师的争取下免收了原告的诉讼费用。

在几次庭审中，被告找出诸多理由想要降低赔偿数额。承办律师据理力争，向法庭提供了充分的法律和事实依据。2005年8月24日，这起交通事故损害赔偿法律援助案件终于有了判决结果。法院判决被告长春市公共交通集团有限公司赔偿原告医疗费、误工费、护理费、残疾赔偿金、被抚养人生活费、精神损害抚慰金等共计911 909.13元。

将因交通事故或医疗事故致人身受损害而请求支付医疗等费用列入给予法律援助的范围，主要是为有效保障经济困难的当事人的正常生活的权益。不论受到

---

[1]　此案来源于中国交通事故律师网 http：//www.china122.com.cn，2006年11月7日，吉林省法律中心提供。

人身损害或因病的当事人是基于什么原因到医院去救治，除了要产生相应的医疗费外，这些当事人可能因为受损伤的程度较重而致残或死亡，或因医疗过程中的责任而致无法挽回的后果。这种后果都将对当事人及其家属的生活带来根本性的改变。同时，包括医疗费、护理费、误工费、残疾用具费或死亡补偿费、被扶养人生活费等费用在内的赔偿数额有时是相当可观的数字。而这些费用一旦难以保障，对于经济困难的当事人及其整个家庭来说都将面临无法正常生活的问题，因此，此类法律事项应该得到法律援助。

（3）其他人身损害请求赔偿的案件。

【举例】毕某在一家报社做印刷临时工，每天都是上夜班。2006 年 7 月的一天夜里，毕某下夜班骑车回住处，途中天公不作美，下起了雨，毕某于是加快了速度。这条路他已经走得很熟了，黑暗中根本没注意到前面路上有一个白天检修时打开的污水井盖没有盖盖子，也没有防护设施。因速度过快，径直撞上井口的毕某一下被掀翻在地，头部和身体多处摔伤，造成大腿骨折，入院治疗 3 个月。出院后因腿部行动仍需要进一步恢复，暂时无法上班。之前挣的钱也都因治疗花得差不多了。毕某找到律师所咨询得知，依据《民法通则》的规定："在公共场所、道旁或者通道上挖坑、修缮安装地下设施等，没有设置明显标志和采取安全措施造成他人损害的，施工人应当承担民事责任。"律师建议毕某通过诉讼要求事发当日检修污水井盖的施工单位给予赔偿，并建议可以通过申请法律援助获得免费的律师服务。

此类事项被列入法律援助的范围，标志着民事法律援助范围的进一步扩大。法律援助机构在为受援人提出诉讼主张时，主要可以依据《民法通则》和《最高人民法院关于审理人身损害赔偿案件适用法律若干问题的解释》等的有关规定。

2. 因家庭暴力、虐待、遗弃等侵权行为请求赔偿的案件。

【举例】金某原是一家私企的办公室主管。1998 年经人介绍与梁某结婚。刚开始，二人婚后的生活还算幸福。可结婚四年后，金某仍未怀孕，梁某十分不满，开始经常在外寻欢作乐，并多次口头威胁妻子快快生个儿子，不然就离婚。2005 年 4 月，已近 35 岁的金某发现怀孕，梁某得知大为欢喜，开始对妻子转变一直以来的冷漠态度，百般照顾，整天叫着让妻子好好补补身体给他生个大胖小子。同时，金某在梁某的一再劝说下从单位辞了职，只为好好在家养身体。见妻子的肚子一天天大起来，梁某更是迫不及待地想知道妻子腹中的孩子到底是不是儿子。于是，他托人找来个"大仙"，花了 2000 元给妻子看相，不成想，"大仙"却一口咬定是个女孩。听到这一消息的梁某此后对妻子的态度大变，不仅不再做任何家务和给妻子买营养品，而且又开始在外经常找小姐夜不归宿，只要金某有不满，他便借故大骂金某没本事，并扬言"金某早该被休了"。2005年10月的一天，梁某又借故与金某发生争吵，直至对金某进行殴打，导致已有7个月身孕的金某腹中剧痛早产，被送到医院。当梁某得知早产生下的是个奄奄一息的男婴时后悔不已。可孩子在医院抢救了两天后最终没能活下来。听到这个消息的金某再也无法支撑，当即昏迷。此后金某患上了严重的产后抑郁症，梁某见状不再理会妻子了。

出院后的金某被接回娘家居住，由于产后抑郁症一直不能根本好转，金某常常想自杀，更无法找新工作上班。加之在两年多的时间里，梁某从未来看过她，并几次在电话中提出离婚要求，这对金某来说更是雪上加霜。2008年1月10日，金某等来了梁某要求离婚的法院传票。万念俱灰的金某在家人的劝说下决定同意离婚，但她觉得梁某对自己变成如今这个样子和孩子的死亡负有不可推卸的责任。同时，金某还发现梁某早已将两人婚后的存款等财产全部转移走了。为了维护自己的权益，金某向居住地的法律援助中心提出了申请。她的申请很快得到了法律援助中心的受理。

现实中，由于重男轻女、性别歧视等传统观念的影响，妇女在家庭生活中权益受侵害的情况并不少见，同时，未成年子女、老年人、残疾人等特殊群体在家庭和社会中受虐待或遭遗弃的情况也在一些地区时有发生。为此，我国近年来也相继出台了《妇女权益保障法》、《未成年人保护法》、《老年人权益保障法》、《残疾人保障法》等专门法律对上述弱势群体的权益加以保护，同时在《婚姻法》中对妇女及其子女在婚姻家庭中所应享有的权利作出了明确规定，这些都成为此项法律事项被列入法律援助范围的基础。

3. 因环境污染、公共卫生、安全生产、产品责任等产生的民事侵权赔偿案件。

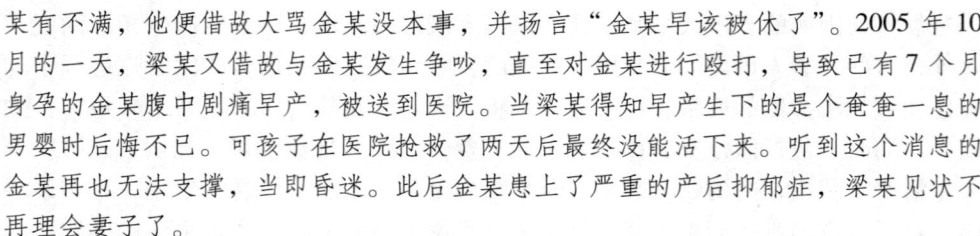

【举例】 假农药祸害果农 法援助其讨17万余元赔偿案[1]

2012年4月5日，果农周某在项某经营的某农资服务部以每瓶7元的价格购买了100瓶俗称"920"的赤霉酸农药，为其果场的1700棵沙糖桔进行保果。周某按项某提供的配方配好药后，对果树进行喷施。之后周某发现果树开始落果。周某聘请的果场工人陈某也承包了另一果场，他同样使用了在项某农资服务部购买的"920"赤霉酸农药，也发现了果树落果现象。奇怪的是，陈某的果场当时因农药不够，有一株果树只喷施了一边，而另一边没有喷施，喷施了农药的一边，果子全部落下，没喷施农药的一边果子完好。周某遂怀疑是农药问题，于是和项某沟通协商如何解决果场所受的损失。结果项某只愿意补偿25 000元（包括

---

〔1〕 本案例来自中国法律援助网 http://www.chinalegalaid.gov.cn，2014年4月8日。

周某所欠的货款15 000元)，周某不同意，于是向相关部门反映，但最终因证据不足而不予立案。

周某投诉无门，心灰意冷，眼看着自己承包的果场因农药问题而损失惨重，周某抱着一线希望，向广宁县法律援助处寻求法律援助。广宁县法律援助处当即决定予以受理。受理后，该处专门组织了该处和县公职律师事务所、广东博通律师事务所、县公证处的法律专业人员对案件进行集体讨论。大家一致认为只要深入调查取证，就一定能拿到第一手证据。最后确定该案由广东博通律师事务所的李涛律师负责承办，其他律师予以协助。

李律师接受指派后，对案件进行了认真的法律分析，积极找出法律依据和证据链条，并根据周某提供的一系列案件材料和相关证据理清该案的头绪。此外，李律师与其他律师还一起翻山越岭到果场现场调查取证，获取第一手资料。在此基础上，李律师还跟项某真诚沟通，看其是否有诚意解决问题，但遭到项某的拒绝。李律师遂依周某的委托，将该案起诉到广宁县人民法院。广宁县人民法院依法审理，判决项某赔偿周某经济损失17万余元。项某不服判决，向肇庆市中级人民法院提起上诉并被依法判决驳回上诉，维持原判。目前，周某已陆续分期得到部分款项，现余款仍在执行中。

近年来，随着我国经济和社会的发展，因生产者或销售者的产品责任以及因环境污染、公共卫生、安全生产等侵权行为引发的事件越来越受到关注。此类侵权行为所引发的后果及社会影响常常是广泛而深远的，处理得当将会有效避免群体性上访事件的发生，有助于促进社会的稳定与和谐。因而，在此过程中，法律援助所发挥的作用将不仅是法律范畴的，更是社会范畴的，法律援助机构有责任在面临可能出现群体性矛盾激化的现象时进行疏导和平息。

（四）行政法律援助的申请范围

1. 请求给予社会保险待遇或者最低生活保障待遇的法律事项。《法律援助条例》中关于法律援助范围的规定采用的是一种列举式的规定，没有按刑事、民事、行政等类别作出规定。而是将刑事法律援助范围以外的法律援助事项，采用列举的方式规定了6条。此事项规定见《法律援助条例》第10条第2款。

社会保险待遇和最低生活保障待遇与公民的基本生存权利密切相关，没有这些待遇，公民的生活就会陷入极大的困难和被动。低收入群体在主张自己的此类权利时，没有法律援助机构的帮助可能遇到巨大的障碍。将此项请求事项纳入法律援助范围，是法律援助制度的本质要求。

根据《中华人民共和国劳动法》第73条规定，劳动者在下列五种情形下，依法享受社会保险待遇：①退休；②患病、负伤；③因工伤残或患职业病；④失业；⑤生育。将请求给予社会保险待遇纳入法律援助范围，有助于更好地保障劳动者的各项权益。

2. 请求发给抚恤金、救济金的法律事项。抚恤金是国家机关、企事业单位、集体经济组织对死者家属或伤残职工发给的费用。救济金是对生活上发生困难的人给予物质补助的费用。由于抚恤金、救济金都具有社会保障的性质，且决定给予公民抚恤金、救济金，决定给予公民社会保险待遇或者最低生活保障待遇，都是政府的职责，由政府的特定部门（如民政部门、劳动部门）代表政府作出，而政府部门的决定具有行政性，因此，将此类有关的法律事项划归行政法律援助事项的范畴。此事项规定见《法律援助条例》第 10 条第 3 款。

3. 其他行政法律事项以及请求国家赔偿的法律事项。《法律援助条例》第 10 条将依法请求国家赔偿的法律事项也列入法律援助的范围，根据《中华人民共和国国家赔偿法》的规定，国家赔偿包括行政赔偿、刑事赔偿和非刑事司法赔偿。在此，就不将其单列一类，一并放入行政法律援助的申请范围。

国家赔偿是指国家机关和国家机关工作人员违法行使职权侵犯公民、法人和其他组织的合法权益造成损害时，受害人依法从国家获得赔偿的一项制度。根据《国家赔偿法》第 17 条、第 18 条的规定，行使侦查、检察、审判职权的机关以及看守所、监狱管理机关及其工作人员在行使职权时有下列侵犯人身权或财产权情形之一的，受害人有取得赔偿的权利：①违反刑事诉讼法的规定对公民采取拘留措施的，或者依照刑事诉讼法规定的条件和程序对公民采取拘留措施，但是拘留时间超过刑事诉讼法规定的时限，其后决定撤销案件、不起诉或者判决宣告无罪终止追究刑事责任的；②对公民采取逮捕措施后，决定撤销案件、不起诉或者判决宣告无罪终止追究刑事责任的；③依照审判监督程序再审改判无罪，原判刑罚已经执行的；④刑讯逼供或者以殴打、虐待等行为或者唆使、放纵他人以殴打、虐待等行为造成公民身体伤害或者死亡的；⑤违法使用武器、警械造成公民身体伤害或者死亡的；⑥违法对财产采取查封、扣押、冻结、追缴等措施的；⑦依照审判监督程序再审改判无罪，原判罚金、没收财产已经执行的。

将请求国家赔偿的诉讼案件作为法律援助的范围，一方面是为了保障贫弱当事人的合法权益，另一方面也是为了促进国家机构更好地依法履行职责。

三、哪些事项不能申请法律援助

在目前政府法律援助经费资源和人力资源都相对缺乏的条件下，为保障那些确实需要法律援助的当事人能够及时获得法律帮助，就必须对不符合法律援助范围的事项作出不予提供法律援助的决定，以保证有限的法律援助资源产生更大的效益。

《法律援助条例》对哪些情形不属于法律援助的范围，不予提供法律援助的事项并未作出明确具体的规定。在法律援助实务操作中，各地的做法并不完全一致，但都结合具体的实践总结出相应的不予提供法律援助的事项，可归纳为以下几种情形：①因申请人的过错侵犯他人的合法权益而引起的民事诉讼或刑事自诉案件；②因申请人过错而引起的行政诉讼案件；③申请人提供不出涉讼案件的有关证据而无法调查取证的案件；④可由行政机关处理而不需通过诉讼程序的事务；⑤申请人出具虚假证明骗取法律援助的；⑥已经法律程序处理完结，申请人不服多次申诉的；⑦其他不属于条例或者地方规章规定的，法律援助机构明确不予受理的事项。例如，黑龙江省拜泉县的一名高考生因县、市招生办丢失了她的少数民族加分证明，没考进重点大学，准备向招生办提起行政诉讼，要求申请法律援助未获得批准。

另外，广州市法律援助中心规定了下列案件和情况不属于援助范围：①案情及法律程序简单，无须聘请律师代理的案件；②标的额不足 3000 元的小额钱债纠纷；③因侵犯名誉权、姓名权、荣誉权等引起的涉及人身权利损害赔偿案件；④已竭尽法律救济的案件；⑤其他经主管机关批准法律援助机构对外声明不予受理的案件。

四、无须申请即可获得法律援助的特殊情形——刑事通知辩护

（一）法律依据

法律援助的特殊条件，是指由法律（包括司法解释）明文规定，赋予某些特殊的刑事案件当事人无须经过法律援助机构对法律援助一般条件的审查，即当然地获得法律援助的权利所必须满足的条件。

在刑事诉讼中，由于案情特殊或者被告人自身的某些特殊情形而使其较易处于相对弱小的地位，特别是如果没有律师出庭，法官面对的只是公诉人，容易偏听偏信。为避免当事人受到不公正的对待，需要法律给予特别的保护。法律作这样的规定是为了维护被告人的合法权益，尤其是法律明确地将被告人因经济困难没有委托辩护人作为人民法院通知指定辩护人为其提供辩护的法定理由，体现了法律公平和公正。

目前，我国对于无须申请即可获得法律援助的特殊条件的规定，主要集中在《刑事诉讼法》和《法律援助条例》及《最高人民法院、最高人民检察院、公安部、司法部关于印发〈关于刑事诉讼法律援助工作的规定〉的通知》（2013 年 3 月 1 日实施）等法律法规和规范性文件之中。

《法律援助条例》第 12 条明确规定："公诉人出庭公诉的案件，被告人因经济困难或者其他原因没有委托辩护人，人民法院为被告人指定辩护时，法律援助机构应当提供法律援助。被告人是盲、聋、哑人或者未成年人而没有委托辩护人的，或者被告人可能被判处死刑而没有委托辩护人的，人民法院为被告人指定辩护时，法律援助机构应当提供法律援助，无须对被告人进行经济状况的审查。"

（二）五种通知辩护情形——特殊对象

辩护制度是刑事诉讼程序中保障犯罪嫌疑人、被告人依法行使辩护权的重要

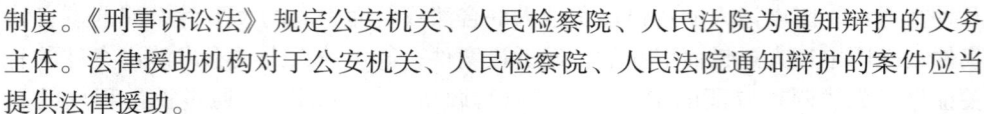

制度。《刑事诉讼法》规定公安机关、人民检察院、人民法院为通知辩护的义务主体。法律援助机构对于公安机关、人民检察院、人民法院通知辩护的案件应当提供法律援助。

根据《关于刑事诉讼法律援助工作的规定》第9条，分别有4种刑事案件的犯罪嫌疑人或被告人在没有委托辩护人时，给予他们法律援助不受经济条件限制，即法律援助的特殊对象，具体包括：犯罪嫌疑人、被告人是：①未成年人；②盲、聋、哑人；③尚未完全丧失辨认或者控制自己行为能力的精神病人；④可能被判处无期徒刑或死刑的人。

在上述情形之下，公安机关、人民检察院、人民法院应当自发现该情形之日起3日内，通知所在地同级司法行政机关所属法律援助机构指派律师为其提供辩护。法律援助机构应当提供法律援助，无须对被告人进行经济状况的审查。

另外，人民法院审理强制医疗案件，应当通知被申请人或者被告人的法定代理人到场。被申请人或者被告人没有委托诉讼代理人的，人民法院应当通知法律援助机构指派律师为其提供法律帮助。

【举例】2005年7月28日晚，在聋儿学校读初二的辛某、姜某在社区附近的游艺厅里玩游戏时，与前来一同玩游戏的打工青年金某发生误会，于是辛某找来朋友习某、方某等人准备与金某打架。当晚23时许，他们四人见金某仍只身一人，即在游艺厅外的道边上将金某拦住，习某取来刀片向金某身上砍了一刀，之后四人分别对金某实施殴打，见金某被打倒在地迅速逃跑。公安机关在接到报案后，迅速将辛某等四人抓获。金某被法医鉴定为轻伤。2005年11月20日，检察院以故意伤害罪对辛某、习某、姜某、方某提起公诉。本案被告人辛某、姜某系未成年人且为聋儿，因此，此案审理前，人民法院向当地法律援助中心发出了指定辩护的通知。法律援助中心在接到通知后，立即指派了中心律师承办此案，为二人提供法律援助。

【学习情境2】 法律援助的申请程序[1]

一、如何申请法律援助

（一）申请的提出

1. 本人申请。凡需要法律援助的当事人，可以携带申请法律援助所需的材

---

〔1〕 本节参考《中华人民共和国刑事诉讼法》（2012年修正）、《关于刑事诉讼法律援助工作的规定》、《办理法律援助案件程序规定》、《山东省法律援助条例》。

料，亲自前往有权受理法律援助申请的法律援助机构提出法律援助申请。

本人申请并直接向法律援助中心递交申请材料，适用于民事诉讼中和行政诉讼中需要法律援助的当事人以及刑事公诉案件中的被害人及其法定代理人或者近亲属、自诉案件中的自诉人及其法定代理人因经济困难没有委托诉讼代理人的情况。

2. 代为申请。申请人通过代理人向法律援助机构提出申请。申请人如有自身条件（如行动不便、知识欠缺或民事行为能力不完全等）的限制，可通过代理人向法律援助机构提出申请。代理人一般分为委托代理人、法定代理人和指定代理人三类。目前，法律规定民事行为能力不完全的当事人，可由法定代理人代为申请，而对委托代理人和指定代理人未作出规定。

《法律援助条例》第16条对代为申请法律援助的条件以及代为申请人的范围作出了明确的规定。同时，根据刑事诉讼法的有关规定，代犯罪嫌疑人或被告人申请法律援助的情况也包括其中。

结合刑事诉讼法、民事诉讼法的有关规定，以下公民可以代为申请法律援助：

（1）法定代理人代为申请。法定代理人是指根据法律规定，代理无民事行为能力、限制民事行为能力的当事人进行诉讼，直接行使诉讼代理权的人。无民事行为能力人是指不满10周岁的未成年人和不能辨认自己行为的精神病人。限制民事行为能力人是指10周岁以上的未成年人和不能完全辨认自己行为的精神病人。16周岁以上不满18周岁的公民，以自己的劳动收入为主要生活来源的，视为完全民事行为能力人。无民事行为能力人或者限制民事行为能力人的法定代理人包括：①父母、养父母；②祖父母、外祖父母；③兄、姐；④关系亲密的其他亲属、朋友愿意承担监护责任，经未成年人的父母所在单位或未成年人住所地的居民委员会、村民委员会同意的。

申请法律援助的行为是公民一项重要的民事法律行为，无民事行为能力人或者限制民事行为能力人是不能独立实施的，应当由其法定代理人代为申请。遇有无民事行为能力人或者限制民事行为能力人提出法律援助申请时，法律援助机构应当不予受理，并告知由其法定代理人代为申请。

（2）与该争议无利害关系的其他法定代理人代为申请。在特殊情况下，无民事行为能力人或者限制民事行为能力人与其法定代理人之间发生诉讼或者因其他利益纠纷需要法律援助的，由与该争议事项无利害关系的其他法定代理人代为提出申请。

（3）犯罪嫌疑人、被告人或被害人的近亲属代为申请。所谓近亲属，是指夫、妻、父、母、子、女、同胞兄弟姐妹。刑事案件中，公安机关、人民检察院在第一次讯问犯罪嫌疑人或者采取强制措施之日、人民检察院自收到移送审查起诉的案件材料之日、人民法院自受理案件之日起，犯罪嫌疑人或者被告人因经济困难或者其他原因没有委托辩护人的，其近亲属可以代其向法律援助机构申请法律援助。此规定旨在保障被羁押的犯罪嫌疑人、被告人能够在被羁押期间依法行使辩护的权利，有利于尊重和保障人权，促进我国的司法公正。

公诉案件中的被害人，自案件移送审查起诉之日起，因经济困难没有委托诉讼代理人的，其近亲属可以代其向办理案件的人民检察院、人民法院所在地同级司法行政机关所属法律援助机构申请法律援助。

（二）申请的方式

根据《法律援助条例》第 17 条的规定，法律援助的申请方式有书面申请和口头申请两种，以书面申请为原则，口头申请为例外。

公民申请法律援助的形式为书面形式，需填写申请表，申请表的格式，应当采用统一下发的法律援助格式文书（示范文本）。以书面形式提出申请确有困难的，可以口头申请，由法律援助机构工作人员作书面记录；如果申请人是通过妇联、残联等社会组织代为转交申请的，有关组织和法律援助机构的工作人员也应作书面记录。

1. 书面申请。书面申请是用书面文件的方式提出的法律援助申请，这种书面形式的材料称为法律援助申请书。

一般来讲，申请法律援助的方式应以书面申请为原则。因为法律援助工作涉及公民权利保障的法律问题，不仅其程序严格，而且有关材料还要立卷归档。采用书面形式的申请方式，不但符合以上要求，而且有利于申请人更加全面、详尽地表述自己的援助请求，陈述事实、理由和根据，以便法律援助机构更准确地弄清申请人的援助案由和请求。

被羁押的申请人在被羁押后因人身自由受到限制，无法亲自到法律援助机构递交法律援助申请材料。为了保证这部分申请人的权利，结合《法律援助条例》、《办理法律援助案件程序规定》以及《关于刑事诉讼法律援助工作的规定》，可代为转交申请及相关资料。规定归纳如下：①被羁押的犯罪嫌疑人、被告人，服刑人员，强制隔离戒毒人员申请法律援助的，可以通过办理案件的人民法院、人民检察院、公安机关或者所在监狱、看守所、强制隔离戒毒所转交申请。②被羁押的犯罪嫌疑人、被告人提出法律援助申请的，公安机关、人民检察院、人民法院应当在收到申请 24 小时内将其申请转交法律援助机构。③公安机关、人民检察院、人民法院在向法律援助机构转交被羁押人员的法律援助申请之日起 3 日内，应当通知申请人的法定代理人、近亲属或者其委托的其他人员协助向法律援助机构提供有关证件、证明等材料。犯罪嫌疑人、被告人的法定代理人或者近亲属无法通知的，应当在转交申请时一并告知法律援助机构。

申请书是法律援助申请人向法律援助中心提出的以引起援助程序发生的具有一定法律意义的文书。因此，法律援助申请书应当记明以下事项：

（1）申请人的姓名、性别、身份证号、住所、联系电话和村（居）委会办公电话/民调主任电话；无行为能力或者未成年的申请人，应由其法定代理人或监护人代为申请，并且应与申请人一样列出法定代理人或者监护人的基本情况；对方当事人姓名、联系方式等。

（2）申请事项类别。即具体符合哪一事项可以申请法律援助。

（3）援助所根据的案件事实及理由。

（4）申请人承诺。申请人承诺的具体内容：本人经济困难，无力支付法律服务费用，因此就上述事项申请法律援助；以上所填内容均为真实情况。

（5）申请书的尾部，应由申请人签名或盖章，并写写申请法律援助的日期。

此外，若申请书记明的事项有欠缺，接受申请的法律援助中心应当及时通知申请人进行更正。

2. 口头申请。口头申请是用口头谈话的方式进行的法律援助申请。申请人书写援助申请确实有困难的，可以用口头的方式向法律援助中心申请，由法律援助机构工作人员或者转交申请的机关、单位工作人员代为填写法律援助申请表，以便立卷归档。

需要说明的是，无论采用书面申请形式，还是口头申请形式，其作用和法律效果均相同，绝对不会因申请方式的不同而影响其作用和效力。

二、向谁申请法律援助

（一）法律援助申请的法定受理机构

1. 公民申请民事、行政法律援助的申请受理机构。公民申请民事、行政法律援助的，一般向义务机关、义务人和被请求人所在地的法律援助机构提出。申请法律援助的案件属于市级审理机关管辖的，应当向设区的市法律援助机构提出申请。

（1）请求国家赔偿的，向赔偿义务机关所在地法律援助机构提出申请。

（2）请求给予社会保险待遇、最低生活保障待遇或者请求发给抚恤金、救济金的，向提供社会保险待遇、最低生活保障待遇或者发给抚恤金、救济金的义务机关所在地的法律援助机构提出申请。

（3）请求给付赡养费、抚养费、扶养费的，向给付赡养费、抚养费、扶养费义务人住所地的法律援助机构提出申请。

（4）请求支付劳动报酬的，向支付劳动报酬义务人住所地的法律援助机构提出申请。

（5）主张见义勇为行为产生的民事权益的，向被请求人住所地的法律援助机构提出申请。

（6）向争议处理机关所在地或者事由发生地的法律援助机构提出申请的具体情形有：因工伤、交通、医疗事故或者其他人身伤害事故受到人身损害要求赔偿或者补偿的；因劳动合同关系使权益受到损害要求赔偿或者补偿的；因遭受家庭暴力、虐待、遗弃受到损害要求赔偿或者补偿的；因征地、拆迁使权益受到损害要求赔偿或者补偿的；因假劣种子、农药、化肥以及环境污染使权益受到损害要求赔偿或者补偿的。

2. 公民申请刑事法律援助的申请受理机构。此类机构一般为案件承办机关所在地的法律援助机构，即由办理案件的人民法院、人民检察院、公安机关所在地的法律援助机构受理。

3. 除上述机构之外的法定受理机构。我国多数地方的条例或办法规定了可以向申请人住所地法律援助机构提出申请，或者向案件处理机关所在地、事项发生地的法律援助机构申请。如《北京市法律援助条例》第15条第2款规定："公民申请法律援助的事项属于非诉讼法律事务的，向有权处理机关所在地、申请人住所地或者事项发生地的法律援助机构提出。"

（二）受理机构冲突的处理

关于受理机构发生冲突时，应当如何处理，目前并无统一的规定，但各地在实践中一般按照以下方式处理：

1. 遵循的原则。各级法律援助机构管理法律援助事项、案件是有分工和权限的。对法律援助事项、案件的管理一般遵循以下原则：

（1）便利当事人和法律援助机构管理、审查原则。法律援助案件一般由申请人户籍所在地、住所地的法律援助机构受理。

（2）与人民法院的案件管辖相对应原则。各级法院审理的刑事和民事、行政案件的当事人需要法律援助的，由各级法院相对应的法律援助机构受理。

（3）原告就被告原则。为使法律援助机构在提供法律援助时能与法院等相关部门的工作有效地进行衔接，申请法律援助以被告人所在地的法律援助机构受理申请为一般原则。

2. 发生冲突时的处理。

（1）两个以上都有受理权限的法律援助机构受理的法律援助事项，由最先收到申请的法律援助机构受理。出现争议的，由共同的上一级法律援助机构或司法行政部门裁定。

（2）在必要时，上级法律援助机构可以指定下级两个或者两个以上的法律援助机构办理同一法律援助事项。

（3）特殊情况下，上级法律援助机构可本着便民利民、有利于解决问题、有利于社会稳定的原则，灵活指派相应法律援助机构办理。

 【实训案例一】——明确申请人

案情介绍

2009 年 2 月，毛某经人介绍到眉山市某技术公司上班，成为一名油罐车押运员，该押运车登记在成都某公司名下，实际车主为邓某。2009 年 6 月 27 日毛某押送由驾驶员黄某驾驶的油罐车在四川省雅安市荥经县加水站停靠。这时因驾驶员黄某操作不当引发火灾，致使毛某被烧伤。

经雅安市人民医院诊断：毛某全身多处 65% Ⅱ ~ Ⅲ度烧伤；呼吸道吸入性中度损伤。在历时 155 天住院治疗后，毛某因无钱继续医治，不得不自行出院，出院时尚欠医院治疗费用48 718.6元。经过治疗毛某烧伤肤面基本痊愈，但全身广泛疤痕增生，还需进行防痂处理和后续治疗。

此时，邓某、眉山市某技术公司、成都某公司三者之间互相推诿，对事故不肯担责。2009 年 12 月 29 日，毛某在家人搀扶下来到眉山市法律援助中心申请法律援助，眉山市法律援助中心将案情向市司法局领导报告，当日，法律援助中心受理该案，并指派四川达宽律师事务所承办。

请问：

1. 此案例中的法律援助申请人是谁？

2. 申请人符合哪一法律援助申请条件？

【训练目的】 根据案件提供的事实情况，能够准确辨别该案法律援助的申请人，掌握法律援助申请条件。

 【学习情境3】 **法律援助申请的注意事项及常见问题**[1]

一、申请与接受法律援助应当提交的材料

为了保证真正需要法律援助的公民能够及时有效地获得法律援助，公民在申请法律援助时，应按照《法律援助条例》的规定提交相应的证件和证明材料，以便法律援助机构对公民的申请及时进行审查，并决定是否提供法律援助，同时尽快为符合法律援助条件的公民提供法律援助。

（一）公民申请代理、刑事辩护法律援助应如实提交的申请材料

1. 法律援助申请表。填写确有困难的，由法律援助机构的工作人员或者转

---

〔1〕 本节内容参考熊中元主编：《法律援助读本》，黄河出版社 2008 年版，第 54 ~ 60 页。

交申请的机关、单位的工作人员代为填写。法律援助申请表格式如下：

法律援助申请表

（　　）援申字〔　　　〕第　　号

申请人		性别		身份证号	
申请时间		住所			
联系电话		村（居）委会办公电话/ 民调主任电话：			
代理人		代理人身份证号码			
对方当事人		对方联系方式			
申请事项 类别	□刑事案件　　　　　　　　□公证事项　　　　　　　　□司法鉴定 □依法请求国家赔偿　　　　□请求给予社会保险待遇或者最低生活保障待遇 □请求发给抚恤金、救济金　□请求给付赡养费、抚养费、扶养费 □请求支付劳动报酬　　　　□主张因见义勇为行为产生的民事权益 □因工伤、交通、医疗事故或者其他人身伤害事故受到人身损害要求赔偿或者补偿 □因劳动合同关系使权益受到损害要求赔偿或者补偿 □因遭受家庭暴力、虐待、遗弃受到损害要求赔偿或者补偿 □因征地、拆迁使权益受到损害要求赔偿或者补偿 □因假劣种子、农药、化肥以及环境污染使权益受到损害要求赔偿或者补偿 □其他				
申请法律 援助的案 情及理由					
申请人 承诺：	本人经济困难，无力支付法律服务费用，因此就上述事项申请法律援助。以上 所填内容均为真实情况。 　　　　　　　　　　　　申请人或代理人（签字）： 　　　　　　　　　　　　日期：				
备注					

　　2. **身份证明材料。**法律援助使经济困难的公民通过免费的法律服务维护其合法权益，其面向所有符合法律援助条件的中华人民共和国公民。公民申请法律

援助时就需要提供其合法有效的身份证明，只有这样，才能够使法律援助机构维护符合法律援助条件的公民的合法权益。

居民身份证和其他有效的身份证明是证明申请人真实合法身份的证据。公民申请法律援助一般应提交居民身份证，只有在提交居民身份证确有困难时才考虑提交其他有效的身份证明。居民身份证以外的其他有效的身份证明，一般包括公民的户籍证明、暂住证、护照、工作证、军官证等证明公民身份的有效证件。

无民事行为能力人或者限制民事行为能力人的法定代理人在代为申请法律援助时，该代理人除了应当提交申请人（即被代理人）的有效身份证明外，还应当提供自己有代理权限的证明。例如，未成年人的法定代理人为未成年人申请法律援助时，应当提交本人与未成年人是父母子女关系或者存在监护与被监护关系的证明材料。

3. 法律援助申请人经济状况证明表。经济困难证明材料是有关机关出具的表明持有该证明的公民经济状况困难的证明文件。根据《法律援助条例》第13条第1款的规定，经济困难的标准由省、自治区、直辖市人民政府根据本行政区域经济发展状况和法律援助事业的需要确定。

根据法律援助办案程序规定，公民证明经济困难有两种形式。第一种是申请人填报经济状况证明表，由法律援助地方性法规、规章规定的有权出具经济困难证明的机关、单位加盖公章。无相关规定的，由申请人住所地或者经常居住地的村民委员会、居民委员会或者所在单位加盖公章。法律援助机构根据经济困难标准审查认定申请人是否经济困难，并可根据需要进行查证。

第二种是申请人持有关部门出具的特定证件、证明材料，无需提交法律援助申请人经济状况证明表：城市居民最低生活保障证或者农村居民最低生活保障证；农村特困户救助证；农村"五保"供养证；人民法院给予申请人司法救助的决定；在社会福利机构中由政府出资供养或者由慈善机构出资供养的证明材料；残疾证及申请人住所地或者经常居住地的村民委员会、居民委员会出具的无固定生活来源的证明材料；依靠政府或者单位给付抚恤金生活的证明材料；因自然灾害等原因导致生活出现暂时困难，正在接受政府临时救济的证明材料；法律、法规及省、自治区、直辖市人民政府规定的能够证明法律援助申请人经济困难的其他证件、证明材料。法律援助机构经形式审查可以直接认定申请人经济困难。

由于这些特定证件、证明材料有明确的发放条件和严格的审批手续，因此，法律援助机构经形式审查后可以直接认定申请人经济困难。这样既能有效规范经济困难证明审查工作，也有利于简化程序，提高法律援助工作效率。

4. 与所申请法律援助事项有关的案件材料。为了便于法律援助机构了解法

律援助申请的具体内容,在审查符合法律援助条件以后,能够尽快办理该法律援助事项,申请人在提交法律援助申请时,应当同时提交与所申请事项有关的案件材料。主要包括:①合同、裁定书等与所申请法律援助事项有关的文书;②书证、物证、证人证言、鉴定结论、视听资料等相关的证据材料。

(二) 公安机关、人民检察院、人民法院通知辩护案件应提供的材料

1. 公安机关、人民检察院、人民法院通知辩护的,应当将通知辩护公函和采取强制措施决定书、起诉意见书、起诉书、判决书副本或者复印件送交法律援助机构。通知辩护公函应当载明犯罪嫌疑人或者被告人的姓名、涉嫌的罪名、羁押场所或者住所、通知辩护的理由、办案机关联系人姓名和联系方式等。

2. 人民法院自受理强制医疗申请或者发现被告人符合强制医疗条件之日起3日内,被申请人或者被告人没有委托诉讼代理人的,应当向法律援助机构送交通知代理公函,通知其指派律师担任被申请人或被告人的诉讼代理人,为其提供法律帮助。人民检察院申请强制医疗的,人民法院应当将强制医疗申请书副本一并送交法律援助机构。通知代理公函应当载明被申请人或者被告人的姓名、法定代理人的姓名和联系方式、办案机关联系人姓名和联系方式。

3. 法律援助机构应当自作出给予法律援助决定或者自收到通知辩护公函、通知代理公函之日起3日内,确定承办律师并函告公安机关、人民检察院、人民法院。法律援助机构出具的法律援助公函应当载明承办律师的姓名、所属单位及联系方式。

二、提交申请时的常见问题及注意事项

公民在申请法律援助时,经常会出现以下问题,而这些问题涉及申请人能否获得法律援助的关键因素。因此,申请人在提交法律援助申请时必须注意以下事项,否则法律援助机构将不予实施法律援助:

(一) 案由不明确或由非利害关系人提出

申请人在申请法律援助时常会出现没有明确的案由,或者虽有明确的案由,但本案与申请人没有直接的利害关系的情况。出现这些情况时,会导致法律援助机构直接作出不予法律援助的决定,不利于维护申请人的合法权益。

申请人在提交法律援助申请时,应注意以下几个方面:

1. 必须有具体而确切的请求法律援助的案由。

2. 该案由同申请人有直接的利害关系或者侵害了申请人的合法权益。

3. 由与本案有直接利害关系的公民提出。

4. 申请人的申请必须符合法律援助范围。

(二) 没有提供经济状况的说明

申请人在提交法律援助申请时必须提供经济状况的说明,要有足够的证据证

明申请人无能力支付诉讼费用和聘请律师的费用。必须提供政府机关或者其他机关出具的表明其无法依靠自己的能力承受案件诉讼费用或者聘请律师费用的有效证明。经济状况是影响法律援助申请获得许可的关键因素，当事人必须如实将自己的经济状况提供给法律援助机构，以便法律援助机构经过调查后，判定当事人的经济状况是否确实难以支付法律服务费用。

1. 经济状况的说明包括：申请人个人及家庭的收支情况、债权债务情况、是否申请领取失业救济或城市居民最低生活保障金等。

2. 经济状况的说明应主要以书面形式作出，如昊申请人书面说明确有困难的，允许采用口头形式，但法律援助机构工作人员应作出笔录。

（三）向错误机构提出申请

申请人提交法律援助申请时往往不知道向哪个机构提出申请，有的通过他人介绍，有的因某法律援助机构的名气大而向其提出申请，结果导致向错误的法律援助机构提出申请。因此，申请人在申请法律援助时，应注意以下几个方面：

1. 以被告人所在地的法律援助机构受理申请为原则。

2. 申请人的申请应当属于接受申请的法律援助机构的受理权限。

法律援助范围既是允许当事人申请法律援助的事项范围，也是法律援助机构受理法律援助事项的范围，因此，当事人的申请事项必须在法律援助的范围之内。法律援助机构的受理权限，是指法律援助机构之间在民事与行政法律援助案件受理范围上的分工。明确法律援助机构的受理权限，便于当事人提出申请，也有利于防止法律援助机构在受理问题上互相推诿。

 **【实训案例二】** ——提交申请手续

案情介绍

2009 年 12 月 17 日，在湖南省株洲市某建设监理有限责任公司担任某基地监理见证员的金丙，在工地下班后，与公司同事会餐后身体突然出现不适，该公司遂将其送往株洲市中医院救治。经医院诊断金丙为脑溢血，数日后身亡。

金丙在公司工作期间，双方未签订书面劳动合同。金丙身故后，其儿子金某以其父亲与该公司存在劳动关系为由，要求报销金丙医疗费用，并按劳动保险的规定向其支付非因工死亡的相关社会保险的福利待遇。公司则认为金丙非该公司的员工，拒绝向金某支付非因工死亡的相关社会保险的福利待遇。双方多次协商不成，酿成纠纷。

金某出生于 1995 年 9 月 1 日，未成年人，为株洲市某中学初三学生；其母亲为破产企业职工，无固定职业，金某的大部分学费、生活费均由其祖父、祖母承担。2010 年 4 月 7 日，金某向株洲市法律援助中心提出法律援助申请，经审

查，市法律援助中心受理了金某的申请。

请问：

1. 本案中金某申请法律援助应提交哪些材料？

2. 申请时应注意的事项有哪些？

【训练目的】 根据案件提供的事实情况，能够准确判断申请人应提交的相关材料，明确在申请时应注意的事项。

学习单元四 法律援助的审查与决定[1]

【学习目标】

● 明确法律援助的审查原则与基本审查程序。明确受援人的权利与义务。

【学习任务】

● 能够明确哪些申请可以被批准，不予法律援助的决定作出后的救济方式。

【案例导入】

案例一

张某等 58 户农民产品质量纠纷案

2008 年 10 月，河南省封丘县城关乡、陈固乡、应举乡、居厢乡的张某等 58 户农民先后从狄增、狄国处购买郑州某农业科技有限公司生产的多效生物有机肥 438 袋，每袋 40kg，单价 70 元。购买后张某等 58 户农民按使用说明将肥料施入 438 亩麦田。在生长过程中，张某等人发现使用该肥料后，苗小、苗弱、苗黄又不分蘖。58 户农民面临小麦大幅度减产或绝收的境地。在与狄增、狄国协商多次未果的情况下，2009 年 4 月，58 户农民将情况反映到封丘县工商局。工商局立即对狄增、狄国尚未销售的生物有机肥进行了查封，并委托山东省菏泽市产品质量检验所进行鉴定。经初步评估鉴定，该有机肥为不合格产品，给张某等 58 户村民造成直接经济损失约 21.9 万元。

为维护自身的合法权益，张某等 58 户农民踏上了曲折的维权之路，多次找生产厂家交涉，厂家拒不理睬，且态度蛮横。无奈，张某等人多次赴省、市、县有关部门上访。2009 年 5 月 28 日，河南黄驰律师事务所主任范好学律师在陪同封丘县县委书记接访时，接待了来访的农户代表，提示农户可以通过法律援助途径解决。

2009 年 6 月 1 日，张某等 58 户农民向封丘县法律援助中心提出申请，县法律援助中心经了解案情，并审查了张某等申请人提交的申请资料后，认为他们符

---

〔1〕 本学习单元案例选自《中国法律援助》2011 年第 2、4、6 期。

合法律援助的申请及受理条件，遂作出给予法律援助的决定，并指派对案情比较熟悉的河南黄驰律师事务所主任范好学律师承办该案。

【学习情境1】　法律援助申请的审查[1]

法律援助的审查是指拥有审查权的法律援助机构，依照法定法律援助条件、范围等标准，对法律援助的申请进行审查。法律援助审查是法律援助工作程序中的关键环节，其结果直接决定申请人是否获得法律援助。对公民的法律援助申请进行审查，既是法律援助机构的法定职权，同时也是其法定义务，集中体现了法律援助制度实施的权威性和统一性。

一、法律援助审查的原则

法律援助审查的原则是进行法律援助审查应遵守的基本准则，可概括为以下四个方面：

（一）统一审查原则

法律援助机构对法律援助申请要统一审查，统一审查有两层含义：

1. 审查的组织统一为政府法律援助机构。其他机构如律师事务所、法院等，无权进行法律援助审查。

2. 审查标准统一。如果审查标准不统一，势必会造成公民获得法律援助的权利和机会上的新的不平等。坚持法律援助的统一审查原则，是保障当事人享有完全平等的法律帮助权，保证法律援助制度统一实施的必然要求。在我国目前法律援助资源极为匮乏的情况下，能保证最需要法律帮助的人及时得到法律援助。

（二）公正审查原则

法律援助机构在行使审查权时要做到客观全面，审查结果要公正而无偏私。为保证法律援助机构公正行使职权，在法律援助审查中要注意以下三点：

1. 实行回避制度。法律援助审查人员是法律援助事项的申请人或者申请人的近亲属，或者与申请法律援助事项有直接利害关系的，应当回避，避免审查人员因主观原因导致审查不公正。

2. 保证申请人陈述权和辩解权的行使。法律援助的审查离不开申请人对自己符合法律援助条件的陈述和辩解。如果法律援助工作人员不全面了解申请人的情况，审查工作得不到申请人的配合，则容易导致审查不公。

---

〔1〕　本节内容参考高贞："法律援助审查中的若干问题探讨"，载《2008 中国法律援助年鉴》，中国民主法制出版社 2009 年版，第 182～183 页；沈树萍："建立法律援助的实质审查标准"，载《中国司法》2005 年第 7 期。

3. 实行审查与决定分离制度。将审查人员和决定人员分开，防止办人情案和关系案。实践中还需要从完善审查程序、规范审查行为、建立监督机制等方面对这一原则加以落实。

（三）及时审查原则

及时审查原则对法律援助机构而言，是提高行政效率的需要；对申请人而言，则是保护自己合法权益的需要。法律援助机构应按照规定的时限完成审查工作，不得拖延。

与诉讼时效相对应，法律援助从申请到实施都应当有时效的规定，以保证在有效的期限内维护公民的合法权益。因为法律援助申请人大多处境较为艰难，迫切希望得到法律援助以解燃眉之急。

及时审查原则主要体现在两个方面：

1. 严格遵守时限规定。法律援助机构收到申请后应当及时进行审查并于7日内作出决定。对符合法律援助条件的，应当决定给予法律援助，并制作给予法律援助决定书；对不符合法律援助条件的，应当决定不予法律援助，制作不予法律援助决定书。申请人补充材料、提交内容、作出说明所需的时间不计入审查期限。如果因审查时限延误，导致申请人申请事项超过诉讼时效，法律援助机构应承担相应责任。受理申请的法律援助机构需要请求异地法律援助机构协助查证的，以及法律援助机构认为申请人提交的申请材料需要向有关机关、单位调查核实查证的，可以适当延长审查期限。

2. 提高工作效率。给予法律援助决定书和不予法律援助决定书应当及时发送申请人，并函告公安机关、人民检察院、人民法院。在不影响法律援助审查质量的前提下，尽早审查完毕，以便能快速进入法律援助决定环节。

（四）便民原则

整个法律援助工作程序中都要贯穿便民原则。法律援助机构的审查程序、审查行为等都要方便、快捷，为受援人提供满意的服务是法律援助制度的宗旨和目标。

法律援助是为社会的贫者、弱者、残者及特殊案件的当事人提供免费的法律帮助的活动。从地位上看，法律援助对象绝大多数生活在社会的最基层，社会地位一般都比较低；从经济状况上看，他们多是社会的相对贫困者，不能支付有偿法律服务所需要的费用。因此，在对法律援助申请进行审查时，应当考虑到法律援助对象的特殊性，以便利当事人为原则。

便民原则主要体现在以下方面：

1. 规定援务公开。《办理法律援助案件程序规定》要求法律援助机构公示办公地址、通讯方式等信息，在接待场所和司法行政政府网站上公示法律援助条件、程

序、申请材料目录和申请示范文本等，通过公示方便公民寻求、申请法律援助。

2. 在审查过程中，一次性告知补充相关材料等注意事项。

3. 完善申请渠道和机制。在《法律援助条例》规定的看守所转交被羁押的犯罪嫌疑人申请的基础上，《办理法律援助案件程序规定》中规定被羁押的被告人、服刑人员、强制隔离戒毒人员申请法律援助的，可以通过办理案件的人民法院、人民检察院、公安机关或者所在监狱、看守所、强制隔离戒毒所转交申请，进一步拓宽了刑事诉讼法律援助的申请渠道。对于应在外省市申请法律援助但没有能力前往的法律援助申请人，可在当地申请。对于外省市转交的法律援助申请，如果符合本地援助条件的，依法给予援助。

4. 规范异地协作机制。为方便群众异地维权，《办理法律援助案件程序规定》将工作实践中法律援助机构之间自发开展的协作，作为法律援助机构的义务予以规范，明确了法律援助机构在审查申请材料时需要异地查证，或者法律援助人员在办案过程中需要异地调查取证的，可以请求异地法律援助机构协作，被请求的法律援助机构应当予以协作，降低了群众维权成本。

5. 确立先行法律援助制度。为有效应对和解决紧急情况下当事人权益保障的问题，在时效期限即将届满等紧急、特殊情况下，法律援助机构可以决定先行提供援助后续补充审查，保证了公民在紧急状况下能够迅速获得法律援助。

6. 在当事人经济确实十分困难时，法律援助机构可以减免相关的工本费，以减轻当事人的负担。

7. 将审查结果明白无误地通知申请人。

8. 建立健全法律援助便民服务窗口，在临街门点设置专门接待场所，在政府服务大厅设立法律援助便民服务窗口。

9. 完善无障碍服务设施，对老弱病残等有特殊困难的受援对象推行电话申请、邮寄申请、上门受理等服务方式。

二、法律援助申请审查的内容与程序

《办理法律援助案件程序规定》第13条第1款规定，法律援助机构应当自受理申请之日起7个工作日内进行审查，并作出是否给予法律援助的决定；如果认为申请人提交的申请材料需要查证的，可以适当延长审查期限。

有权受理法律援助申请的法律援助机构主要从三个方面对法律援助申请进行审查：

1. 审查法律援助申请人的主体资格。申请人必须是经济困难需要获得必要的法律服务的公民，即经济困难条件的审查。参见本【学习情境】第三部分。

2. 审查申请人所申请事项是否为法律援助案件的范围，即案情审查。参见本【学习情境】第四部分。

3. 审查申请人提交的材料是否齐全与真实。法律援助机构认为申请人提交的申请材料需要查证的，应当向有关机关、单位调查核实。

法律援助机构经审查认为申请人提交的申请材料不齐全或者内容不清楚的，应当发出补充材料通知或者要求申请人作出说明。申请人补充材料、作出说明所需的时间不计入审查期限。申请人未按要求补充材料或者作出说明的，视为撤销申请。

三、法律援助经济困难条件审查

（一）经济困难条件审查的内容与方式

经济困难，是公民成为法律援助对象所应具备的一个最基本、最主要的条件。在我国，法律援助经济困难条件审查机构为法律援助机构，公安机关、人民检察院、人民法院通知辩护的刑事法律援助案件除外。

1. 应当认定申请人经济困难的情形：

（1）申请人及与其共同生活的家庭成员的人均收入符合法律援助地方性法规或者省、自治区、直辖市人民政府规定的经济困难标准的。

（2）申请事项的对方当事人是与申请人共同生活的家庭成员，申请人的个人收入符合法律援助地方性法规或者省、自治区、直辖市人民政府规定的经济困难标准的。

（3）申请人持《办理法律援助案件程序规定》第10条规定的证件、证明材料申请法律援助，法律援助机构经审查认为真实有效的。

2. 证明经济困难的形式。《办理法律援助案件程序规定》明确了证明经济困难的两种形式：

（1）申请人填报经济状况证明表，由有关机关、单位加盖公章，法律援助机构根据经济困难标准审查认定申请人是否经济困难，并可根据需要进行查证。

（2）申请人持有关部门出具的特定证件、证明材料，如城市居民最低生活保障证、农村居民最低生活保障证、农村特困户救助证、农村"五保"供养证等，法律援助机构经形式审查可以直接认定申请人经济困难。

3. 对经济困难的审查方式。

（1）书面审查。法律援助机构根据申请人主动提交或者按照法律援助机构指令提交的书面材料进行审查。但是，书面审查需结合其他审查方式，以书面审查为基础才能做到审查的公正、全面、准确、及时。

（2）实地审查。法律援助机构对法律援助申请人经济困难状况的认定，仅凭当事人陈述及有关单位证明往往不够，因此，法律援助机构认为申请人提交的申请材料需要查证的，应当向有关机关、单位调查核实。法律援助机构在可能的情况下到申请人居住地或者户口所在地进行实地调查，观察申请人的生活环境、家庭财产状况，听取申请人周围群众的意见。

（3）到专门机构或者部门调查。对申请人的资产状况到银行、税务等部门查询；对申请法律援助事项所涉及的案情事实到案发地点或者相关部门调查，听取办案人员的意见。这主要是考虑到申请法律援助的公民在经济上都很困难，属于社会弱势人群的一部分，办事能力、活动能力有限，应当尽量减少其申请法律援助的环节和困难，法律援助机构应当多承担一些工作任务。

（4）异地审查。受理申请的法律援助机构需要请求异地法律援助机构协助查证的，可以向作出指派或者安排的法律援助机构报告。作出指派或者安排的法律援助机构可以请求调查取证事项所在地的法律援助机构协作。法律援助机构请求协作的，应当向被请求的法律援助机构发出协作函件，说明案件基本情况、需要调查取证的事项、办理时限等。被请求的法律援助机构应当予以协作。因客观原因无法协作的，应当向请求协作的法律援助机构书面说明理由。

（二）不需要进行经济困难条件审查的情况

为方便群众，简化审查程序，法律援助机构对下列案件不需要进行经济困难条件审查，直接认定为符合经济困难条件：

1. 犯罪嫌疑人、被告人具有因经济困难以外的其他原因申请法律援助的刑事案件。尊重和保障人权是刑事诉讼法的重要原则，加强刑事法律援助工作是落实人权保障原则的具体体现。根据《关于刑事诉讼法律援助工作的规定》，下列4种情形属于因经济困难以外的其他原因申请法律援助，法律援助机构无须进行经济困难条件审查：①有证据证明犯罪嫌疑人、被告人属于一级或者二级智力残疾的；②共同犯罪案件中，其他犯罪嫌疑人、被告人已委托辩护人的；③人民检察院抗诉的；④案件具有重大社会影响的。

2. 公安机关、人民检察院、人民法院通知辩护的刑事案件。

3. 根据部分省级人民政府法律援助规定，不需要进行经济困难条件审查有以下情形：

（1）申请人持有特殊证件的案件。特殊证件包括：城市居民最低生活保障金领取证；农村特困户救助证；五保供养证；设区的市、县总工会发放的特困职工证；人民法院给予司法救助的决定。

（2）申请人为特定身份者的案件。特定身份者包括：在社会福利机构中由政府供养的；重度残疾并无固定生活来源的；依靠抚恤金生活的；持有部门发放的除上面列举以外的其他社会救济证明的。

（3）申请人因见义勇为行为产生的民事权益的案件。

（4）农民工追索劳动报酬及工伤赔偿案件。

四、法律援助案件情况审查

（一）案情审查的一般情况和要点

实践中，部分法律援助机构对法律援助申请进行案情审查，由此决定是否提

供法律援助。法律援助申请的案情审查，主要体现在以下方面：

1. 合法性审查。合法性审查就是通过对已掌握的案情材料进行分析，对申请人的诉求是否合理合法进行判断，进而作出是否给予法律援助的决定。为了有效防止一些申请人利用法律援助的无成本（对于申请人而言）而无理缠讼，浪费有限的法律援助资源和司法资源，进行合法性审查是必要的也是合理的，这也是各国通行的做法。

合法性审查的要点：

（1）申请人请求的法律援助事项是否属于法律援助的范围。

（2）合理请求和事实根据，即事实是否清楚，根据现行法律是否有法律上的理由，是否有证据以及证据是否有证明力、是否符合案件胜诉对证据的最基本要求。

2. 胜诉可能性审查。胜诉可能性审查通常发生在民事诉讼法律援助案件中，刑事诉讼法律援助案或非诉讼案中不存在胜诉可能性审查的问题。对于法律援助结果的预计，各国采用的标准不同，例如，法国只要求有明显的不致败诉的情形，日本则要求应当有"胜诉的希望"。

我们认为，胜诉可能性审查应采用预计不致明显的败诉的标准，即除非有充分的理由和证据证明申请人提供的案情事实不具备法律保护的条件而明显可能致败诉，否则就应当推定该法律援助申请事项可受法律保护而应当予以援助。当然，对于当事人提供不出证据，且根据实际也无法收集到证据的事项，即使进入诉讼程序，也很难得到法庭的支持，这种耗费了大量的法律援助资源，最终却无法实现受援人的权益的目的，甚至会引发受援人的误解的案件，如申请事项的诉讼时效已过，而申请人又提不出相反的证据的，应当不予援助。

3. 援助效益审查。法律援助的发展水平总是受经济条件的制约，在目前政府财力有限、法律援助供需矛盾大的情况下，法律援助事项必须具有法律援助的效益，这是为了保证法律援助资源运用的效益最大化。以下两种情况，可以不予以法律援助：

（1）法律援助获得的利益甚微或者没有。主要指以下几种类型：根据费用状况起诉没有意义，或者权利无关紧要，或者申请人假定没有法律援助就不会行使他的权利，因为所涉及的费用与他可能得到的利益不成正比，预计不会为申请人带来利益。这种情况下，从法律援助的效益考虑，即使申请人和事项符合法律援助的其他条件，也没有必要为其提供法律援助。

（2）提供法律援助达不到真正的或者实质上的益处。主要指对方当事人没有财产收入，以后也不会有财产收入的情况，裁决后案件无法执行。因为法律援助的目的不仅仅是获得一个公正的裁决，还要为申请人实现其实际的权利，这就有赖于裁决结果的执行。无法通过执行实现申请人合法权益的法律援助，对于申

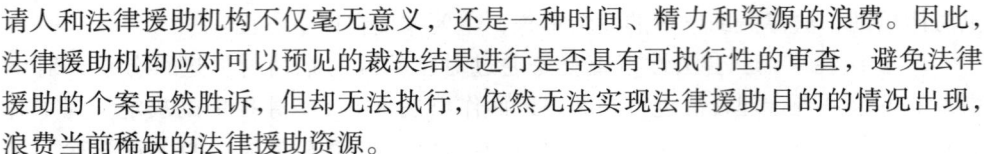

请人和法律援助机构不仅毫无意义，还是一种时间、精力和资源的浪费。因此，法律援助机构应对可以预见的裁决结果进行是否具有可执行性的审查，避免法律援助的个案虽然胜诉，但却无法执行，依然无法实现法律援助目的的情况出现，浪费当前稀缺的法律援助资源。

（二）不予法律援助的法定情形的审查

法律援助机构在作出审查决定前，必须谨慎行事，决不能让矛盾激化。注意给予不予法律援助申请人必要的帮助，帮助他们解决实际生活中的一些具体困难，让他们同样能够感受到党和政府的温暖。

由于国务院颁布的《法律援助条例》中没有对不予法律援助的情形进行规定，因此，在各地方条例中对不予法律援助的情形作出具体规定，有利于法律援助机构对案件的审查，使审查更具有针对性和可操作性。例如，《广东省法律援助条例》对不予法律援助的情形规定如下："有下列情形之一的，法律援助机构不予法律援助：①申请事项不属于人民法院或者仲裁机构受理范围，或者申请事项已超过诉讼时效或者仲裁时效的；②申请劳动争议仲裁超过劳动争议仲裁申请时效的；③申诉案件未经公安机关、人民检察院、人民法院重新立案的；④公安机关、人民检察院、人民法院决定或者裁定不予受理且已生效的；⑤申请相对人不明确，或者无法提供申请相对人详细住所的；⑥所申请事项已经审结或者处理完毕，申请人就同一事项依同一理由申请法律援助的。法律法规另有规定的从其规定。"

在实践中，对几种不予法律援助的法定情形的审查，也不应不加分析地生套法律条文。特别是对于申请事项不属于法院和仲裁机构受理范围或已过诉讼时效的，在审查其是否属于法定的拒绝法律援助情形时，应当考虑到申请事项是否属于必须由司法机关或者仲裁机构审理的案件，如果纠纷可以通过非诉讼方式解决，就不能因不符合条文规定的情形就拒绝给予法律援助，因为法律援助并不限于诉讼案件。

（三）紧急法律援助申请的审查

1. 属于紧急法律援助申请的情形。申请事项符合以下情形的，法律援助机构可以决定先行提供法律援助：①距法定时效届满不足 7 日，需要及时提起诉讼或者申请仲裁、行政复议的；②需要立即申请财产保全、证据保全或者先予执行的；③其他紧急或者特殊情况。

2. 紧急法律援助申请的审查。为有效应对和解决紧急情况下当事人权益保障的问题，规定在时效期间即将届满等紧急、特殊情况下，法律援助机构可以决定先行提供援助后续补充审查，保证公民在紧急状况下能够迅速获得法律援助。

由于申请人所处情况紧急，需要法律援助机构尽早提供援助，暂时不需要进行一般的审查程序。此时，法律援助的决定在先，但最终都要归于一般审查程序。在先行决定提供法律援助之后，法律援助机构应当及时进行审查，以确定是否符合法律援助条件。

五、法律援助申请的审查结果及处理

1. 常规法律援助申请的审查处理。对法律援助申请进行审查后，法律援助机构应当根据不同情况作出以下处理：

（1）申请人所提交的证件和证明材料齐全，认为符合法律援助条件的，应当及时决定提供法律援助。

（2）根据申请人所提交的证件和证明材料，认为不符合法律援助条件的，应当书面告知申请人不提供法律援助的理由。

（3）法律援助机构经审查认为申请人提交的申请材料不齐全或者内容不清楚的，应当发出补充材料通知或者要求申请人作出说明。

大多数申请人到法律援助机构来申请法律援助，并不知道要提供些什么材料，很可能没有携带身份证，也没有经济困难证明或者申请法律援助事项的有关案件材料不齐全。如果申请人对不齐全的证件和证明材料作了必要的补充或者说明，经审查认为符合提供法律援助条件的，法律援助机构应当及时决定提供法律援助；如果申请人未按要求补充材料或者作出说明视为申请人撤销了其法律援助申请。

（4）法律援助机构对申请人提交的证件、证明材料需要查证的，由法律援助机构向有关机关、单位查证，并根据查证的结果是否符合法律援助条件，决定是否提供法律援助。

2. 紧急法律援助申请的处理。法律援助机构在先行提供法律援助后，要求申请人尽快补充法律援助机构所需要的证明材料，若材料齐备则正式提供法律援助以代替紧急的法律援助，若不能提供证明材料或者情况发生了变化，法律援助机构则不提供法律援助，紧急法律援助的决定也不再有效。若情况发生变化以后，紧急法律援助已经完成，可以要求申请人支付为提供法律援助所支出的全部费用。

法律援助机构经过审查发现法律援助申请事项不符合法律援助条件的，应当终止法律援助，因先行提供法律援助而支出的相关费用，由申请人负担。

　**【实训案例一】**——明确案情审查要点

案情介绍

湖南省安化县梅城镇某村村民谭某与其女儿张小香都是先天性智障人员。在丈夫去世后，1997 年 5 月，谭某带着年仅 8 岁的女儿张小香与梅城镇某村村民张老二共同生活。2011 年 2 月，张老二在商店购物时，不小心摔倒撞伤头部死亡。

张老二生前在深圳某公司工作，公司为包括张老二在内的全体员工在中国人寿保险有限公司深圳分公司投保了团体保险，保险理赔金额 10 万元。根据规定，保险公司要求张老二的亲属办理继承公证后，方能领取该笔保险金。

张小香的丈夫陈某是其法定代理人，因没念过几年书，对此事茫然不知所措。经人指点，他向安化县法律援助中心梅城工作站求助。

请问：

1. 该案当事人能否获得法律援助机构的法律援助？

2. 法律援助机构应审查哪些资料？

【训练目的】 根据案例提供的事实情况，明确法律援助案情审查的要点，掌握不予法律援助的法定情形的审查、紧急法律援助申请的审查。

【学习情境2】 法律援助决定[1]

一、法律援助决定的内容和形式

（一）法律援助决定的内容

法律援助决定的内容是指法律援助机构在对法律援助申请审查之后应作出决定的具体事项。主要包括：①是否给予法律援助；②给予法律援助或不给予法律援助的事实和理由；③给予法律援助的具体服务形式，即代书、代理诉讼或者调解等。

法律援助决定的内容要充实，且要加强说理部分。说理部分有利于促使法律援助机构慎重作出决定，减少错误；同时还可以使申请人了解法律援助机构对申请事项在事实或者法律上的见解，从而促使申请人自觉履行法律援助决定。

对于持有特殊证件、证明材料，无需提交法律援助申请人经济状况证明表的申请人，以及被采取强制措施经办案的机关转交申请的刑事案件申请人，如具有以下情形之一的，法律援助机构可以决定先行提供法律援助：①距法定时效届满不足7日，需要及时提起诉讼或者申请仲裁、行政复议的；②需要立即申请财产保全、证据保全或者先予执行的；③其他紧急或者特殊情况。

（二）法律援助决定的形式

法律援助决定的形式一般表现为书面和口头两种，且以书面决定为原则，以口头决定为例外。

《办理法律援助案件程序规定》第16条规定，法律援助机构经审查，对符合法律援助条件的，应当决定给予法律援助，并制作给予法律援助决定书；对不符合法律援助条件的，应当决定不予法律援助，并制作不予法律援助决定书。不予

---

〔1〕 本节内容参考宫晓冰主编：《中国法律援助制度培训教程》，中国检察出版社2002年版，第193～203页。

法律援助决定书应当载明不予法律援助的理由及申请人提出异议的权利。

法律援助决定书和不予法律援助决定书应当发送申请人；属于被羁押的犯罪嫌疑人、被告人、服刑人员，强制隔离戒毒人员申请法律援助，通过办理案件的人民法院、人民检察院、公安机关或者所在监狱、看守所、强制隔离戒毒所转交申请的，法律援助机构还应当同时函告有关人民法院、人民检察院、公安机关及监狱、看守所、强制隔离戒毒所。

二、法律援助决定的性质和法律后果

（一）法律援助决定的性质

法律援助决定是指法律援助机构对法律援助申请进行审查后，依法准予或者不准予提供法律援助的具体行政行为。法律援助决定的忄生质主要体现在以下几点：

1. 法律援助决定是一种行政行为，而且是一种具体行政行为。我国法律援助机构由各级人民政府批准设立、由各级司法行政机关管理，作为政府部门或者机构而存在。其作出法律援助决定是政府法律援助部门或机构行使行政职权的行为，是一种具体行政行为。

2. 法律援助决定是一种外部行政行为。法律援助决定是法律援助机构针对申请人作出的行政行为，法律效果直接归属于申请人，而不是法律援助机构内部。即使不少的法律援助机构的法律援助决定是以口头方式作出的，也不丧失其外部性的特征。因此，法律援助决定是一种外部行政行为。

3. 法律援助决定是一种行政许可行为。行政许可是指行政主体根据行政相对人的申请，依法赋予行政相对人从事某种为法律所一般禁止事项的权利和资格的一种行政行为。政府不可能为所有需要法律服务的公民提供法律援助，法律援助无疑是一般禁止性事项。法律援助决定可以为符合法律援助条件的申请人作出解禁，赋予申请人获得法律援助的资格。

国外给予法律援助的决定是以证照的形式作出的，如英国、德国、加拿大等国家给予法律援助的决定都是通过法律援助证书来体现的。我国香港地区亦是如此。我国大陆地区的法律援助决定不是以证照的形式体现，而是以其他用语和形式出现的，如批准、同意、备案等。因此，法律援助决定是一种行政许可行为。

（二）法律援助决定的法律后果

法律援助决定一经送达给申请人即发生法律效力，其法律后果表现如下：

1. 对申请人。申请人提出法律援助申请，法律援助机构进行审查后，作出给予法律援助的决定，若申请人对决定的内容没有异议，申请人可以获得法律援助，并可以进一步与法律援助机构签订法律援助协议，明确各方权利义务，可以要求法律援助机构指派律师事务所等法律服务机构安排律师、基层法律服务工作者等法律服务人员或者法律援助机构的法律援助专职律师提供法律服务。

如果申请人的申请没有被许可，法律援助机构作出不予法律援助的决定，或者法律援助机构虽作出了给予法律援助的决定，但申请人对法律援助决定的内容如提供法律援助的方式等问题存有异议，申请人可以寻求法律援助决定的救济程序，以维护自己的合法权益。

2. 对法律援助机构。法律援助机构对申请人的申请进行审查后，认为申请人的理由充分、材料齐备，可以给予法律援助并作出法律援助决定，在法律援助决定生效后，法律援助机构应当履行法律援助决定，同申请人签订法律援助协议，指派相关人员为申请人提供法律援助，且未经法定程序不得随意变更或者撤销法律援助决定。

若法律援助机构认为申请人所提交的证件和证明材料不符合法律援助条件，作出不予法律援助的决定，法律援助机构应当将不予法律援助的理由书面告知申请人，并告知当事人对不予法律援助决定的救济方式，以便当事人寻求法律救济。

3. 对其他机构的法律效果。主要是指对法院等有关国家机关的法律效果。法律援助决定不仅涉及法律援助机构和申请人，还会涉及有关国家机关对法律援助相关事项进行协助的法律后果。获得法律援助资格的当事人可以持《法律援助决定书》向人民法院申请司法救助，可以根据具体情况向法院要求诉讼费用的缓交、减交或者免交。其他有关国家机关在必要时也应当给予协助。

三、决定不予法律援助的法律救济

法律援助是公民的一项基本权利，为保障公民能够平等、公正地实现法律赋予的这种权利，防止和纠正法律援助机构作出不予提供法律援助的不当或者错误的决定，应当允许申请人寻求不予法律援助决定的救济程序，以维护自己的合法权益。

（一）不予法律援助的程序要求

《办理法律援助案件程序规定》第 19 条规定：申请人对法律援助机构不予法律援助的决定有异议的，可以向主管该法律援助机构的司法行政机关提出。司法行政机关经审查认为申请人符合法律援助条件的，应当以书面形式责令法律援助机构及时对该申请人提供法律援助，同时书面告知申请人；认为申请人不符合法律援助条件的，应当维持法律援助机构不予法律援助的决定，书面告知申请人并说明理由。

对于以上规定，我们可以通过以下几个方面进行理解：

1. 申请人提出异议的时效。对于申请人提出异议的时效，《法律援助条例》第 19 条没有具体规定。但法律援助制度与诉讼制度是紧密相关的，所以，在实践中，应充分考虑诉讼和其他解决纠纷程序的时效规定，对法律援助机构所做决定的异议时效作出规定，以便及时有效地维护当事人的合法权益。结合《民事诉讼法》、《刑事诉讼法》、《行政诉讼法》及《行政复议法》的相关规定，对于刑事法律援助案件，申请人被拒绝后提起异议的时间最好为收到不予法律援助的决定之日起 5 日内；对于民事、行政法律援助案件，申请人提出异议的时间为收到不予法律援助决定书之日起 10 日内。

2. 申请人提出异议的对象。申请人提出异议应当向主管该法律援助机构的司法行政机关提出。《法律援助条例》第 5 条第 1 款规定："直辖市、设区的市或者县级人民政府司法行政部门根据需要确定本行政区域的法律援助机构。"

依据《法律援助条例》第 19 条我们可以看出，并非所有的司法行政部门都能直接受理申请人提出的对法律援助机构决定的异议，只能由确定该法律援助机构的直辖市、设区的市或者县级人民政府司法行政部门受理。

3. 司法行政部门的处理。有权处理异议的司法行政部门应当进行审查并作出处理。司法行政机关经审查认为申请人符合法律援助条件的，应当以书面形式责令法律援助机构及时对该申请人提供法律援助，同时书面告知申请人；认为申请人不符合法律援助条件的，应当维持法律援助机构不予法律援助的决定，书面告知申请人并说明理由。

4. 司法行政部门审查异议的时间。司法行政部门应当在收到申请人的异议之日起 5 个工作日内进行审查。应当注意，审查时间为 5 个工作日，应当将法定节假日排除在审查期限之外。

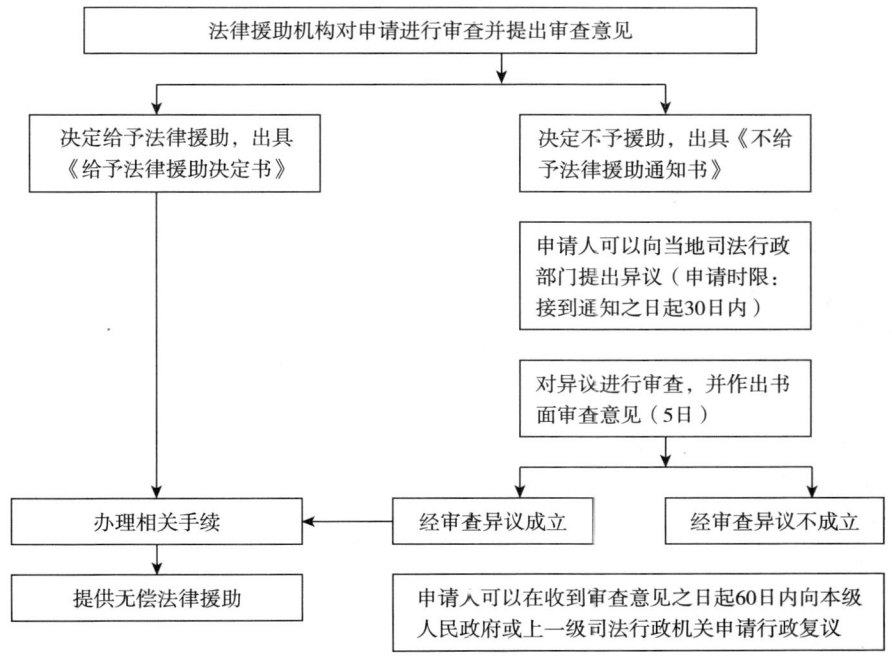

不予提供法律援助决定审查复核流程图

（二）法律援助机构在决定不予法律援助时应当把握好几方面的问题

1. 不予法律援助不包括拒绝法律咨询服务，按照《法律援助条例》第10条第3款规定的立法精神，公民申请法律咨询服务，不受条件限制。获得规定范围内的法律咨询服务是申请人的法定权利。

2. 充分保障公民获得法律援助的权利，对不予法律援助的，还应告知申请人获得救济的途径、方法。

3. 维护稳定是法律援助的一项基本功能，对不符合法律援助实质要件的，不予法律援助时应做好疏导、协调等工作，决不能让矛盾激化。

4. 对不予法律援助的申请人给予必要的帮助，根据申请援助案件、事项的不同性质，给予申请人必要的不同程度的帮助，包括指导诉讼、息诉止争、协调其他救济途径等。

案情介绍

33岁的王某是吉林省辽源市某村的农民。一次偶然的机会，王某认识了正在一家小饭馆打工在辽源读大学的女孩李某，两人一见倾心，频频相约。2009年8月29日王某、李某及朋友陈某在一饭店吃饭，饭后已是晚上9点多。此时，李某突然想起今晚本来要和几个要好的外地同学上网聊天，于是两人到辽源市西安区哥俩好网吧。网吧前台吧员打开46号、47号电脑，两人兴致勃勃进入网络世界。

意想不到的事突然发生，刚刚喝完酒的男青年刘某走进网吧，看到正在一起上网的王某和李某就挑逗说："这女的好像又换对象了！"随即和正在网吧的韩某走到两人面前，问："你俩什么关系？"王某一愣，说："没有什么关系。"刘某又问："那你咋领她包宿呢？"王某说"我们没有包宿，就是上一会网。"刘某一把揪住王某的衣服，边拽边问："你们到底是啥关系？"王某见此情景就说："你不让我玩，我就不玩了，我回家行不？"刘某见王某生性懦弱更是变本加厉，便破口大骂边抢起胳膊打王某的耳朵，此刻韩某也冲过来参与对王某的殴打，王某边躲边向网吧门前退，刘某、韩某继续对其进行追打，情急之下王某掏出随身携带的卡簧刀胡乱刺向韩某和刘某，于是一场一死一伤的血案发生了。

2009年8月30日王某被辽源市公安局东山分局刑事拘留。9月10日以涉嫌故意伤害罪被辽源市人民检察院批准逮捕。辽源市中级人民法院经审理认为，公诉机关指控被告人王某的行为是故意伤害的定性不当，应以故意杀人罪论处。2010年2月4日，吉林省辽源市中级人民法院作出刑事附带民事判决：①被告人王某犯故意杀人罪，判处死刑，剥夺政治权利终身；②被告人王某赔偿附带民事原告人韩某、肖某经济损失人民币268 332元。

2010年2月10日，王某向吉林省高级人民法院提出上诉，吉林省高级人民法院受理后，考虑到王某可能被判处死刑而其家境贫寒无力聘请律师的实际情况，于2010年3月7日向吉林省法律援助中心发出了通知辩护法律援助函。吉林省法律援助中心收到通知辩护法律援助函后，决定指派赵宏伟律师承办此案。

【训练项目】

1. 此案例中王某如何获得法律援助？

2. 高级人民法院向法律援助中心发出通知法律援助的依据？

3. 死刑第二审案件依法开庭审理，如何做好法律援助辩护？

【训练目的】根据案例所述情况，能够掌握《刑事诉讼法》的相关规定以及最高人民法院、司法部《关于充分保障律师依法履行辩护职责，确保死刑案件办理质量的若干规定》。

学习单元五　法律援助的实施

【学习目标】
　　● 通过本单元的学习，掌握法律援助的基本形式，明确法律援助实施的程序与基本规范要求，了解法律援助的指派与质量管理的基本问题。

【学习任务】
　　● 通过具体案例练习，熟悉法律援助实施的基本实务技能。

【案例导入】

案例一

广东某小学校园凶杀事件人身损害赔偿案[1]

　　2002 年 10 月 26 日下午 4 时左右，怀集县怀城镇石龙村干部施汝通接到报告，被村民称为"疯子"的施某正持刀向石龙小学方向走去，可能要去杀人。施汝通马上打电话给石龙小学，请石龙小学注意保护好学生的安全。接电话的黄副校长答复说，学校围墙的大铁门已经锁好，应该没事。4 时 10 分左右，施某越过学校围墙，进入小学的一年级和二年级的教室，砍死学生施敬东、阮立基、梁荣成、植永亦，砍伤学生植校平、施嘉玲。学生四处逃避，施某随后进入学校操场，追赶并杀死学生阮周豪。施某在继续追杀其他学生时，附近村民赶来，施某越墙逃走。案发后，施某被捕，法院认定施某作案时患精神分裂症（未定型），具有部分责任能力，施某犯故意杀人罪，被判处死缓。

　　石龙小学凶杀事件造成 5 名学生被杀，2 名学生被砍伤，是一起严重的恶性事件。被害学生家长事后了解到案发时的情况：在施某进入学校时已经是上课时间，但老师不在场，由于没有老师保护，学生们才逃不出施某的魔爪；施某行凶时，老师们在教学楼二楼，看着凶手在操场追杀学生，却没有人下来制止，救助学生。对此，被害学生家长十分气愤，认为学生被杀学校难逃其责，强烈要求处分学校相关责任人员，并要求学校赔偿。但是，县有关部门对事件进行调查后却认为学校在事件中措施得当，案发后学校老师持器具追赶凶手，学校对该事件没

---

　　〔1〕　本案例选自司法部法律援助中心编：《全国法律援助百优案例》，法律出版社 2008 年版，第47～50 页。

有任何责任。学生家长对县有关部门的调查结果十分不满，为此多方上访，要求讨得一个公道的说法。2003年9月1日是法律援助宣传日，广东省法律援助处组织户外咨询活动，受害家长分别找到省法律援助处和省妇联法律服务中心，要求提供法律帮助。省法律援助处和省妇联法律服务中心的领导十分重视，马上指派律师联合为家长提供法律援助。

案例二

因劳务雇佣而引发的人身损害赔偿案[1]

2011年2月25日，阮某经人介绍来到位于滨城区滨北镇的一家豆浆店从事面点工作。5月15日晨，因和面机早有故障未予检修，阮某在正常操作和面机时，左手臂被卷进和面机受伤，立即被送入沾化县徐泽三正骨医院住院治疗。医院诊断为"左盖氏骨折、左肘软组织损伤"，行切开复位内固定术、石膏托外固定手术治疗，住院15天，花费医疗费8000余元，由雇主交付。阮某出院后，由于需要休养，随即失去工作，且尚需二次手术，阮某曾多次找到雇主协商赔偿事宜，但一直没有结果。

2011年11月2日，阮某来到滨州市法律援助中心请求法律援助。经审查，受援人阮某已超60周岁，其妻子务农，体弱多病，儿子属下岗失业人员。阮某受伤后，本来拮据的家庭生活更加困难。滨州市法律援助中心立即指派山东民颂律师事务所朱希民律师代理此案。

援助律师接受指派后，当日即与受援人取得联系，对涉案情况进行了详细的了解，当得知受援人阮某对雇主的有些情况尚不知晓时，于2011年11月4日到滨州市工商局滨城分局进行了调查，调取了雇主的个体工商户申请资料。援助律师分析认为，这是一起劳动争议纠纷案件，申请劳动争议仲裁是法定的索赔前置程序，故根据《工伤保险条例》，应首先进行工伤认定。援助律师又来到滨州市人力资源与社会保障局滨城分局就工伤认定申请问题与其进行了沟通协调，工伤认定部门告知，虽然个体工商户作为用工主体应该作为被申请人，但由于受援人阮某已经超过60周岁，社保部门不接受60周岁以上的人缴纳社保基金，所以按上级部门的文件要求，对超过60周岁的老年人的工伤认定申请不予受理。

劳动争议仲裁的前置程序走不通，援助律师只能寻找其他索赔途径。要提出索赔，必须要对伤情进行伤残等级鉴定。于是，援助律师代受援人阮某向滨州医学院附属医院法医司法鉴定所申请了伤残等级鉴定。2011年11月15日，司法鉴定所作出鉴定：受援人阮某的损伤程度为伤残九级，建议休养时间为伤后4个

---

〔1〕 案例来自《鲁中晨报》2012年3月1日。

月，院内两人护理，择期住院进行内固定手术。拿到鉴定报告后，援助律师于2011年12月20日帮助受援人向滨城区人民法院提起民事诉讼，要求雇主承担受援人阮某继续治疗费、伤残赔偿金、误工费、住院伙食补助费、伤残鉴定费、护理费等42 384.90元。

2012年2月13日，滨城区人民法院公开审理此案，在法官的主持下，双方达成调解协议。雇主王某于2012年2月20日前，一次性赔偿受援人阮某各项损失25 000元。受援人阮某的合法权益得到有效维护，对案件结果深表满意，并于2月22日来到滨州市法律援助中心赠送锦旗一面，上写"弘扬正气，为民解忧"。

从以上案例，我们会产生这样一些问题：律师为受援人提供的法律援助是哪一种形式的法律援助？法律援助处或法律援助中心，以及妇联法律服务中心等相关单位如何进行指派？接到指派的律师事务所等法律服务机构和相关律师如何提供法律援助？

 【学习情境1】 法律援助实施中的指派与安排

法律援助机构对经审查符合法律援助条件的法律援助申请，作出提供法律援助的决定后，或接受人民法院、人民检察院和公安机关法律援助辩护通知书后，便进入法律援助的实施阶段。在这个阶段中，法律援助机构指派与安排法律援助人员提供具体的法律援助服务是实施程序中的重要一环。因此，本单元将对实施程序中的指派与安排重点阐述。

一、指派与安排的含义

指派与安排律师是法律援助机构受理、审查公民法律援助申请后，保障受援人获得法律援助的重要环节，也是法律援助机构的一项重要行政职能。《法律援助条例》第5条第2款规定："法律援助机构负责受理、审查法律援助申请，指派或者安排人员为符合本条例规定的公民提供法律援助。"第21条规定："法律援助机构可以指派律师事务所安排律师或者安排本机构的工作人员办理法律援助案件；也可以根据其他社会组织的要求，安排其所属人员办理法律援助案件……"

（一）指派的含义

指派是指法律援助机构对法律援助申请审查确定符合法律援助条件，决定提供法律援助的案件，选任能够承担法律援助的机构或人员，准备提供法律援助服务的活动。在接受援助申请以后，法律援助机构应积极选择能够承担法律援助、具有法律援助义务的人员，为受援人准备提供援助活动。一般来说，律师、基层法律工作者以及法律援助机构的工作人员是提供法律援助的主要人员。

（二）安排的含义

安排是指在确定法律援助后，法律援助机构安排本机构的工作人员承办法律援助案件，或律师事务所、基层法律服务所接到法律援助机构的《法律援助指派通知书》后，安排本所律师或基层法律服务工作者，及时办理手续，履行法律援助义务的活动。法律援助的安排活动是最后确定法律援助人员的程序要求。

从理论上来说，指派和安排有一定区别：指派是法律援助机构确定为申请人提供法律援助以后，向承担法律援助义务的律师事务所、基层法律服务所发出要求其安排合适的法律援助承办人员办理法律援助案件的通知，律师事务所接到指派通知安排本所律师，基层法律服务所安排本所基层法律服务工作者，或其他社会组织人员来承办案件的活动。安排是法律援助机构在确定为申请人提供法律援助后，由法律援助机构根据具体案件情况，确定由本机构的法律援助律师承办法律援助案件的活动。应当说指派是法律援助机构的职权，是安排的前置工作程序和要求。

二、指派与安排的对象

根据《法律援助条例》、《办理法律援助案件程序规定》的规定，法律援助指派与安排的对象包括两类：一是组织和机关，二是具体承办援助案件的人员。

（一）机构和组织

我国承担法律援助义务、依法实施法律援助的组织和机关有：

1. 法律援助机构。法律援助机构是由直辖市、设区的市和县级人民政府设立的负责受理、审查法律援助申请，指派或者安排人员为符合规定的公民提供法律援助的法定专门机构。在当地司法行政部门的监督管理下，负责组织、指导、协调、监督及实施本地区法律援助工作，目前统称为法律援助中心。

2. 律师事务所。律师事务所是承担法律援助义务的主要主体，为弱势群体提供法律援助是法律赋予律师行业的义务与责任。在法律实践中，因律师的特殊地位（拥有一般代理人所不具有的特殊权利）以及良好的社会信誉，许多案件的当事人及其近亲属希望律师能够承担其案件的法律援助工作，律师通过法律援助的优质服务展示行业风采。

3. 基层法律服务所。基层法律服务所是指在乡镇和城市街道设立的法律服务组织，是基层法律服务工作者的执业机构，是为基层群众代理民事、经济、行政诉讼活动，解答法律咨询，代写法律事务文书等的基层法律服务组织。其接受县级司法行政机关或者乡镇、街道司法所的领导，协助开展基层司法行政工作，是基层司法行政工作和基层法治建设的重要辅助力量。

我国法律服务体系由律师业、基层法律服务业、公证业和司法鉴定业四部分组成。基层法律服务所是我国适应和满足社会公众特别是农民的法律服务需求所独创的一种法律服务方式，扎根基层、方便群众、惠及群众，且收费相对低廉，弥补了欠发达地区律师资源的欠缺，保障了当事人诉讼权利的实现。基层法律服务所除不能承担法律规定的刑事公诉案件的代理以外，在其他案件中均可成为法律援助的义务主体。

4. 其他社会组织。国家支持和鼓励工会、共青团、妇联、残联、高等院校等社会组织利用自身资源为经济困难的公民提供法律援助。参与法律援助工作的社会组织主要有三类：第一类是各级工、青、妇、残等社会团体设立的法律援助组织，这些社会法律援助组织作为司法行政机关法律援助机构的工作站点，是目前从事法律援助工作的社会组织的主体。仅据全国妇联提供的数字，全国妇联系统就有这类法律援助组织20 000多家。第二类是法学院校设立的法律援助组织，这类法律援助组织设在高等法学院系内，由法学教师负责指导，以学生为主体参与法律援助活动。第三类是纯粹的自发成立的各种民间法律援助组织。

社会组织尤其是各个社会团体，在对特殊目标群体提供法律援助方面，有其资源和技术方面的优势，工作效率比较高。社会组织从事法律援助活动还具有明显的公益性和志愿性，更容易得到社会的支持，吸引国内外社会资金的资助。

（二）法律援助承办人员

法律援助承办人员是指派和安排的直接对象，是指受法律援助机构指派，在实施法律援助的过程中援助权利和援助义务的承担者。法律援助承办人员主要有法律援助机构的法律援助律师、律师事务所的律师、基层法律服务所的基层法律服务工作者、其他社会组织的人员、公证机构的公证人员。

1. 法律援助机构的法律援助律师。法律援助机构的法律援助律师担任法律援助案件的承办人，是在法律实践中比较多的一种情况。法律援助律师是指受聘于法律援助机构，通过了全国法律职业资格的考试，取得了法律职业资格证书和律师执业资格证书，专门从事法律援助事业的人员。法律援助律师享受国家行政事业等单位工作人员的待遇，不能向社会提供任何有偿的法律服务。

2. 律师事务所的律师。《律师法》第42条规定，律师、律师事务所应当按照国家规定履行法律援助义务，为受援人提供符合标准的法律服务，维护受援人的合法权益。《法律援助条例》第6条规定，律师应当依照律师法和本条例的规定履行法律援助义务，为受援人提供符合标准的法律服务，依法维护受援人的合法权益，接受律师协会和司法行政部门的监督。

法律援助代表着政府的职能与形象，律师是法律援助服务的主体，是法律援助服务的重要力量，在参与市场公共服务和维护社会稳定和谐发展中的法律地位不可缺少，也无可替代。律师承担法律援助工作的主要方式包括承办诉讼案件中的法律援助，在法律援助中心接待来信来访，以及作为法律援助志愿者进社区、进学校、进特殊场所，参与社会公益活动等。

对某项特定的法律援助工作，经法律援助机构的批准，可以免除已指定律师的法律援助义务。这种情形主要有：①指派的法律援助律师有正当理由无法办理指派的法律援助案件，向法律援助机构提出书面材料，经法律援助机构批准后，可以免除其承办已指派的法律援助事项的义务，法律援助机构另行指派其他律师承办该法律援助案件。如律师因身体状况或其他合理原因。②指派的律师与受援人有明显的利害冲突，应当回避，可以免除被指派律师对所指派案件的法律援助义务。

所谓明显的利害冲突，主要包括：①指派的律师是同一案件其他当事人的代理人或法律顾问，且该当事人与受援人存在利益冲突；②指派的律师是同一案件其他当事人的近亲属；③指派的律师与受援人存在利益冲突，可能影响公正地实施法律援助。

3. 基层法律服务所的法律服务工作者。基层法律服务工作者是指在基层法律服务所中执业，为社会提供法律服务的人员。从事基层法律服务工作，应当具备基层法律服务工作者执业资格；具备律师资格或者企业法律顾问资格的人员，也可以申请从事基层法律服务工作。基层法律服务工作者如果被指派为法律援助案件的承办者，应当积极履行义务。

三、指派与安排的人员素质及服务规范要求

（一）法律援助人员的基本素质要求

1. 思想政治素质要求。以人为本、服务为民是法律援助工作的宗旨，做好法律援助工作，事关国家长治久安，事关社会和谐稳定，事关人民群众切身利益，是一项顺民意、解民困、暖民心的重要工作，任务艰巨，责任重大。这就要求法律援助人员要政治坚定、纪律严明、业务精通、作风优良；能够端正执业理念、规范执业行为，坚持依法执业、依法办事，使人民群众切身感受到社会主义社会的公平正义；牢固树立群众观念，带着对群众的深厚感情开展法律援助工作，保持与群众的血肉联系，倾听群众呼声，关心群众疾苦，注重疏导群众情绪，维护受援人合法权益。

2. 业务能力素质要求。法律援助专业性、政策性都很强，法律援助人员必须认真学习法律政策知识和法律实务知识，有较高的政策水平和丰富的社会经验，提高法律援助服务水平。要熟悉群众工作特点，把握群众工作规律，学会做群众工作，切实提高联系群众、服务群众、引导群众的本领，提高服务群众的工作能力。增强政治意识和大局意识，准确把握处置突发事件的原则方法，依法参与突发事件的处理，提高应对突发事件的能力。

3. 职业道德素质要求。具有无私奉献精神，立足本职，恪尽职守、不计名利得失，全身心投入到法律援助事业中，为贫弱群体排忧解难，切实维护其合法

权益。强化责任意识，脚踏实地，真抓实干，努力办理好每一个案件，处理好每一件事情。强化执业纪律，始终保持高尚的道德追求，树立和弘扬优良作风，把公正、廉洁作为最基本的职业道德。

（二）法律援助人员的服务规范要求

1. 最大限度维护受援人的合法权益。困难群众的合法权益得到平等保护是社会公平正义的重要标志。应牢固树立宪法意识和法律意识，自觉遵守宪法和法律，正确理解和运用法律，在忠于事实和法律的基础上，依法维护受援人合法权益。

2. 及时办理受援事项，不得无故拖延。法律援助人员在接受指派后，应当及时与受援人取得联系，并积极做好相关的调查取证工作。对于人民法院开庭审理的案件，法律援助人员应当做好开庭前准备；庭审中充分陈述、质证；庭审结束后，应当向人民法院提交刑事辩护或者代理书面意见。

3. 不得收取钱物或牟取其他任何不正当利益。坚决防止和杜绝办理法律援助案件收取财物或假借办理法律援助案件之名从事有偿服务等严重违反职业道德和执业纪律的行为。法律援助人员应当自觉接受监督。

4. 严格保守执业过程中获知的国家机密、商业秘密和个人隐私。法律援助人员对办理的法律援助案件中知悉的相关情况，在未征得受援人同意的情况下不得向案件以外人员随意泄露或传播，更不得泄露当事人的隐私。

5. 不得越权处分受援人的利益。法律援助人员应当在受委托的权限内，通过和解、调解、申请仲裁和提起诉讼等方式依法最大限度维护受援人合法权益。法律援助人员代理受援人以和解或者调解方式解决纠纷的，应当征得受援人同意。但不可超越受委托的权限而代受援人行使相应权利。

四、指派与安排的方式

《法律援助条例》仅就指派对象作了原则性规定，在总结实践经验、参照规范性文件规定的基础上，对《办理法律援助案件程序规定》作了进一步细化。目前，实践中法律援助机构指派法律援助人员办理法律援助案件或事项主要有以下两种方式或是两种方式的结合：

（一）指派制

法律援助"指派制"是以法律援助任务量来分配案件，法律援助中心根据应承担的任务量指派到各律师事务所，律师事务所再统筹安排本所律师的办案方式。在该方式下，受援人无法自己选择律师。具体做法：

1. 法律援助机构将本辖区内的律师事务所、基层法律服务所和全部律师、基层法律服务工作者列出花名册按表登记依次排队。

2. 法律援助机构对受理的法律援助案件或事项按律师事务所或基层法律服

务所排名列表的顺序依次指派各个法律服务机构，再由该所安排律师或基层法律服务工作者，或按照律师的花名列表顺序依次直接指派律师提供法律援助。

实行轮流指派的方式，可以保证律师平等履行法律援助义务，但往往容易造成律师承办案件并非其专业所长。因此，《办理法律援助案件程序规定》明确了合理指派的要求，法律援助机构指派承办人员需要考虑的因素，具体包括法律援助机构、律师事务所、基层法律服务所、其他社会组织的人员数量、资质、专业特长、承办法律援助案件的情况、受援人意愿等。严格死刑案件承办人员资质要求，由于死刑案件涉及受援人生命权，因而，要求死刑案件的辩护人必须具有一定年限刑事辩护执业经历。

（二）点援制

法律援助"点援制"是指律师通过所属律师事务所向法律援助机构申请，经法律援助机构确定为法律援助志愿律师后，受援人在法律援助机构公布的法律援助志愿律师名单中选择承办人，再由法律援助机构指派到该律师所属的律师事务所，由律师事务所安排该律师作为案件承办人的法律援助办案方式。法律援助机构建立法律援助志愿律师团并设立专业小组，由受援人选择律师。北京、上海、广州、青岛等建立的法律援助志愿律师团是这一做法的典型代表。

1. 由司法行政机关和法律援助机构招募自愿承办法律援助案件的律师，建立"法律援助律师事务所、执业律师库"。

2. 由法律援助机构结合律师事务所、各执业律师的执业专长，分别组成刑事、劳动争议、医患纠纷、行政诉讼、人身损害、婚姻家庭、未成年人维权等专业小组，收录律师的个人信息、专业特长、成功案例等资料。

3. 通过网站或以其他形式公布，为当事人选择律师提供信息平台。

4. 受援的当事人在参考律师的信息资料后，自己从库中挑选自己满意的法律援助律师。

实践中，有些法律援助机构不经过律师事务所直接指派到律师个人，这一做法与《律师法》规定的由律师事务所统一接受委托的规定不相符合，也不利于律师事务所等法律服务机构对其所属人员承办法律援助案件进行监管。为此，《办理法律援助案件程序规定》明确法律援助机构指派本机构以外的办案人员，应当通过律师事务所、基层法律服务所、社会组织进行。对于受援人根据"点援制"选择的承办人员，法律援助机构也应当将指派函发送承办人员所属单位，通过单位履行相关手续。

五、律师协会、律师事务所和基层法律服务所在法律援助实施中的协助责任

根据《法律援助条例》、《律师和基层法律服务工作者开展法律援助工作暂行管理办法》（以下简称《暂行管理办法》）等相关法律规定，律师协会、律师

事务所和基层法律事务所在法律援助实施中的协助责任可归纳为以下几个方面：

（一）律师协会的协助责任

1. 指导责任。律师协会具有指导律师和律师事务所不断提高办理法律援助案件的质量的责任。通过这样的办案质量指导，不仅起到了对律师和律师事务所在办理法律援助案件中的监督作用，还能够及时发现律师和律师事务所在办理法律援助案件时所存在的问题，提出解决问题的办法，这是对法律援助机构和法律援助活动重要的支持，对法律援助活动的开展具有积极意义。

2. 维护律师权益的责任。律师在开展法律援助活动，与有偿办理其他案件不同，本身就带有公益性，无偿性，也同时存在潜在的危险性，所以，律师协会有效、积极地维护律师在开展法律援助活动中的合法权益是必要的，通过维护律师的权益，提高律师办理法律援助案件的积极性。

3. 奖惩结合，提高法律援助案件的办案质量。《暂行管理办法》第14条规定："对在法律援助工作中作出突出贡献的律师和律师事务所、基层法律服务工作者和基层法律服务所，司法行政机关、律师协会应当给予表彰、奖励。"第15条第1款规定："律师和律师事务所有违反《法律援助条例》等有关法律、法规以及本办法规定行为的，由司法行政机关、律师协会依照有关规定给予行政处罚或者行业处分。"

（二）律师事务所和基层法律服务所的协助责任

1. 及时安排案件承办人员的责任。律师事务所和基层法律服务所接到《法律援助指派通知》后，应当在24小时内，安排合适的案件承办人员，不准无故拖延或推托。

2. 督促、鼓励、指导本所的律师和法律工作者积极承担法律援助案件的办理，认真办理法律援助案件，提高办案质量。《暂行管理办法》第9条第2款规定："律师事务所、基层法律服务所应当对本所律师、基层法律服务工作者办理法律援助案件的质量进行监督，发现问题的，应当及时纠正。"

3. 发现问题及时反映。《法律援助办案程序规定》第31条规定，法律援助人员发现有如下情形的，应当按照法律援助机构要求报告案件承办情况：①主要证据认定、适用法律等方面有重大疑义的；②涉及群体性事件的；③有重大社会影响的；④其他复杂、疑难情形。

同时，律师和基层法律服务工作者在承办法律援助案件过程中，发现受援人有《法律援助条例》第23条规定列举的情形时，应当及时向法律援助机构报告，由法律援助机构负责审查核实，决定是否终止该项法律援助。律师事务所和基层法律服务所负有对本所律师和基层法律服务工作者在承办法律援助案件中，履行该项义务监督的责任。在一定意义上，这也是律师事务所和基层法律服务所的义务所在。

4. 集体办案，保证法律援助案件的办案质量。律师事务所和基层法律服务所，对重大、复杂、疑难的法律援助案件，应当组织集体研究，确定承办方案，确保办案的质量和效果。

律师协会、律师事务所、基层法律服务所通过以上的活动，对法律援助机构的工作可以起到积极的协助作用，有利于法律援助活动的有效开展。

 【学习情境2】 法律援助实施的基本方式

根据我国《法律援助条例》和相关法律规定，结合我国法律援助的实践，法律援助实施的基本方式有刑事辩护和刑事代理、民事诉讼代理、行政诉讼代理、非诉讼法律事务代理、公证证明、法律咨询、代拟法律文书及其他形式的法律服务。

一、刑事诉讼法律援助

（一）刑事诉讼法律援助的含义

所谓刑事法律援助，是指在刑事诉讼过程中，负有法律援助责任的机构和人员对需要得到法律服务而又经济困难的犯罪嫌疑人、刑事被告人及特殊案件的当事人，为保障其合法权益而依照法律的规定提供的无偿的法律帮助。刑事法律援助的主旨在于消除因经济能力或个人条件不平等而产生的法定权利实际不平等的现象，实现宪法所规定的"法律面前人人平等"的原则，保障每一个进入刑事诉讼的公民均有平等的机会实现实体正义，是现代法治国家实现司法公正和保障基本人权不可替代的重要手段。

（二）刑事诉讼法律援助的种类

根据《关于刑事诉讼法律援助工作的规定》，刑事法律援助可分为两种，即刑事法律援助辩护与刑事法律援助代理。前者是为刑事犯罪嫌疑人、被告人所提供的法律服务，后者是为刑事案件中受害人及其近亲属提供法律服务的活动。

从本章【案例导入】的案例一来看，如果施某的近亲属申请法律援助，能够成立则属于刑事法律辩护，为受害学生的家长提供的法律援助则属于刑事法律援助代理范畴。

1. 刑事诉讼法律援助辩护的情形。

（1）未成年人；

（2）盲、聋、哑人；

（3）尚未完全丧失辨认或者控制自己行为能力的精神病人；

（4）可能被判处无期徒刑、死刑的人；

（5）对于强制医疗案件中没有委托诉讼代理人的被申请人或者被告人；

（6）有证据证明犯罪嫌疑人、被告人属于一级或者二级智力残疾的；

（7）共同犯罪案件中，其他犯罪嫌疑人、被告人已委托辩护人的；

（8）人民检察院抗诉的；

（9）案件具有重大社会影响的。

2. 刑事诉讼法律援助代理的情形。

（1）担任公诉案件被害人的法律援助代理人；

（2）担任刑事自诉案件自诉人的法律援助代理人；

（3）担任刑事附带民事案件当事人的法律援助代理人。

二、民事诉讼法律援助

（一）民事诉讼法律援助的含义

民事诉讼法律援助，又称民事诉讼法律援助代理，是指因民事案件的当事人或监护人申请，受法律援助机构指派，为经济困难的当事人提供法律服务的活动。对于民事诉讼法律援助案件，法律援助人员应当告知受援人可以向人民法院申请司法救助，并提供协助。

（二）民事诉讼法律援助代理的情形

根据《关于民事诉讼法律援助工作的规定》（司发通〔2005〕77号），公民就《法律援助条例》第10条规定的民事权益事项要求诉讼代理的，可以按照《法律援助条例》第14条的规定向有关法律援助机构申请法律援助。

《法律援助条例》第10条第1、2款规定，公民对下列需要代理的事项，因经济困难没有委托代理人的，可以向法律援助机构申请法律援助：①依法请求国家赔偿的；②请求给予社会保险待遇或者最低生活保障待遇的；③请求发给抚恤金、救济金的；④请求给付赡养费、抚养费、扶养费的；⑤请求支付劳动报酬的；⑥主张因见义勇为行为产生的民事权益的。省、自治区、直辖市人民政府可以对前款规定以外的法律援助事项作出补充规定。

（三）民事诉讼法律援助与一般民事诉讼代理的区别

一般民事诉讼代理是基于当事人或当事人的近亲属委托而成立，并且不以经济困难为前提；而民事诉讼法律援助则是以当事人或近亲属的申请为前提，以当事人的经济困难为代理的法律条件。

【举例】王老太今年70岁，她有一个儿子叫张三，因张三多年不支付赡养费，王老太申请当地法律援助机构提供援助，法律援助机构指派刘律师担任王老太的诉讼代理人。刘律师在收集证据之后，代王老太起诉其儿子张三，要求张三支付赡养费。[1]

三、行政诉讼法律援助

（一）行政诉讼法律援助的含义

行政诉讼法律援助又称行政诉讼法律援助代理，是指在行政争议纠纷中，法律援助机构受行政相对人的申请，经审查合格，指派法律援助人员担任其诉讼代理人，参与行政诉讼活动的行为。[2]

（二）理解这一概念应注意的问题

1. 行政诉讼法律援助代理与民事诉讼法律援助代理的区别：行政诉讼法律援助对象仅限于行政纠纷中的行政相对人，而且一般来说，仅限于行政相对人中的自然人。这是因为，在一般情形下行政相对人中的自然人与行政机关相比，相对处于弱势地位，容易遭受权利侵害，更为重要的是，自然人与其他相对人比较，在经济困难的情况下往往无法支付诉讼费用。而民事诉讼法律援助代理，则并未局限于纠纷的哪一方。

2. 行政诉讼法律援助代理与刑事诉讼法律援助代理的区别：二者最主要的区别在于对象范围不同，行政法律援助代理如前所述，主要针对行政纠纷的相对人，即行政诉讼中的原告；而刑事诉讼法律援助代理，则根据案件性质不同而有所区别。例如，在自诉案件中担任当事人的代理人，在公诉案件中担任被告的辩护人、刑事附带民事案件中当事人的代理人等。

3. 行政诉讼法律援助活动，对公民权利的保护有特殊的法制意义。

【举例】2006 年 10 月，李某（就读于某大学）在校学习期间，家人发现其情绪低落，被家人误解。李某的哥哥担心其出现意外，瞒着李某以其患有精神疾病为由向学校提出了休学一年的申请，学校同意了该项申请。李某知道此事时为时已晚，一年休学期满后，李某及其家人请求学校准予其复学。学校方面按照校医院的规定，要求李某去山东省精神卫生中心进行鉴定，结果得出的结论却是李某仍然患有精神分裂症未愈，学校见到此结论后，只得通知李某继续休学一年。李某及其家人得到此通知后，悔恨不已。

李某为证明自己的精神健康状况可以早日复学，特地前往北京首都医科大学附属北京安定医院进行诊断，得出的结论仅仅是一种精神上的焦急状态。李某面对两种不同的诊断结论，不知所措，深感无助，如果再休学一年后山东省精神卫生中心的诊断结论没有任何改变的话，李某可能会接到学校劝退的通知。李某思考再三后，决定通过法律渠道解决这个问题。

2007 年 11 月，李某来到山东大明律师事务所咨询法律问题，询问能否通过

---

[1]　《法律援助实用指导》，中国法制出版社 2008 年版，第 46 页。

[2]　宫晓冰主编：《中国法律援助制度培训教程》，中国检察出版社 2002 年版，第 209 页。

法律途径解决其复学问题，当时，山东大明律师事务所孙志磊律师正好在值班，热情地接待了李某。2007年12月18日，孙律师陪同李某来到济南市法律援助中心，该中心主任以及孙彦华律师，在听完孙律师叙述案情之后，经过研究同意了李某的请求。孙律师在拿到法律援助中心的指派函以后，并没有立即代表李某提起行政诉讼，因为如果提起诉讼，申请司法鉴定，得出一个相反的鉴定结论将会影响李某的一生。孙律师慎之又慎之后，还是先去了李某的学校与校领导见了面，交谈了该案有关情况，学校领导在了解了事实的全过程后，立即表态召开领导会议讨论解决方案。

能否帮助李某顺利复学，关系到李某将来的前途发展，孙律师在此期间，不断地与校领导沟通，创造机会与校领导进行面对面的交流；孙律师还多次与李某进行电话交流，帮助李某调整心态，积极面对人生、社会，悉心指导为人处事的原则、方法，告诉李某调整好学习状态，随时准备复学。2008年1月6日，孙律师接到校领导电话，告知李某可以在寒假结束后复学。

该案最终以调解方式结案，无论对于哪一方都是一个完美的结果。孙律师在这个案件当中所付出的努力数倍于其他案件，这个案件的当事人虽然普通，但她是社会中特殊的弱势群体；这个案件虽然法律关系清楚，但却是截至目前为数不多的新型案例。虽然证据已经搜集充分，但是诉讼中司法鉴定结论的不可预知性不得不让孙律师数次调整代理方案，最终选择了非诉调解的代理策略，而最终的结果也证明了这个方案是正确的。[1]

四、劳动仲裁法律援助代理

（一）劳动仲裁法律援助代理的含义

劳动仲裁法律援助代理是指法律援助机构接受劳动争议纠纷中员工方的申请，经审查合格，指派法律援助人员担任其仲裁代理人，参加仲裁活动的行为。

理解劳动仲裁法律援助代理含义应明确：①申请劳动争议法律援助的主体是劳动争议员工一方；②劳动争议仲裁是解决劳动争议的必经程序；③法律援助人员在受理案件以后，须理清争议属于劳动合同关系还是劳务关系，这对解决争议具有重要的意义。

【举例】2005年9月29日上午，深圳市政府门前，人头攒动，熙熙攘攘。中间还夹杂着大声吵闹和一些草坪上跑动的人群。而路边驻足的许多人，似乎都在围观着什么。

围在政府门前的200多人，是某自行车料（深圳）有限公司（以下简称深圳公司）的职工。他们此刻也顾不得交警的劝阻和围观群众的指指点点，只是个

---

〔1〕 案例来自济南市人民政府门户网站 http：//ztc. jinan. gov. cn/art/2013/3/24/art _10366 _138. html.

个都情绪激动地说着什么，个别人还和交警及前来维持秩序的警员发生了冲突。

　　当天下午，深圳市法律援助处来了五位特殊的客人，他们是深圳公司的五位职工代表贾海红、丰志华、涂兴明等，他们所反映的问题与上午在市政府门前的职工们所说的问题一样，都是反映工作的单位深圳公司存在强迫工人加班、克扣工资、加班费、低于最低工资标准发放工资、不给职工购买社会保险等违法事项，强烈要求解除与深圳公司的劳动关系，要求相应的经济补偿金近170万元。

　　深圳法律援助处的领导和工作人员认真听取了五位职工代表的陈述，当即决定给予他们法律援助，及时充分维护贾海红等200多名职工的合法权益。同时，深圳市法律援助处的领导认为，这是涉及众多职工利益的群体性事件，用人单位存在多处侵犯职工合法权益的违法行为，处置不当必然会影响到社会安定与政府形象。

　　深圳法律援助处本着特事特办的原则，在第二天上午完成案件的全部审批手续，指派广东深金牛律师事务所的崔伟民律师具体负责为贾海红等200名职工提供法律援助。9月30日下午，深圳市法律援助处的领导、援助律师以及职工代表贾海红、丰志华、涂兴明、欧阳代平、杨斌等五人在法律援助处的会议室举行工作座谈会，大家详细听取了职工代表的陈述和要求，记录下整个案件的情况并逐项进行了详细的援助工作安排。看到这么多人为了职工的事情放弃了自己的事，座谈会结束的时候，贾海红等职工代表也激动得眼睛湿润了，他们说，不管事情能否得到解决，我们都感谢你们。这短短的一句话，在场的所有法律援助处的同志都百感交集。一句朴实的感谢，饱含了多少普通百姓对法援人的深情与厚望。而那句"不管事情能否得到解决"又表现出他们面对自己权益受到侵害时的几多无助、几多悲凉、几多无奈。

　　根据了解到的案情，援助律师经分析认为，深圳公司确实存在多处违法行为。比如：不为贾海红等200多名职工办理缴纳医疗保险；违反《劳动法》关于工作时间和休息休假的规定，强迫职工加班；克扣贾海红等200多人的加班费；变相克扣贾海红等200多人的工资；制定工资标准低于最低工资标准；拖欠贾海红等200人的2005年9月份的工资及加班费；未与职工签订劳动合同；等等。针对上述七项违法事实，援助律师认为应当先以这些为基础提出仲裁请求。由于贾海红等200名职工来此之前，已经向深圳市劳动仲裁委员会提出了仲裁申请。因此，法律援助律师的第一项工作就是帮助受援人调整仲裁申请，使得仲裁请求能够有坚实的事实基础及法律依据，从而能够得到劳动仲裁庭的支持。

　　接下来就是援助律师的第二项工作也是最为艰难的一项——与受援人一道充分准备案件材料，为开庭做准备。首先，援助律师要耐心指导受援人准备案件的书面证据，完善证据形式。其次，由于本案是群体性纠纷，各位职工的具体情况不一样，因此需要制作详细的列表提供给仲裁庭，这是一项繁琐复杂的工作。援助律师必须具有认真细致的工作态度和高度的责任感，最重要的是还必须具有深厚的法律业务功底，要在最短的时间里，在受援人提出的杂乱无章的信息中，筛选出有价值的列入表中，以备日后提交仲裁庭，一项出错都可能会给仲裁工作带来不良后果。

第三项工作就是援助律师要充分准备和理清案件详细的代理思路。几位援助律师根据手中已经整理出来的各项证据，经过几个人的反复推敲，缜密分析，确定出完整清晰的代理思路，万事俱备，只待东风。

仲裁庭开庭的时间安排在国庆节后的 2005 年 10 月 14 日、10 月 17 日至 10 月 20 日，共 5 天时间，其中 14 日、17 日是主要的庭审时间，其余时间主要协助仲裁员做好仲裁辅助工作。这意味着，全体援助律师将牺牲掉整个黄金周的休息时间，进行开庭前的准备工作。取证、调查、举证、质证、补充调查、直到仲裁庭上的辩论。在这些过程中，援助律师忙个不停，几乎把全部精力都放在了这起案件上，大家没有一个人提要求，讲条件，说困难，相反都在千方百计地发掘寻找更为有利的证据，甚至有的律师让自己的家人和朋友也参加了寻找线索的队伍。

起草《代理词》，这是法律援助的第四项重要工作，这薄薄的几页纸，虽说没什么重量，但是它却是检验开庭前所有援助律师、所有工作的第一标准。一份《代理词》是否有利，直接影响到仲裁案件的成败。因此，在主要的庭审时间结束后，援助律师结合本案的事实及适用的相关法律，特别是仲裁庭上双方的争议焦点问题，数易其稿，认真起草了《代理词》。《代理词》在以充分论证论述了深圳公司确实存在上述七项违法行为之后，还论述了深圳公司作为用人单位应当承担的法律责任，并进一步论述了 200 位工人仲裁请求的合理、合法性。这份《代理词》上的代理意见为仲裁员裁决本案提供了重要的参考，其中主要意见全部被仲裁员采纳，援助律师用自己的实力打赢了这一仗，充分彰显出法律援助扶助弱势群众的力量，维护了受援人的合法权益。

在案件仲裁过程中，援助律师不怕麻烦，本着为受援人解决实际问题为直接目的，积极主动地在受援人与被诉人之间沟通和协调。200 名职工中，李学文等 61 人最后在援助律师的帮助下，与被诉人达成了和解协议，撤回了仲裁请求，重新回到厂里上班，成功化解了原来已经白热化的矛盾。2005 年 10 月 21 日，劳动仲裁委员会作出裁决，贾海红等 139 人的仲裁请求得到了仲裁裁决的全部支持……至此，贾海红等 200 位受援人的合法权益得到了切实、完全、充分的维护，援助律师也圆满地完成了法律援助处指派的援助任务。虽然 2005 年的国庆节他们没有休息一天，但援助律师们都说，这个国庆节过得非常有意义。[1]

（二）法律援助与劳动仲裁相互衔接工作机制

近年来，各地法律援助机构与劳动和社会保障部门，为进一步解决经济困难劳动者的维权问题，及时依法处理劳动争议、劳务关系等矛盾纠纷，强力整合法律援助和劳动仲裁资源，建立法律援助与劳动仲裁相互衔接工作机制。双方密切协作，积极开展劳动者权益保护法律援助工作，使劳动者权益维护进入了法律援助与劳动仲裁无缝对接的快速通道，让法律援助能够第一时间介入纠纷，将法律援助案件的受理延伸到劳动者权益保护的第一线。

1. 法律援助机构在劳动仲裁委员会设立劳动争议仲裁法律援助工作站。在醒目位置悬挂法律援助标识和《法律援助办事指南》，对前来咨询、投诉、立案并需要法律援助的当事人予以告知，为联动处置劳动纠纷提供了一个平台。

2. 建立值班制度。法律援助中心派法律服务人员到工作站值班，帮助解答法律咨询、代拟法律文书及办理其他法律援助事务。

3. 建立联席会议制度。法律援助中心和劳动仲裁部门定期召开会议，及时分析、掌握劳动争议处理的新形势、新动态，及时总结对接情况，研究解决劳动争议法律援助工作的重大问题。

4. 建立信息共享制度。双方及时交换所掌握的劳动纠纷信息，特别是群体性的劳动纠纷信息，做好劳动纠纷的预防工作。

五、非诉讼法律事务法律援助代理

（一）非诉讼法律事务法律援助代理的含义

"非诉讼法律事务"是指不经过人民法院诉讼程序解决的法律事务。非诉讼法律事务法律援助代理是指法律援助机构以调解、仲裁等灵活的非法定化的形式，为经济困难或有特殊事项的当事人，提供免费的、诉讼以外的法律服务或法律帮助，以保障其合法权益得以实现的一种法律援助方式。非诉讼法律援助是法律援助业务的重要组成部分，主要包括：代理参加仲裁、代理调解、代理和解、代理申请和代理申诉等方式。

（二）非诉讼法律事务的援助特点

在行政、民事纠纷中，非诉讼法律援助事务较诉讼法律援助案件具有以下优越性：

1. 非诉讼类法律援助能够给当事人减轻经济负担。

2. 通过非诉讼途径能够缩短结案时间。

3. 非诉讼类法律援助可以减轻法院办案负担。

---

〔1〕 案例选自司法部法律援助中心编：《全国法律援助百优案例》，法律出版社 2008 年版，第 205 ~ 208 页。

4. 走非诉讼道路有利于双方和解。

5. 非诉讼类法律援助能够更好地维护受援人的权益。例如，发生劳动纠纷时，农民工往往难以证明劳动关系的存在，甚至不知道用人单位的名称，企业和雇主会利用各种关系打通关节，为自己开脱，有的还设置障碍阻挠律师调查取证，甚至故意损毁证据。工友或证人考虑自身利益也不愿或不敢作证。调查取证困难直接影响到维权的效果，如果诉讼，在证据和诉讼时效方面都客观存在一些对农民工不利的因素，在这些情况下，采取调解的方式能促使双方达成协议，兑现赔偿金，更好地维护受援人的权益。

6. 采取非诉讼方式便于案件的执行。有的案件虽然胜诉了，但若法院抓不住被执行人的财产，执行起来有难度，当事人的权益也无法得到维护。非诉讼调解是在心甘情愿的基础上达成的调解协议，就不存在不好执行的问题。

法律援助机构通过主动作为的形式，标本兼治，积极做好诉讼案件"事前和事后"的法律援助工作，努力解决困难群众因"事前"不规范行为带来诉讼上的困难，以及"事后"不知如何申请执行的问题，为困难群体提供更加全面的法律援助服务。

（二）非诉讼法律援助案件的类型

1. 无法进入诉讼程序的案件。

（1）已过诉讼时效的案件。案件已过诉讼时效，但实体上当事人的权利确实存在，且有法律上的依据和证据支持，受当事人的请求，可以提供非诉讼法律援助，作非诉讼调解的努力寻求解决方案，以最大限度地保护弱势群体的权益。

（2）目前尚无法进入诉讼程序的案件。由于缺少必要的证据，案件目前无法进入诉讼程序，取得相关的证据后才可进入诉讼程序。因此，必须提供法律援助，以帮助当事人做好调查取证等案前准备工作。例如，工伤事故发生后，当事人无法提供和用人单位存在劳动关系的书面证明，事故无法被认定为工伤，导致案件不能进入劳动仲裁及以后的诉讼程序，这时非诉讼法律援助的参与就显得极为必要，当事人需要在援助代理人的帮助下做好相关的前期准备工作。

2. 能进入诉讼程序的案件。诉讼程序之前和之后都可以进行非诉讼法律援助，诉讼程序前主要是开展"诉前调解"，诉讼程序之后主要是"后期调解"。

（1）诉前调解。由于法律援助代理人与受援人之间没有报酬关系，仅为履行政府对公民的法律援助职能，因而能够比较客观、公正、合理地提出解决纷争的意见和方案。法律援助代理人的这种特殊的角色地位，也容易得到对方当事人的接受和信任，法律援助代理人促成受援人与对方当事人之间达成调解协议的可能性往往比有偿服务的诉讼代理人更高。因此，法律援助代理人应当尽可能地利用这一角色的优势，争取以调解方式解决纠纷，在诉讼之前首先进行调解，减少进入诉讼程序的案件数量。

（2）"权益落实"：主要是法律援助案件裁决生效后的权益履行及法律援助结束后的"后期调解"等工作。一般而言，像赡养纠纷、工伤事故纠纷等具有长期给付内容的援助案件，裁决胜诉并不代表一劳永逸，一定还要继续跟踪服务以确保当事人权益如期实现，这期间需要做一系列"后期调解"以及协助申请执行等工作。

【举例】衡阳县金兰镇某村左某，2005 年 10 月，七岁时到某医院进行阴茎矫正手术，因术后漏尿引起医患纠纷，事后虽已治愈，但左某的父母认为医方应承担赔偿责任，因此先后多次从地方到北京有关部门上访，于 2010 年 8 月 20 日经衡阳县卫生局主持行政调解，双方虽达成协议，但左某的父母认为少算了赔偿款而反悔，并继续上访，因上访无果，于今年 4 月 3 日向衡阳县法律援助中心申请法律援助，衡阳县法律援助中心即时受理，并指派法律工作者欧阳楚飞承办。承办人在充分了解案情后认为该案宜申请人民调解，在与医患双方进行充分的疏导沟通后代理受援人申请西渡镇人民调解委员会进行调解，于 4 月 20 日达成调解协议，由医方向受援人赔偿各项损失 90 280 元，但医方还是担心受援人反悔，承办人为消除医方的疑心，确保调解协议合法有效和受援人能及时得到赔偿款，当即代理受援人依照《人民调解法》和最高人民法院《关于人民调解协议司法确认程序的若干规定》之相关规定向衡阳县人民法院申请人民调解协议司法确认，法院高度重视，即时受理，并不收取诉讼费用，于 4 月 21 日作出确认决定书："决定该调解协议合法有效，如一方当事人不履行调解协议另一方当事人可向人民法院申请强制执行。"医方收到确认书后当即向受援人支付了赔偿款，受援人的法定代理人收到赔偿款时深情地说："我走了咯多年、咯多地方，还是政府的法律援助好。为我们弱者办事牢靠，又快、又好、又不收钱，我现在问题解决了，怨恨消除了，可以睡个安稳觉了。"为受援人的调解协议申请司法确认是我国《人民调解法》及司法解释施行后的一项新鲜事物，积极开展这项工作破解了人民调解协议不能执行、难以兑现的难题，为确保弱势群体接受人民调解，在对方不愿自觉履行时可申请人民法院强制执行提供了有力的司法保障，同时，对防止当事人反悔，做到案结事了，积极化解矛盾纠纷，防止纠纷的反复性和长期性起到了不可或缺的作用。[1]

六、法律咨询与代书

（一）法律咨询与代书的含义

所谓法律咨询，是指法律援助机构的工作人员接受咨询人的询问，运用法律

---

〔1〕 案例来自中国法律援助网 http：//www. china legalaid. gov. cn，2011 年 5 月 20 日。

知识为咨询人提供法律问题解答和服务的活动。所谓代书，是指接受相关法律事务人员的申请，法律援助机构的工作人员运用法律知识为申请人撰写法律文书的活动。

（二）应注意的问题

1. 在法律咨询中，法律援助工作人员应针对询问人提出的法律问题作出明确易懂的回答。法律援助机构对公民申请的法律咨询服务，应当即时解答；复杂疑难的，可以与申请人预约择时办理。在解答法律咨询过程中，认为申请人可能符合代理或者刑事辩护法律援助条件的，应当告知其可以依法提出申请。

2. 撰写法律文书必须用语准确，逻辑严谨，事实概括简练，法律运用正确。

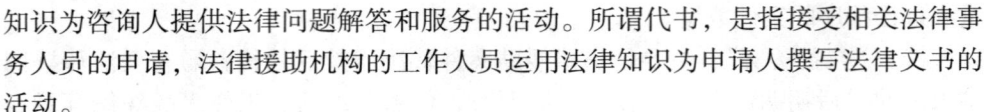

【学习情境3】 法律援助实施的程序及异地协作

所谓法律援助的实施程序，是指在法律援助实施过程中，法律援助机构、法律援助人员和受援人所必须遵循的步骤。

近年来，司法部联合最高人民法院、最高人民检察院、公安部制定了《关于民事诉讼法律援助工作的规定》和《关于刑事诉讼法律援助工作的规定》，下发了《律师和基层法律服务工作者开展法律援助工作暂行管理办法》等规范性文件，对贯彻执行《法律援助条例》、规范法律援助案件办理工作发挥了重要作用。但由于上述规范性文件分别从不同角度和工作环节对事项办理程序进行规定，法律援助实施工作并未形成统一的行为规范和服务标准，导致各地实践操作不统一，一些规定操作性不强，某些重要环节行为规范不健全等。为规范案件办理程序，确保困难群众得到符合标准的法律援助，作为部门规章的《办理法律援助案件程序规定》出台。

《办理法律援助案件程序规定》严格依据和体现了新修订的《刑事诉讼法》、《律师法》以及《法律援助条例》等法律、法规有关法律援助的基本规定和要求，参照法律援助地方性法规、地方政府规章的相关规定，将各地工作实践中形成的行之有效的经验做法上升为制度，规范了法律援助案件办理中受理、审查、承办等环节的行为规范和服务标准，明确了相关环节的办理时限，针对性和操作性更强，为规范法律援助实施工作、提高法律援助工作效率提供了有力的制度保障。

一、选任和指派法律援助人员

根据法律援助事项的不同特点和案情的不同需要，合理指派和安排办案人员，对于保证法律援助案件的质量和有效利用法律援助资源、提高法律援助工作效率至关重要，因此，指派与安排合适的法律援助人员承办案件是法律援助机构的重要职责，也是法律援助实施中的重要环节。《法律援助条例》第 5 条第 2 款规定："法律援助机构负责受理、审查法律援助申请，指派或者安排人员为符合本条例规定的公民提供法律援助。"

步骤 1：在律师事务所、基层法律服务所或法律援助机构中选任

1. 法律援助机构接受申请人的申请后，经审查决定给予法律援助的，法律援助机构应当根据本机构、律师事务所、基层法律服务所、其他社会组织的人员数量、资质、专业特长、承办法律援助案件的情况以及受援人意愿等因素，合理决定是指派律师事务所的律师、基层法律服务所的工作者来承办案件，还是安排本机构的工作人员来办理案件。

2. 如果确定由律师事务所或基层法律服务所承办，即向律师事务所或基层法律服务所发出《法律援助指派通知书》。

步骤 2：在规定的时间内指派与安排

根据 2012 年 7 月实施的《办理法律援助案件程序规定》第 20 条规定："对于民事、行政法律援助案件，法律援助机构应当自作出给予法律援助决定之日起 7 个工作日内指派律师事务所、基层法律服务所、其他社会组织安排其所属人员承办，或者安排本机构的工作人员承办。对于刑事法律援助案件，法律援助机构应当自作出给予法律援助决定或者收到指定辩护通知书之日起 3 个工作日内指派律师事务所安排律师承办，或者安排本机构的法律援助律师承办。"

1. 律师事务所或基层法律服务所在接到《法律援助通知书》后，应当根据案件的具体情况和需要，同时根据本所的律师和工作人员实际，安排合适的办案人选。法律援助机构、律师事务所应当指派或者安排具有一定年限刑事辩护执业经历的律师担任死刑案件的辩护人。对于未成年人案件，应当指派熟悉未成年人身心特点的律师担任辩护人。

2. 法律援助机构应当自作出给予法律援助决定或者自收到通知辩护公函、通知代理公函之日起 3 日内，确定承办律师并函告公安机关、人民检察院、人民法院。

法律援助机构出具的法律援助公函应当载明承办律师的姓名、所属单位及联系方式。

二、订立法律援助协议

步骤 1：法援机构与受援人签订书面援助协议

法律援助协议是法律援助机构与受援人签订的确认双方权利义务关系的书面协议。其基本规范要求是：

1. 法律援助机构确定法律援助人员以后，应与受援人员签订书面的《法律援助协议书》。

2. 《法律援助协议书》由法律援助机构统一印制。

3.《法律援助协议书》的主要内容包括：①法律援助机构的名称及地址，法律援助人员姓名及工作单位，受援人姓名及自然情况；②提供法律援助的理由；③对受援人是免收费还是由受援人分担；④法律援助事项及法律援助权限；⑤在实施法律援助过程中受援人的权利义务和法律责任；⑥法律援助的有效期限；⑦法律援助机构、法律援助人员、受援人签名盖章。

步骤2：律师与受援人签订委托代理协议

法律援助机构、律师事务所、基层法律服务所或者其他社会组织应当自指派或者安排法律援助人员之日起5个工作日内将法律援助人员姓名和联系方式告知受援人，并与受援人或者其法定代理人、近亲属签订委托代理协议，但因受援人的原因无法按时签订的除外。

步骤3：当提供援助的法定情形发生变化，法律援助协议将予以变更或解除

1. 法律援助协议变更。法律援助协议变更是指在法律援助的有效期内，由于出现了法定或约定的事由，经双方当事人协商一致，对法律援助协议的内容进行更改的行为。

法律援助协议变更的情况主要有：

（1）受援人在受援期间经济条件好转，不再符合法律援助的条件，经双方协商，将免受或分担变更为分担或支付全部法律服务费用。

（2）受援人员有充分证据证明法律援助人员不履行援助义务，或不能履行援助义务，或违法等因素有碍履行援助义务的，经法律援助机构查证属实，更换法律援助人员。

刑事诉讼中，犯罪嫌疑人拒绝法律援助机构指派的律师作为辩护人的，人民检察院应当查明拒绝的原因，有正当理由的，予以准许，但犯罪嫌疑人需另行委托辩护人；犯罪嫌疑人未另行委托辩护人的，应当书面通知法律援助机构另行指派律师为其提供辩护，若再次拒绝为其辩护的，不予准许。

2. 法律援助协议的解除。在实践中，有双方协商解除和单方解除的情形，上述的"法律援助协议变更"所描述的第二种变更的原因，受援人往往可以提出解除援助协议，但是实际上受援人员在援助事项还没有最终结果的情况下，几乎没有单方解除法律援助协议的，所以就导致单方解除法律援助协议的主体总是法律援助机构。

法律援助机构单方解除法律援助协议的情况主要有：

（1）受援人经济条件好转，不符合法律援助条件，且不同意变更法律援助协议的，法律援助机关有权单方解除法律援助协议，终止法律援助。

（2）受援人员无正当理由拒绝指派的法律援助人员提供法律援助服务的，或严重违反法律援助协议的规定使工作无法正常进行，法律援助机构有权单方解

除协议，终止法律援助。

（3）出现特定情形，法律援助已经无需进行或无继续进行的价值，法律援助机关应当解除援助协议。

（4）受援人以欺诈方式获得法律援助，法律援助机构有证据证实该情形确实存在，应及时终止协议，并追究受援人的相应法律责任。[1]

三、法律援助事项的承办

法律援助事项的承办，是指法律援助机构和法律援助人员在受理案件以后，按照法律援助协议以及相应的法律规定，积极维护受援人合法权益的活动过程。

步骤1：及时办理受援事项，不得无故拖延

1. 在忠于事实和法律的基础上，在受委托的权限内，通过和解、调解、申请仲裁和提起诉讼等方式依法最大限度维护受援人合法权益。

2. 法律援助人员代理受援人以和解或者调解方式解决纠纷的，应当征得受援人同意。

3. 在办理法律援助事项的过程中，不得收取钱物或牟取其他任何不正当利益。

4. 应严格保守执业过程中获知的国家机密、商业秘密和个人隐私，并不得越权处分受援人的利益。

5. 对于民事诉讼法律援助案件，法律援助人员应当告知受援人可以向人民法院申请司法救助，并提供协助。

6. 法律援助人员会见受援人，应当制作会见笔录。会见笔录应当经受援人确认无误后签名或者按指印；受援人无阅读能力的，法律援助人员应当向受援人宣读笔录，并在笔录上载明。

7. 对于通知辩护的案件，法律援助人员应当在首次会见犯罪嫌疑人、被告人时，询问是否同意为其辩护，并记录在案。犯罪嫌疑人、被告人不同意的，应当书面告知人民法院、人民检察院、公安机关和法律援助机构。

8. 法律援助人员承办案件，应当根据需要依法进行调查取证，并可以根据需要请求法律援助机构出具必要的证明文件或者与有关机关、单位进行协调。

9. 对于人民法院开庭审理的刑事案件，法律援助人员应当做好开庭前准备；庭审中充分陈述、质证；庭审结束后，法律援助人员应当向人民法院提交刑事辩护或者代理书面意见。对于人民法院决定不开庭审理的指定辩护案件，法律援助人员应当自收到法律援助机构指派函之日起10日内向人民法院提交刑事辩护书面意见。对于其他不开庭审理的刑事案件，法律援助人员应当按照人民法院规定

---

〔1〕 参见宫晓冰主编：《中国法律援助制度培训教程》，中国检察出版社2002年版，第214~217页。

的期限提交刑事辩护或者代理书面意见。

步骤2：法律援助机构应做好协调和监督工作

应为法律援助人员创造良好的工作条件，并认真履行监督、指导职责。法律援助人员应当按照法律援助机构要求报告案件承办情况。

法律援助案件有下列情形之一的，法律援助人员应当向法律援助机构报告：

1. 主要证据认定、适用法律等方面有重大疑义的。

2. 涉及群体性事件的。

3. 有重大社会影响的。

4. 其他复杂、疑难情形。

受援人有证据证明法律援助人员不依法履行义务的，可以请求法律援助机构更换法律援助人员。更换法律援助人员的，原法律援助人员所属单位应当与受援人解除或者变更委托代理协议，原法律援助人员应当与更换后的法律援助人员办理案件材料移交手续。

四、终止法律援助的情形

根据《办理法律援助案件程序规定》第33条规定，有下列情形之一的，应当终止法律援助：

1. 受援人不再符合法律援助经济困难标准的。

2. 案件依法终止审理或者被撤销的。

3. 受援人自行委托其他代理人或者辩护人的。

4. 受援人要求终止法律援助的。

5. 受援人利用法律援助从事违法活动的。

6. 受援人故意隐瞒与案件有关的重要事实或者提供虚假证据的。

7. 法律、法规规定应当终止的其他情形。

有上述情形的，法律援助人员应当向法律援助机构报告。法律援助机构经审查核实，决定终止法律援助的，应当制作终止法律援助决定书，并发送受援人，同时函告法律援助人员所属单位和有关机关、单位。法律援助人员所属单位应当与受援人解除委托代理协议。

受援人对法律援助机构终止法律援助的决定有异议的，可以向主管该法律援助机构的司法行政机关提出。

五、结案与支付办案补贴

法律援助案件办理结束，承办人应当及时向指派的法律援助机构提交相关材料和结案报告。

步骤1：在规定时间提交案件材料和结案报告

法律援助人员应当自法律援助案件结案之日起30日内向法律援助机构提交

立卷材料。诉讼案件以法律援助人员收到判决书、裁定书、调解书之日为结案日。仲裁案件或者行政复议案件以法律援助人员收到仲裁裁决书、行政复议决定书原件或者复印件之日为结案日；其他非诉讼法律事务以受援人与对方当事人达成和解、调解协议之日为结案日；无相关文书的，以义务人开始履行义务之日为结案日。法律援助机构终止法律援助的，以法律援助人员所属单位收到终止法律援助决定函之日为结案日。

1. 需提交的案件材料主要有：

（1）法律援助指派函和律师事务所（基层法律服务所）批办单。

（2）委托代理协议及其他委托手续。

（3）起诉书、上诉书、申诉书或者行政复议（申诉）申请书、国家赔偿申请书等法律文书副本。

（4）会见委托人、当事人、证人谈话笔录及其他有关调查材料。

（5）答辩书、辩护词或代理词等法律文书。

（6）判决（裁定）书、仲裁裁决书、调解协议或者行政处理（复议）决定等法律文书副本。

（7）结案报告。

（8）其他与案件承办有关的材料。

2. 结案报告主要内容有：

（1）承办人的基本情况，主要是承办人的姓名和单位。

（2）法律援助事项。

（3）办理案件的过程，要真实、简洁。

（4）办理结果。

步骤2：认真审核结案材料

法律援助机构应当自收到法律援助人员提交的立卷材料之日起30日内进行审查。对于立卷材料齐全的，应当按照规定通过法律援助人员所属单位向其支付办案补贴。作出指派的法律援助机构应当对法律援助人员提交的立卷材料及受理、审查、指派等材料进行整理，一案一卷，统一归档管理。

 【实训案例】 指派的程序和时限

案情介绍

2007年8月，青海省某州某县牧民扎西因与人喝酒时发生冲突，互相殴打，结果被同村的才让打伤，经法医鉴定为三级伤残。双方在酒醒后，才让主动找扎西赔礼，并表示愿意承担医疗费和其他损失，双方商定，才让支付扎西7万元现金，扎西就不再告诉。扎西心里想：自己家里很穷，有了这笔钱就可以供两个孩

子上学，于是就同意了。事过一周以后，扎西找才让要钱。才让说："打架是我们两个都有错，我凭啥要给你那么多的钱，就1千元，不要就算了。"扎西很生气，说："我告你去！"才让说："随便。"后扎西在无奈的情况下，找到了县法律援助中心，法律援助中心的工作人员接待了扎西，问清事实后，说："你的情况符合法律援助的条件，等我向中心主任和司法局长汇报后，给你答复。"扎西回家后，一直等待援助中心的人，结果一个月以后，还是没有消息，只好自己再到县城找法律援助中心。中心的工作人员告诉他说："我已经汇报了，但是主任同意后，局长又不同意。"扎西不理解为什么局长不同意，于是找到局长，局长告诉他："不是我不同意，而是现在没有人可以帮你打官司，再说打官司要钱，我们局里也没有钱。"扎西一再请求，局长说："好吧，我给你个条子，你去找某人，让他帮你办吧。"

请根据本案，分析法律援助机构在指派上存在怎样的错误，正确的做法应该是什么？

【训练目的】 根据案例提供的事实情况，能够准确判断法律援助机构是否有违反义务规定的情况，从把握受援人权利义务与法律援助机构实施法律援助的程序的角度进行分析。

【训练方法】 组织小组讨论，每个小组在规定的时间内讨论被指定的问题，并向全体同学汇报本组的讨论结果。

五、法律援助实施中的异地协作

（一）异地协作的含义及应注意的问题

1. 含义。法律援助的异地协作是指受理法律援助案件的法律援助机构因承办法律援助事项的需要，将案件办理过程中的某一项或几项（包括调查、取证、执行等）具体的法律援助事项，委托给本地区以外的法律援助机构代为完成，受委托的法律援助机构应积极自愿完成协作事项的合作制度。异地协作是从法律援助实践中应运而生并不断发展起来的一项工作机制。

【举例】 2002年初，家住安徽省巢湖的章尚林经同乡介绍到吉林省敦化市打工。2002年7月26日上午，敦化市阳光木业有限公司的孙元吉老板安排章尚林为车间屋顶换瓦盖，屋顶因年久失修已腐烂，章尚林在干活时不慎从屋顶掉下摔成重伤，随即被工友送到敦化市医院治疗，经医生诊断为颅骨骨折。章尚林在住院手术治疗30多天后，因老板不派人照料，身边又无亲人护理，治疗中的章尚林便回安徽老家养伤。后因伤并未痊愈旧病复发，2003年9月又住进安徽省巢湖市第一人民医院，医生诊断急需第二次手术，章尚林又做了第二次手术。术后，院方告诉他，还需要进行一次手术才能痊愈。章尚林家本来经济就十分困难，还要供养父母、妻子和六岁的女儿，根本无力支付巨额的医疗费用，无助的他只能求助安徽省巢湖市法律援助中心。

接到求助后，安徽省巢湖市法律援助中心于 2003 年 12 月 14 日委托安徽省巢湖市中级人民法院技术室鉴定，结论为"章尚林颅脑损伤分别构成七级和十级伤残"。因用工单位远在千里之外的吉林省敦化市，安徽省巢湖市法律援助中心及时向安徽省法律援助中心提出异地协作的申请。2004 年 4 月 11 日，吉林省敦化市法律援助中心接到吉林省法律援助中心的《法律援助协作案件指派通知书》，要求敦化市法律援助中心承办安徽省巢湖市农民章尚林在敦化市打工时意外受伤的赔偿一案。

敦化市法律援助中心接到此通知后，立即向司法局的领导做了汇报，并决定由经验丰富的乔虹律师和法律服务工作人员王伟负责办理此案。接受案件后，两名承办人立即和安徽省巢湖市法律援助中心取得联系。敦化市和巢湖相距数千里，只能通过电话和信件了解案情。上百个电话，数十份信件终于使承办人详细掌握了案件的全部情况，并根据诉讼人请求，迅速展开了调查取证的工作。在取得了大量有力证据后，承办人多次找当事人孙元吉做耐心细致的思想工作，经过多次接触交谈，使孙元吉转变了拒赔的思想，明确表示将依法承担对章尚林的民事赔偿责任。

2005 年 3 月 22 日，经过多次协商双方终于达成了和解协议，孙元吉一次性赔偿章尚林医疗费、生活费等现金 5 万元。在安徽省巢湖市法律援助中心和吉林省敦化市法律援助中心的见证下，章尚林与孙元吉签订了赔偿协议书。至此，吉林省敦化市和安徽省巢湖市这起首例跨省法律援助协作承办的案件，以非诉的方式画上了圆满的句号。[1]

2. 应注意的问题。

（1）协作只是将部分法律援助事项请本地以外的法律援助机构帮助完成，而不是整个法律援助事项。

（2）协作是互相合作，而不是互相利用；开展异地协作的两家单位地位平等，没有行政隶属关系。

（3）协作单位应当是自愿的，完成协作事项应当是积极的。

（4）协作应当是无偿的。

（二）异地协作必须具备的条件

1. 部分法律援助工作必须在享有管辖权的法律援助机构的管辖区域外完成。如部分主要证据在异地等。

---

〔1〕　案例选自司法部法律援助中心编：《全国法律援助百优案例》，法律出版社 2008 年版，第 342 页。

2. 有管辖权的法律援助机构完成该项特定的援助工作确实存在不便。

3. 委托其他法律援助机构办理该项法律援助事项确实有利于节约经费、提高效率、取得良好效果。

（三）异地协作的程序

步骤1：开出委托函

法律援助人员认为需要异地调查取证的，可以向作出指派或者安排的法律援助机构报告。作出指派或者安排的法律援助机构可以请求调查取证事项所在地的法律援助机构协作。

法律援助机构请求协作的，应当向被请求的法律援助机构发出协作函件，说明案件基本情况、需要调查取证的事项、办理时限等。

1. 委托方须向受托方出具书面委托函，并寄送受托方。

2. 说明委托办理的具体事项、委托的原因、完成的时限要求、并附送简要案情、联系人及联系方式等。

步骤2：及时复函确认

受托方收到委托函后，应及时答复，并按要求及时完成委托事项，必要时向委托方通报有关情况。因客观原因无法协作的，应当向请求协作的法律援助机构书面说明理由。

步骤3：承办委托事项

受托方应在委托方规定的时限内完成委托事项并以书面形式回复委托方，写明办理过程与结果，并附送相关书面材料。

 **拓展知识** **法律援助实施中的服务质量管理**

一、服务质量管理目标

法律援助服务质量管理就是以现行的法律法规，通过有效的程序和制度对法律援助活动各个阶段所要达到的效果予以监督管理，使法律援助制度的目的真正得以实现。

我们以法律援助活动的程序顺序，将法律援助服务质量管理分为办案前阶段法律援助服务质量管理和办案阶段服务质量管理。需要注意的是法律援助服务质量的管理实际上是对为受援人提供法律援助服务的单位和个人在法律援助活动中的行为进行监督和管理。

二、办案前阶段法律援助服务的质量管理

办案前阶段法律援助服务的质量管理，其阶段划分主要是以法律援助案件是否实际进入办理阶段作为依据的，在实践中，法律援助案件进入实际办案阶段，是在律师、基层法律服务工作者与受援人或其监护人、法定代理人签订代理协议

后，实际介入案件的调查等办理阶段。所以，办案前阶段应当是指法律援助机构接受当事人申请到律师或基层法律服务工作者与与受援人等签订代理协议为止的阶段，这一阶段的服务质量管理就是办案前的管理。

（一）法律援助机构办案前质量管理

法律援助机构对本机构提供的法律咨询服务等一系列活动的服务质量问题也存在着质量管理，这是关系到法律援助是否能够真正实现价值的前提。

1. 咨询服务的质量管理。法律援助机构对外提供的有关法律援助的咨询活动，本身也是法律援助的一个必要组成部分，咨询服务质量的好坏，关系到受援人和普通百姓对法律援助的认识和信心，也关系到法律的权威。这一阶段的服务质量管理主要是对提供咨询的工作人员的素质、服务态度、服务水平等方面的管理。

2. 受理申请的服务质量管理。

（1）法律援助机构对本机构直接受理的法律援助申请或律师、基层法律服务工作者转交来的案件材料，均要及时、认真审查。

（2）法律援助机构工作人员提出是否提供援助的意见，报机构负责人批准。

（3）机构负责人对本机构的工作人员在接受援助申请时的工作态度、服务水平等方面进行监督，同时，要对工作人员在受理申请时，是否存在管、卡、要等现象予以监督管理，出现了违背法律法规的现象要加以严肃处理。

3. 决定是否提供法律援助的服务质量管理。这一阶段服务需要认真对待、及时作出决定，不应故意拖延，另外需要注意工作人员借此索要钱物的现象。故意拖延会影响下一阶段的办案时机，也会直接导致受援人的合法利益不能获得应有保障和救济。

4. 指派和安排案件承办人阶段的服务质量管理。这一阶段需要注意的事项是如果是指定律师或基层法律服务工作者承办法律援助案件的，应当及时发出《法律援助指派通知》的函件。

如果安排本机构的工作人员承办法律援助案件，首先要选择好案件的承办人员，其次对本机构承办人要履行监督和检查职责。

（二）律师事务所和基层法律服务所的服务质量管理

1. 承办案件人员安排的管理问题。律师事务所和基层法律服务所在接到指派通知后，应当在 24 小时内安排案件承办人员，这里需要注意的是在安排承办人员时，不能随意安排，一定要根据案件的基本情况和本所律师、法律服务工作人员的能力、业务专长来选择安排合适的案件承办人员，从人员上保证法律援助案件的办案质量。

2. 代理协议的及时签订。在安排完案件的承办人员以后，一定要及时与受

援人或其监护人、法定代理人签订代理协议，以维护受援人的合法权益，同时也可以通过协议保证顺利完成案件的承办。

3. 受援人对案件承办人员的安排提出异议的处理。如果受援人对律师事务所或基层法律服务所所安排的案件承办人员提出异议，应当及时听取意见。如果异议成立的，应当及时更换办案人员；如果异议不成立应当耐心解释，以保证与受援人配合，提高办案质量，让受援人满意。

4. 及时通知法院。律师事务所与基层法律服务所，在确定法律援助案件的承办人后，应当在开庭前3日内将承办人以及相关材料送交法院。

三、办案阶段法律援助服务质量管理

办案阶段法律援助服务质量管理是法律援助服务质量管理的关键。根据《法律援助条例》和《暂行管理办法》等法律法规的规定以及法律援助实践经验来看，法律援助在办案阶段的服务质量管理主要体现在以下几个方面：

（一）办案人员在办理法律援助案件中的执业态度要求

这个问题虽然是一个不太容易衡量的主观问题，但是却对办案质量有着极其重要的影响。《暂行管理办法》第8条规定："承办法律援助案件的律师和基层法律服务工作者，应当根据承办案件的需要，依照司法部、律师协会有关律师和基层法律服务工作者执业规范的要求，尽职尽责地履行法律服务职责，遵守职业道德和执业纪律。"所以，律师事务所、基层法律服务所、律师协会、司法行政机关对律师和基层法律工作者在承办法律援助案件时的职业道德以及执业纪律的遵守情况，负有监督管理的职责。

（二）对重大疑难案件办理进行有效监控

具体案件办理中，重大、复杂、疑难案件，律师事务所、基层法律服务所应当组织集体研究，确定承办方案，确保办案的质量和效果。律师事务所和基层法律服务所，对本所律师、基层法律服务工作者办理法律援助案件的质量进行监督，发现问题应当及时纠正。这是对法律援助案件办案质量的最直接的监督管理，也是比较有效的一种管理方式。

（三）加强结案归档管理

案件办结后，及时向法律援助机构提交相关的案件承办材料，接受法律援助机构的审查，对不符合要求的，应当要求其改正。法律援助机构在收到结案材料15日内完成审查，并将材料退还，由承办人所在的律师事务所、基层法律服务所负责归档。

（四）健全法律援助机构、律师协会的投诉查处制度

法律援助活动并不是以诉讼或调解的终结为终结，而是以是否真正完成法律援助任务为终结，尤其就法律援助服务质量监督为基点来看，事后的监督也是十

分必要的。

（五）建立健全服务质量奖惩制度

司法行政机关、律师协会对律师事务所、基层法律服务所以及律师和基层法律服务工作者的奖励与惩罚，对法律援助服务质量的提高和促进具有重要意义。在一定程度上来说，奖励和惩罚是法律援助活动的继续，也是法律援助活动服务质量管理的一个必要组成部分。

案情介绍

2011 年 7 月 29 日 22 时许，社会闲散人员刘某、杨平某、潘某在城阳区夏庄街道华阴村车站处，因琐事与杨某发生争执，三人手持棍棒对杨某实施暴力。正在家门口乘凉的华阴村村民刘广洪听到有人喊救命声后，迅速与本村村民杨吉金、刘瑞涛赶到事发现场，只看见杨某已倒在血泊中，三名歹徒还在对其实施殴打。看到此情景，曾经当过兵的刘广洪老人大喊一声"住手"，便冲上前去与三名歹徒厮打在一起，但终因年岁已高，被一名歹徒用棍棒击中头部，致使右眼球脱落，昏倒在地。后经过路群众报案，三名歹徒被公安机关抓获归案。

刘广洪经医院抢救，脱离了生命危险，但右眼球被摘除，造成终身残疾。2011 年 12 月 7 日，城阳区人民检察院对三名犯罪嫌疑人提起了公诉，作为刑事诉讼被害人刘广洪在家人的陪同下来到城阳区法律援助中心寻求法律帮助。援助中心工作人员在了解了案件性质及他本人的家庭情况后，以最快的速度给刘广洪办理了法律援助手续，并指派具有丰富办案经验的山东诚功（城阳）律师事务所隋晓燕、牛长舟两位律师为刘广洪进行刑事诉讼代理。

承办过程：承办此案的两位律师是山东诚功（域阳）律师事务所优秀律师，曾接办过包括刑事、婚姻、交通事故等各种大案要案，具有丰富的办案、庭审经验。接到区法律援助中心的指派通知后，在第一时间接待了刘广洪老人，并对案件的起因、发展、后果进行了细致的了解，向刘广洪收集了大量的诉讼证据，并开始做诉讼前的各种准备工作。分析案情后，两位律师认为，此案案情倒并不复杂，法律关系清晰，赔偿责任明显。但本案中三名被告人均是来自吉林省的社会闲散人员，自身没有经济基础，无赔偿能力，又不属于未成年人，父母没有法定的监护责任。很有可能诉讼到法院的赔偿金额会变成一纸判决而无法得以实现。

鉴于这种情况，为了能让刘广洪获得相应的民事赔偿，办案律师积极协调法院，经多方工作，通过对方律师联系到了被告人的父母，并多次打长途电话和被告人父母联系协商民事赔偿问题。一开始被告人父母极不配合，一来感觉这事丢人，二来认为赔不赔钱均要坐牢。两位律师耐心地从民事赔偿的积极与否对刑事量刑的影响，再到被害人在刑事诉讼中应有的主张赔偿的权利等方面动之以情、晓之以理，终于获得了部分被告人父母的认可，表示将积极筹钱赔付。两位律师根据刘广洪老人的受伤情况，仔细地核算了相应的民事赔偿金额，并在法院提起公诉的时候提交至法院主张权利。

法院在刑事部分开庭结束后，对民事赔偿部分进行了调解。两位律师在法庭上列明了各种有效证据，据理力争，尽可能多的为刘广洪争取赔偿。最后法院根据双方的证据情况及被告人父母的赔偿能力，综合衡量，顺利达成了民事赔偿调解协议。

承办结果：2012年5月17日，在法院的主持下，就刑事附带民事赔偿部分进行了调解，由三被告人的父母赔偿刘广洪等（本案还有一名受害人）人民币30万元，刘广洪也撤回了对三被告人的刑事附带民事起诉，并以一个老人的宽厚胸怀原谅了三个年轻人的伤害行为，并希望他们能好好改造、做一个对社会有用的人。

2012年5月30日，刘广洪来到城阳区法律援助中心，对中心的工作人员及山东诚功（城阳）律师事务所的两位律师表示感谢，并动情地说："虽然现在我的一个眼睛永远失去了，但我不后悔我当初的决定，见义勇为是每个公民的应尽义务。法律援助为我主持了公道，没有让我流完血再流泪，我代表我的全家感谢你们。"刘广洪还亲手给法律援助中心送上了写有："见义勇为扬正气，法律援助暖人心"的一面锦旗。

随后刘广洪老人在律师的建议下向城阳区民政局申请了见义勇为救助基金，获得了5000元奖金。援助律师建议要建立有效的社会救助机制，加大见义勇为基金的救助力度。解除公民在见义勇为时的一切后顾之忧，在全社会倡导见难就上、见困就帮的良好社会道德风尚，让全体市民参与社会的管理，增强社会的安全指数，为社会和谐作出应有的贡献。

案件点评：

本案是典型的刑事附带民事赔偿案件，在日常的生活中发生很多，但能顺利获得赔付的却寥寥无几，原因在于被告人往往认为赔不赔钱一样要坐牢，还不如多坐一年半载。但他们不知道不赔钱一样可以通过法院确定债权，在他们出狱或有赔偿能力后，法院一样可以强制执行。而如果积极赔偿在量刑上还能从轻考虑。正因为一些被告人存在这种片面的想法，在处理刑事附带民事过程中往往从此失去调解的机会。就此案看来，援助律师在协调对方当事人的时候，能否进行正确引导，是案件能否顺利进行的关键。

【训练任务】根据本案例组织一次法律援助的演练，并对演练的全过程作出记录和分析评价。

学习单元六　法律责任

【学习目标】

● 了解法律援助法律责任的含义和特征，明确法律援助法律责任的责任范围及责任形式。

【学习任务】

● 能够结合具体案件掌握法律援助法律责任的范围和具体责任形式。

 【案例导入】[1]

案例一

司法局套取法律援助专款购车被批评

2005 年，中央财政拨给某市司法局法律援助专款 5 万元，以专门解决法律援助经费不足的问题。同时，市财政匹配 3 万元，后该市司法局采用编造虚假"补发法律援助补贴"名册的手段，从市财政局套取出法律援助专款 3 万多元，购得小客车一辆。该市司法局套取国家财政拨付的法律援助专项经费购买汽车的行为，违反了《法律援助条例》、《中央补助地方法律援助办案专款管理暂行办法》第 7 条第 1 项，以及该省法律援助经费使用管理办法等规定。有关部门对该市司法局作出了如下处理决定：对该市司法局领导班子给予批评教育，并没收违纪购买的小客车，上缴国库。

该市司法局作为法律援助工作的主管部门，承担着对法律援助专项经费和办案专款管理和监督使用的职责，违反了其法定职责，必须要承担相应的法律责任。在该案中，相关部门对该市司法局及其直接负责的主管人员追究了行政责任，如果情节严重，构成犯罪，应当依法追究刑事责任。

案例二

律师违规收费被停业三月

被告人张某（15 周岁）和被告人田某（19 周岁），于 2009 年 4 月外出进城打工，因为嫌工资太少，就辞去工作准备回家，因没有回家路费，就产生了抢劫

---

〔1〕 案例来源于司法部法律援助中心。

的念头，两人共抢劫路人两次，每次抢劫一个手机和一百多块钱。后来两人夜晚在街道行走，警察发现两人形迹可疑，便进行盘查，盘查时两人交代了抢劫经过。检察院以二人犯抢劫罪提起公诉。因张某系未成年人，且尚无稳定收入，人民法院遂依法为张某安排指定辩护。经指派，某律师所李律师成为张某的法律援助辩护律师。李律师阅读了卷宗资料、会见了被告人，发现被告人在被警察盘问时，主动交代了自己的犯罪经过，属于自首。接下来，李律师搜集相关证据，与检察官和法官交换意见，最终在庭审中提出了应当对张某从轻处罚的辩护意见，被人民法院采纳。刑法规定抢劫罪起刑点是 3 年，但被告人张某最终被法院判处了缓刑。

为感谢李律师的成功辩护，张某家人拿出 3000 元钱以示酬谢，李律师在推托未果的情况下收下了酬金。之后，李律师又从市法律援助中心领取了办案补贴。李律师在承办法律援助案件时私自收取当事人财物的行为违反了《律师法》、《法律援助条例》的有关规定，当地司法行政机关经过调查后作出行政处罚决定，给予李律师停止执业 3 个月的处罚，责令退还违法所得财物，并处 3000 元罚款。

从本章【案例导入】的两个案例中，我们不难发现，当法律援助机构向当事人提供法律援助的时候，会有许多法律援助工作人员参与其中提供相应的法律服务，如法律援助机构的工作人员、律师、基层法律服务工作者等。那么，这些法律援助机构和工作人员是否很好地履行了自己的职责，是受援人能否顺利获得法律援助的关键。在案例一中，某市司法局违反了法定职责，相关部门对该市司法局及其直接负责的主管人员追究了行政责任。在案例二中，虽然律师为当事人辩护获得了成功，但律师违反规定收取了当事人的酬金，结果自己受到了处罚。法律援助机构和工作人员为什么会受到处罚？什么情况下会受处罚？受何种处罚？这就是法律援助的法律责任问题。

【学习情境1】 法律援助法律责任概述

一、法律援助法律责任的含义

（一）法律责任

1. 法律责任是指因违反了法定义务或契约义务，或不当行使法律权利、权力所产生的，由行为人承担的不利后果。

法律责任的本质是国家对违反法定义务、超越法定权利界限或滥用权利的违法行为所作的否定的法律评价，是国家强制违法者作出一定行为或不作一定行为，以补偿和救济受到侵害或损害者的合法权益和法定权利，恢复被破坏的法律关系和法律秩序的手段。法律责任与法律制裁相联系，违反法律义务是法律责任的前提，法律制裁是法律责任的必然结果。

2. 法律责任与道义责任。法律责任与道义责任及其他社会责任相比，具有两个明显的特点：一是承担法律责任的最终依据是法律，也包括行政法规、规章及地方性法规、规章；二是法律责任的承担具有国家强制性。任何一部法律总要在制定时加入有关法律责任的规定，以充分发挥法律的指引、预测、教育和强制作用，按立法者的意图来规范和影响人们的行为。

3. 法律责任分类。根据所违反的法律的性质，可以把法律责任分为民事责任、刑事责任、行政责任与违宪责任。

民事责任是指由于违反民事法律、违约或者由于民法规定所应承担的一种法律责任。

刑事责任是指行为人因其犯罪行为所必须承受的，由司法机关代表国家所确定的否定性法律后果。

行政责任是指因违反行政法规定或因行政法规定而应承担的法律责任。

违宪责任是指由于有关国家机关制定的某种法律和法规、规章，或有关国家机关、社会组织或公民从事了与宪法规定相抵触的活动而产生的法律责任。

（二）法律援助法律责任

法律援助法律责任是指法律援助机构或法律援助人员违反国务院《法律援助条例》或其他法律援助法规、规章等规范性文件的规定所应承担的法律责任。即，法律援助机构或法律援助人员不尽法定义务，或不当行使法律权利、权力，由有关司法机关依法给予处罚，由违法行为人承担的不利后果。

在法律援助立法中，明确法律援助的法律责任至关重要，因为只有明确了法律责任，才能更好地体现法律援助立法的国家意志力和强制性，体现法律援助的性质，体现保障公民法律援助权利的国家义务和政府责任，规范法律援助有关各方的行为，促使其更好地履行职责与义务，充分运用国家的法律援助资源，最大限度地满足贫困公民及相关弱势群体的法律援助需求、维护其合法权益，真正实现"法律面前人人平等"的宪法原则。也只有明确了法律责任，才能够确保法律援助工作的高效、优质，为法律援助事业健康发展提供法律和制度保障，保证法律援助制度得以依法顺利实施，实现法律援助的宗旨和目的。[1]

在实践中，确定法律援助机构和法律援助人员是否承担法律责任，承担何种法律责任，与法律援助法律责任的特征和《法律援助条例》以及其他有关法

---

〔1〕 参见国务院法制办政法司、司法部法律援助中心、司法部法规教育司编著：《法律援助条例通释》，中国法制出版社 2003 年版，第 90 页。

律法规对法律援助法律责任的规定密切相关。因此，不论是对法律援助机构还是法律援助服务人员，都必须首先明确法律援助法律责任的特征和《法律援助条例》以及其他有关法律法规对法律援助法律责任的规定，即，哪些违法行为可能导致法律责任。只有在准确判断的基础上，才能使法律责任的追究合法有据。

二、法律援助法律责任的特征

（一）承担责任以违反法律义务为前提

法律援助法律责任首先表示一种因违反法律上的义务关系而形成的责任关系，它是以法律义务的存在为前提的，即因违反法律义务而承担不利后果。

（二）与违法行为相联系

法律援助法律责任是与违法行为相联系的。没有违法行为，就谈不上法律责任。由于违法行为的性质和危害程度的不同，所应承担的法律责任也不相同。

（三）责任内容有明确规定

法律援助法律责任的内容是法律规范明确具体规定的。法律责任是一种强制性法律措施，必须由有立法权的机关根据职权并依照法定程序制定的有关法律、行政法规、地方性法规、部委规章或者地方政府规章加以明文规定，否则就不构成法律责任。具体表现为法律援助法律责任由带有强制性的法律法规来规定，由有关国家机关来认定和追究。认定和追究法律援助法律责任，主要根据《法律援助条例》、《行政处罚法》、《司法行政机关行政处罚程序规定》等法律法规和规章的相关规定。

（四）由国家授权机关依法实施

法律援助法律责任是由国家授权机关依法实施的。对违法行为追究法律责任，实施法律制裁，是国家权力的重要组成部分，必须由国家有权的机关，主要是指国家司法机关和有关的国家行政机关依法进行，其他任何组织和个人均无权进行。承担或追究法律责任的具体形式有多种，如刑事处罚、行政处分、行政处罚、赔偿损失等就是责任方式的具体化。

（五）责任主体为法律援助机构及其工作人员

承担法律援助法律责任的主体是法律援助机构和法律援助服务人员，因违反了法律上的义务而形成的责任关系，即因违反法律义务而承担不利后果，其他无法律援助义务的机构或人员则不必承担此种责任。例如，《法律援助条例》第五章所明确规定的法律责任，完全是针对在法律援助法律关系中负有提供和管理法律援助方面的主要职责的机构及人员而设定的。

【学习情境2】 法律援助机构及法律援助服务人员的法律责任

为了充分保证受援人的法律援助权利，督促法律援助监管部门和法律援助机构及相关服务人员切实履行法律援助责任和义务，使法律援助法律关系各方的权利和义务、职权和职责的实行，具有可靠的法律保障和有效的制约，《法律援助条例》分别从四个方面设定了法律援助的法律责任。包括法律援助机构及其工作人员的法律责任、律师事务所的法律责任、承办律师的法律责任以及司法行政部门工作人员的法律责任。本节主要讨论法律援助机构及其工作人员的法律责任、律师事务所的法律责任以及承办律师的法律责任，司法行政部门工作人员的法律责任将在本单元"学习情况3"中讨论。

一、法律援助机构及其工作人员的法律责任

（一）法律援助机构在法律援助过程中的职能和法定义务

法律援助机构是政府出资设立的、代表政府为公众提供法律援助的公共服务机构，因此其在法律援助过程中承担着诸多的职能和法定义务。

1. 受理审查法律援助申请。《法律援助条例》第5条规定："直辖市、设区的市或者县级人民政府司法行政部门根据需要确定本行政区域的法律援助机构。法律援助机构负责受理、审查法律援助申请，指派或者安排人员为符合本条例规定的公民提供法律援助。"可见，法律援助机构是负责受理、审查法律援助申请，指派或者安排人员为符合条例规定的公民提供法律、司法方面帮助的部门、机关。或者说是负责组织、指导、协调、监督及实施本地区法律援助工作的机构，一般称为法律援助中心，是由直辖市、设区的市或者县级人民政府司法行政部门根据需要在本行政区域内确定的。暂未设立法律援助中心的区县，由各区县司法局指定职能部门代行法律援助中心职责。

《法律援助条例》第18条规定："法律援助机构收到法律援助申请后，应当进行审查；认为申请人提交的证件、证明材料不齐全的，可以要求申请人作出必要的补充或者说明，申请人未按要求作出补充或者说明的，视为撤销申请；认为申请人提交的证件、证明材料需要查证的，由法律援助机构向有关机关、单位查证。对符合法律援助条件的，法律援助机构应当及时决定提供法律援助；对不符合法律援助条件的，应当书面告知申请人理由。"

2013年3月1日起施行的《关于刑事诉讼法律援助工作的规定》第8条对刑事诉讼法律援助的申请受理作出了新的规定："法律援助机构收到申请后应当

及时进行审查并于 7 日内作出决定。对符合法律援助条件的，应当决定给予法律援助，并制作给予法律援助决定书；对不符合法律援助条件的，应当决定不予法律援助，制作不予法律援助决定书。给予法律援助决定书和不予法律援助决定书应当及时发送申请人，并函告公安机关、人民检察院、人民法院。对于犯罪嫌疑人、被告人申请法律援助的案件，法律援助机构可以向公安机关、人民检察院、人民法院了解案件办理过程中掌握的犯罪嫌疑人、被告人是否具有本规定第 2 条规定情形等情况。"

《法律援助条例》第 19 条规定："申请人对法律援助机构作出的不符合法律援助条件的通知有异议的，可以向确定该法律援助机构的司法行政部门提出，司法行政部门应当在收到异议之日起 5 个工作日内进行审查，经审查认为申请人符合法律援助条件的，应当以书面形式责令法律援助机构及时对该申请人提供法律援助。"

2. 指派安排法律援助律师。《法律援助条例》第 21 条规定："法律援助机构可以指派律师事务所安排律师或者安排本机构的工作人员办理法律援助案件；也可以根据其他社会组织的要求，安排其所属人员办理法律援助案件。"

2013 年 2 月发布的《关于刑事诉讼法律援助工作的规定》对法律援助机构指派安排承办律师作出了新的规定。第 12 条规定："法律援助机构应当自作出给予法律援助决定或者自收到通知辩护公函、通知代理公函之日起 3 日内，确定承办律师并函告公安机关、人民检察院、人民法院。法律援助机构出具的法律援助公函应当载明承办律师的姓名、所属单位及联系方式。"第 13 条规定："对于可能被判处无期徒刑、死刑的案件，法律援助机构应当指派具有一定年限刑事辩护执业经历的律师担任辩护人。对于未成年人案件，应当指派熟悉未成年人身心特点的律师担任辩护人。"第 15 条第 1 款规定："对于依申请提供法律援助的案件，犯罪嫌疑人、被告人坚持自己辩护，拒绝法律援助机构指派的律师为其辩护的，法律援助机构应当准许，并作出终止法律援助的决定；对于有正当理由要求更换律师的，法律援助机构应当另行指派律师为其提供辩护。"

对于承办律师，《关于刑事诉讼法律援助工作的规定》第 14 条要求承办律师接受法律援助机构指派后，应当按照有关规定及时办理委托手续。承办律师应当在首次会见犯罪嫌疑人、被告人时，询问是否同意为其辩护，并制作笔录。犯罪嫌疑人、被告人不同意的，律师应当书面告知公安机关、人民检察院、人民法院和法律援助机构。

3. 指导、监督律师事务所和承办律师开展法律援助活动。《关于刑事诉讼法律援助工作的规定》第 26 条第 1 款规定："法律援助机构依法对律师事务所、律师开展法律援助活动进行指导监督，确保办案质量。"

以上诸条规定中，法律援助机构及其工作人员负有许多的法定职能和法定义务，如果法律援助机构及其工作人员不能很好地履行这些法定职责和义务，就会引起相应的法律责任。

（二）法律援助机构及其工作人员的法律责任

在法律援助的整个过程中，法律援助机构及其工作人员都负有认真、谨慎、高效地为当事人办理法律援助事项的职责和义务，如果不能有效地履行职责或者不尽法定义务，给国家或当事人造成损失，法律援助机构及其工作人员就要承担相应的法律责任。因此，《法律援助条例》及其他法律法规为法律援助机构及其工作人员设定了相应的法律责任，主要表现为行政法律责任和刑事责任。

根据《法律援助条例》第26条以及其他法律法规的规定，法律援助机构及其工作人员承担法律责任的情形主要有以下几种：

1. 在受理和审查法律援助申请阶段，故意或者因不认真负责、疏于职守、把关不严，而为经济困难条件未达当地法律援助经济困难标准等不符合法律援助条件的人提供法律援助。这种做法既违背了我国法律援助制度设立的初衷，也浪费了国家有限的法律援助资源，法律援助机构及其工作人员应承担相应法律责任。

2. 拒绝为符合法律援助条件的人提供法律援助。这种做法是极其严重的违反《法律援助条例》的行为。《关于刑事诉讼法律援助工作的规定》第2条、第3条也对此作出了规定：

第2条："犯罪嫌疑人、被告人因经济困难没有委托辩护人的，本人及其近亲属可以向办理案件的公安机关、人民检察院、人民法院所在地同级司法行政机关所属法律援助机构申请法律援助。具有下列情形之一，犯罪嫌疑人、被告人没有委托辩护人的，可以依照前款规定申请法律援助：①有证据证明犯罪嫌疑人、被告人属于一级或者二级智力残疾的；②共同犯罪案件中，其他犯罪嫌疑人、被告人已委托辩护人的；③人民检察院抗诉的；④案件具有重大社会影响的。"

第3条："公诉案件中的被害人及其法定代理人或者近亲属，自诉案件中的自诉人及其法定代理人，因经济困难没有委托诉讼代理人的，可以向办理案件的人民检察院、人民法院所在地同级司法行政机关所属法律援助机构申请法律援助。"

为符合法律援助条件的人提供法律援助，是法律援助机构最根本和最重要的法定职责，拒绝为符合条件的人提供法律援助，就损害了公民应享有的获得法律援助的权利，损害了政府法律援助的声誉和形象，从根本上违反了法律援助法律法规，应当承担法律责任。

3. 办理法律援助事项收取财物。《法律援助条例》明确规定，法律援助是无偿法律服务，法律援助机构为公民提供法律援助，不应以任何形式收取财物。办理法律援助案件收取的财物，由司法行政部门责令退还。

4. 从事有偿法律服务。法律援助机构作为法律援助的专门实施机构，只能提供法律援助服务，而不应当从事有偿法律服务，不得搞自收自支，尤其是不能通过向社会提供有偿服务、办理有偿案件、搞创收来维持机构正常运转或增加收入，否则就违背了法律援助是政府行为和法律援助为无偿法律服务的性质，这是我国法律援助工作必须严格坚持的一条基本原则和工作纪律。因此，《法律援助条例》明令禁止法律援助机构及其工作人员从事有偿法律服务。如果违反规定从事了有偿法律服务，从事有偿法律服务的违法所得，由司法行政部门予以没收。

5. 侵占、私分、挪用法律援助经费。法律援助制度是国家通过立法建立的对贫弱公民的法律保障制度，法律援助经费，不管是财政拨付的，还是通过其他渠道筹集的，其性质都属于国家公共财产，应由政府设立的法律援助机构依法进行管理和使用。《法律援助条例》规定："侵占、私分、挪用法律援助经费的，由司法行政部门责令追回，情节严重，构成犯罪的，依法追究刑事责任。"

法律援助经费应当专款专用，接受财政、审计部门的监督。《司法部关于加强法律援助经费使用监督管理工作的意见》（司发通〔2011〕24号）第12条也作了相应规定：司法行政监察机构要把法律援助经费管理使用监督工作作为廉政建设和法律援助行风建设的一项重要内容来抓，加强对法律援助管理部门、法律援助机构及其工作人员执行政策法律法规、履行监管职责、实施法律援助等方面的监督。对不履行职责，滥用职权，造成严重后果的；对违反规定使用、截留、挤占、挪用或私分法律援助经费的机构和个人，依照有关规定追究其责任，情节严重、构成犯罪的，移送司法机关依法追究刑事责任。本章【案例导入】的案例一中，某司法局的做法正是挪用法律援助经费的做法，应当承担相应的法律责任。

（三）承担责任方式

1. 由直接责任人承担行政责任。法律援助机构及其工作人员出现上述情形，法律责任主要由其直接负责的主管人员或者其他直接责任人员承担。以上1~5项，主要是指行政责任，一般由上级主管部门对直接负责的主管人员以及其他直接责任人员依法给予纪律处分。对于法律援助机构及其人员出现侵占、私分、挪用法律援助经费，情节较轻，尚不构成犯罪的，有关人员应受到相应的纪律处分，侵占、私分、挪用的法律援助经费，由司法行政部门责令追回。

2. 情节严重可追究刑责。对于上述第 5 项规定的情况，情节严重构成犯罪的，要追究刑事责任，应分别按照《刑法》第 383 条规定的贪污罪、第 396 条规定的私分国有资产罪和第 384 条规定的挪用公款罪等有关规定定罪处罚。

二、律师事务所及承办法律援助事项律师的法律责任

（一）律师事务所的法律责任

1. 拒绝指派安排律师承办法律援助事项应承担法律责任。依据《法律援助条例》第 27 条规定，律师事务所拒绝法律援助机构的指派，不安排本所律师办理法律援助案件的，应当承担法律责任。

法律援助机构指派社会律师办理法律援助案件，都应通过律师事务所进行指派，所以律师事务所在法律援助实施过程中，起着很重要的支持和配合作用。律师事务所应积极支持律师履行法律援助义务，包括根据不同的案件性质和律师的不同业务专长安排合适的办案人员，为承办法律援助案件的律师提供工作上的便利条件，组织疑难案件讨论，为案件的质量把关等。如果在法律援助过程中律师事务所没有很好地履行相应的法律职责，就要承担法律责任，主要是行政责任。

《律师和基层法律服务工作者开展法律援助工作暂行管理办法》（司发通〔2004〕132 号）第 5 条第 2 款规定："律师事务所和基层法律服务所接到指派通知后，应当在 24 小时内，根据案件的具体情况和需要，安排合适人员承办。"

2. 承担责任方式。

（1）警告、停业整顿甚至吊销律师所执业证书并可处以罚款。《律师法》第 50 条规定，律师事务所有拒绝履行法律援助义务的行为的，由设区的市级或者直辖市的区人民政府司法行政部门视其情节给予警告、停业整顿 1 个月以上 6 个月以下的处罚，可以处 10 万元以下的罚款；有违法所得的，没收违法所得；情节特别严重的，由省、自治区、直辖市人民政府司法行政部门吊销律师事务所执业证书。

《法律援助条例》对此作了相应的衔接性规定。《法律援助条例》第 27 条规定："律师事务所拒绝法律援助机构的指派，不安排本所律师办理法律援助案件的，由司法行政部门给予警告、责令改正；情节严重的，给予 1 个月以上 3 个月以下停业整顿的处罚。"

（2）对负责人可视情节予以处罚。依据《律师法》第 50 条规定，律师事务所有拒绝履行法律援助义务的行为的，对其负责人视情节轻重，给予警告或者处 2 万元以下的罚款。

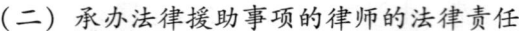
（二）承办法律援助事项的律师的法律责任

为了更好地督促广大律师真正切实履行相应的义务，尽职尽责地为受援人提供符合标准的法律服务，当律师不适当履行法律援助义务乃至拒不履行法律援助义务时，应承担相应的行政法律责任。

1. 律师承担法律责任的情形：

（1）不尽法律援助义务或无正当理由拒绝接受、擅自终止法律援助事项。《律师法》第 42 条、《法律援助条例》第 6 条、《律师和基层法律服务工作者开展法律援助工作暂行管理办法》第 2 条中均规定律师有提供法律援助的义务，如果其拒绝接受指派办理法律援助案件，应当承担相应的法律责任。

同时，律师无正当理由不得擅自终止法律援助案件，但是《法律援助条例》第 23 条规定的几种情况除外：①受援人的经济收入状况发生变化，不再符合法律援助条件的；②案件终止审理或者已被撤销的；③受援人又自行委托律师或者其他代理人的；④受援人要求终止法律援助的，律师在向法律援助机构报告并经审查核实后，应当终止该项法律援助。

（2）办理法律援助事项有收取财物等违反职业道德和执业纪律的行为。律师是为社会提供法律服务的执业人员，律师执业有其自身的职业道德和执业纪律。我国《律师法》和《律师职业道德和执业纪律规范》具体规定了律师在执业过程中应遵守的基本道德和纪律，以及违反这些职业道德和执业纪律应承担的法律责任。律师办理法律援助案件虽然是经法律援助机构指派安排的，同时也不能按正常的律师服务收取费用，但是办理法律援助案件仍然是律师执业的一种方式，是法定的义务，因而在执业过程中仍然应遵守法律的职业道德和执业纪律。

（3）提供法律援助过程中不尽职尽责，不符合行业执业规范要求。《法律援助条例》第 6 条规定："律师应当依照律师法和本条例的规定履行法律援助义务，为受援人提供符合标准的法律服务，依法维护受援人的合法权益，接受律师协会和司法行政部门的监督。"

最高人民法院、司法部《关于民事诉讼法律援助工作的规定》（司发通〔2005〕77 号）第 13 条规定："承办法律援助案件的人员在办案过程中应当尽职尽责，恪守职业道德和执业纪律。法律援助机构应当对承办法律援助案件的人员的法律援助活动进行业务指导和监督，保证法律援助案件质量。人民法院在办案过程中发现承办法律援助案件的人员违反职业道德和执业纪律，损害受援人利益的，应当及时向作出指派的法律援助机构通报有关情况。"

2013 年 3 月 1 日起施行的最高人民法院、最高人民检察院、公安部、司法部《关于刑事诉讼法律援助工作的规定》第 25 条规定："律师应当遵守有关法律法规和法律援助业务规程，做好会见、阅卷、调查取证、解答咨询、参加庭审等工作，依法为受援人提供法律服务。律师事务所应当对律师办理法律援助案件进行业务指导，督促律师在办案过程中尽职尽责，恪守职业道德和执业纪律。"

第 26 条规定："法律援助机构依法对律师事务所、律师开展法律援助活动进行指导监督，确保办案质量。司法行政机关和律师协会根据律师事务所、律师履行法律援助义务情况实施奖励和惩戒。公安机关、人民检察院、人民法院在案件办理过程中发现律师有违法或者违反职业道德和执业纪律行为，损害受援人利益的，应当及时向法律援助机构通报有关情况。"

此外，各省、自治区、直辖市也在地方法规中对法律援助法律责任进行了相应规范。

例如，《北京市法律援助条例》第 31 条规定："法律援助人员应当恪守职业道德和执业纪律，依法实施法律援助，维护受援人的合法权益，并不得实施下列行为：①无正当理由拒绝、拖延或者终止实施法律援助；②向受援人收取财物或者牟取其他不正当利益；③不及时向受援人通报法律援助进展情况；④泄露当事人的隐私。"

《北京市法律援助公职律师管理办法（试行）》第 10 条规定："法律援助公职律师在办理法律援助案件和法律援助事务过程中，应当遵守律师执业规范，恪守职业道德和执业纪律，严格依法办案。法律援助公职律师不得办理收费案件或为当事人提供有偿服务；不得在办理法律援助案件中，接受当事人的钱物或取得其他不正当利益。"第 11 条规定："法律援助公职律师在办理案件中，因未能履行职责造成当事人重大损失或者经当事人投诉后，查证属实的，市司法局、律师协会按照有关规定予以处理，并将处罚情况通报违纪、违规人员所在服务单位。"

2. 承担责任的方式。如果律师在执业过程中，包括在办理法律援助案件中，违反了这些职业道德和执业纪律就要受到相应的处罚。处罚的内容主要是：警告、没收违法所得、停止执业、吊销执业证书。

《律师法》第 47 条规定，律师有拒绝履行法律援助义务的行为的，由设区的市级或者直辖市的区人民政府司法行政部门给予警告，可以处 5000 元以下的罚款；有违法所得的，没收违法所得；情节严重的，给予停止执业 3 个月以下的处罚。

《律师和律师事务所违法行为处罚办法》第 10 条第 4 项规定，向法律援助受援人索要费用或者接受受援人的财物或者其他利益的，属于《律师法》第 48 条第 1 项规定的律师"私自接受委托、收取费用，接受委托人财物或者其他利益的"违法行为，由设区的市级或者直辖市的区人民政府司法行政部门给予警告，可以处10 000以下的罚款；有违法所得的，没收违法所得；情节严重的，给予停止执业3个月以上6个月以下的处罚（《律师法》第48条）。

《法律援助条例》也对律师违法履行法律援助义务的行为作出了明确的处罚规定。《法律援助条例》第28条第1款规定："律师有下列情形之一的，由司法行政部门给予警告、责令改正；情节严重的，给予1个月以上3个月以下停止执业的处罚：①无正当理由拒绝接受、擅自终止法律援助案件的；②办理法律援助案件收取财物的。"第28条第2款规定："有前款第②项违法行为的，由司法行政部门责令退还违法所得的财物，可以并处所收财物价值1倍以上3倍以下的罚款。"

三、基层法律服务所及法律服务工作者的法律责任

（一）法律援助义务责任

由于各地法律援助的需求量、律师的数量及分布等情况不同，实践中，除律师外，基层法律服务工作者也经常接受法律援助机构的指派，办理一定数量的法律援助案件，尤其是在律师资源匮乏的地方，法律援助的人力资源主要靠基层法律服务工作者队伍的力量。

司法部《律师和基层法律服务工作者开展法律援助工作暂行管理办法》第2条第2款规定："基层法律服务工作者应当根据司法部《基层法律服务工作者管理办法》和有关基层法律服务业务的规定，积极开展与其业务范围相适应的法律援助工作。"第5条第1款规定："法律援助机构指派法律援助案件，应当通过律师事务所、基层法律服务所安排律师、基层法律服务工作者承办。"第8条规定："承办法律援助案件的律师和基层法律服务工作者，应当根据承办案件的需要，依照司法部、律师协会有关律师和基层法律服务工作者执业规范的要求，尽职尽责地履行法律服务职责，遵守职业道德和执业纪律。"

（二）法律责任及其承担方式

基层法律服务工作者承办法律援助案件，也同律师一样要接受司法行政机关、律师协会和法律援助机构的业务指导和监督，接受受援人和社会的监督。与律师一样，承办法律援助事项的基层法律服务工作者也存在法律责任问题。关于基层法律服务工作者承担法律责任的情形同律师的情况，在此不重复。

《律师和基层法律服务工作者开展法律援助工作暂行管理办法》第15条第2款规定："基层法律服务工作者和基层法律服务所有违反《法律援助条例》以及本办法规定行为的，由司法行政机关依照有关规定给予行政处罚。"

四、法律援助志愿者的法律责任

法律援助志愿者是具有相应的法律专业能力，能适应相应法律援助志愿服务

工作实际要求，并愿意办理法律援助事项的公民。法律法规等相关规范规定：应当承担法律援助职责的人员履行有关法律援助义务时，不视为法律援助志愿者。法律援助志愿者从事法律援助工作，应当按照有关规定，经司法行政部门审核批准登记注册，并发给"法律援助服务志愿者"证书。

法律援助志愿者在办理法律援助事项过程中，承担着与法律援助机构工作人员和社会律师同样的职责与义务，应当尽职尽责，以专业的水平和高度的责任感来维护受援人的合法权益。司法部法律援助中心和共青团中央青年志愿者工作部联合制定的《中国法律援助志愿者注册管理办法（试行）》中规定法律援助志愿者的义务有：

（1）履行志愿服务承诺。

（2）不得以法律援助志愿者身份从事任何以营利为目的或违背社会公德的活动。

（3）自觉维护法律援助志愿者组织和志愿者的形象。

（4）遵守相关法律法规及法律援助志愿者组织规定的其他义务。

虽然《法律援助条例》没有明确规定法律援助志愿者的法律责任，但如果其在办理法律援助事项时，有违反法律援助法律法规、规章规定的违法、违纪行为，也应当承担相应的法律责任，例如：办理法律援助事项收取财物的，由司法行政部门责令其退还。[1]

五、对法律援助过程中有违法行为的律所、律师及基层法律服务工作者的处罚流程

为确保法律援助案件的质量，司法行政部门建立了法律援助质量监督制度，制定办理法律援助案件的质量标准，开展法律援助服务质量检查和评估。对承办法律援助案件过程中有违法行为的律师事务所、律师及基层法律服务工作者进行处罚，令其承担法律责任。司法部《律师和基层法律服务工作者开展法律援助工作暂行管理办法》第16条规定："法律援助机构、律师协会应当建立法律援助工作投诉查处制度。对受援人或者相关部门的投诉，应当依照有关规定及时调查处理，并告知其查处结果；经调查，认为对被投诉人应给予行政处罚的，应当及时向司法行政机关提出建议。"

下面是对承办法律援助案件过程中有违法行为的律师事务所、律师及基层法律服务工作者处罚流程示意图。

---

〔1〕 参见宫晓冰主编：《中国法律援助制度研究》，中国方正出版社2004年版，第327～335页。

当事人举报或行政检查中发现，律师事务所、律师、基层法律服务工作者可能存在《法律援助条例》第28、29条所列违法行为

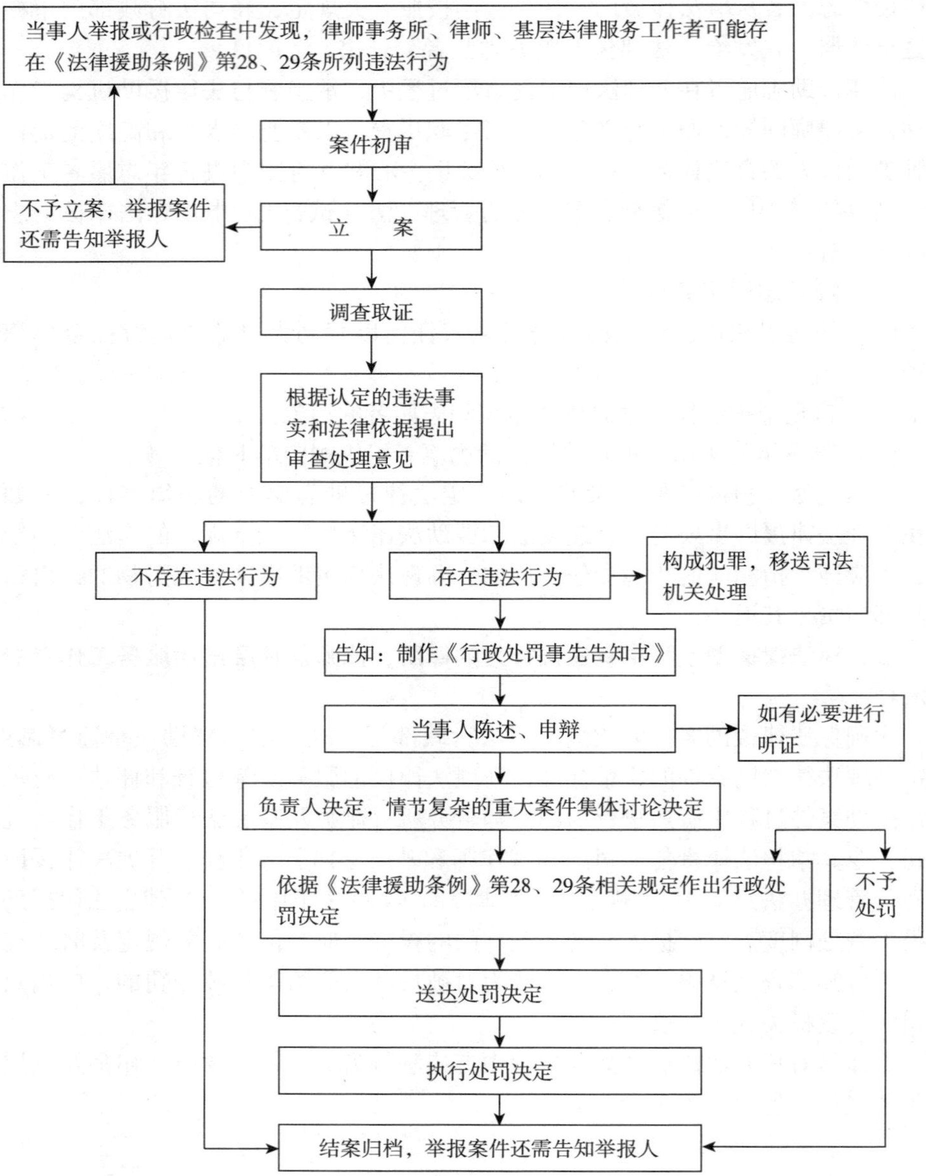

案件初审

不予立案，举报案件还需告知举报人

立案

调查取证

根据认定的违法事实和法律依据提出审查处理意见

不存在违法行为

存在违法行为

构成犯罪，移送司法机关处理

告知：制作《行政处罚事先告知书》

当事人陈述、申辩

如有必要进行听证

负责人决定，情节复杂的重大案件集体讨论决定

依据《法律援助条例》第28、29条相关规定作出行政处罚决定

不予处罚

送达处罚决定

执行处罚决定

结案归档，举报案件还需告知举报人

处罚流程示意图

【学习情境3】 法律援助管理人员的法律责任

《法律援助条例》第4条第1款规定："国务院司法行政部门监督管理全国的法律援助工作。县级以上地方各级人民政府司法行政部门监督管理本行政区域的法律援助工作。"可见，各级司法行政机关是法律援助工作的主管部门，司法行政部门工作人员是法律援助工作的管理人员，在法律援助工作中起着监督和管理作用。作为法律援助工作的监督管理者，司法行政部门及其工作人员对保证法律援助工作的合法运行负有不可推卸的责任。

一、法律援助管理人员的监管职责

（一）司法部监督管理法律援助工作的主要内容

1. 研究起草有关全国法律援助工作的法律、法规和政策，制定有关规章及规范性文件；

2. 监督管理全国各地方的法律援助工作；

3. 监督管理社会组织的法律援助工作；

4. 监督管理中国法律援助基金会工作及其资金使用；

5. 对在法律援助工作中作出突出贡献的单位和个人予以表彰、奖励，对违反《法律援助条例》和有关规定的行为进行查处。

（二）省级司法行政部门监督管理法律援助工作的主要内容

1. 研究起草本行政区域有关法律援助工作的法规、规章，制定有关规范性文件；

2. 监督管理本行政区域的法律援助工作；

3. 监督管理本行政区域社会组织的法律援助工作；

4. 管理省级法律援助经费，并负责法律援助资源的吸收和调配，组织协调法律援助实施工作；

5. 对在法律援助工作中作出突出贡献的单位和个人予以表彰、奖励，对违反《法律援助条例》和有关规定的行为进行查处。

（三）地市和县级司法行政部门监督管理法律援助工作的主要内容

1. 贯彻执行法律、法规、规章中有关法律援助的规定，制定本行政区域的法律援助工作制度；

2. 监督管理本行政区域的法律援助工作；

3. 确定本行政区域的法律援助机构；

4. 审查申请人提出的对法律援助机构作出的不符合法律援助条件的通知的

异议；

5. 监督本级法律援助资金的管理和使用；

6. 对在法律援助工作中作出突出贡献的单位和个人予以表彰、奖励，对违反《法律援助条例》和有关规定的行为进行查处。[1]

二、法律责任及其承担方式

司法行政部门在履行上述职责时，是由具体的工作人员来进行的，如果司法行政部门工作人员滥用职权、玩忽职守，就会给法律援助工作造成损失。为了防止司法行政部门工作人员滥用职权，侵占、私分、挪用法律援助经费，玩忽职守，督促他们正确地依法行使好监管职责，《法律援助条例》对司法行政部门工作人员也规定了相应的行政或刑事法律责任。

（一）行政责任

根据《法律援助条例》，司法行政部门工作人员的行政法律责任主要是因其在法律援助的监督管理工作中，有滥用职权、玩忽职守行为，而应依法受到行政处分。《法律援助条例》第 30 条规定："司法行政部门工作人员在法律援助的监督管理工作中，有滥用职权、玩忽职守行为的，依法给予行政处分……"

滥用职权，是工作人员超越职权，擅自决定，处理无权决定或处理的事项，或者故意违法处理公务的行为。

玩忽职守，是指工作人员由于严重不负责任，不履行或者不正确履行自己的工作职责的行为。前者主观上是出于故意，后者主观上是过失。

司法行政部门工作人员是国家公务员，受《公务员法》的调整。《公务员法》第 53 条规定，公务员必须遵守纪律，不得有下列行为：……③玩忽职守，贻误工作；……⑨滥用职权，侵害公民、法人或者其他组织的合法权益；……

《公务员法》第 55 条规定：公务员因违法违纪应当承担纪律责任的，依照本法给予处分；违纪行为情节轻微，经批评教育后改正的，可以免予处分。第 56 条规定，处分分为警告、记过、记大过、降级、撤职、开除。

（二）刑事责任

《法律援助条例》第 30 条规定，司法行政部门工作人员在法律援助的监督管理工作中，有滥用职权、玩忽职守行为，情节严重，构成犯罪的，依法追究刑事责任。

《刑法》第 397 条第 1 款规定："国家机关工作人员滥用职权或者玩忽职守，致使公共财产、国家和人民利益遭受重大损失的，处 3 年以下有期徒刑或者拘役；情节特别严重的，处 3 年以上 7 年以下有期徒刑。……"

---

〔1〕 参见国务院法制办政法司、司法部法律援助中心、司法部法规教育司编著：《法律援助条例通释》，中国法制出版社 2003 年版，第 102 页。

【学习情境4】 法律援助投诉处理办法

　　法律援助是维护困难群众合法权益的一项重要工作，党的十八届三中全会通过的《决定》明确提出要完善法律援助制度，其中包括严肃法律援助的法律责任，规范法律援助投诉处理工作。为规范法律援助投诉处理工作，加强对法律援助活动的监督，维护投诉人和被投诉人合法权益，根据《中华人民共和国律师法》、《法律援助条例》，司法部制定了《法律援助投诉处理办法》（以下简称《办法》），自2014年1月1日起施行。

一、制定《办法》的主要目的和实施要求

　　制定《办法》的主要目的有三：一是落实党的群众路线教育实践活动相关措施的需要。认真办理投诉事项的过程也是听取群众呼声、引导帮助群众解决问题、密切联系群众的过程，有利于增强司法行政机关服务群众意识，提高服务群众的工作能力和水平。二是充分保障当事人合法权益的需要。明确当事人权利义务，畅通投诉渠道，规范投诉行为，其实质是尊重、保护和实现当事人依法提出投诉事项的权利，有利于更好地维护当事人的合法权益。三是加强法律援助监督管理工作的需要。开展投诉处理工作是司法行政机关监督管理法律援助活动的重要渠道，有利于规范法律援助服务行为，提高法律援助办案质量，确保法律援助机构和人员依法履行职责，促进法律的正确实施，努力让人民群众在每一个法律援助案件中都感受到公平正义。

　　司法部对贯彻实施《办法》提出了明确要求。各级司法行政机关要充分认识实施办法的重要性，作为贯彻落实党的十八届三中全会精神、巩固深化党的群众路线教育实践活动成果的重要措施来抓。投诉事项涉及当事人权益，关系法律援助机构和人员的形象和声誉。具体从事这项工作的人员，既要坚持依法办事，更要心中装着群众，满怀对人民群众的深厚感情做工作。在办理过程中，要本着对群众负责的态度，严肃认真，一丝不苟，确保每一件投诉事项都能得到客观公正处理，不出任何差错。要落实工作责任，加强督促检查，坚持有错必纠，对于投诉处理中的违法违纪行为，要及时纠正。要健全投诉处理工作机制，认真总结经验，不断完善各环节工作制度和措施，提高工作效率。各级司法行政机关要善于从群众投诉中发现问题，举一反三，不断加强和改进工作作风，努力提高人民群众对法律援助的满意度。

二、《办法》的主要内容

　　《办法》共21条，界定了法律援助投诉的概念，明确了投诉人、被投诉人资

格及其权利义务，投诉处理工作应当遵循的原则，投诉应具备的条件和投诉事项的范围；规范了投诉行为和司法行政机关办理程序、被投诉人违法违规行为应当承担的责任形式，以及对处理不服的救济途径等。

《办法》第2条规定："本办法所称投诉，是指法律援助申请人、受援人或者利害关系人（以下简称投诉人）认为法律援助机构、律师事务所、基层法律服务所、其他社会组织和法律援助人员（以下简称被投诉人）在法律援助活动中有违法违规行为，向司法行政机关投诉，请求予以处理的行为。"

在保障投诉人权利方面，《办法》首先要求畅通投诉渠道，明确司法行政机关应当向社会公示法律援助投诉地址、电话、传真、电子邮箱及投诉事项范围、投诉处理程序等信息。其次，规定了投诉事项的登记、投诉事项的受理、投诉事项的办理、答复等程序。例如，对口头提出投诉的，应当当场记录投诉人的基本情况、投诉请求、主要事实、理由和时间；收到投诉后，应当填写法律援助投诉登记表，并在5个工作日内作出是否受理的书面答复；受理投诉后，应当及时调查核实，一般应当在45日内办结；自作出处理决定之日起5个工作日内，向投诉人发送投诉处理答复书等。司法行政机关的义务即是投诉人的权利，这不仅体现了对投诉人的尊重，还能引导投诉人知法、守法并依法按规定有序进行投诉活动。

按照权利与义务相统一原则，办法也规定了投诉人应承担的义务。例如，提出投诉应当采取书信、传真或者电子邮件等书面形式；应当如实投诉，对其所提供材料的真实性负责；委托他人投诉的，应当向司法行政机关提交授权委托书，并载明委托权限等。要求提出投诉应当采取书面形式，是一个重要导向，这是因为：①从实际工作看，只要投诉人在提出书面投诉时写明主要情况和联系方式，司法行政机关是可以作出大体判断并依法处理的，对于需要询问、核实的情况，也会及时联系投诉人，投诉人是否亲自到司法行政机关投诉，对投诉事项的处理影响不大。②书面形式为投诉事项受理、办理提供原始的证据性材料。投诉人提供的书面材料，不仅有利于司法行政机关了解掌握有关情况，而且是整个投诉事项办理程序中重要的原始性书面凭证。③既方便投诉人节约了投诉活动成本，也方便投诉事项的处理，节约了处理成本。

《办法》对提出投诉的条件和受理投诉的范围作出了限制性规定，要求符合下列条件：具有投诉人主体资格；有明确的被投诉人和投诉请求；有具体的投诉事实和理由；属于本机关管辖范围；属于本办法规定的投诉事项范围。《办法》第9条列举了四种不予受理的情形：①投诉事项已经依法处理，且没有新的事实和证据的；②投诉事项正在通过诉讼、行政复议等法定程序解决的，或者已被信访、纪检监察等部门受理的；③投诉人仅对法律援助案件办理结果有异议的；

④投诉事项不属于违反法律援助管理规定的。

根据《办法》第5条，可以投诉的事项范围包括：①违反规定办理法律援助受理、审查事项，或者违反规定指派、安排法律援助人员的；②法律援助人员接受指派或安排后，懈怠履行或者擅自停止履行法律援助职责的；③办理法律援助案件收取财物的。有上述情形之一的，投诉人可以向主管该法律援助机构的司法行政机关投诉。除了这三类情形外，办法将有其他违反法律援助管理规定行为的情形也包括在内，具体情况具体分析，便于地方司法行政机关根据实际情况灵活掌握。

《办法》第13条规定："司法行政机关在调查过程中，发现被投诉人的违法违规行为仍处在连续或者继续状态的，应当责令被投诉人立即停止违法违规行为。"第14条规定："司法行政机关应当根据调查结果，作出如下处理：①对有应当给予行政处罚或者纪律处分的违法违规行为的，依职权或者移送有权处理机关、单位给予行政处罚、行业惩戒或者纪律处分；②对违法违规行为情节轻微并及时纠正，没有造成危害后果，依法不予行政处罚或者纪律处分的，应当给予批评教育、通报批评、责令限期整改等处理；③投诉事项查证不实或者无法查实的，对被投诉人不作处理。对涉嫌犯罪的，移送司法机关依法追究刑事责任。"

可见，根据有关机构和人员的不同违法行为及其严重程度，被投诉人可能要承担行政责任，甚至刑事责任。

《办法》还对投诉事项的办理作了相应规定：①要求必须经过调查核实。进行全面、客观、公正的调查，是行政公正性原则的基本要求，可以杜绝办理机关对投诉事项只进行简单的书面审查就草率地作出决定的现象，有利于督促办理机关实事求是、负责任地查清事实，维护投诉人的合法权益。其中，要求被投诉人说明情况、提交有关材料，不仅是一种调查方式，也是一种为被投诉人提供主张其权利和保护其合法权益的机会的程序规定。②必须根据调查结果作出处理。明确了对被投诉人的违法违规行为，应当按照行为性质、情节和危害程度，依职权由相关部门给予不同处理的责任形式。③要求必须将处理决定书面答复投诉人。这样规定，有利于投诉人对办理机关行为的监督，减少投诉事项处理的随意性；有利于维护投诉人的合法权益，便于投诉人及时确定寻求下一步救济的途径。④明确了投诉人权利救济途径。规定投诉人对处理答复不服的，可以依法申请行政复议或提起行政诉讼。

 【实训案例】

案情介绍

2005年5月，被指控犯有盗窃罪的被告人林某某（现已定罪判刑）因家庭经济困难，在看守所向有关机关提出了法律援助申请。该申请很快得到了当地法律援助中心的批准。某所律师邓某接受律师事务所的指派，担任被告人林某某的法律援助辩护律师。

邓某到看守所会见林某某后，便向林某某的妻子雷某某和被告人牌某某（林某某的亲戚）透露了林某某翻供否认其有盗窃行为的情况。应雷某某、牌某某的请求，邓某表示将为林某某作无罪辩护，但要求雷某某等人必须寻找2名以上与林某某没有亲属关系的证人，以证明林某某在盗窃案发案时不在作案现场，否则他无法作无罪辩护。在雷、牌等人经过尝试后再三表示无法找到证人的情况下，邓某仍坚持要求他们继续寻找证人，说找到证人就可以推翻起诉书对林某某的指控。当雷、牌等人担心这样做会否受到法律追究时，邓某说只要证人陈述一致就不怕。此间，邓某还暗示要想达到无罪释放的效果，必须找人打点关系。对于律师邓某的提法，雷某某虽感到有些不妥，但转而又想，律师是为自己和丈夫着想，又是不收钱给辩护的律师，应该积极配合律师的工作才是。于是，经济拮据的雷某某救夫心切，四处筹钱，先后两次私自交给了邓某"好处费"共1万元。

同时，雷、牌根据邓某的授意，找到被告人黎某某、骆某某，共同合谋编造了证人证言。该证言称：林某某在被指控的盗窃案发生前后的3天时间里，一直与黎某某、骆某某等人一起在自己家里装修厨房，黎、骆二人可以作证。2005年5月22日下午，邓某分别对黎、骆的虚假证言作了笔录。随后，邓某到看守所再次会见林某某，并称将对他作不在作案现场的无罪辩护。嘱咐林按虚假证言的内容在法庭上作辩解。同年6月14日，法院开庭审理林某某盗窃案时，邓某以辩护人的身份出庭为林作无罪辩护，向法庭递交了黎、骆虚构的证言，意图推翻公诉机关对林某某犯重大盗窃罪的指控。由于出现这种情况，法庭宣布休庭延期审理。检察机关随即立案并侦破此案。案发后，邓某等5名被告人均能坦白交代犯罪事实，认罪态度较好，有悔罪表现。

法院经公开审理后认为，被告人邓某、雷某某等5名被告人在法院审理刑事案件过程中，为使犯罪分子逃避法律制裁，对与案件有重要关系的情节故意作虚假证明，妨碍了司法机关的正常活动，均已构成伪证罪。被告人邓某身为法律专业工作人员，却知法犯法，在犯罪过程中起主要作用，是主犯，应从重处罚；被告人雷某某等4人起次要作用，是从犯，应比照主犯从轻处罚。鉴于5名被告人犯罪后均能坦白交代罪行，认罪态度较好，有悔罪表现；其作伪证的行为亦未造成盗窃罪犯逃避法律制裁的严重后果，故均可从轻处罚。该院依照《中华人民共和国刑法》第148条、第23条、第24条、第67条、第68条和第60条的规定，于2005年7月8日作出刑事判决，以伪证罪分别判处邓某有期徒刑2年，缓刑3年，没收其非法所得10 000元上缴国库；判处雷、牌、黎、骆各有期徒刑1年，缓刑2年。

宣判后，各被告人均未上诉，检察机关也未抗诉，判决已经发生法律效力。

请问：

1. 此案例中谁是法律援助法律责任的主体？

2. 承担的是什么法律责任？其依据的相关规定有哪些？

【训练目的】根据案例提供的事实情况，能够准确判断法律责任承担者，清楚承担法律责任的条件和形式。

讨论与思考

1. 如何有效防止提供法律援助的机构及其人员在法律援助过程中，以各种名目收取当事人的财物？如差旅费等费用该不该由当事人承担？

2. 现实中，律师事务所因多种客观原因，可能不能完成当年的法律援助规定的办案数量，对于这一问题，法律援助管理机关应如何辨别律师事务所是否有"不尽法律援助义务或无正当理由拒绝接受法律援助事项"的情况？

第二部分
法律援助实务

学习单元七 法律援助咨询与调解实务

【学习目标】

● 通过本单元的学习，理解法律援助咨询服务的主要工作方法和技能，同时掌握调解的基本技巧和常用的方法。

【学习任务】

● 掌握在具体实务中，如何为当事人提供法律咨询，为当事人或受援人提供比较准确的法律建议，同时，锻炼参与调解的基本技能。

【案例导入】

案例一

2002 年 5 月 5 日一早，厦门市法律援助中心接待室来了一位年过九旬的老太太。这位朱老太今年 91 岁，原先同她的大儿子朱某一家共同居住，后因拆迁，朱老太到外地亲戚家过渡。按拆迁协议，房产公司共安置三套住房给她大儿子，并明文规定安置人口中包括朱老太。可是今年 4 月，房子交付后，大儿子朱某一家搬过去，却迟迟不让 4 月底回来的朱老太住进去。朱老太走投无路，来到法律援助中心寻求帮助。中心果断作出决定为朱老太提供法律援助，并以最快的速度办理了有关手续。当日上午即通过玄武区法律援助中心指派玄武律师事务所资深律师张美琴律师承办此案。张律师了解了案情后，迅速确定了首先通过申请法院先予执行解决朱老太住房问题的方案。当天下午，张律师就将诉状及先予执行申请书送到玄武区法院。法院领导非常重视，决定立即立案并缓收朱老太的诉讼费，当日就裁定先予执行。朱老太人是可以先回去住了，但张律师并没有松口气，为使朱老太回去能够住得顺心，也为朱老太今后和大儿子朱某一家一起住时，身体上、生活上能得到应有的照顾，张律师建议双方当事人调解结案。为打消被告人一家的抵触情绪，张律师做了大量的工作，对被告一家逐个进行耐心细致的说服教育和疏导工作，从法律政策、伦理道德等进行批评教育，说明利害关系，使朱某自知理亏，从而逐渐转变了态度，同意接受调解，5 月 12 日下午，在法院的主持下，双方当事人自愿达成调解协议。当日朱老太的大儿子即为老人腾出了住房，老太如愿搬了进去，重享家庭的温暖，可能激化的矛盾得到了圆满解决。

为什么张律师在法院已经执行、朱老太已经搬进家里的情况下还要做大量的说服教育工作？张律师在调解过程中，表现出了法律援助工作人员怎样的素质要求？在朱老太的案件中，法律援助机构和人民法院果断立案处理，说明了法律援助制度的什么特征？

知识储备 *法律援助咨询服务概述*

法律咨询是法律援助实践中最为常见的一种法律服务活动，无论将来是否决定为申请人提供法律援助，在最初的活动里，为申请人或受援人提供相关的法律咨询服务都是很重要的，在很大程度上也是必需的。

法律援助咨询服务是指法律援助机构、律师事务所、基层法律服务所、社会团体组织及其工作人员等通过一定的方式或途径，为经济困难的公民提供法律建议、回答法律问题的活动。如通过12348法律援助咨询专线、接待群众来访、在一定的机关或场所设点提供法律咨询等。近年来，法律援助机构为社会提供的法律援助咨询服务较为全面，也取得了显著的成效。

一、法律援助咨询的业务类型

根据我国法律规定和法律实践，同时结合理论研究的结果，根据不同标准，对法律援助咨询服务的类型从理论上可作如下划分：

（一）根据咨询服务的难易程度分

1. 简单法律咨询，是指主要围绕咨询者提出的有关法律援助制度以及日常碰到的简单法律问题进行解答。简单法律援助咨询服务通常有时间限制，这类咨询往往是法律援助机构接受法律援助申请的主要渠道之一。

2. 复杂法律咨询，是指法律援助机构及其工作人员对拟申请法律援助的咨询者或已经申请法律援助的申请人就所申请援助事项以及相关法律问题所给予的说明或解释，这类法律援助咨询往往是法律援助实施开始的必要步骤。

（二）根据法律援助咨询服务的方式不同分

1. 接待咨询，是指法律援助机构在自己的办公场所，指派特定的工作人员接待来访群众，对咨询者提出的相关法律问题给予解答，并提供相应法律意见的活动。这种咨询服务活动，咨询者大多具有一定的目的性和针对性。

2. 热线电话咨询服务，是指法律援助机构通过12348法律援助咨询专线或热线电话的方式，就咨询者所提出的法律问题给予解释和说明。这类法律咨询，咨询者大多无明显的目的性。

3. 网络咨询，是指咨询机关通过网络平台为咨询者提供与法律援助相关问题的解答说明的服务活动。网络咨询服务对当事人个人一些不愿意为他人知晓的情况能够起到保护作用，咨询者可以不用直接面对法律援助机构的工作人员，心情能够完全放松，将自己或者他人的情况向工作人员说明，以获得比较全面的法律援助问题信息，帮助他们有效选择是否能够寻求法律援助。

4. 定点咨询，是指法律援助机构在当地的信访部门、残联、妇联等部门派专人定期接待咨询，提供服务的活动。这类咨询往往与部门的性质相关，具有很强的专业性和针对性，同时也能够获得更多的援助信息。

5. 宣传咨询，是指法律援助机构定期或不定期地面向社会进行法制宣传和普法教育，同时对咨询者提出的相关问题作出说明和解答。

二、法律援助咨询服务的特点

（一）范围广泛

法律援助咨询服务所涉及的法律问题十分广泛，而且贴近普通大众的日常生活和工作。其中，关于婚姻家庭关系、劳动关系、消费者权益保护、医疗事故、交通事故、人格尊严和基本权利、房屋纠纷、邻里关系、各种诉讼程序等基本常识问题占绝大部分。

（二）方式多样

法律援助咨询服务借助现代的各种有效手段，结合传统的咨询方式，形成了多样的咨询形式。其中，口头咨询比例较大，这样所获得的社会效果也更加明显。

（三）专业性

法律援助咨询服务不同于其他社会咨询服务，带有极强的法学专业属性，不是任何人都可以从事的一项社会工作。并非仅仅懂得法律就能搞咨询服务，但是懂法和具备相应的法学知识是这项工作所必需的。

（四）服务性

法律咨询服务是为咨询者提供法律知识的平台，是一种无偿的服务，因此要求从业者足够认真耐心。

（五）公益性

法律援助本身就是一种为实现法律的公平和正义而设计的一项公益性的法律制度，所以法律援助咨询服务先天带有公益的特质。

（六）服务对象的特殊性

从一般意义上来说，寻求法律援助的人员大多是经济困难的社会群体，由于经济、文化等诸多的原因，这样的群体一般对法律知识缺乏了解。所以，在提供咨询服务的时候，一定要注意对象的特点。

三、对咨询服务人员的一般素质要求

由于法律援助咨询服务人员所承担的任务具有特殊性质，对从业人员的素质要求也不同于其他行业。其与律师、法院、检察院、公安机关以及其他涉法工作部门的工作人员的素质要求有一定的共性，同时也存在着许多差异，结合法律援助职业的特殊性以及法律援助咨询服务的固有属性，法律援助咨询服务人员的一

般素质要求是：

（一）法律专业理论素质

法律援助咨询服务人员必须具有扎实的法律专业理论功底，这是对法律援助人员最为基本的要求。没有基本的专业理论知识，咨询人员就不可能真正理解和把握法律条文的立法原意，也就无法将法律的精神有效地传递给咨询者，甚至自身也无法把握前来咨询的人需要解决的法律问题的核心是什么，自然也就无法给咨询者提供良好的准确的法律意见。

（二）法律实践经验积累

法律援助咨询服务是一个实践性很强的工作，因此，作为法律咨询服务人员，应当具有一定的法律实践工作经验。只有这样，才能对咨询者的问题有一个清楚的认识，也才能够将抽象的法律专业知识、法律条文以及相关问题有机地结合起来思考，进而得出合理的结论。

（三）其他学科知识广博

法律是人类文明和进步的一个表现，法治为社会发展的必需。同时，法律现象是综合各种社会因素所形成的一种社会现象，不能孤立存在，因此单靠法律理论知识远远不能够适应现代法治各类活动的需要。法律咨询所面对的对象，无论是经济状况、知识状况、个人特点、出身等情况，还是其前来咨询的原因、动机、目的等因素，都是不相同的，因此，法律咨询服务工作者，应该有较为广泛的爱好，对其他学科的知识都应当有一定的涉猎，尤其对文学、历史、社会学、哲学、心理学等应当有所了解，这些学科对提供咨询服务具有十分重要的意义。如有较好的文学修养的话，就能用较为恰当的语言将所要表述的问题清楚地告诉给相关人员。当然，我们不是要求咨询服务人员对任何一门知识都要精通，而是说应当有一定的积累。

（四）心理素质要求

对于法律援助咨询服务的工作者而言，必须拥有良好的心理素质，这是从事法律援助咨询服务工作的一个基本素质要求。咨询工作人员唯有具备良好的心理素质，才能耐心地听取前来咨询的人们的事实和要求。除此之外，工作人员在培养自身心理素质的同时，也要学习心理学方面的知识，这对于了解前来咨询的当事人的心理状态很有帮助。

（五）形象素质要求

这里的形象素质要求并不是要求提供法律咨询服务的工作人员在外貌长相上要如何的俊美，而是要求这些工作者穿着打扮要干净整洁、得体大方。在待人接物方面要谦虚周到，不应因人而区别对待，更不能因对方的身份或地位低下，而不认真提供咨询服务。

（六）敏捷的思维和应变能力

作为法律援助工作人员，必须具备这个职业所要求的敏捷的思维，只有具有科学的、严谨的、敏捷的思维能力，才能对社会现象有一个科学的认识，才能对相关事实和材料有一个良好的分析判断。

 【学习情境1】 咨询服务的接待

法律援助咨询服务的接待是法律援助咨询开始的必经阶段，通常情况下，根据情况不同，咨询服务接待的方式和方法也不同。从法律援助本身的特质来说，法律援助咨询接待的方法也是咨询服务的一个重要环节，是衡量咨询服务质量的重要尺度，因为对广大的咨询者来说，咨询接待的态度和方法等直接影响他们对法律援助机关的信任程度。

一、来访咨询的接待

前来咨询法律援助及相关法律问题的人群中，有相当一部分人是采用口头方式前来咨询的。对于这种咨询接待的接待方法主要是：

步骤1：热情接待

对每一个来访者均应当态度热情，不能故意刁难，在条件许可的情况下应当为来访者安排座位、添茶倒水。

步骤2：对来访者进行信息登记

在正式开始咨询前，工作人员应当根据咨询工作制度的要求首先登记来访者的姓名、性别、年龄、工作单位、家庭住址、电话号码等一般情况，然后按照《法律咨询登记表》对来访者所问的问题进行记录，留作资料存档，便于日后总结和统计分析。

步骤3：接受材料

咨询者带有材料的，对其所提交的材料应先进行简单阅读，并仔细归类，登记咨询问题，将所接受的材料登记后装入档案袋中。

步骤4：对咨询问题进行初步判断

对询问来访者要咨询的问题，要判断是其自己的事情还是代理他人的事务，如果是代理的事务，其与被代理人之间的关系如何，是否还有补充的事实和问题等事宜。对所要咨询的问题应当属于哪个法律专业的领域作出基本判断，以便安排合适的人员进行咨询服务。

步骤5：认真记录

1. 口头来访的群众一般很少准备比较成熟的相关材料，因此，应当询问清

楚来访者咨询的主要事实及其希望解决的问题，并加以记录。对口头来访咨询者所陈述的事实、理由、咨询的问题及要求等应认真记录。

2. 对于带有咨询材料的来访者，应当对其提供的材料进行认真阅读。

步骤 6：做初步咨询

1. 由于来访者个人情况不同，有的人可能在事情的陈述上存在一些问题，因此要耐心听取。对于简单的问题，可给予相应解答，提供一定的法律建议或向其介绍相关法律规定。

2. 对来访者提供的材料要认真阅读，对材料所反映的事实和问题进行必要的梳理。自己当场能够回答的，应当现场回答；自己不能回答或无法解决的，应当向相关领导或部门汇报，并将汇报的材料记录清楚。

步骤 7：事后处理

1. 专业咨询人员咨询完成后，应当再次确认来访者的联系方式，将记录的文字归档。

2. 对不能即时完全解答的问题，应告知来访者原因，同时告知其可于日后再进一步咨询。

二、法律援助电话咨询的接待

步骤 1：备专人接线

法律援助机构所设的 12348 法律援助咨询专线以及其他热线电话是群众咨询法律援助相关问题的主要途径。各援助机关应当在专线和热线配备专人接待，接待人应按时交接班。

步骤 2：选择适合沟通、熟悉基本业务的人员值班

步骤 3：认真记录咨询者的基本信息及主要咨询问题

1. 接待人员在听取来电者叙述有关案件事实或提出咨询问题之前，应对咨询者的信息及咨询事项进行必要的登记，对咨询者的联系方式等基本信息要记录在案。

2. 在明确咨询事项的基础上，对所接听的电话内容认真记录，并对相应内容所属的法律领域作出基本判断。

3. 对于能够解答的问题应及时答复，不能当时解答的，可以告知咨询者可日后与有经验的专业人员进行预约咨询服务。

三、法律援助网络咨询的接待和处理

网络咨询是当代社会的一个基本的咨询服务方式，很多法律援助机构建立了与法律援助服务内容相关的网络服务平台，借助网络为广大群众提供法律咨询服务。

步骤 1：及时阅读网上提问

这种咨询服务的接待主要是及时阅读发给接待人员的电子邮件，并及时回

复，尽量不要拖延。

步骤2：保存咨询者的联系信息

四、邮寄函件咨询的处理

随着信息化时代的到来，采用邮寄函件这一传统方式进行咨询的情况越来越少，但还是有少量情况存在，所以不能忽视。

步骤1：登记函件

工作人员将寄来的函件登记，尤其是来信的地址、发件人等信息一定要记录清楚，以备后用，并装入档案袋，妥善保管，不能丢失。

步骤2：阅读材料，并及时回复

1. 认真阅读材料，在自己职权范围内并能够解答的，应及时通过书面的方式，把回答的内容打印清楚，封好邮寄，切忌拖延。

2. 需要汇报的，应将基本情况理清，然后汇报，并将领导的指示意见记录，然后书面回复来信人。

【学习情境2】 法律援助咨询服务

一、法律援助咨询的基本步骤

步骤1：倾听当事人述说

1. 因前来求助法律援助的咨询者大都经历了较长时间的权益受侵害过程，他们又是社会的弱势群体，因此，在开始咨询时，要给咨询人充足的时间陈述案情，并应当允许其用自己的表达方式述说。

2. 一边听一边记，通过记录来甄别各种信息以及被来访者忽略的信息。标出不清楚的问题，准备后面的提问。

步骤2：审阅材料

对于携带材料来咨询的来访者，应快速浏览材料，分出哪些是有关的，哪些是无关的，将有关的材料重点审阅。

步骤3：发问了解案情

在听取当事人讲述基本情况、审阅相关材料以后，应当及时打断当事人过于冗长、与案件无关的述说，接过话题主动出击，向当事人询问一些自己需要了解的信息。

向提供咨询的人员询问案情主要有三个目的：一是为了区别有用信息和无用信息；二是询问认为重要而被当事人忽略的信息；三是探知当事人所提供信息背后隐含的问题。询问案件时可围绕以下问题提问：①问清来访者案件的基本状况

或诉讼程序，比如是否进行了起诉或调解。②问清相关证据是什么，在哪里。

步骤4：对案情进行法律分析

来访者的根本目的就是让法律援助律师帮助解决问题，因此，在咨询中，提供咨询的人员有必要就案件解决过程中可能出现的结果作出法律判断。

1. 通过来访者的陈述，在对内容已经基本了解之后，从法律、法规和政策的角度找出问题的症结，抓住实质进行综合剖析。

2. 可对相关问题作出法律上的判断。例如，此案是否属于法律援助的受案范围？案件事实是否清楚？证据是否确实充分？还有哪些问题有待了解？胜诉把握度有多大？可能出现的结果是什么？要付出的时间、工作难度和其他困难有多少？可以采取的解决方式有哪些？等等。

3. 在做法律分析时不能草率行事，更不能过于自信和盲目乐观。同时，应当细致分析解决案件的不利因素。

步骤5：提出解决建议

1. 为来访者提供的建议或解决问题的办法要具体可行。应当着重强调并提出尽可能有利且可以实施的建议，对需要调解解决或需要帮助当事人进行诉讼的，要分别说明，以供来访者选择。《办理法律援助案件程序规定》第23条第1款规定："法律援助人员应当在受委托的权限内，通过和解、调解、申请仲裁和提起诉讼等方式依法最大限度维护受援人的合法权益。"

2. 对于较为疑难复杂的问题，不能马上给出明确建议的，应当在可能的范围内提出尽可能好的解决方案。根据《办理法律援助案件程序规定》第24条，法律援助机构对公民申请的法律咨询服务，应当即时解答；复杂疑难的，可以与申请人预约择时办理。

3. 如果来访者的情况符合法律援助的条件，应告知来访者及时申请法律援助或及时为其安排法律援助事宜。《办理法律援助案件程序规定》第24条规定，在解答法律咨询过程中，认为申请人可能符合代理或者刑事辩护法律援助条件的，应当告知其可以依法提出申请。

4. 告知来访者，法律援助律师接受委托后，在诉讼中能够做哪些事情，并强调只能在法律允许的范围内履行职责，并将尽力维护其合法权益。

5. 为来访者提供必要的法律常识，使其明确自身的权利和应当采取的方法。《办理法律援助案件程序规定》第25条规定："对于民事诉讼法律援助案件，法律援助人员应当告知受援人可以向人民法院申请司法救助，并提供协助。"

步骤6：整理咨询笔录

结束咨询前，应当询问来访者是否已经将案情陈述清楚以及对解决案件的方案是否有不明白的地方。因为有的委托人因为紧张或者害羞而不愿或者忘记陈述一些事实，而这些事实往往对案件的解决有至关重要的作用。

咨询结束后，应整理咨询笔录，列明来访者陈述的案情、律师的建议以及一些需要注意的时间，并作出相应提示，以备日后提供服务之需。

二、法律援助咨询技巧

（一）认真倾听来访者陈述，准确把握其意图

解答法律咨询的前提和基础就是听取来访者的陈述。首先，一定要听清来访者的叙述及提出的问题，准确把握问题的基本性质，否则难以听"真"。其次，要有耐心，即使是杂乱无章的冗长叙述，或是当事人有口音，也要耐心听取，并要反复核对当事人所说的词语，避免似是而非，否则难以听"准"。最后，务必聚精会神地听完问题的全过程，一定要听"全"。

倾听时，尽量少打断对方，少提问，多启发，引导对方诉说。有时，律师因为处理过类似案件，在来访者陈述完之前便能预知案情甚至可以立即提出解决方案。即便这样，也不应打断陈述，否则会让来访者感到律师是在敷衍自己。

为了正确答疑，一定要听真、听准、听全。对于律师来说，并不要求"听后全信"，而应要弄清真相、了解实质，为解答打下良好的基础。

（二）重点审阅与案件相关的证据材料

有些来访咨询者会带来证据、证件、资料等有关的书面材料。审阅材料时，不能怕多怕长，但应注意是否与"问题"有关。无关或关系不大的，自然无须全看。对于与问题有关的材料，也应有选择、有重点地看。对与事实有关的证据材料应当重点审阅，看其显示的情况与待证事实之间的关联性，能否为当事人的诉求提供证据支持。

（三）注重用话语和眼神对来访者以鼓励

在听的过程中，咨询人员要鼓励对方说下去，最好用一些评语，以表示你是在关心他所叙述的问题。要听出弦外之音、言外之意。要注意对方的心理，观察对方的脸色，留心对方的语气。

鼓励的方式主要有两种：一种是简单的提问，如"然后呢?"或者是简单的语言，如"我明白"、"我理解"。另一种是用肢体语言，如点头、与对方进行目光交流等。

（四）在回答来访者的问题时要用通俗的语言

在回答来访者提出的咨询问题时，应用通俗易懂的语言，把道理讲清楚，把关键的法律、法规和政策解释透彻。要让对方听懂、听清，以利于参照办理。

解答要有针对性，防止答非所问。有的问题，例如，落实政策方面的或法无明文规定的问题，如不能或难以回答而不能提供具体的法律帮助时，也应热情对待，不能令人失望乃至绝望。

（五）对咨询中所涉及的其他问题应分别采取不同方式对待

在一般情况下，解答法律咨询时无须对问题进行调查和与有关部门联系解决，但可以为来访者提供解决问题的途径和办法。

对于理由明显不足而要求申诉的，应加以说服，使之放弃无理要求。对于不属于司法机关处理范围的，应告诉当事人向有关部门申诉落实。

如发现异常情况或特殊问题，如来访者系精神病患者或者危险人物等，则必须及时与有关部门联系，或报告上级领导机关，以便尽快予以解决。

【学习情境3】 法律援助调解

一、法律援助调解的特性和范围

（一）法律援助调解的特性

法律援助调解，不同于一般的人民调解，也不同于人民法院的诉讼调解，具有自身独特的属性。

人民调解是在司法行政部门指导下的人民调解委员会主持下，对涉及的民事纠纷的双方当事人进行说服、疏导，促使当事人在平等协商的基础上，自愿达成调解协议，使纠纷得到妥善和合理解决的民间活动。依据人民调解法，双方协调达成的协议，可以到人民法院申请确认，从而获得法律上的强制执行效力。

人民法院的诉讼调解，是对所受理的民事案件，人民法院根据双方当事人的意愿进行调解。调解成功的，制作调解书，其效力与判决书是相同的。如果调解不成，则由人民法院进行判决。

法律援助的调解主要是承办法律援助案件的律师或其他承办人，根据事实和法律，在代表和维护受援人一方合法权益的基础上，以当事人自愿为原则，以非诉讼的方式或在诉讼期间，积极促成当事人和解，以争取法律援助事务的圆满解决。

（二）法律援助调解的条件

1. 事实基本清楚，权利义务关系明确，证据确凿充分。

2. 当事人双方对协商解决纠纷有诚意，并同意律师参与调解。根据《办理法律援助案件程序规定》第23条的规定，法律援助人员代理受援人以和解或者调解方式解决纠纷的，应当征得受援人同意。

3. 当事人除有诚意外，还要有履行协议的实际能力。

（三）法律援助调解的范围

根据法律规定和法律援助实践，法律援助的调解范围主要是各类法律援助案件。具体包括：一般民事案件，劳务纠纷案件，农民工工资案件，抚养费、赡养费追索案件，刑事自诉案件，涉及妇女儿童权益保护的案件，以及残疾人权益维护案件等。从一般意义上来说，上述案件如果能够成功调解，对维护受援人的利益、缓和双方当事人之间的关系、避免社会矛盾激化均有积极意义。

二、法律援助调解的基本程序

步骤1：全面了解事实真相

1. 参与调解的法律援助案件的承办人，应当在组织双方进行调解前，先将纠纷所涉及的事实及相关证据辨别清楚，对纠纷的性质有基本的判断与把握，对纠纷的起因、经过、争议焦点和双方的要求有较为全面的把握。

2. 案件事实要有一定的证据支持，并向当事人详细了解其与证人、第三人之间的关系，特别是恩怨利害关系，以判定证据来源及其证明力。

3. 有必要的情况下，进行相应的事实调查。在事实清楚的基础上制定调解方案，组织说理的观点和语言。

步骤2：分清是非，抓住当事人的主要目的

1. 法律援助案件的承办人要根据事实和法律来维护当事人的合法权益，但不是当事人的传声筒，要有自己的独立认识和见解。

2. 在事实的基础上，法律援助案件的承办人要认真考虑案件当事人的是非曲直，分清责任，找出产生纠纷的根源，不能一味偏袒。

3. 抓住当事人的主要目的，帮助当事人剔除由于情绪造成的不明目的或不切实际的过高要求。

步骤3：确立调解思路，制定调解方案

1. 正确分析双方当事人的心理，掌握争议的焦点，矫正委托一方当事人过高的期待。

2. 分析对方当事人的情况及可能接受的条件，把握调解成功的可能性及双方的调解意愿。

3. 针对可能出现的不同情况，准备多种方案。

步骤4：耐心疏导，消除隔阂

1. 对对方当事人表示必要的尊重，特别是对涉及家庭邻里关系的纠纷，应在调解中注重保护和强化双方在未产生纠纷前的良好情感和道德理念，对对方当事人和己方当事人都要耐心疏导，使他们之间的隔阂与矛盾降低到最小的限度，不能简单处理。

2. 适当让双方交换看法，引导当事人换位思考，让当事人在对双方有利的前提下互相为对方考虑。

3. 应注意控制当事人的情绪，及时制止当事人过于激烈的言语。

步骤5：充分说理，对当事人讲解法律上的利害关系

1. 要依据事实和法理以及道德伦理等进行说理，但是不能强词夺理，更不能胡搅蛮缠。

2. 公平合理地为双方当事人考虑并提供法律帮助。

3. 使当事人了解有关法律的规定，明确双方的责任，分别告知可能承担的不利后果和法律风险。

4. 在反复数轮的调解和疏导说服的过程中，适时提出调解方案，供双方选择，并分析其中的利弊，进行有效控制，避免久调不决。

步骤6：及时订立调解协议书

1. 如果调解双方达成了口头协议，应当立即着手制作调解书。如果在诉讼期间，在庭外达成协议的，应及时向法院申请确认。

2. 如果未在诉讼期间达成协议，可经调解委员会同意，协助完成调解或申请公证，并经法院确认协议，以增加对调解协议的执行力度，防止达成的协议流产。

三、法律援助调解的技巧

1. 取得当事人的信任是调解成功的前提。法律援助人员首先要谈自己的身份，宣传调解解决问题对双方特别是对对方的意义、原则及双方应持的正确态度。

2. 正确分析双方当事人的心理是完成工作的关键。调解工作的实质是在法律规定的范围内平衡双方当事人的不同要求、使其统一。因此，法律援助人员在参与调解之前必先收集双方当事人的有关信息，了解双方当事人的个性，找准当事人的认识误区和问题症结。

在调解过程中，要仔细观察当事人言行举止，从当事人的陈述和辩论中，透视其真实想法，了解矛盾焦点，寻找调解的切入点，因势利导，达到调解的目的。

3. 掌握政策、法律规定，以便有针对性地适用法律。

4. 多听少说，不宠不压，注意控制气氛。在调解纠纷时，法律援助人员应明确双方当事人的责任，使双方充分认识到自己在纠纷中所处的地位，保持公正立场，从为双方当事人解决纠纷的角度考虑，进行说服工作。提出的调解方案要公正、合理，不偏不倚。

应多听少说，要耐心听取当事人陈述，不要急于表态，更不要动辄训斥。调解中，可让被侵权一方当事人向对方当事人倾诉和宣泄，使其不满情绪得以释放。在宣泄过程中，如能引起侵权方当事人的内疚和后悔，从而当场向对方道歉，那么调解离成功便只有一步之遥。但需注意把握宣泄的程度，不可把宣泄搞成无止无休的控诉，防止失去控制。

面对当事人的冲动性言语和行为，法律援助人员应保持冷静的态度，用平静而有力的语言与当事人交谈。在一方当事人情绪激动的情况下，要设法使另一方保持克制，而不是互相激怒。面对恶语相向的情况，应及时制止。

5. 结合不同案件情况选用灵活多样的方式调解。在调解中，应当结合不同案件的性质特点，灵活运用亲情感化、换位思考、矛盾分析与警告相结合等方法进行调解。应遵循如下原则：

（1）宜缓不宜急。指的是对有些不会继续恶化的纠纷，不要急于调解，这就是通常所说的"冷处理"，让当事人有一定的时间思考。

（2）宜暗不宜明。宜暗不宜明包括两方面意思：一是遇到当事人情绪激动，争先诉说，各不相让的情况，先将双方当事人隔开，背靠背地分别做工作，待双方情绪平静下来，再面对面地谈。二是对不适宜公开调解的纠纷，不应采取公开调解方式；对不宜公开的调解内容和协议方案不要外扬。

（3）宜粗不宜细。宜粗不宜细包括两方面含义：一是在调解纠纷时，该细则细，该粗则粗，不要企图对纠纷形成与发展过程中的每一句话、每一个行为都查清，只要基本脉络清楚，责任分明就可以了。二是在商定解决纠纷的具体方案时，只要能使双方的基本权利得到保障、基本义务获得履行即可，引导双方不要斤斤计较，而应着眼于今后的和睦相处。

6. 善于借助有关机关的职能，创造调解的外部条件。在调解时，适当地邀请当事人所在部门的领导或企业的主管部门参加，这有利于对当事人做说服疏导工作。

在协议达成之后，提醒当事人应经人民法院加以确认，以强化协议的法律效力。一方不履行协议时，应借助法院的力量对协议强制执行，或提起诉讼，通过法院审判，维护当事人的合法权益。总之，借助外部力量，有利于推动当事人双方达成和履行协议，从而取得调解的良好效果。

四、调解的常用方法

（一）褒扬激励法

从人性和心理的角度来说，人们总是愿意被表扬、被肯定、被尊重，所以对被调解者的优点和长处要及时予以肯定和表扬。通过表扬激励可以使调解的氛围变得比较轻松。虽然一般人遇到事情容易激动，但是面对表扬，就会在心理上感觉舒服，一些过激的言行也就不好意思表现出来了，这也很容易拉近双方的感情距离。调解一旦达成协议，也不会轻易反悔。

（二）析错法

发生纠纷的双方总是强调自己正确的一面，指责对方的过错。在进行调解时，应当注意指出双方的过错，在客观的基础上可以适当夸大一些错误，过错越多否定起来也就越容易，这样就容易达成调解协议。

（三）单独谈话法

涉及个人隐私，影响夫妻、家庭关系或者其他不宜、不愿为他人知道的话题内容，特别是一方当事人对让对方知晓某些事情存在较大顾虑的，应当及时安排单独谈话。这样，双方可以自由阐述事实真相。

（四）冷处理法

有许多纠纷，从形式上来看比较激烈，双方互不相让，如果一开始就进行调解，效果肯定不会太好。所以，最佳的处理办法就是暂时先将问题放一放，等双方冷静下来再开始调解。

（五）唤起旧情法

人是情感动物，在经历了纠纷以后容易忽视以前的感情，所以调解开始时，不妨先叙旧，而不忙于调解，等双方对以前的事情有一定程度的回忆时，再慢慢切入正题。

（六）舆论压迫法

国人讲面子，也讲感情，十分注重周围群众或熟人对自己的看法，所以在调解开始后，不妨提醒当事人要注意人们对此事的认识与看法。为强化讲话人的权威，必要的时候可以借助一定的权威人或权威机关的影响，或者借助与自己观点相同的"自己人"的声势，达到劝导的目的等。[1]这样，就会从心理上给当事人一个理性对待事情的提示，会对案件的处理结果有极大的帮助。

总之，这些调解方法的运用，需要调解人员自己去把握，不能生搬硬套，那样就成了教条主义，会导致相反的结果，要根据事实灵活掌握和运用。

五、调解应注意的问题

（一）法律援助机构工作人员在调解中需要注意的问题

主要有以下几个方面的问题：

1. 不能用行政方式来解决法律援助案件的调解。法律援助机构安排的工作人员大多是本机构的工作人员和律师，由于我国的法律援助机构是司法行政部门下的一个直属机构，有些工作人员在工作中难免带有习惯性的行政方式，不能将强势命令的态度带入到纠纷调解中。

2. 注意在调解过程中的角色。法律援助机构的工作人员，在承办法律援助案件时涉及的调解，要么是在法官主持下的调解，要么是庭外和解，但是无论是什么形式的调解，在办理法律援助案件时，要注重维护受援人的利益，而不是居

---

〔1〕 关于调解的语言的主要观点参考李刚主编的《人民调解概论》（中国检察出版社 2004 年版）相关内容。

中调解，更不是中间人。

3. 注意思想工作要做通。法律援助案件不是以法院的判决为结束，许多案件在胜诉上应该是没有问题的，关键是执行上，如老人赡养、子女抚养等案件，如果不能使被告自愿执行判决，受援人的合法权益还是没有得到应有的保障，如导入案例中，如果工作没有做好，朱老太即便是住到家里，也不能保障今后的生活会顺利。

（二）律师和基层法律服务工作者在调解中需要注意的问题

1. 注意调解协议的可履行性。法律援助案件要求代理人充分考虑受援人的利益，特别是调解协议是否具有实际履行的可能性问题，对此律师一定要给予充分的重视，因为，这可能直接影响受援人利益是否能够得到应有的保障。基层法律服务服务工作者亦是如此。

2. 注意在案件的任何阶段对对方当事人的说服、教育、疏导等思想工作。这要求律师自接受法律援助案件以后，不论是调查阶段、起诉阶段、庭审阶段、审结判决或调解协议达成后以及执行阶段，都不能忽视对对方当事人的疏导工作，直到对方当事人真正地、充分地履行义务，换言之，法律援助的调解贯穿援助活动的全过程。对基层法律服务工作者来说，这样的工作更是必须要尽的义务和责任，这样才能体现出基层法律服务的本质。

3. 法律援助案件的调解不是律师居中主持的调解，要注意将调解的重点始终放在对方当事人身上，当然对自己的当事人的缺点也不能袒护，也要在必要的时候当着对方当事人的面指出，这样有利于工作的顺利开展。

4. 法律援助的调解工作，要求律师和基层法律服务工作者必须采用灵活的方式方法，同时要有极好的耐心，甚至是细心，才能将工作做好，不能简单、粗暴，更不能漫不经心。

以上所列举的注意事项只是简要的几个方面，并不是法律援助调解工作中需要注意的全部事项，有许多问题需要人们根据具体的案件情况，灵活运用，变通处理。

　【实训案例一】——参与法律咨询

案情介绍

沈阳市东陵区高坎镇葫芦村有一户特殊的人家，父亲祝景江和母亲祝亚都是残疾人，儿子祝普权又智力低下，一家人靠十几亩地艰难度日，是村里有名的特困户，每年都依靠国家救济。2001年1月7日，灾难又一次降临在这个本已不幸的家庭上。原来，从去年11月开始，祝普权闲暇时经常到同村开吊车的赵克俭、赵克义那儿帮忙。1月7日这天，赵克义要出车干活，由于天冷，车打不着火，于是叫来祝普权帮忙。他们使用喷灯烤发动机以助热，不料油箱漏油，燃起了大火。

烈火迅速吞噬了赵克义和祝普权两个人，也吞噬了周围的草和树木，村民们迅速赶来扑灭了大火，将二人送到医院抢救，经检查，祝普权全身三度烧伤。祝普权出事后，智力残缺的父亲不知所措，一片茫然。母亲拖着残腿奔走无望，终日以泪洗面。赵家仅仅拿出不到两万元的医药费再无下文。祝普权的严重烧伤已经让家里负债累累，今后的治疗怎么办？祝普权本身就有残疾，这一来更是雪上加霜。他们想讨个说法，但是家里这种情况，哪有能力再打官司？5 月份，在好心人的指点下，母亲祝亚来到沈阳市法律援助中心寻求帮助。

【训练目的】熟悉掌握解答一般性咨询的方法与技巧。

【训练方法】根据案例，组织一次模拟咨询演练，自己设计祝亚可能问到的问题，然后作出咨询解答。

【实训案例二】——参与民事调解

案情介绍

耄耋老人赡养难　家经难念

法援牵起两代情　再叙天伦

2004 年 11 月的一天早晨，天还没有大亮，81 岁的王天云悄悄地起了床，不声不响地带上门，步履蹒跚地向城里走去，北方初冬的落寞、萧条和透骨的寒风阵阵袭来，她下意识地紧了紧衣裳，仍无法挡住寒意，不禁打了个冷战，想起自己亲生的 9 个子女，3 个早逝，老伴也撇下她早早地走了，剩下的 4 女 2 子，只有两个女儿对她挺好，主动承担起赡养义务，其余 2 子 2 女连家门都不让进，但她知道女儿生活负担重，她心里也感到过意不去，为什么只让两个孩子尽赡养义务，其余 4 个孩子也是亲生的呀！这对主动赡养她的两个女儿也不公平！想起为这 4 个孩子的成长付出的艰辛和他们眼睁睁瞅着 81 岁的老娘风烛残年，多年来不闻不问，滴水不供，不尽孝道，王天云心里的气就不打一处来。这事儿憋在心里闹得慌，几年了，晚上睡不着的时候，净想这事。前一阵儿，听广播中也讲一个老年人，儿女在外地工作，薪水很高，却不管老娘，老娘没有工作，靠卖泡菜生活，实在活不下去了，老太太就一纸诉状起诉了两个不孝子，在当地法律援助中心的帮助下打赢了官司。王天云心想，这广播说的事跟自己挺像，就动了打官司的心眼，并到村委会张书记那里要求开一份经济状况的证明，张书记也知道她的情况，很顺利地就开了，回来后，一宿没睡，瞒着女儿到城里找律师打官司。

到了城里，天已经大亮，太阳出来了，暖暖地照在身上，王天云的额头已经沁出了细细的汗珠。城里车水马龙，人头攒动，一派生机，她顾不得欣赏这些，一个劲儿地盯着竖长牌子看，在街道对面，她看到了吉林辽东律师事务所的圈牌，好不容易过了马路，便径直走了进去，叩开王律师办公室的门。王律师刚进办公室不久，见进来一个高龄老妇，根据职业的直觉判断，很可能是赡养、老年婚姻一类的案件。在交谈中了解到王天云老人是辽东县安恕镇大道村 8 组的村民，今年已经 81 岁高龄。王天云见了律师不由得情绪激动，便将压在心里多年的心事一股脑倒了出来，说到抚养子女的艰辛以及她现在的处境，不由得老泪纵横，泣不成声。多年来，她寄人篱下，勉强在 6 个儿女家轮流居住，现在连轮流的方式也无法维持，老人的赡养成了问题。

王律师听着老人断断续续的诉说，感觉到此事比较棘手，因为赡养案件是一个法律问题，更是思想问题，打赢官司不难，难在判决的执行上，思想问题没有办法执行，为了使王天云的赡养案件能够落到实处，他做了两手准备，并向王天云谈了案情以及他如何着手办理这起案件的思路，王天云听了律师细密的事实分析和法律适用的解答，很是佩服，并请求王律师能够做她的代理律师，王律师讲"我争取吧"，随之向他索要了经济状况的证明、身份证复印件后，告诉她："法律援助机构要审查材料，您年龄大了，就不要跑了，案件受理后给您打电话通知。"

送走王天云，将案件材料送到案件受理处审查后，王律师暗下决心：一定要为老人打赢这场官司，维护老人的合法权益。法律援助机构经过会议审查，决定为老人提供援助，并指派王律师为老人代理。

在庭审中，老人的两个儿子和媳妇情绪激动，首先摆出老人的种种不是，但对如何赡养老人却只字不提。见此情景，王律师暗想，母子双方如此对立，即使官司打赢了，思想问题不解决，将来执行也是困难，不能让老人拿着判决书往返于法院与子女之间，这无论是在经济上还是在精力上都对老人不利。于是，王律师决定实施第二套方案，即动之以情，晓之以理，解决这 4 个儿女的思想问题。在征得审判长同意后，他首先为老人的儿女算清了 4 笔账：一是怀胎时间账。常言"十月怀胎，一朝分娩"。老人一共生育了 9 个子女，怀胎 9 次，共 90 个月，折合怀胎时间是 7 年零 6 个月。二是哺乳时间账。按照人类哺乳规律，从出生到断乳，平均 1 年半，那么老人生育 9 个子女所需要的哺乳时间是 13 年零 6 个月。三是奶水数量账，按照生存的一般规律，每名婴儿从出生到断乳，每昼夜要吃奶水 1 斤，养育 9 个子女共需奶水 4923 斤。四是缝补浆洗时间账。王律师当庭表示自己无法计算，要求老人子女当庭自己算一下。

子女们听完律师的据理陈词，都低下了头，此时法庭静极了，只有书记员记录庭审笔录敲击键盘的声音。王律师以低沉、缓和而有力的声音继续说道："老人一生光是怀胎、哺乳时间就占去了她整整 21 年的大好时光，再去掉操持家务、缝补浆洗无法计算的时间，真正属于老人的时间有多少？现在你们都成家立业了，老人年岁大了不能劳动了，就没人管了！你们做儿女的良心何在？"说到此处，有的子女已经忍不住掉下泪来。王律师也没有再要求众儿女拿出多少钱来赡养老人，而是提醒每位儿女，扪心自问，应不应该赡养老人，怎么让老人过好晚年的生活。

庭审后的第三天早上，老人的小儿子主动找到王律师表示要求赡养老人，并把王天云接回自己的家中，其他几个子女也纷纷表示要求赡养老人。对此王天云十分感动，法律不仅维护了她的权利，使她老有所养，更珍贵的是串起了两代人失落多年的母子情。

冬日的北方，格外寒冷，大雪整整下了一夜，屋里热炕烧得暖烘烘的，王天云又添了一把柴，火更旺了，窗户上凝满了水蒸气，她和儿子、儿媳、孙子一家人有说有笑地围着炕桌吃晚饭，更衬出屋里的温暖，很长时间以来，王天云没有这么高兴过，这种幸福、温暖的感觉在她的血管里燃烧着，脸上呈现出幸福的红晕，泪水涌满了眼眶。[1]

【训练目的】熟悉法律援助调解的基本程序与方法。

【训练项目】

1. 以该案例为基础组织一次模拟法庭，参与法庭调解。

2. 模拟该案在开庭前律师对双方的调解工作。

3. 假设子女没有在审理时感动，法院判决下达后，模拟律师在庭审后的思想工作，自己设计调解方案。

4. 通过该案的实训写出自己对调解的感受，指出王律师的做法有哪些值得学习的地方，还有哪些不足。

拓展知识　**咨询服务的语言技巧**

法律援助咨询服务的语言技巧在整个法律援助活动中所处的位置很微妙的，从严格意义上来说，咨询语言技巧不属于咨询活动的任何一个环节，也不是一个单独存在的环节，但是，它在咨询活动中又无所不在，换言之，咨询语言是法律援助咨询服务的每一个环节和步骤都必需的一种技能，咨询语言技巧是法律实践工作者的大量经验总结。

一、语言技巧

咨询解答首先表现的就是语言表述的技巧问题，对于法律援助机构的咨询人员来说，掌握语言技巧是必需的。语言技巧可以从多方面来加以分析，当然这样的分析并不一定全面，但是对工作人员来说应当具有重要的帮助意义。

---

〔1〕　本案例选自司法部法律援助中心编：《全国法律援助百优案例》，法律出版社2008年版，第225页。

（一）语速清楚缓慢

在接待咨询和解答相关法律问题时，一定要保持比较慢的语速。因为受众可能来自不同的民族或地区，存在民族语言、方言等差异，所以在接待和解答时，要尽量保持比较清楚的语言，让来访的群众能够听清楚，与正常的语速相比较要缓慢一些，这样会让接受咨询的人感觉我们的工作态度亲切而非急躁。

（二）语言要有一定的幽默感

从常理来说，前来咨询的人由于身处矛盾和纠纷之中，缺失了日常的平和心态。提供法律咨询服务的工作人员，如果在咨询中能不时地恰当地幽默一下，缓解气氛，放松心情，这样会十分有利于咨询工作的开展。

（三）专业语言要准确明白

法律专业用语往往是抽象的，一般人很难真正地弄清和理解，而要将这些问题准确地表述给咨询者，又能够使咨询者听明白，是有一定的难度的。这就有赖于法律服务工作人员在咨询活动中，将涉及的法律专业术语用一般语言解释清楚，直到咨询者明白为止。

（四）尽量使用与咨询者同样的语言

如果你是海南人，同时又会说海南方言，咨询者也同样是海南的，在咨询的过程中应当尽量使用海南话来交流。这样双方就不会产生距离感，交谈起来也会亲切融洽，从而达到良好的咨询效果。如果不懂方言或民族语言，应注意一定使用普通话进行沟通和交流。

二、肢体语言技巧

我们在咨询活动中，与咨询者交流时，会遇到许多必不可少的肢体语言使用情况，而这些肢体语言的恰当使用会对咨询活动的效具产生很大帮助，但是，如果使用不当也会产生相反的作用。有些肢体语言是工作人员自己的生活习惯，例如，说话时，习惯性将手指指向受众，如果受众人多，一般影响不会很大，但如果人少就会让人感觉很不舒服，乃至反感。

（一）真诚的微笑

任何社会活动，在人与人的交往中，保持真诚却不做作的微笑，会让对方感受到一种温暖的氛围，这样的气氛最能够让人愿意接受别人的语言，即使在表述中偶然出现一些不恰当的语言，也不会引起不快。同时，对方也很乐意将自己的想法和认识表达出来，有助于互相之间的沟通和交流。

中国有句俗语叫"伸手不打笑脸人"，所以在咨询活动中，不时报以真诚的微笑，会使咨询活动顺利而有效地进行。当然不是说二作人员一直要微笑，不能有所停顿，实际上如果真是如此，反倒让人感觉是一种职业的、努力装出来的笑容，给人一种皮笑肉不笑的感觉，会对咨询产生反作月。

（二）专注的神态

1. 在咨询活动中，工作人员要表现出十分专注的神态，而不是漫不经心或者不耐烦的神态。这种神态要求工作人员在接待咨询时，要认真听取对方对事实的表述，不时通过眼神或语言示意咨询者继续，鼓励他们（她们）将事情说完。

2. 要认真记录，因为陈述者发现你在认真记录时，他们会感觉到你对他所陈述的情况是重视的，而不是应付的。

（三）大方庄重的姿态

人们的身体姿势很能反映说话者或听说者的态度，如见面握手；在倾听咨询时，咨询人员的身体应尽量保持一定的前倾，以给咨询者以真诚的接待与肯定；在自己讲话时，应当认真专注，减少外界干扰。

三、礼仪技巧

进行法律咨询是一项法律活动，同时也是一项社会活动，因此也要遵循社会活动的一般规律性的东西。

（一）语言表情不要太夸张

在咨询过程中，工作人员无论在语言上还是在表情上，均不能太过夸张，在语言上有些地方可以有适当的语气加重，但是切忌虚势夸张。

语言的夸张容易导致相对人心理上对事情的错误判断。因为前来咨询的人心里将咨询工作人员看作法律权威，所以任何一个言语上的夸张都会导致他们心理的变化。

（二）切忌盛气凌人

无论是基于法律援助制度的设计目的，还是从提供服务者的本身的工作性质上看，都不容许在语言和形态上出现盛气凌人的现象。这对法律援助机构的形象以及法律权威的形成，都会造成不良影响。

（三）不能使用侮辱性或其他不良动作和语言

对前来咨询的相对人，不能使用侮辱性的言语和动作，如不屑的语言或眼神等。

（四）注意性别的差异

在法律咨询活动中，咨询工作人员一定要注意男女之间的性别差异。在语言的表述上不能用歧视、挑逗、猥亵等语言，接待咨询时应保持适当的空间距离，身体的接触要有一定的分寸，如握手不宜过紧、时间不能过长等。

学习单元八　刑事法律援助实务

【学习目标】

　● 通过本单元的学习，了解刑事法律援助的特点，明确刑事法律援助的基本工作内容和基本工作方法。

【学习任务】

　● 熟悉刑事法律援助的法律援助机构及律师的基本工作方法，掌握刑事辩护的技巧。

【案例】

　案例一

交通肇事害人害己　依法辩护释法析理[1]

　　2011年3月20日，在北京市密云县琉辛路不老屯镇燕落路口，李某驾驶摩托车由西向东行驶，与正在通过路口的燕落村村民郑某、闫某相撞，造成郑某当场死亡、闫某重伤、李某轻伤、两轮摩托车损坏的恶性交通事故。经密云县公安局交通大队认定，李某未取得机动车驾驶证并饮酒后驾驶未经公安机关交通管理部门登记的机动车上路，是此次事故发生的全部原因，应当承担事故全部责任。

　　根据《中华人民共和国刑法》第133条规定，违反交通运输管理法规，因而发生重大事故，致人重伤、死亡或者使公私财产遭受重大损失的，处3年以下有期徒刑或者拘役；交通运输肇事后逃逸或者有其他特别恶劣情节的，处3年以上7年以下有期徒刑；因逃逸致人死亡的，处7年以上有期徒刑。李某的行为已经构成交通肇事罪，此案经过人民检察院起诉至密云县人民法院。由于李某经济困难，法院向密云法律援助中心转交了李某的法律援助申请。

　　李某的法律援助申请审批通过后，密云县法律援助中心指派檀州律师事务所的王律师具体承办。王律师在接到指派后，查阅了有关的案卷材料，会见了被告人，并综合其他证据认为李某已经构成交通肇事罪，按照通常情形是3年以下有期徒刑或者拘役。因此不能从减轻处罚情节出发，只能按照从轻情节来为李某辩护。

---

　　〔1〕　本案例选自北京市司法局网站 http//www.bjsf.gov.cn，2012年7月19日。

2012 年 6 月 7 日，李某交通肇事案准时开庭。在庭审过程中，被告李某积极配合法庭调查事实，并表示自愿认罪。王律师在此基础上提出被告李某有以下酌定从轻处罚情节：从主观上讲，被告人属过失犯罪且系初犯，并且也从未受过任何处分，是一个老实本分的农民。被告人在案发后能够全部、彻底地向司法机关交代自己的犯罪行为，说明被告人已经认识到自己行为的社会危害性，有改过自新、重新做人的愿望。李某在案发后积极地赔偿受害者家属经济损失，取得了被害人家属的谅解，被害人家属也向法庭提出要求对被告人从轻处罚的请求。这也从一定程度上说明了被告人有积极悔罪的表现。综上，辩护人恳请合议庭在量刑时充分考虑被告人的上述情节，本着"教育、感化、挽救"的方针，给李某一个改过自新、重新做人的机会。最后，合议庭充分考虑了王律师的辩护意见，依法判处李某有期徒刑一年。

案例二

法律援助诚相助　失足少年获轻刑[1]

王某与魏某原系初中同学，二人关系很好。初中毕业后，两人考入了不同的高中，但因二人就读的学校仍然都在平谷区内，平时也经常相聚。

关某系魏某高中的同班同学，2011 年的一天，魏某与关某因琐事发生矛盾，后约定第二天放学后打架。次日，魏某纠集王某等人与关某纠集的李某等人在约定地点聚齐后，双方发生口角，后因看到警车，双方散去并未斗殴。之后，双方又约定到橡皮坝打架。在橡皮坝，关某纠集的人持砍刀将魏某纠集的刘某砍伤，后王某将刘某送至医院，经医生诊断，刘某伤情为左跟骨粉碎性骨折，左距骨粉碎性骨折等。后经鉴定，刘某的身体损伤程度属轻伤（偏重）。之后几天，关某、魏某等人陆续被公安机关查获。后来王某经魏某电话通知至平谷公安分局刑侦支队，并如实供述了犯罪事实。

本案经北京市公安局平谷分局侦查终结，移送至平谷区人民检察院审查起诉，平谷区人民检察院审查后，将本案诉至平谷区人民法院。因本案被告人王某及其他被告人均系未成年人，根据规定，平谷区人民法院依法通知区法律援助中心为王某指派法律援助辩护律师。

北京市平谷区法律援助中心接受人民法院指定后，按照《法律援助条例》规定，认为王某符合法律援助条件，于是指派北京市时雨律师事务所律师杨律师为王某进行辩护。

杨律师接受指派后，到平谷区人民法院查阅并复印了本案卷宗。通过分析卷

---

〔1〕　本案例选自刑事法律援助网 http：//HYPERLINK "http：//www. criminallegalaid. org"，2012 年 5 月 8 日。

宗中的证据材料，发现本案中王某的到案经过存在问题。其到案方式并未被认定主动到案，但其到平谷公安分局刑侦支队之前，魏某已经在刑侦支队，魏某电话通知王某作为证人到公安机关陈述案件事实，当时王某并未受到讯问也未被采取强制措施，但其陈述完案件事实后便被刑事拘留。《最高人民法院关于处理自首和立功具体应用法律若干问题的解释》第 1 条规定："犯罪事实或者犯罪嫌疑人未被司法机关发觉，或者虽被发觉，但犯罪嫌疑人尚未受到讯问、未被采取强制措施时，主动、直接向公安机关、人民检察院或者人民法院投案，并如实供述自己的主要犯罪事实，为自动投案。"此外，《最高人民法院关于处理自首和立功若干具体问题的意见》对自动投案进行了进一步解释，该《意见》规定："在司法机关未确定犯罪嫌疑人，尚在一般性排查询问时主动交代自己罪行的，应视为自动投案。"结合王某的到案过程以及上述规定，王某符合自动投案的构成条件，其到案后便如实供述了自己的主要犯罪事实，应认定王某具有自首情节。

在作出上述分析之后，杨律师会见了被告人王某，了解了其到案过程，杨律师印证了自己的分析。并了解到王某作为一名高中生，此前一直安分守己，无前科劣迹，也从未受过刑事处分，在本起聚众斗殴过程中，其除参与之外并未实施任何行为，如其因本起聚众斗殴事件被判处实刑，其学业将因此中断，极有可能被学校开除学籍。

据此，杨律师确定了本案的辩护思路。本案庭审调查阶段，在对王某到案经过进行质证时，杨律师提出辩护意见，认为王某属于主动投案。后又在法庭辩论阶段对此予以阐述，并认为王某主动投案后，如实供述了自己的犯罪事实，应当认定其构成自首，最终法院采纳了杨律师的意见，认定王某构成自首。王某因此被人民法院判处有期徒刑 6 个月，缓刑 1 年，并未因此中断学业。

以上【导入案例】的两个案例中的刑事法律援助类型属于哪一类？援助依据是什么？律师提供的法律援助属于哪个诉讼阶段的援助服务？

从以上的两个案例中我们可以看出，获得刑事法律援助的途径主要有：申请刑事法律援助和由人民法院通知辩护。两者都必须满足法定的条件，且需履行法定的手续。本章分别从刑事法律援助申请和通知辩护两个途径入手，介绍法律援助机构的工作程序，以及提供法律援助服务的技巧方法。

知识储备　　刑事法律援助概述

一、刑事法律援助的概念及特点

（一）概念

刑事法律援助是在刑事诉讼领域中保持控诉平衡、保障社会弱者平等诉讼机会的一种实现司法正义的制度设计。具体而言，是指在刑事诉讼中为贫穷的、无力支付法律费用或其他符合条件的当事人，免费提供辩护或代理的制度。

刑事法律援助是法律援助的重要表现形式，在法律援助制度中处于基础地位。刑事诉讼直接关系到公民的人身自由乃至生命权利的剥夺，直接关系到每一个公民的自由权利，也直接关系到公共安全的保障。因此，世界各文明国家在民主和法制的进程中无不给予刑事法律援助以特殊的关注和重视。刑事法律援助制度的确立及实施状况已日渐成为考察一国法制完备程度及人权保障状况的一项重要指标。目前，世界上已有140多个国家在宪法、法律上确立了刑事法律援助制度。

（二）刑事法律援助的特点

1. 受援阶段的无限定性。各国对刑事被告人实行刑事法律援助活动集中体现在法院庭审阶段，以庭审刑事法律辩护援助为重心，但并不仅仅局限于审判阶段，在侦查、起诉阶段也可进行援助。由于各国刑事诉讼法规定的诉讼阶段不尽一致，承担刑事法律援助的律师在哪一阶段参与诉讼也相应不同。各国刑事诉讼法典及国际司法文件一般规定受援刑事被告人的法律援助始于侦查阶段。2003年7月国务院颁布的《法律援助条例》规定了公民在刑事诉讼的侦查、起诉和审判阶段，根据具体情况，可以向法律援助机构申请法律援助。我国修改后的《刑事诉讼法》（自2013年1月1日起实施）完善了辩护人在刑事诉讼中的法律地位和作用，扩大了法律援助在刑事诉讼中的适用范围和对象范围，将仅在审判阶段提供法律援助修改为在侦查、审查起诉、审判阶段均可提供法律援助，将公安机关和人民检察院增加为通知辩护的义务主体，为更好地保障犯罪嫌疑人、被告人依法行使辩护权提供了重要的制度保障。

2. 受援对象的广泛性。各国刑事诉讼法典根据经济原因和司法利益需要的双重标准界定受援对象，使刑事案件中法律援助的范围极其广泛。

（1）对于较严重的刑事案件，如果犯罪嫌疑人、被告人无力聘请律师，一般均可获得刑事法律援助。

（2）对于一般刑事案件，如果被告人没有自行选任辩护律师，法院根据司法利益的需要，可决定是否实行法律援助。依"法律面前人人平等"的宪法原则，全体公民都是潜在的法律援助对象，都有权获得法律援助。根据联合国准则和世界其他国家法律援助的规定，符合法定条件的犯罪嫌疑人、被害人、自诉人也应成为法律援助的对象。

我国《刑事诉讼法》关于刑事法律援助的范围虽然只规定了犯罪嫌疑人、被告人，但根据最高人民法院、最高人民检察院、公安部、司法部2013年2月印发的《关于刑事诉讼法律援助工作的规定》，公诉案件中的被害人及其法定代理人或者近亲属，自诉案件中的自诉人及其法定代理人，因经济困难没有委托诉讼代理人的，可以向办理案件的人民检察院、人民法院所在地同级司法行政机关所属法律援助机构申请法律援助。实际上，2003 年 7 月《法律援助条例》早已将被害人和自诉人纳入刑事法律援助的对象范围，这不仅与世界通行的规定接轨，而且对于维护被害人、自诉人的合法权益，促进并实现司法公正都具有重要意义。

3. 援助主体和援助形式的多样性。

（1）援助主体的多样性。大多数国家的刑事法律援助任务都由公设律师或雇用私人律师这些专业人员承担。由于国家财力所限，这些律师的薪水低于市场薪资水平，其报酬也远远低于市场薪资水平，即低于从事非刑事法律援助的私人执业律师的薪资水平，而且在多数地方也大大低于其他政府部门律师的薪资水平。于是很多国家和地区也聘用一些不具有律师资格的法律人员从事法律援助，以便最大限度地利用人力资源。这些助理人员在专职律师指导下，协助律师办案，而另一些非律师法律人员则独自办案。

我国《法律援助条例》第 8 条规定，国家支持和鼓励社会团体、事业单位等社会组织利用自身资源为经济困难的公民提供法律援助；第 9 条规定，对在法律援助工作中作出突出贡献的组织和个人，有关的人民政府、司法行政部门应当给予表彰和奖励，即法律援助的主体不再局限于律师。这种多元化的法律援助主体，不仅可以在较大程度上缓解律师的压力，也可拓宽援助的范围，形成广泛的社会基础。

（2）援助形式的多样性。各国刑事法律援助形式包括法律咨询、制作法律文书和刑事辩护等多种形式。

4. 刑事法律援助经费的国家保障。实行刑事法律援助是国家的义务，因此，联合国有关文件规定："各国政府应确保拨出向穷人并在必要时间向其他处境不利的人提供法律服务所需的资金和其他资源。律师专业组织应在安排和提供服务、便利和其他资源方面进行合作。"对于受援犯罪嫌疑人、被告人来说，他们虽然得到律师帮助，但本人不需支付律师费用。然而，承担刑事法律援助的律师并不是无偿的，他们可以从政府那里获得报酬，得到相应的援助费。《法律援助条例》第 24 条第 2 款对此作出了明确规定："法律援助机构在收到前款规定的结案材料后，应当向受指派办理法律援助案件的律师或者接受安排办理法律援助案件的社会组织人员支付法律援助办案补贴。"

二、获得刑事法律援助的途径

（一）申请获得

1. 犯罪嫌疑人、被告人及其近亲属申请。修改后的刑事诉讼法首次在基本

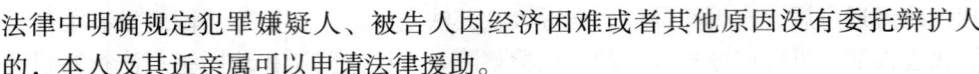

法律中明确规定犯罪嫌疑人、被告人因经济困难或者其他原因没有委托辩护人的，本人及其近亲属可以申请法律援助。

《关于刑事诉讼法律援助工作的规定》第 2 条规定："犯罪嫌疑人、被告人因经济困难没有委托辩护人的，本人及其近亲属可以向办理案件的公安机关、人民检察院、人民法院所在地同级司法行政机关所属法律援助机构申请法律援助。具有下列情形之一犯罪嫌疑人、被告人没有委托辩护人的，可以依照前款规定申请法律援助：①有证据证明犯罪嫌疑人、被告人属于一级或者二级智力残疾的；②共同犯罪案件中，其他犯罪嫌疑人、被告人已委托辩护人的；③人民检察院抗诉的；④案件具有重大社会影响的。"

2. 公诉案件中的被害人及其法定代理人或者近亲属，自诉案件中的自诉人及其法定代理人申请。《关于刑事诉讼法律援助工作的规定》第 3 条规定：公诉案件中的被害人及其法定代理人或者近亲属，自诉案件中的自诉人及其法定代理人，因经济困难没有委托诉讼代理人的，可以向办理案件的人民检察院、人民法院所在地同级司法行政机关所属法律援助机构申请法律援助。

由此可见，获得刑事法律援助的途径之一是申请法律援助。根据以上规定，有权申请刑事法律援助的申请人范围包括：犯罪嫌疑人或被害人及其法定代理人或近亲属或自诉人及其法定代理人。

（二）通知获得

《法律援助条例》第 12 条规定：公诉人出庭公诉的案件，被告人因经济困难或者其他原因没有委托辩护人，人民法院为被告人指定辩护时，法律援助机构应当提供法律援助。被告人是盲、聋、哑人或者未成年人而没有委托辩护人的，或者被告人可能被判处死刑而没有委托辩护人的，人民法院为被告人指定辩护时，法律援助机构应当提供法律援助，无须对被告人进行经济状况的审查。

《关于刑事诉讼法律援助工作的规定》第 9 条规定：犯罪嫌疑人、被告人具有下列情形之一没有委托辩护人的，公安机关、人民检察院、人民法院应当自发现该情形之日起 3 日内，通知所在地同级司法行政机关所属法律援助机构指派律师为其提供辩护：①未成年人；②盲、聋、哑人；③尚未完全丧失辨认或者控制自己行为能力的精神病人；④可能被判处无期徒刑、死刑的人。

根据以上规定，法律援助机构对于上述人员不必进行有关的资格审查，可以在接到公安机关、检察机关、人民法院的指定辩护通知后，直接安排法律援助。

三、刑事法律援助律师参与范围与介入时间

从以上的规定中可以得知，在申请法律援助中，被指派的律师在刑事诉讼中的地位可能是犯罪嫌疑人、被告人的辩护人，被害人或自诉人的代理人；在指定辩护中，被指派的律师担任的是被告人的辩护人。因此，具体承办法律援助案件的律师在刑事诉讼中的工作任务就可以分为两大类：刑事辩护和刑事代理。

（一）刑事辩护

我国《刑事诉讼法》第33条规定：犯罪嫌疑人自被侦查机关第一次讯问或者采取强制措施之日起，有权委托辩护人；在侦查期间，只能委托律师作为辩护人。被告人有权随时委托辩护人。侦查机关在第一次讯问犯罪嫌疑人或者对犯罪嫌疑人采取强制措施的时候，应当告知犯罪嫌疑人有权委托辩护人。人民检察院自收到移送审查起诉的案件材料之日起3日以内，应当告知犯罪嫌疑人有权委托辩护人。人民法院自受理案件之日起3日以内，应当告知被告人有权委托辩护人。犯罪嫌疑人、被告人在押期间要求委托辩护人的，人民法院、人民检察院和公安机关应当及时转达其要求。犯罪嫌疑人、被告人在押的，也可以由其监护人、近亲属代为委托辩护人。辩护人接受犯罪嫌疑人、被告人委托后，应当及时告知办理案件的机关。

《关于刑事诉讼法律援助工作的规定》第5条规定：公安机关、人民检察院在第一次讯问犯罪嫌疑人或者采取强制措施的时候，应当告知犯罪嫌疑人有权委托辩护人，并告知其如果符合本规定第2条规定，本人及其近亲属可以向法律援助机构申请法律援助。人民检察院自收到移送审查起诉的案件材料之日起3日内，应当告知犯罪嫌疑人有权委托辩护人，并告知其如果符合本规定第2条规定，本人及其近亲属可以向法律援助机构申请法律援助；应当告知被害人及其法定代理人或者近亲属有权委托诉讼代理人，并告知其如果经济困难，可以向法律援助机构申请法律援助。人民法院自受理案件之日起3日内，应当告知被告人有权委托辩护人，并告知其如果符合本规定第2条规定，本人及其近亲属可以向法律援助机构申请法律援助；应当告知自诉人及其法定代理人有权委托诉讼代理人，并告知其如果经济困难，可以向法律援助机构申请法律援助。人民法院决定再审的案件，应当自决定再审之日起3日内履行相关告知职责。

《关于刑事诉讼法律援助工作的规定》第9条规定：犯罪嫌疑人、被告人具有下列情形之一没有委托辩护人的，公安机关、人民检察院、人民法院应当自发现该情形之日起3日内，通知所在地同级司法行政机关所属法律援助机构指派律师为其提供辩护：①未成年人；②盲、聋、哑人；③尚未完全丧失辨认或者控制自己行为能力的精神病人；④可能被判处无期徒刑、死刑的人。

这说明犯罪嫌疑人、被告人具有上述第9条规定情形的，公安机关、人民检察院、人民法院应当告知其如果不委托辩护人，将依法通知法律援助机构指派律师为其提供辩护。

以上规定表明，无论在刑事诉讼中的哪个阶段，犯罪嫌疑人、被告人都可以申请法律援助，如果符合有关规定，也可以获得公安机关、检察机关和人民法院

的通知指定辩护。

（二）刑事代理

1. 刑事诉讼代理，是指诉讼代理人接受公诉案件的被害人及其法定代理人或者近亲属、附带民事诉讼的当事人及其法定代理人、自诉案件的自诉人及其法定代理人的委托，以被代理人的名义，在被代理人授权的范围内，为维护其合法权益所进行的诉讼活动。

刑事法律援助中律师的代理主要是指公诉案件中被害人的代理和自诉案件中自诉人的代理。刑事附带民事诉讼中的代理参照民事法律援助的相关规定进行。

2. 公诉案件被害人的代理特性。根据《法律援助条例》第 11 条第 2 项的规定，公诉案件中的被害人及其法定代理人或者近亲属，自案件移送审查起诉之日起，因经济困难没有委托诉讼代理人的，可以向法律援助机构申请法律援助。

根据《刑事诉讼法》第 44 条规定，公诉案件的被害人及其法定代理人或者近亲属，附带民事诉讼的当事人及其法定代理人，自案件移送审查起诉之日起，有权委托诉讼代理人。人民检察院自收到移送审查起诉的案件材料之日起 3 日以内，应当告知被害人及其法定代理人或者其近亲属、附带民事诉讼的当事人及其法定代理人有权委托诉讼代理人。

《关于刑事诉讼法律援助工作的规定》第 3 条规定，公诉案件中的被害人及其法定代理人或者近亲属，自诉案件中的自诉人及其法定代理人，因经济困难没有委托诉讼代理人的，可以向办理案件的人民检察院、人民法院所在地同级司法行政机关所属法律援助机构申请法律援助。第 5 条第 2 款规定，人民检察院自收到移送审查起诉的案件材料之日起 3 日内，应当告知被害人及其法定代理人或者近亲属有权委托诉讼代理人，并告知其如果经济困难，可以向法律援助机构申请法律援助。

由此可见，刑事法律援助中公诉案件被害人的代理人，具有如下特点：

（1）是由公诉案件中的被害人及其法定代理人或者近亲属向法律援助机构提出申请得到批准后，相关机关指派的律师。

（2）是被害人的诉讼代理人，而不是被害人法定代理人或者近亲属的代理人。

（3）被害人的诉讼代理人自案件移送审查起诉之日起方能介入诉讼，也就是说，公诉案件在侦查阶段，被害人不能申请法律援助。案件移送起诉之后，包括一审、二审都可以随时申请法律援助。

一旦律师接受指派，被害人出具了授权委托书，诉讼代理关系即告成立。诉讼代理人在刑事诉讼中可以代理行使法律赋予被害人的全部或部分的诉讼权利。

被害人在刑事诉讼中的权利主要有：①在起诉阶段，有权向检察人员提出对案件的意见。被害人如果对不起诉的决定不服，有权向上一级人民检察院提出申诉，或者直接向人民法院起诉。②在法庭上公诉人宣读起诉书后，被害人可以就起诉书指控的犯罪事实进行陈述，经审判长许可，可以向被告人、证人、鉴定人发问。对在法庭上出示或宣读的物证、证人证言、鉴定结论、勘验、检查笔录等证据，可以发表意见。③被害人有权申请通知新的证人到庭，获取新的物证，申请重新鉴定或勘验。④有权参加法庭辩论。⑤被害人不服地方各级人民法院的一审判决，可以依法请求人民检察院提出抗诉。⑥被害人由于被告人的犯罪行为而遭受物质损失的，依法可以提起附带民事诉讼等。被害人的这些诉讼权利，就是被害人的代理人的代理范围。每个案件的具体代理范围，要以委托代理协议中的规定为依据，可以全权代理，也可以部分代理。

3. 自诉案件代理特性。《法律援助条例》第11条第3项规定，自诉案件的自诉人及其法定代理人，自案件被人民法院受理之日起，因经济困难没有委托诉讼代理人的，可以申请法律援助。

《刑事诉讼法》第44条规定，自诉案件的自诉人及其法定代理人，有权随时委托诉讼代理人。

《关于刑事诉讼法律援助工作的规定》第5条第3款规定，人民法院自受理案件之日起3日内，应当告知自诉人及其法定代理人有权委托诉讼代理人，并告知其如果经济困难，可以向法律援助机构申请法律援助。人民法院决定再审的案件，应当自决定再审之日起3日内履行相关告知职责。

与公诉案件不同，自诉案件中有权申请法律援助的是自诉人或者自诉人的法定代理人，其他人（包括自诉人的近亲属）都无权申请。

自诉案件中援助人员介入的时间也与公诉案件不同。自诉案件中援助人员介入的时间是自案件被人民法院受理之日起。

自诉案件中自诉人的代理人的诉讼地位有自己的持点，即自诉案件中自诉人是一方当事人，在诉讼中行使控诉职能。但是当被告人对其提起反诉后，自诉人又成了被告人，享有了辩护权。与此同时，自诉人委托的代理人，也可以接受被告人（原自诉人）的委托做他的辩护人，即由行使控诉职能转到行使辩护职能，事实上是一身二任。同样，自诉案件被告人提起反诉，由于其诉讼地位的变化，原来委托的辩护人也可以成为自诉人（原被告）的代理人，即由行使辩护职能转到行使控诉职能，也是一身二任。

四、刑事法律援助中公、检、法三机关的义务

1. 告知或转交申请的义务。根据《关于刑事诉讼法律援助工作的规定》第5~7条规定，公检法机关在办理案件时，应当在规定时限内告知犯罪嫌疑人、被告人等申请法律援助的权利，告知的方式应当易于被告知人理解，并将其申请法律援助意愿记录在案。被羁押的犯罪嫌疑人、被告人提出法律援助申请的，公检法机关应当在规定时限内将其申请转交或者告知法律援助机构，并通知申请人的法定代理人、近亲属或者其委托的其他人员协助向法律援助机构提供有关证件、证明等相关材料。告知可以采取口头或者书面方式，告知的内容应当易于被告知人理解。口头告知的，应当制作笔录，由被告知人签名；书面告知的，应当将送达回执入卷。对于被告知人当场表达申请法律援助意愿的，应当记录在案。被羁押的犯罪嫌疑人、被告人提出法律援助申请的，公安机关、人民检察院、人民法院应当在收到申请 24 小时内将其申请转交或者告知法律援助机构，并于 3 日内通知申请人的法定代理人、近亲属或者其委托的其他人员协助向法律援助机构提供有关证件、证明等相关材料。犯罪嫌疑人、被告人的法定代理人或者近亲属无法通知的，应当在转交申请时一并告知法律援助机构。

2. 通知指派辩护和代理义务。《关于刑事诉讼法律援助工作的规定》明确规定，对符合应当通知辩护和通知代理情形的犯罪嫌疑人、被告人以及被申请人，公检法机关应当在规定时限内通知法律援助机构指派律师提供辩护或者法律帮助，并将相关法律文书送交法律援助机构。

3. 提供相关支持义务。具体包括：根据法律援助机构的要求，将在办案过程中掌握的犯罪嫌疑人、被告人经济状况等情况告知法律援助机构；人民检察院、人民法院对承办律师复制案卷材料的费用予以免收或者减收；结案后将相关法律文书副本或者复印件送达承办律师，或者书面告知承办律师；等等。

【学习情境1】 刑事法律援助中法律援助机构的工作

一、法律援助机构就申请辩护的工作流程

步骤 1：受理申请并审查申请人资格

1. 法律援助机构在收到刑事法律援助申请后，应对申请人提交的经济困难等证明材料认真进行审查，需核实是否具备经济困难或刑事诉讼法律援助工作规定第 2 条第 2 款规定的 4 种特殊情形，以确定其是否有资格提出法律援助申请，对符合条件的申请人，应当指导其填写《法律援助申请表》。

2. 审查申请人在提出申请时是否提交了以下相关证件和证明材料：

（1）身份证或者其他有效的身份证明。

（2）有关单位出具的申请人家庭经济困难证明。

（3）与本案有关的拘留证或者逮捕证，起诉书或一审判决书等案件材料。

对于申请人提供的材料不完备或有异议的，应通知申请人作必要的补充或向有关单位、个人索取有关证明材料，并可视情况进行调查。

3. 接受公检法转交的法援申请。公安机关、人民检察院、人民法院在收到被羁押的残疾犯罪嫌疑人、被告人以及残疾被害人或其法定代理人、近亲属提出的法律援助申请后，应当在 24 小时内将申请转交所在地的法律援助机构，并于 3 日内通知申请人的法定代理人、近亲属或者其委托的其他人员协助提供申请法律援助有关的证件、证明及案件材料。

对于犯罪嫌疑人、被告人申请法律援助的案件，法律援助机构可以向公安机关、人民检察院、人民法院了解案件办理过程中掌握的犯罪嫌疑人、被告人是否具有规定情形等情况。

步骤 2：审查涉诉事由及受理范围

1. 法律援助机构应对案件的基本情况进行审查，以确定是否属于刑事法律援助案件的范围。申请事项应当是维护申请人的合法权益的事实和相关情况。

2. 法律援助机构应对该申请是否应由该中心受理进行审查。

按照《法律援助条例》第 15 条的规定，非指定辩护刑事诉讼案件的法律援助，由申请人向审理案件的人民法院所在地的法律援助机构提出申请，被羁押的犯罪嫌疑人的申请由看守所在 24 小时内转交法律援助机构。

步骤 3：作出决定

1. 法律援助机构应在接到申请后 7 个工作日内作出是否援助的决定。

2. 对符合法律援助条件的，应当决定给予法律援助，并制作给予法律援助决定书；对不符合法律援助条件的，应当决定不予法律援助，制作不予法律援助决定书，并告知申请人有提出异议的权利。

3. 认为所申请的案件不属于法律援助范围，但考虑其实际情况，可以予以援助的，须报援助机构负责人及主管司法行政机关领导批准。

步骤 4：在法定时间内合理指派

1. 签发指派公函。法律援助机构出具的法律援助公函应当载明承办律师的姓名、所属单位及联系方式。法律援助机构、律师事务所应当自指派或者安排法律援助人员之日起 5 个工作日内将法律援助人员姓名和联系方式告知受援人，并与受援人或者其法定代理人、近亲属签订委托代理协议。

2. 合理指派案件承办人员。法律援助机构在指派或安排法律援助人员时应当按照相关规定，对承担办案任务的法律援助人员的资质提出要求。根据《刑事诉讼法》、《律师法》、《法律援助条例》及《关于刑事诉讼法律援助工作的规定》等相关法律法规，为犯罪嫌疑人、被告人提供刑事辩护的法律援助人员应当具有律师资格。

对于可能判处无期徒刑、死刑、二审案件或一些疑难复杂有重大影响的刑事案件，法律援助机构在指派律师时，还应当考虑律师的专业特长、执业年限、刑事辩护经验。对于未成年人案件，应当指派熟悉未成年人身心特点的律师担任辩护人。

3. 按规定另行指派。《关于刑事诉讼法律援助工作的规定》第15条第1款规定，对于依申请提供法律援助的案件，犯罪嫌疑人、被告人坚持自己辩护，拒绝法律援助机构指派的律师为其辩护的，法律援助机构应当准许，并作出终止法律援助的决定；对于有正当理由要求更换律师的，法律援助机构应当另行指派律师为其提供辩护。对于受援人请求更换律师的，法律援助机构应当对其申请理由进行审查并决定是否另行指派律师。

步骤5：对案件办理进行协调与监督

1. 诉讼协调与监督。法律援助机构对自己指派或办理的法律援助案件，应当进行办案质量监督。通过建立与律师及当事人的工作联系，了解案件的办理情况，及时处理案件办理过程中遇到的问题。

公安机关、人民检察院、人民法院在案件办理过程中发现律师有违法或者违反职业道德和执业纪律行为，损害受援人利益的，应当及时向法律援助机构通报有关情况。

2. 依法终止法律援助。在法律援助案件办理过程中，如果出现"受援人的经济收入状况发生变化，不再符合法律援助条件的；案件终止办理或者已被撤销的；受援人自行委托辩护人或者代理人的；受援人要求终止法律援助的，但应当通知辩护的情形除外；法律、法规规定应当终止的其他情形"等情况的，法律援助机构应当作出终止法律援助的决定。

3. 事后监督。司法行政机关和律师协会根据律师事务所、律师履行法律援助义务情况实施奖励和惩戒。对于违反规定或拒不履行援助义务的人员，根据《法律援助条例》第26~29条予以处罚。

步骤6：案件卷宗归档审查

1. 援助机构应当在自己指派或办理的法律援助案件结案后的1个月内，将对法律援助人员提交的立卷材料及受理、审查、指派等材料进行整理，一案一卷，统一归档管理。应当通过阅卷及征求律师和当事人的意见，对法律援助案件的办理情况作出评定，并及时总结办理情况，作为日后奖惩的依据。

根据《律师和基层法律服务工作者开展法律援助工作暂行管理办法》（司发通［2004］132号）的有关规定，承办律师自法律援助案件办结后15日内，应当向指派案件的法律援助机构提交下列承办案件的材料，接受法律援助机构的审查；对于不符合要求的，应当要求其改正：

（1）法律援助指派函和律师事务所（基层法律服务所）批办单；

（2）委托代理协议及其他委托手续；

（3）起诉书、上诉书、申诉书等法律文书副本；

（4）会见委托人、当事人、证人谈话笔录及其他有关调查材料；

（5）辩护词或者代理词等法律文书；

（6）判决（裁定）书等法律文书副本；

（7）结案报告；

（8）其他与承办案件有关的材料。

2. 法律援助机构应当自收到结案材料之日起 15 日内完成审查，并将材料退还，由承办人员所在的律师事务所、基层法律服务所负责归档保管。

步骤 7：支付办案补贴

法律援助机构应当按照当地人民政府制定的法律援助办案补贴标准，自收到结案材料之日起 30 日内，向承办法律援助案件的律师或者基层法律服务工作者支付办案补贴。

二、法律援助机构被通知辩护的工作流程

步骤 1：统一接收通知

对于公检法机关通知辩护和通知代理的案件，应当由法律援助机构统一接收并组织实施。《关于刑事诉讼法律援助工作的规定》明确规定，对符合应当通知辩护和通知代理情形的犯罪嫌疑人、被告人以及被申请人，公检法机关应当在规定时限内通知法律援助机构指派律师提供辩护或者法律帮助，并将相关法律文书送交法律援助机构。

步骤 2：在法定时间内指派

1. 签发指派通知书。对于公安机关、人民检察院、人民法院通知辩护的犯罪嫌疑人、被告人，提供法律援助无需犯罪嫌疑人或被告人申请，也不用法律援助机构作出决定，法律援助机构应当自收到通知辩护公函、通知代理公函之日起3 日内，确定承办律师并函告公安机关、人民检察院、人民法院。

2. 签发刑事案件指派辩护公函。法律援助机构将确定指派的承办律师函告公安机关、人民检察院、人民法院。法律援助机构出具的法律援助公函应当载明承办律师的姓名、所属单位及联系方式。

步骤 3：合理安排承办律师

1. 选择有资质的律师承办案件。法律援助机构在指派或安排法律援助人员时应当按照相关规定，对承担办案任务的法律援助人员的资质提出要求。能够提供刑事辩护的法律援助人员应当具有律师资格。

律师事务所和基层法律服务所接到指派通知后，应当根据案件的具体情况和需要，安排合适的人员承办。对于可能被判处无期徒刑、死刑的案件，法律援助

机构应当指派具有一定年限刑事辩护执业经历的律师担任辩护人。对于未成年人案件，应当指派熟悉未成年人身心特点的律师担任辩护人。

对于应当通知辩护的案件，犯罪嫌疑人、被告人拒绝法律援助机构指派的律师为其辩护的，公安机关、人民检察院、人民法院应当查明拒绝的原因，有正当理由的，应当准许，同时告知犯罪嫌疑人、被告人需另行委托辩护人。犯罪嫌疑人、被告人未另行委托辩护人的，公安机关、人民检察院、人民法院应当及时通知法律援助机构另行指派律师为其提供辩护。

2. 严格按照执业规范开展业务。

（1）承办法律援助案件的律师和基层法律服务工作者，应当根据承办案件的需要，依照司法部、中华全国律师协会及本地律师协会有关律师和基层法律服务工作者执业规范的要求，尽职尽责地履行法律服务职责，遵守职业道德和执业纪律。

（2）对重大、复杂、疑难的法律援助案件，律师事务所、基层法律服务所应当组织集体研究，确定承办方案，确保办案的质量和效果。

（3）法律援助机构对律师的法律援助活动进行业务指导和监督，律师事务所、基层法律服务所应当对本所律师、基层法律服务工作者办理法律援助案件的质量进行监督，发现问题的，应当及时纠正。

步骤4：案件卷宗归档审查

1. 根据《律师和基层法律服务工作者开展法律援助工作暂行管理办法》（司发通［2004］132号）的有关规定，承办律师自法律援助案件办结后15日内，应当向指派案件的法律援助机构提交下列承办案件的材料，接受法律援助机构的审查；对于不符合要求的，应当要求其改正：

（1）法律援助指派函和律师事务所（基层法律服务所）批办单；

（2）委托代理协议及其他委托手续；

（3）起诉书、上诉书、申诉书等法律文书副本；

（4）会见委托人、当事人、证人谈话笔录及其他有关调查材料；

（5）辩护词等法律文书；

（6）判决（裁定）书等法律文书副本；

（7）结案报告；

（8）其他与承办案件有关的材料。

2. 法律援助机构应当自收到结案材料之日起15日内完成审查，并将材料退还，由承办人员所在的律师事务所、基层法律服务所负责归档保管。

步骤5：支付办案补贴

法律援助机构应当按照当地人民政府制定的法律援助办案补贴标准，自收到结案材料之日起30日内，向承办法律援助案件的律师或者基层法律服务工作者支付办案补贴。

 【学习情境2】　刑事法律援助工作中的律师辩护工作[1]

一、刑事侦查阶段的工作流程

步骤1：接受指派，办理委托手续

律师接受法律援助机构的指派后，应当按照有关规定及时与受援助人或其法定监护人、近亲属联系办理委托手续，取得由受援人签署的授权委托书。

《关于刑事诉讼法律援助工作的规定》第14条第1款规定：承办律师接受法律援助机构指派后，应当按照有关规定及时办理委托手续。

步骤2：与侦查机关取得联系

1. 律师接受委托后，应携带《授权委托书》、律师事务所介绍信以及律师证，及时与侦查机关联系，了解犯罪嫌疑人的罪名，并要求会见犯罪嫌疑人。

2. 律师提交的请求会见的材料经侦查机关审核后，认为符合会见要求的，侦查机关会批准会见，并确定会见时间。

步骤3：会见犯罪嫌疑人

1. 涉及国家秘密的案件，律师会见在押犯罪嫌疑人的，应向侦查机关提出书面申请并得到批准。

2. 会见时，应向犯罪嫌疑人说明律师的职责，征求其对律师为其提供法律帮助的意见，告知其享有的诉讼权利。

根据《关于刑事诉讼法律援助工作的规定》第14条第2款规定：承办律师应当在首次会见犯罪嫌疑人、被告人时，询问是否同意为其辩护，并制作笔录。犯罪嫌疑人、被告人不同意的，律师应当书面告知公安机关、人民检察院、人民法院和法律援助机构。

3. 向犯罪嫌疑人了解相关的案情，同时向其提供法律咨询。

步骤4：为犯罪嫌疑人提供法律咨询

1. 向犯罪嫌疑人介绍有关强制措施的条件、期限、适用程序的法律规定。

2. 向犯罪嫌疑人介绍有关侦查人员、检察人员及审判人员回避的法律规定。

3. 向犯罪嫌疑人说明犯罪嫌疑人对侦查人员的提问有如实回答的义务及对与本案无关的问题有拒绝回答的权利。

---

[1] 本节内容参见中华全国律师协会编：《律师执业基本技能（上）》，北京大学出版社2007年版，第一编。

4. 向犯罪嫌疑人说明犯罪嫌疑人有要求自行书写供述的权利，对侦查人员制作的讯问笔录有核对、补充、改正、附加说明的权利以及在承认笔录没有错误后有签名或盖章的义务。

5. 向犯罪嫌疑人说明犯罪嫌疑人享有侦查机关应当将用作证据的鉴定结论向他告知的权利及可以申请补充鉴定或者重新鉴定的权利。

6. 向犯罪嫌疑人介绍犯罪嫌疑人享有的辩护权。

7. 向犯罪嫌疑人介绍犯罪嫌疑人享有的申诉权和控告权。

8. 向犯罪嫌疑人介绍刑法关于犯罪嫌疑人所涉嫌的罪名的有关规定。

9. 向犯罪嫌疑人介绍有关刑事案件侦查管辖的法律规定。

步骤 5：为犯罪嫌疑人申请取保候审

律师向侦查机关了解犯罪嫌疑人涉嫌的罪名及会见犯罪嫌疑人后，如果认为被羁押的犯罪嫌疑人符合取保候审的条件，可以为其申请取保候审。

步骤 6：代理申诉和控告

如果侦查人员在办案中违反法律规定，侵犯犯罪嫌疑人的人身权利、诉讼权利或其他合法权益，或者认为侦查机关管辖不当的，可受犯罪嫌疑人的委托，代理其向有关部门提出控告。

二、审查起诉阶段的工作流程

步骤 1：接受指派，办理委托手续

律师接受法律援助机构的指派后，应当按照有关规定及时与受援人或其法定监护人、近亲属办理委托手续。

步骤 2：联系检察院

1. 律师接受委托后，开具律师事务所介绍信，连同《授权委托书》以及律师证，提交检察院，以便开展法律援助工作。

2. 律师提交的请求会见的材料经检察机关审核后，认为符合会见要求的，检察机关会批准会见，并确定会见时间。

步骤 3：查阅、摘抄、复制案件材料

到人民检察院查阅、摘抄、复制案件的卷宗材料，包括诉讼文书和技术鉴定材料。

1. 诉讼文书包括立案决定书、拘留证、批准逮捕决定书、逮捕证、搜查证、起诉意见书及其他文书。

2. 技术性鉴定材料包括法医鉴定、司法精神病鉴定、物证技术鉴定等鉴定性文书。

3. 律师对摘抄、复制的材料应当保密，并妥善保管。

4. 在阅卷时，应边阅卷、边记录、边综合分析，做好阅卷笔录。

步骤 4：会见犯罪嫌疑人

1. 律师接受委托后，经检察机关批准，按照确定的时间会见犯罪嫌疑人。

2. 会见时，应向犯罪嫌疑人说明律师的职责，征求其对律师为其提供法律帮助的意见，告知其享有的诉讼权利。承办律师在首次会见犯罪嫌疑人时，应当询问犯罪嫌疑人是否同意为其辩护，并制作笔录。犯罪嫌疑人不同意的，律师应当书面告知人民检察院和法律援助机构。

3. 向犯罪嫌疑人了解相关的案情，同时向犯罪嫌疑人提供法律咨询。

步骤 5：调查和收集案件有关材料

1. 律师向被害人调查取证时需经本人同意，并且要向检察院提出书面申请并取得同意。

2. 律师持律师事务所的调查函，可以向证人或者其他单位和个人收集与案件有关的材料，但应事先征得本人同意。

3. 律师可以申请人民检察院收集、调取证据。

步骤 6：提出辩护意见

审查起诉阶段，律师辩护意见的重心在于通过所掌握的证据来证明犯罪嫌疑人被指控的行为不构成犯罪，争取检察院作出不起诉的决定；或者证明被指控的行为不是起诉意见书所认定的重罪，而是一个较轻的罪名，争取检察院起诉时变更罪名或改变案件性质。

三、刑事审判阶段的工作流程

（一）一审阶段

步骤 1：接受指派，办理委托手续

1. 律师接受法律援助机构的指派后，应当按照有关规定及时与受援人或其法定监护人、法定代理人办理委托手续。

2. 人民法院指定辩护的案件，律师应当在开庭前会见并询问被告人是否同意本人为其辩护，被告人不同意的，律师应记录在案，并书面告知人民法院和法律援助机构。

步骤 2：查阅、摘抄、复制案件材料

1. 辩护律师有权查阅、摘抄、复制的卷宗材料包括：预审卷、起诉卷、证据卷。重点查阅本案所指控的犯罪事实的证据材料，包括：起诉书、证据目录、证人名单和主要证据的复印件或者照片等。

2. 缺少上述材料的，律师有权要求人民法院通知人民检察院补充。

3. 重点审阅起诉书，查明、确认起诉书的指控和被告人的辩解是否成立，然后确定辩护观点，对检察机关移送的证据材料进行审阅，了解控方指控的犯罪事实是否有相关的证据支持，要重点列出"控方证据存在的问题"。

步骤3：会见被告人

1. 在审判阶段，辩护律师会见被告人无需经过批准，可以随时会见。

2. 会见时，应向被告人说明律师的职责，征求其对律师为其提供法律帮助的意见，告知其享有的诉讼权利。

承办律师在首次会见被告人时，应当询问被告人是否同意律师为其辩护，并制作笔录。被告人不同意的，律师应当书面告知人民法院和法律援助机构。

3. 向其了解相关的案情。同时向其提供法律咨询。

4. 律师会见被告人时，应注意了解被告人的陈述和辩解，发现、澄清、核实案件事实和证据材料中的矛盾和疑点，并重点了解以下情况：

（1）被告人的身份及其收到起诉书的时间；

（2）被告人是否承认起诉书所指控的罪名；

（3）指控的犯罪事实、情节、动机、目的是否清楚、准确；特别是对在阅卷中发现的矛盾和疑点，逐步核对，查证落实；

（4）起诉书指控的从重情节是否存在；

（5）被告人关于无罪辩解的理由；

（6）从轻、减轻、免予处罚的事实、情节和线索；

（7）是否有立功表现；

（8）询问被告人有无可能提供新证据、新线索；

（9）是否存在超期羁押及合法权益是否受到伤害等情况。

步骤4：调查和收集证据

1. 向有关证人进行调查。

2. 收集有关书证。

律师可以申请人民法院通知证人出庭作证，也可以申请人民法院收集、调取证据。

步骤5：做好出庭前的准备

1. 有时间的话，应再次会见被告人，就辩护意见、如何配合律师与其进行沟通等事宜向被告人进行讲解，讲解庭审程序。

2. 拟定发问提纲和质证提纲，最好找出并列明控方的证据"非法、不实、自相矛盾之处"。

3. 拟定举证提纲并整理出准备向法庭提供的证据材料。

4. 拟定辩论提纲和辩护词。律师应针对犯罪事实、犯罪性质、情节和对社会的危害程度确立适用刑罚的辩护意见。

5. 打印一份与此案密切相关的法律条文。

步骤6：参加庭审，在法庭调查阶段争取主动

1. 对控方的证据发表质证意见。

2. 对鉴定人、证人进行发问。

3. 对被告人进行发问。

步骤 7：法庭辩论，提出辩护意见

律师提出辩护意见时，应针对控诉方的指控，从事实是否清楚、证据是否确实充分、适用法律是否准确无误、诉讼程序是否合法等不同方面进行分析论证，并提出关于案件定罪量刑的意见和理由。法庭审判结束后，律师可以将书面辩护意见提交法庭。

对于人民法院决定不开庭审理的案件，根据《关于刑事诉讼法律援助工作的规定》第 19 条规定，承办律师应当在接到人民法院不开庭通知之日起 10 日内向人民法院提交书面辩护意见。

（二）二审阶段

二审阶段的工作流程可以参见一审阶段。主要包括：接受委托；查阅、摘抄、复印案件材料；会见被告人；参与庭审；提出辩护意见。在此不再重复。

四、刑事辩护的技巧及注意事项

（一）刑事辩护的技巧

1. 在侦查阶段，律师只能充任犯罪嫌疑人的法律帮助人的角色，还不享有辩护人的诉讼地位。依据现行《刑事诉讼法》，在侦查阶段，律师的工作一般不体现在为犯罪嫌疑人进行实质性辩护，而主要集中在保障犯罪嫌疑人的合法权利。因此，在侦查阶段，帮助被采取强制措施的犯罪嫌疑人申请并争取取保候审是辩护工作的重点。

2. 在审查起诉阶段，律师享有了辩护人的诉讼地位。这一阶段，律师的辩护工作较多地体现为开始收集对犯罪嫌疑人有利的证据和理由，为此后法院审理阶段的工作做好准备。由于审查起诉的结果是检察院作出不起诉的决定或者提起公诉，因此，律师在审查起诉阶段的工作重点应该是以调查掌握的证据和熟谙的法律知识，说服人民检察院作出不起诉的决定，或者帮助犯罪嫌疑人申请并争取取保候审。

3. 在刑事审判阶段，律师的工作重点应放在法庭辩论和庭审质证上。根据一事一证、一质一辩的举证规则及一切证据未经查证属实不能用作定案依据的规定，庭审质证在控辩式审判中处于十分重要的地位，如果辩护人在质证时对控方的举证闭口缄言放弃质证，那么在法庭辩论时即使口若悬河、滔滔不绝，也绝对无法从证据角度推翻控方对被告人的有罪指控。因此，辩护律师不仅要重视法庭辩论，更要重视庭审质证。

（二）注意事项

1. 律师在接受当事人委托时，应向当事人阐明律师正常办案的流程，预先提示刑事诉讼律师的办案规范，能做什么，不能做什么，特别要明确律师不能为犯罪嫌疑人或被告人传递物品等规定，对于提供法律援助的结果不得向当事人夸大其词。

2. 律师在办案过程中应正确处理与公检法办案机关正常的工作关系，不要与公检法机关办案人员进行任何案外的交易；同时，不要做当事人的说客或捐客。

3. 在查阅案卷材料时，要注意说明出处，准确无误地做好笔录。对于犯罪嫌疑人、被告人有利或不利的关键证据材料，摘抄、复制时要全面，不要断章取义，要注意证据的内在联系。

4. 律师在调查取证过程之中，要严格遵循刑事诉讼法和民事诉讼法的程序规定，应持有律师事务所的调查函，出示律师执业证，其调查工作不具有司法强制性质，而是访问性质，应谨慎注意，并必须由两人同时进行。

5. 律师在会见犯罪嫌疑人、被告人时，要提高警惕，严防犯罪嫌疑人、被告人逃跑、行凶、自杀等事件发生。不得为其串供或诱导证人作假证，更不能伪造证据、篡改证言。

6. 律师在办案过程中要掌握好办案技巧和辩护策略，不能不择手段地去替当事人开脱洗罪。在法庭辩论阶段，律师应遵循以下基本原则：突出辩论主题原则；事实清楚、证据充分原则；依法有序进行原则。

7. 律师办案过程之中要保持一个平和良好的心态，要尽心尽力、问心无愧，不能以胜败论英雄，这一点需要取得当事人的理解和支持。

 【实训案例一】

案情介绍

苦命孩子甘冒风险偷彩票　援助律师尽力辩护获减刑[1]

2011 年 11 月，事主李某购买了即开型中国福利彩票，中奖 5 万元。因不能当场兑换，李某即将该彩票存放在其同学刘某的包内。当晚，刘某与被告人吴某及邹某同住在密云县某村邹某的租住地。次日凌晨，被告人吴某趁刘某、邹某熟睡之机将该彩票盗走，后于 2011 年 11 月伙同邹某到北京市福利彩票发行中心，用邹某的身份证将该中奖彩票兑换人民币 4 万元（另 1 万元用于代扣个人所得税），二人予以挥霍。被告人吴某于 2011 年 12 月被抓获。

援助过程

由于吴某犯罪时未满 18 周岁，因此，密云县人民法院为吴某指定辩护。密云县法律援助中心指派北京市檀州律师事务所的康律师担任吴某的指定辩护人。

〔1〕　本案例选自刑事法律援助网 http：//HYPERLINK "http：//www. criminallegalaid. org"，2012 年 5 月 8 日。

接受指派后，康律师立即进行了阅卷，并会见了被告人吴某。

康律师通过阅卷及会见后得知：吴某在很小的时候父母就已经离异，母亲远嫁他乡，父亲整日借酒浇愁，后外出打工常年不归。吴某是奶奶带大的，但由于奶奶没有固定的生活来源，吴某小学毕业后就辍学了，和社会不良青年结交学会了上网。本案中的另一个被告人邹某（另案处理）正是吴某通过网聊结识的，邹某比吴某大3岁，因此吴某叫邹某姐姐，由于感觉心有所依，吴某从老家黑龙江来到北京投奔邹某。11月5日，吴某与邹某、李某、刘某等人在街上闲逛，李某买了一张"争分夺秒"即刮即开型彩票，当场口奖5万元。因无法当场兑钱，所以李某将彩票放在了同学刘某处。当晚吴某与邹某、刘某共同回到了邹某的租房处。尽管只是一张彩票，但拥有它就意味着拥有一笔巨额的钱财，一贯游手好闲的吴某此时产生了非法占有的意图，于是趁邹某、刘某熟睡之机，从刘某的包中盗窃了彩票。

由于吴某没有身份证，无法兑现奖金，所以第二天，吴某就将盗窃彩票的事告诉了邹某，央求邹某用其身份证兑奖，邹某尽管不愿意，但禁不住吴某的劝说，于10天后二人兑出4万元奖金。拿到钱后，吴某带着邹某来到了他黑龙江的老家，看望了年迈的奶奶，并将钱挥霍一空。

李某得知彩票被盗后，经到兑奖中心查询发现，中奖彩票已经被其一起购买彩票时知情的同学邹某兑现，李某报案，2011年12月14日，吴某被传唤到案，并于2011年12月15日被刑事拘留。

康律师为吴某的犯罪行为表示惋惜：他生活在一个离异家庭，小小的年纪就没有了家庭的温暖，辍学后又失去了学校的监管，导致最后和不良青年一起学会上网，走上了犯罪的道路。他心地善良，盗窃得手后先回到老家看望了年迈的奶奶，并给奶奶留下了2000块钱；他渴望亲情，网上结交了邹某后一直以姐弟相待，并对邹某有着很深的感情。然而成长的经历让他好逸恶劳，禁不住金钱的诱惑。

2012年2月29日，密云县人民法院不公开审理了此案。康律师提出了如下辩护意见：①被告人系初犯。根据卷宗资料记载，吴某在案发前没有任何刑事、行政处罚，此次是被告人因涉嫌犯罪被提起公诉。②被告人犯罪时未满18周岁，系未成年人，根据《刑法》第17条第1、3款的规定，应当从轻或减轻处罚。③被告人认罪态度较好。被告吴某被抓获后，能够如实供述其实施的犯罪行为，在庭审过程中也认可了公诉机关当庭提供的所有证据，应当从轻处罚。

援助结果及启示

最后，法院依照《中华人民共和国刑法》第264条，第17条第1款、第3款，第67条第3款，第52条，第53条及《最高人民法院、最高人民检察院、司法部关于适用普通程序审理"被告人认罪案件"的若干意见（试行）》第9条的规定，判决被告人吴某犯盗窃罪，判处有期徒刑 2 年 6 个月，罚金人民币 1500 元。

这是一起典型的未成年人犯罪的案件。犯罪的原因主要是被告人家庭关爱及学校监管的缺失。吴某生长在父母离异的家庭里，缺少健康成长的良好家庭环境；上学后又因贫困而辍学，失去了学校的监管；走向社会后贪恋网吧，误入歧途。援助律师能够从受援人所处的环境、认罪的态度、法庭上的表现出发，和检察官、法官积极沟通，采取简化适用刑事普通程序审理了该案件，并且辩护意见与事实和法律相符，被法官全部采纳，受援人得以减轻了处罚。

本案还给了我们一个启示：未成年人犯罪有诸多原因，其成长的家庭环境和社会环境影响尤其大。家庭、学校、社会各界应该为未成年人创造良好的成长环境，这样才能从根本上解决未成年人的犯罪问题。

【训练目的】根据案例提供的事实情况，模拟刑事法律援助的基本流程。能够设计出提供法律援助的具体方案，并分析此案援助律师辩护的合理性及重点。

【训练方法】组织小组讨论，每个小组在规定的时间内讨论被指定的问题，并向全体同学汇报本组的讨论结果。

【学习情境 3】 刑事法律援助的律师代理工作

一、担任被害人的诉讼代理人

步骤 1：接受指派，签订委托代理协议

律师应当在接受案件指派后及时与受援人或其法定监护人、法定代理人签订委托代理协议。

步骤 2：向被害人详细调查了解案情

若刑事案件的被害人本人尚未去世，接受委托后的律师应尽快与其见面。被害人是案件的亲历者，其陈述可能是最全面、最具体的证据材料，对查清案件事实有重要的证明作用。

步骤 3：向法院提起附带民事诉讼（检察院提起的除外）

1. 帮助受援人撰写诉状，并致送有管辖权的法院。

2. 为保证将来判决的顺利执行，代理律师可以建议或者帮助受援人向人民法院提出采取财产保全措施的申请。

步骤 4：查阅卷宗材料

律师查阅卷宗材料应着重了解：被告人的自然情况；被告人被指控犯罪的时间、地点、动机、目的、手段、后果及其他可能影响定罪量刑的法定、酌定情节；主要物证、书证、证人证言、鉴定结论、勘验笔录等证据的证明内容。

步骤 5：调查取证，申请鉴定

在公诉案件中，举证责任由公诉机关负担，代理律师一般不需要进行调查取证，但通过会见被害人或其他方式，如果了解到了能够认定被告人犯罪，但公诉机关尚未调查核实的问题，代理律师应当申请检察机关调查收集。如果检察机关认为没有必要调查的，代理律师可以自行调查收集。

步骤 6：参加庭审，进行辩论

1. 在法庭调查阶段，代理律师应当依法指导、协助或代理委托人行使法律规定的诉讼权利。

2. 进行法庭辩论。在法庭审理时，代理律师应该与公诉人互相配合，依法行使控诉职能，与被告人及其辩护人展开辩论。

代理意见与公诉意见不一致时，代理律师应该从维护被害人的合法权益出发，独立发表代理意见，并与公诉人展开辩论。

3. 自案件辩论结束后，代理律师可以根据委托人的授权就民事赔偿部分参与法庭调解。还应当协助委托人在法院宣告判决前决定是否与被告人就民事赔偿问题进行和解。但由人民检察院提起的附带民事诉讼除外。

步骤 7：提请检察院抗诉

被害人及其法定代理人不服一审判决的，代理律师可以协助或代理委托人，在收到判决书 5 日内，请求人民检察院抗诉。

在办案过程中发现受援人有《法律援助条例》规定的终止法律援助的情形的，应当及时向法律援助机构报告，由法律援助机构审查核实是否终止提供法律援助。

二、担任自诉人的诉讼代理人

步骤 1：接受指派，签订委托代理协议

律师应当在接受案件指派后及时与自诉人或其法定监护人、法定代理人签订委托代理协议。协议中必须明确代理权限，以免在诉讼中因权限不清无法代理。

步骤 2：向自诉人详细了解案情

1. 律师与自诉人面谈，除获得自诉人对案件的陈述外，还应该询问有关能够证明案件事实的证据或证据线索，为调查取证工作做准备。

2. 如果自诉人尚未起诉，则代理律师应向自诉人解释法律赋予他的有关诉讼权利，并代写刑事自诉状，向有管辖权的人民法院提起诉讼。

步骤 3：调查取证

代理律师应该积极协助自诉人调查收集尽可能多的能够证明案件各方面事实的证据材料，为诉讼成功做好准备。对于能够认定被告人犯罪的证据线索，律师自行调查有困难的，可以申请人民法院调取证据。

步骤4：参加庭审，进行辩论，配合法庭调解

1. 代理律师应该告知自诉人有关自诉案件开庭的法律规定，避免因自诉人拒不到庭或中途擅自退庭导致人民法院按撤诉处理的法律后果。自诉人因故不能出庭的，代理律师应按时出庭履行职责。

2. 在庭审过程中，代理律师应该依法指导自诉人行使法定的诉讼权利。

3. 在法庭审理中，代理律师应当协助自诉人依法充分行使控诉职能，与被告人及其辩护人展开辩论。

4. 自诉案件辩论结束后，代理律师可以根据自诉人的授权参加法庭调解。还应当协助自诉人在法院宣告判决前决定是否与被告人和解或撤回自诉。

步骤5：判决后工作

自诉人及其法定代理人不服一审判决的，代理律师可以协助或代理自诉人，在收到判决书后10日内提起上诉。

在办案过程中发现受援人有《法律援助条例》规定的终止法律援助的情形的，应当及时向法律援助机构报告，由法律援助机构审查核实是否终止提供法律援助。

【实训案例二】

案情介绍

非法同居犯众怒　触犯刑律法不容[1]
——平武县法律援助中心成功援助一起自诉重婚案件

平武县水观乡观凤村构树湾组 29 号村民杨某某，因其长年在外打工，其妻子杨某与邻村村民苏某（一个已婚并带有一 7 岁女儿的男人，其妻在地震中遇难）对外公然以夫妻名义同居，他们的行径激起全村村民的众怒。

在村民强烈反映下，村委会、乡政府多次专门对杨某背叛家庭的行为进行教育，当地司法所还专门组织了调解，均无成效，杨某和苏某毫无悔改，引起全村人的愤慨，众多村民联名控告，包括违法者的父亲都在控告信上亲笔签名，要求惩戒违法者，以正乡风民俗和伦理道德。

由于这一案件的恶劣影响涉及农村稳定和社会主义新农村的基本道德风尚，平武县法律援助中心十分重视，在认真审核案件材料后，决定对杨某某提供法律援助。2011 年 10 月 17 日，平武县法律援助中心将案件指定到龙洲律师事务所由吴宝银律师承办，至此开始艰苦的法律援助工作。

---

〔1〕 本案例选自四川省司法厅官方网站 http：//www. scsf. gov. cn，2012 年 5 月 7 日。

由于海拔较高，2011 年 11 月 14 日的水观乡已经开始飞雪。经过充分的准备工作以后，律师踏上了去水观乡实地调查取证的征途。水观乡是"5.12"地震的重灾区，原有通乡公路被地震彻底摧毁，现有公路是灾后另外开辟的一条盘山公路，蜿蜒崎岖，坡陡弯多路窄。为了尽早固定证据，律师冒着严寒赶往水观乡，实地进行调查取证。由于案件严重影响到当地的乡风民俗和道德风尚，因此村民们个个疾恶如仇，纷纷前来作证。律师边问边记，手写得又酸又痛又冻，从上午 10 点开始到下午 3 点结束，终于完成了证据收集工作，为法律援助打下了坚实的基础。

成功立案后，考虑到该案属于婚姻家庭范畴，对社会稳定有举足轻重的影响，援助律师主动与法院联系，要求争取在案发地开庭审理，此举得到法院的赞同。2012 年 1 月 17 日开庭审理这天，尽管冰天雪地、寒风凛凛，在巡回法庭审理的现场仍然人头攒动，当地群众竞相观看。举证、质证、辩论、反驳……这些平时只能在影视上看到的法庭审理场面，一一呈现在大家眼前，为当地群众上演了一场生动的法制教育课，极大地提升了当地人民群众的法治意识。休庭的间歇时间，许多百姓围着律师提出很多有关婚姻、赡养、劳务、债务、土地等方面的法律问题，在律师的一一解答中，他们都不同程度的有所收获，露出了满意的笑容。为了扩大法制教育的影响，2012 年 2 月 9 日，平武法院刑事巡回审判庭再次到水观乡继续开庭，通过充分的说理、精确的释法，最后作出庄严判决：判处杨某有期徒刑 6 个月，判处苏某拘役 6 个月，缓期一年。该案成为平武县境内首开自诉成功案件之先河。这一成功援助案例不仅维护了受援人的合法权益，而且提高了案发当地公民的法律意识，对当地社会稳定起到了极大的促进作用。

【训练目的】根据案例提供的事实情况，了解刑事法律援助的基本流程。能够设计出提供法律援助的具体方案。

【训练方法】组织小组讨论，每个小组在规定的时间内讨论被指定的问题，并向全体同学汇报本组的讨论结果。

案情介绍

叔侄被指奸杀入狱 十年后改判无罪 将进行国家赔偿[1]

因被指奸杀 17 岁少女王某而入狱的张辉、张高平叔侄昨天已被浙江省高院改判为无罪。浙江省高院方面表示，将依法对二人进行国家赔偿。

令张氏叔侄入狱的案件发生在 2003 年。2003 年 5 月 18 日晚 9 时许，被害人

---

〔1〕 本案例选自中国新闻网 http://www.chinanews.com，2013 年 3 月 27 日.

王某（殁年 17 岁）经他人介绍搭乘张辉、张高平驾驶送货去上海的皖 J–11260 解放牌货车，途经浙江省临安市昌化镇，次日凌晨 1 时 30 分到达杭州市天目山路汽车西站附近。被害人王某离开汽车西站后于 2003 年 5 月 19 日早晨被人杀害，尔后尸体被抛至杭州市西湖区留下镇留泗路东穆坞村路段的路边溪沟。

经公安机关侦查，认定是安徽省歙县张辉、张高平所为。2004 年 2 月，杭州市人民检察院以张辉、张高平犯强奸罪向杭州市中级人民法院提起公诉。2004 年 4 月 21 日，杭州市中级人民法院以强奸罪分别判处张辉死刑、张高平无期徒刑。2004 年 10 月 19 日，浙江省高级人民法院二审分别改判张辉死刑、缓期两年执行，张高平有期徒刑十五年。

2013 年 3 月 26 日，浙江省高级人民法院依法对该案公开宣判，认为有新的证据证明，本案不能排除系他人作案的可能，原一、二审判决据以认定案件事实的主要证据，不能作为定案依据。撤销原审判决，宣告张辉、张高平无罪。

浙江省高院新闻发言人唐学兵表示，根据《中华人民共和国国家赔偿法》的规定，对于依照审判监督程序改判无罪，原判刑罚已经执行的，受害人有权取得国家赔偿的权利。他说，赔偿请求人要求赔偿，应当向赔偿义务机关提出。赔偿义务机关应当自收到申请之日起两个月内作出决定。

唐学兵表示："3 月 26 日，我们宣告张辉、张高平无罪后，即已告知他们有申请国家赔偿的权利。张辉、张高平申请国家赔偿后，浙江高院将按照法律规定的程序，尽快做好国家赔偿等善后工作，尽可能让张辉、张高平能够早日恢复正常的生活。"

讨论与思考

本案中张辉、张高平叔侄能否通过申请法律援助请求国家赔偿其精神损失？如何申请？

学习单元九　未成年人法律援助实务

【学习目标】

● 通过本单元的学习，明确未成年人法律援助的特点及主要工作内容，学习未成年人法律援助工作的方法和应该注意的问题。

【学习任务】

● 掌握未成年人法律援助刑事、民事业务的基本工作方法。

【案例导入】

案例一

未成年盗窃案[1]

2013 年 3 月，宁南县法律援助中心接到宁南县人民检察院指定辩护通知书，通知要求宁南县法律援助中心为涉嫌犯盗窃罪的未成年人指定辩护人。接到指定通知后，宁南县法律援助中心立即与宁南县检察院取得了联系，同时指定四川剑维律师事务所的张律师、王律师担任犯罪嫌疑人梁某、范某的辩护律师。二位律师接到指派后立即投入工作，通过会见被告、阅读卷宗全面了解了案情后，律师向法院提出建议：虽然二被告盗窃数额巨大，但根据法律规定未成年人犯罪依法应当减轻处罚且被告人认罪态度较好，有立功悔罪表现，应当适用缓刑。合议庭在审理过程中采纳了辩护律师的意见，依法判处被告人梁某有期徒刑 1 年 4 个月，缓刑 1 年 6 个月，并处罚金 1.5 万元。判处被告范某有期徒刑 10 个月，缓刑 1 年，并处罚金 1 万元。

此案中的法律援助属于哪一类型？援助的依据是什么？律师在提供法律援助时属于哪个诉讼阶段的援助服务？

案例二

追索抚养费案[2]

袁茵，女，汉族，学生，出生于 1997 年 11 月 5 日，重庆大足人，住大足区

---

〔1〕　本案例选自中国法律援助网 http：//www.chinalegalaid.gov.cn，2013 年 5 月 17 日。

〔2〕　本案例选自中国法律援助网 http：//www.chinalegalaid.gov.cn，2013 年 4 月 17 日。

智凤镇新店村七组。其弟弟袁帅,男,汉族,学生,出生于1999年2月15日,重庆大足人,住大足区智凤镇新店村七组。

姐弟二人的父母于1996年非法同居。2008年以来,其父母经常为家庭琐事及经济争吵,后来发展为打架。2008年6月,其父亲去了广东打工,母亲去了上海打工,都不回来,过年也不回家,也不寄生活费回家,电话跟他们联系,他们以各种借口为由,始终不回家,也不寄抚养费回来,还声称,他们夫妻未登记结婚,他们对子女不用负责。至此,两孩子只有跟着年迈的爷爷、奶奶过日子,他们的生活费、学杂费等费用也是爷爷、奶奶向亲戚们借来的,懂事的俩孩子吵着要辍学,并向班主任老师提出来几次,老师还向班上同学集资,但俩孩子不接受,说:"自己有父母,为什么要别人集资呀!我们不想给别人增加负担!"眼看两个应该接受义务教育的孩子就要辍学了,2012年5月,智凤司法所长到学校上法制课,讲到青少年维权,俩孩子突然有了希望,咨询了何所长后,立即寻求法律援助。大足区法律援助中心的工作人员打电话给俩孩子远在上海的母亲喻某,向其讲法律、讲道德、讲责任心等,终于,喻某答应回家照顾孩子,2012年6月,喻某辞了工作回到了家,尽起了一个母亲的责任。但喻某有肢体残疾,只能干一些轻活,重活无法胜任,打工也没有合适的单位肯要她,就靠她一人在家种点小菜度日,现姐弟二人的学杂费、生活费提高,而喻某的积蓄已用完,生活困难,眼看姐弟俩再一次面临辍学。于是,他们母子便想到了孩子的父亲袁某,虽经喻某及俩孩子的多次催促,父亲袁某还是不回,对孩子不管不顾。喻某及俩孩子便又找到大足区法律援助中心,中心当即受理了此案,并指派智凤站的法律援助工作者何怡竟同志(智凤司法所所长)办理此案。

何所长接此案子后,对喻某反映的情况进行调查,了解到:袁某自2008年外出后,一直未回来过,而且去年母亲过70岁生日(其母亲亲自打电话)时也没回家;而袁某在广东打工多年,也有不少积蓄,2012年上半年,他还在广东开办了一个红砖厂。经济基础不错的袁某就是铁了心,不愿承担俩孩子的抚养责任。根据该情况,何所长想到:首先得疏通袁某的思想,其次是利用法律武器来为孩子维权。只有这样,才能为孩子争取到抚养费。

方案确定后,立即动员袁某的母亲及亲戚打电话给袁某做工作,还请了村干部打电话做工作,没想到顽固的袁某仍没有负责抚养的意思。无奈,何所长只有动用第二个方案:利用法律武器来为孩子维权。并立即起草了起诉书,于2013年2月20日起诉至大足区人民法院。同时,积极准备辩护资料。

庭审中,针对袁某的不负责,何所长结合我国《婚姻法》第21条第1、2款"父母对子女有抚养教育的义务;子女对父母有赡养扶助的义务。父母不履行扶养义务时,未成年的或不能独立生活的子女,有要求父母付给抚养费的权利"及

《未成年人保护法》第52条第2款"人民法院审理离婚案件，涉及未成年子女抚养问题的，应当听取有表达意愿能力的未成年子女的意见，根据保障子女权益的原则和双方具体情况依法处理"等有关规定，法理交融、证据充分，代理意见全部被大足区人民法院依法采纳。最后判决俩孩子跟随其母亲喻某生活，其父袁某支付1500元/月（女儿袁茵800元/月，儿子袁帅700元/月）抚养费，按月支付，直至俩子女能独立生活为止。

这下，俩孩子的生活费有了着落，也能照常上学了，终于通过法律援助维护了自己的合法权利，俩孩子高兴得蹦了起来。

此案中的法律援助属于哪一类型？法律援助机构应当如何对此案进行受理审查？决定法律援助的依据是什么？

从以上的两个案例中我们可以看出，现实生活中，未成年人的合法权益极易受到侵害，对未成年人的法律援助既包括刑事法律援助，又包括民事法律援助。我国法律对未成年人给予了特别保护，对未成年人法律援助实行"积极干预原则"。当未成年人的权益受到侵害时，其有向多方请求保护的权利，甚至在刑事案件中的某些情形下无须申请，也无须审查其家庭经济是否困难，法律援助机构将无条件地予以法律援助。

知识储备 **未成年人法律援助概述**

一、未成年人身心特征对其行为有重大影响

未成年人是指生理、心理、智力尚未发育成熟的人。未成年人是相对于成年人而言的法律概念，法律对其划出了具体的年龄界限。《中华人民共和国未成年人保护法》第2条规定："本法所称未成年人是指未满18周岁的公民。"

未成年人是一个特殊群体，他们在心理上正处于从无知到有知、从不成熟到成熟的转变时期，心理上比较脆弱，更容易受到外界的诱惑和侵犯；生理上也处于生长发育期，在社会中处于弱势地位。

（一）合法权益易受伤害

未成年人处于生长发育期，心理比较脆弱，容易受到外界的诱惑，其合法权益极易受到侵害，在社会中处于弱势地位。常见的侵犯未成年人民事权利的案件包括：

1. 侵犯未成年人生命权或身体健康权、财产权的案件。

（1）以未成年人为犯罪对象的刑事案件。此类案件中，未成年人成为故意杀人、绑架、伤害、强奸、猥亵、拐卖等侵犯人身权利犯罪行为以及在拦路抢劫、敲诈勒索、诈骗未成年人财物等侵犯财产权的犯罪行为中的犯罪对象。

（2）家庭暴力案件。包括：家长虐待、遗弃未成年子女以及溺婴、弃婴的案件；家长管教子女不当而过失伤害未成年子女的案件。

（3）校园伤害案。包括：学生之间相互斗殴的案件；老师言行粗暴、体罚学生，甚至对学生进行性侵害的案件；学校安全设施不完备造成的安全事故。

2. 涉及子女监护权的案件。主要是指家长忽视对未成年人的监护，不履行或者不正确履行监护职责的案件。许多父母不行使或怠于行使监护权，加上社会保障体系不完善，致使一些未成年人沦为孤儿、乞丐、弃儿。

3. 涉及未成年人抚养费、抚育费、探视权的案件。

（1）涉及未成年人抚养权的民事案件。包括：父母离婚后，双方争夺对未成年子女的抚养权或者都拒绝承担抚养义务，从而引起纠纷；有些父母离婚时故意将孩子的抚养权或探视权作为变相报复对方的手段，为对方抚养和探视孩子设置障碍，从而引起争端。

（2）涉及未成年人抚育费的案件。即由于离婚一方未支付未成年子女抚育费或未成年子女随着年龄的增长、社会经济的发展而要求父母增加抚育费引起的民事纠纷。

4. 涉及未成年人财产权、继承权的案件。在离婚以及继承案件中，常常忽视未成年人享有的独立的财产权以及遗产继承权。

（二）行为易受不良影响

青春期心理特点决定了未成年人难以对客观信息作出正确的选择和评价，容易受社会不良因素的影响而违法犯罪。未成年人参与故意杀人、故意伤害、抢劫、敲诈勒索、强奸、盗窃等刑事犯罪的现象十分常见。他们大多成为这些犯罪的参与者，有些甚至是犯罪行为发生时的主要实施者。

二、未成年人享有的权利

（一）未成年人享有的基本权利

《未成年人保护法》第3条第1、2款规定：未成年人享有生存权、发展权、受保护权、参与权等权利，国家根据未成年人身心发展的特点给予特殊、优先保护，保障未成年人的合法权益不受侵犯。未成年人享有受教育权，国家、社会、学校和家庭尊重和保障未成年人的受教育权。

1. 生存权。生存权是人类一切权利的基础和前提，人只有获得了生存权，才能有效地行使其他权利。对于处在发育、发展和成长中的未成年人来说，生存权更是优于其他一切权利的基本权利。

根据联合国《儿童权利公约》的规定，未成年人的生存权应当包括以下内容：①享有固有的生命权；②享有获得姓名、国籍的权利；③享有食物、居所等生活权利；④享有接受医疗保健服务的权利；⑤享有父母照料的权利。这些权利可简要概括为生命权、健康权和医疗保健获得权。

2. 发展权。发展权是未成年人所享有的充分发展其全部体能和智能的权利，包括接受正规和非正规教育的权利。一般说来，未成年人享有以下发展权利：①享有通过大众传媒获得有利于身心健康的信息的权利；②享有接受教育的权利；③享有娱乐、休闲和游戏的权利；④享有自由参加文化生活和艺术活动的权利；⑤享有思想、信仰、宗教自由的权利；⑥享有结交朋友、参与社会活动的权利；⑦享有获得充足而有营养食物的权利。

我国的《未成年人保护法》秉承国际惯例，并根据中国未成年人保护工作的实际，突出强调了未成年人的受教育权、信息获得权及其实现途径。

3. 受保护权。受保护权是保障未成年人接受适当的照料与保护，使其免受歧视、剥削、虐待、酷刑、遗弃或疏于照料的权利。

未成年人的受保护权包括以下内容：①保护儿童免受一切形式的歧视；②保护儿童一切人身权利，这些权利包括：保护儿童与家庭团聚的权利，保护儿童隐私的权利，保护儿童免受虐待、遗弃、照料不周、性侵犯、剥夺自由等摧残，禁止诱拐、买卖、贩运儿童；③禁止雇用童工并保证儿童免受经济剥削；④确保儿童不去非法使用麻醉药物和精神药物，或被利用贩运此类药物；⑤确保儿童不直接参加敌对行动；⑥确保残疾儿童有接受特别照顾的权利；⑦确保儿童随时获得适当的照顾及服务。这些权利在我国的《未成年人保护法》中以不同形式作了表述，当前我国的重点是确保未成年人免受歧视和免遭伤害。

4. 参与权。根据联合国《儿童权利公约》的定义，未成年人的参与权是指未成年人参与家庭、文化和社会生活的权利。具体包括：①享有对影响到其本人的一切事物及程序自由发表自己意见的权利；②有集会结社的自由，除非此举侵犯他人的权利；③有权从国家和国际的多种来源获得有益的信息和资料；④享有法律规定的各种权利和名誉；⑤享有在不妨碍国家安全、公共秩序、公共卫生或道德的条件下自由发表言论的权利。

（二）未成年人享有的特殊权利

以上是未成年人享有的基本权利，除此之外，国家还通过立法在不同的法律中赋予他们许多特殊的权利，旨在体现和落实对未成年人实行特殊保护的政策。未成年人依法享有的特殊权利主要有：

1. 刑事豁免权。根据我国《刑法》第 17 条的规定，不满 14 周岁的未成年人不管实施何种危害社会的行为，都不负刑事责任。

2. 受到刑事处罚时享有从轻或减轻处罚的权利。《刑法》第 17 条第 3 款明文规定："已满 14 周岁不满 18 周岁的人犯罪，应当从轻或者减轻处罚。"

3. 进入有关场所的优惠权。《未成年人保护法》第 30 条规定："……博物馆、纪念馆、科技馆、文化馆以及影剧院、体育场馆、动物园、公园等场所，应当按照有关规定对未成年人免费或者优惠开放。"

4. 个人犯罪资料不受媒体披露的权利。《预防未成年人犯罪法》第 45 条第 3 款规定："对未成年人犯罪案件，新闻报道、影视节目、公开出版物不得披露该未成年人的姓名、住所、照片及可能推断出该未成年人的资料。"

5. 不受歧视权。《未成年人保护法》第 10 条、第 18 条、第 25 条、第 43 条、第 57 条和《预防未成年人犯罪法》第 23 条、第 36 条第 2 款、第 39 条第 2 款、第 48 条分别规定了：任何单位和个人对女性未成年人或有残疾的未成年人、有不良行为的未成年人、在工读学校就读的未成年人以及解除收容教养的未成年人在复学、就业等方面不得歧视。

6. 受遗弃、虐待时有向多方请求保护的权利。《预防未成年人犯罪法》第 41 条规定："被父母或者其他监护人遗弃、虐待的未成年人，有权向公安机关、民政部门、共产主义青年团、妇女联合会、未成年人保护组织或者学校、城市居民委员会、农村村民委员会请求保护。被请求的上述部门和组织都应当接受，根据情况需要采取救助措施的，应当先采取救助措施。"

7. 分配遗产时应受照顾的权利。《继承法》第 13 条第 2 款规定："对生活有特殊困难的缺乏劳动能力的继承人，分配遗产时，应当予以照顾。"根据该款规定，未成年人作为同一顺序继承人之一，在分配遗产时应当予以照顾。

8. 胎儿的继承份额受超前保护。《继承法》第 28 条规定："遗产分割时，应当保留胎儿的继承份额……"

三、未成年人法律援助的特点

未成年人法律援助具有以下特点：

（一）国家干预性

由于行为能力的限制，使得未成年人更多地处于身心易受侵害、权利易受剥夺的特定环境之中；他们缺乏明确自觉的法律意识，比起其他弱势群体（包括残障人士、老年人和妇女）更无法及时有效地申请或接受法律援助。因此，未成年人侵权事件发生之后，法律援助部门以及社区、居委会等相关部门要履行积极主动干预的义务，督促法定代理人和其他代理人提出申请。法定代理人拒绝或拖延提出申请的，相关部门应当采取相应的措施，保证法律援助的及时实现。

国家保障未成年人的人身、财产和其他合法权益不受侵犯。当未成年人的合法权益受到侵害时，有向多方请求保护的权利，某些情形下无须申请，也无须审查其家庭经济是否困难，法律援助机构将无条件地予以法律援助。

（二）受援范围的广泛性

《法律援助条例》规定的对未成年人的法律援助三要包括两类案件：①对未成年人犯罪案件的刑事指定辩护和刑事代理法律援助案件；②未成年人追索抚养费等民事法律援助案件。

《未成年人保护法》、《预防未成年人犯罪法》、《刑事诉讼法》等法律中也都规定了对未成年人进行法律援助的内容，将所有生活困难而合法权益受到侵害的未成年人都纳入到了法律援助的范围，因此，实践中，未成年人在下列情形下都可以获得法律援助：

1. 未成年人犯罪的刑事案件中，从未成年人被侦查机关第一次讯问后或者采取强制措施之日起，因经济困难没有聘请律师的，该未成年人可以获得法律援助。

2. 未成年人犯罪的刑事案件中，在人民法院审判阶段，没有委托辩护人，人民法院为其指定辩护人的，法律援助机构应当提供法律援助。

3. 公诉案件中的未成年被害人及其法定代理人或者近亲属，自案件移送审查起诉之日起，因经济困难没有委托诉讼代理人的，可以获得法律援助。

4. 未成年人追索抚养费的民事案件，可以获得法律援助。

5. 未成年人请求支付劳动报酬，请求给予社会保险待遇或最低生活保障待遇，请求给予抚恤金、救济金，请求国家赔偿，主张因见义勇为行为产生的民事权益的其他案件，如果家庭经济困难，可以获得法律援助。

归纳起来，未成年人法律援助可以分为两大类：刑事法律援助（包括刑事辩护、刑事诉讼代理）和民事法律援助。

（三）受援的优先性

保护未成年人的合法权益是法律援助工作的一个重点，我国的法律援助机构一向重视未成年人的法律援助工作，把未成年人作为优先提供法律援助的对象。为此，司法部与共青团中央联合下发了《关于保障未成年人合法权益、做好未成年人法律援助工作的通知》。

1. 《法律援助条例》第12条第2款规定，被告人是未成年人且没有委托辩护人的，人民法院应当为其指定法律援助律师。在这种情况下，只要人民法院发出指定辩护通知，法律援助机构就会为其提供法律援助。

2. 法律虽未作出明确规定，但只要是未成年人的合法权益受到侵害，需要法律帮助，而其监护人没有为其聘请律师的，就可以优先获得法律援助。

3. 法律援助机构与律师事务所、公证处、基层法律服务所等法律服务机构密切配合，积极为未成年人提供各种形式的法律服务，对家庭经济困难、无力支付法律服务费用的当事人，酌情减、免其费用。

（四）援助的全程性

对未成年人进行法律援助并不仅限于指派律师办理法律援助案件，而是从法律援助本身向前延伸到前期预防。法律援助机构积极组织法律服务人员开展法律咨询、法制培训和借助媒体进行未成年人权利保护知识的宣传。

法律援助案件办结后，将法律援助工作向后延伸到与未成年人社会救助的衔接，援助与教育相结合，从而充分实现未成年受援人的各项权利，实现法律援助的最终目的。例如，与政府相关部门或社会福利机构联系，为遭到父母遗弃正在流浪的未成年人提供居留场所，为人身受到伤害或突发疾病的未成年人提供医疗保障，为因经济困难失去受教育机会的未成年人提供接受教育的经费保障等。

四、未成年人法律援助人员的素质要求

良好的政治素质和品德素质是对一切法律援助人员的要求，除此之外，从事未成年人法律援助的人员还应该具备以下素质：

（一）高度的敬业精神和责任心

对未成年人进行法律援助是保障未成年人合法权益的重要手段，关系到未成年人的健康成长。高度的敬业精神和责任心要求对未成年人进行法律援助时必须做到：

1. 尊重当事人。未成年人不是其父母的附属物，而是独立的个体，因此，应当尊重未成年当事人的人格尊严，使未成年人的自尊心不受伤害，个人价值不被贬低。

2. 防止把等价交换引入法律援助事务。未成年人法律援助是由政府设立的法律援助机构组织法律援助人员为未成年人减免收费提供法律服务的一项法律保障制度。等价交换无疑违背了法律援助的宗旨。

（二）了解未成年人身心特点，熟练掌握未成年人保护的相关法律

熟练掌握与生产生活密切相关的法律、法规和政策，是做好法律援助工作的前提。作为一名从事未成年人法律援助工作的人员，要加强学习，除了努力学习政治、法律和业务知识外，还要学习与法律援助工作密切相关的各方面科学文化知识，掌握适合未成年人身心特点的工作程序和方法。

针对未成年的身心特点，世界各国对未成年人权益一般都给予了特别保护。目前，我国给予未成年人特别保护的法律主要有《未成年人保护法》及《预防未成年人犯罪法》。近些年来，我国在加快关于保护青少年的立法步伐的同时，积极支持或参与制定了联合国有关组织通过的《联合国少年司法最低限度标准规则》（以下简称《北京规则》）、联合国大会通过的《儿童权利公约》和世界儿童首脑会议通过的《关于儿童生存、保护和发展权利的世界宣言》等国际性法律文件。

（三）严格按照执业规范实施法律援助

对于未成年人法律援助申请，法律援助机构应当严格按照法律及相关政策文件规定的程序要求，在规定的时限内及时受理审查。为未成年人开辟法律援助"绿色通道"，遵循"优先安排、优先办理、优质服务"的"三优"原则。

【学习情境 1】 未成年人刑事法律援助工作

一、法律援助机构的工作流程

步骤 1：受理申请或接受指定辩护通知

1. 对于申请法律援助的需核实是否属于经济困难或其他四种特殊情形。根据《关于刑事诉讼法律援助工作的规定》第 2 条，未成年犯罪嫌疑人、被告人因经济困难没有委托辩护人的，本人及其近亲属可以向办理案件的公安机关、人民检察院、人民法院所在地同级司法行政机关所属法律援助机构申请法律援助。如果具有"有证据证明犯罪嫌疑人、被告人属于一级或者二级智力残疾的；共同犯罪案件中，其他犯罪嫌疑人、被告人已委托辩护人的；人民检察院抗诉的；案件具有重大社会影响的"这四种情形之一，未成年犯罪嫌疑人、被告人没有委托辩护人的，可以依照上述规定申请法律援助。

2. 公检法有义务转交法援申请。公安机关、人民检察院、人民法院在收到被羁押的未成年犯罪嫌疑人、被告人以及未成年被害人或其法定代理人、近亲属提出的法律援助申请后，应当在 24 小时内将申请转交所在地的法律援助机构，并于 3 日内通知申请人的法定代理人、近亲属或者其委托的其他人员协助提供申请法律援助有关的证件、证明及案件材料。

对于犯罪嫌疑人、被告人申请法律援助的案件，法律援助机构可以向公安机关、人民检察院、人民法院了解案件办理过程中掌握的犯罪嫌疑人、被告人是否具有规定情形等情况。

3. 对于公安机关、人民检察院、法院通知辩护的需接受通知。

（1）如果犯罪嫌疑人、被告人系未成年人，盲、聋、哑人，尚未完全丧失辨认或者控制自己行为能力的精神病人，或可能被判处无期徒刑、死刑的人的情形，且没有委托辩护人的，公安机关、人民检察院、人民法院应当自发现该情形之日起 3 日内，通知所在地同级司法行政机关所属法律援助机构指派律师为其提供辩护。

（2）公安机关、人民检察院、人民法院根据《刑事诉讼法》及相关司法解释为残疾被告人通知辩护的，应当将通知辩护公函和采取强制措施决定书、起诉

意见书、起诉书、判决书副本或者复印件送交法律援助机构，由法律援助机构统一接收并组织实施。

4. 接受被强制医疗的当事人的法律援助通知代理函。根据《关于刑事诉讼法律援助工作的规定》第 11 条，人民法院自受理强制医疗申请或者发现被告人符合强制医疗条件之日起 3 日内，对于被申请人或者被告人没有委托诉讼代理人的，应当向法律援助机构送交通知代理公函，通知其指派律师担任被申请人或被告人的诉讼代理人，为其提供法律帮助。人民检察院申请强制医疗的，人民法院应当将强制医疗申请书副本一并送交法律援助机构。

步骤 2：对受理的申请作出决定

1. 对申请作出是否援助的决定。法律援助机构收到申请后应当及时进行审查并于 7 日内作出决定。对符合法律援助条件的，应当决定给予法律援助，并制作给予法律援助决定书；对不符合法律援助条件的，应当决定不予法律援助，制作不予法律援助决定书。给予法律援助决定书和不予法律援助决定书应当及时发送申请人，并函告公安机关、人民检察院、人民法院。

2. 未成年申请人及其近亲属对法律援助机构不予援助的决定有异议的，可以向确定该法律援助机构的司法行政部门提出，司法行政部门应当在收到异议之日起 5 个工作日内进行审查，经审查认为申请人符合法律援助条件的，应当以书面形式责令法律援助机构及时对该申请人提供法律援助，同时通知申请人。认为申请人不符合法律援助条件的，应当维持法律援助机构不予援助的决定，并将其维持决定及理由书面告知申请人。

3. 对于公安机关、人民检察院、人民法院通知辩护的未成年人，提供法律援助无需未成年犯罪嫌疑人或被告人申请，也不用法律援助机构作出决定，法律援助机构应当自收到通知辩护公函、通知代理公函之日起 3 日内，确定承办律师并函告公安机关、人民检察院、人民法院。

法律援助机构出具的法律援助公函应当载明承办律师的姓名、所属单位及联系方式。

步骤 3：在法定时间内指派法律援助律师

1. 签发指派公函。法律援助机构应当自作出给予法律援助决定或者自收到通知辩护公函、通知代理公函之日起 3 日内，确定承办律师并函告公安机关、人民检察院、人民法院。法律援助机构出具的法律援助公函应当载明承办律师的姓名、所属单位及联系方式。

2. 合理指派案件承办人员。法律援助机构在指派或安排法律援助人员时应当按照相关规定，对承担办案任务的法律援助人员的资质提出要求。能够提供刑事辩护的法律援助人员应当具有律师执业资格证书。根据《关于刑事诉讼法律援助工作的规定》第 13 条,对于可能判处无期徒刑、死刑的案件,法律援助机构在指派律师时,还应当考虑律师的专业特长、执业年限、刑事辩护经验。对于未成年人案件,应当指派熟悉未成年人身心特点的律师担任辩护人。第 15 条第 1 款规定,对于依申请提供法律援助的案件,犯罪嫌疑人、被告人坚持自己辩护,拒绝法律援助机构指派的律师为其辩护的,法律援助机构应当准许,并作出终止法律援助的决定;对于有正当理由要求更换律师的,法律援助机构应当另行指派律师为其提供辩护。

步骤 4:对案件办理进行协调与监督

1. 诉讼协调与监督。法律援助机构依法对律师事务所、律师开展法律援助活动进行指导监督,确保办案质量。通过建立与律师及当事人的工作联系,了解案件的办理情况,及时处理案件办理过程中遇到的问题。

司法行政机关和律师协会根据律师事务所、律师履行法律援助义务情况实施奖励和惩戒。

公安机关、人民检察院、人民法院在案件办理过程中发现律师有违法或者违反职业道德和执业纪律行为,损害受援人利益的,应当及时向法律援助机构通报有关情况。

2. 事后监督。

(1)法律援助机构应当在自己指派或办理的法律援助案件结案后的 1 个月内,将案件的卷宗整理归档。通过阅卷及征求律师和当事人的意见,对法律援助案件的办理情况作出评定,并及时总结办理情况,作为日后奖惩的依据。

(2)对于违反条件规定或拒不履行援助义务的人员,根据《法律援助条例》第 26~29 条予以处罚。

步骤 5:案件卷宗归档审查

1. 法律援助人员应当自法律援助案件结案之日起 30 日内向法律援助机构提交立卷材料。

2. 作出指派的法律援助机构应当对法律援助人员提交的立卷材料及受理、审查、指派等材料进行整理,一案一卷,统一归档管理。

步骤 6:支付办案补贴

法律援助机构应当自收到法律援助人员提交的立卷材料之日起 30 日内进行审查。对于立卷材料齐全的,应当按照当地人民政府制定的法律援助办案补贴标准通过法律援助人员所属单位向其支付办案补贴。

二、承办律师刑事辩护的工作流程

律师接受法律援助机构指派后,应当按照有关规定及时办理委托手续,在刑事诉讼各个阶段认真履行律师职责。

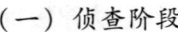

（一）侦查阶段

步骤1：接受指派，办理委托手续

律师接受法律援助机构的指派后，应当按照有关规定及时与受援助人或其法定监护人、法定代理人办理委托手续，取得由受援人签署的授权委托书。

步骤2：及时向有关部门了解案情

1. 律师接受法律援助机构指派后，应当及时向侦查机关了解未成年犯罪嫌疑人涉嫌的罪名。

2. 开具律师事务所介绍信，连同《授权委托书》以及律师证，提交侦查机关。

3. 律师提交的请求会见的材料经侦查机关审核后，认为符合会见要求的，会批准会见，并确定会见时间。

步骤3：会见未成年犯罪嫌疑人

1. 会见时，应向未成年犯罪嫌疑人说明律师的职责，征求其对律师为其提供法律帮助的意见，告知其享有的诉讼权利。根据《关于刑事诉讼法律援助工作的规定》第14条第2款规定，承办律师应当在首次会见未成年犯罪嫌疑人时，询问是否同意为其辩护，并制作笔录。犯罪嫌疑人不同意的，律师应当书面告知侦查机关和法律援助机构。

2. 律师会见未成年犯罪嫌疑人时，应告知其所享有的诉讼权利，告知其在接受侦查机关询问、讯问时，有权申请律师到场提供帮助。

3. 律师会见未成年犯罪嫌疑人，有权依法了解有关案件情况，包括以下内容：未成年犯罪嫌疑人刑事责任年龄、行为能力等自然情况；未成年犯罪嫌疑人是否实施或参与侦查机关立案所涉嫌的犯罪；未成年犯罪嫌疑人涉嫌犯罪的动机、目的；未成年犯罪嫌疑人关于案件事实和情节的陈述；未成年犯罪嫌疑人关于其无罪、罪轻、减轻的辩解；被采取的强制措施是否适当，法律手续是否完备，程序是否合法；被采取强制措施后其人身权利及诉讼权利是否受到侵犯；对未成年犯罪嫌疑人是否按规定与成年犯罪嫌疑人分别羁押；其他需要了解的与案件有关的情况。

步骤4：向有关部门提出建议

1. 未成年犯罪嫌疑人提出证明自己无罪的证据线索的，律师应当建议侦查机关调查核实。

2. 调查核实的建议不被侦查机关采纳的，律师可以自行调查，并将调查获取的材料提交相关侦查机关和公诉机关。

3. 案件侦查终结前，承办律师应根据法律相关规定和调查中所掌握的未成年犯罪嫌疑人不构成犯罪或犯罪情节显著轻微的事实和证据，向侦查机关提出撤销案件的建议。

（二）审查起诉阶段

步骤1：接受指派，办理委托手续

律师接受法律援助机构的指派后，应当按照有关规定及时与受援助人或其法定监护人、法定代理人办理委托手续，取得由受援人签署的授权委托书。

步骤2：与公诉机关交换意见

1. 律师接受委托后，开具律师事务所介绍信，连同《授权委托书》以及律师证，提交检察院，以便开展法援工作。

2. 律师提交的请求会见的材料经检察机关审核后，认为符合会见要求的，检察机关会批准会见，并确定会见时间。

3. 律师可就未成年人犯罪案件的事实、证据与公诉机关交换意见。对于认为犯罪嫌疑人无罪的，应当进行证据开示。

步骤3：查阅、摘抄、复制案件材料

到人民检察院查阅、摘抄、复制案件的诉讼文书和技术鉴定材料。

1. 诉讼文书包括立案决定书、拘留证、批准逮捕决定书、逮捕证、搜查证、起诉意见书及其他文书。

2. 技术性鉴定材料包括法医鉴定、司法精神病鉴定、物证技术鉴定等鉴定性文书。

3. 律师摘抄、复制的材料应当保密，并妥善保管。

步骤4：会见犯罪嫌疑人

1. 律师接受委托后，经检察机关批准按照确定的会见时间会见未成年犯罪嫌疑人。

2. 会见时，应向犯罪嫌疑人说明律师的职责，征求其对律师为其提供法律帮助的意见，告知其享有的诉讼权利。《关于刑事诉讼法律援助工作的规定》第14条第2款规定，承办律师应当在首次会见犯罪嫌疑人时，需要询问是否同意为其辩护，并制作笔录。犯罪嫌疑人不同意的，律师应当书面告知检察机关和法律援助机构。

3. 向其了解相关的案情。同时向其提供法律咨询。

步骤5：调查和收集案件有关材料

1. 律师向被害人调查取证时需经本人同意，并且要向检察院提出书面申请并取得同意。

2. 律师可以向证人或者其他单位和个人收集与案件有关的材料，但应事先征得本人同意。

3. 律师可以申请人民检察院收集、调取证据。

步骤 6：及时提出处理建议

1. 审查起诉期间，律师应依据所掌握的未成年犯罪嫌疑人无罪、罪行显著轻微不应追究刑事责任的事实和证据，向公诉机关提出不起诉建议。

2. 对犯罪情节较轻、社会危害不大、未成年犯罪嫌疑人主观恶习不深、受害人主动要求和解的案件，律师可以建议公诉机关对案件不起诉，或建议公诉机关向审判机关提出免予刑事处罚，适用训诫、责令具结悔过、赔礼道歉、赔偿损失等处罚方式。

（三）审判阶段

步骤 1：接受指派，办理委托手续

律师接受法律援助机构的指派后，应当按照有关规定及时与受援人或其法定监护人、法定代理人办理委托手续。

步骤 2：严格监督程序公正

1. 律师参加未成年人刑事案件审理，应当注意案件审理的方式，切实保障"一律不公开审理"和"一般不公开审理"的法律规定得以实施，维护未成年被告人的合法权益。

2. 律师应注意未成年人案件审理适用程序，从有利于维护未成年犯罪嫌疑人或被告人合法权益和教育、感化、挽救的角度，适时向公诉机关或审判机关提出适用简易程序或普通程序的建议。

步骤 3：查阅、摘抄、复制案件材料

1. 辩护律师有权查阅、摘抄、复制本案所指控的犯罪事实的证据材料。包括起诉书、证据目录、证人名单和主要证据的复印件或者照片等。

2. 缺少上述材料的，律师有权要求人民法院通知人民检察院补充。

步骤 4：会见被告人

1. 在审判阶段，辩护律师会见未成年被告人无需经过批准，可以随时会见。

2. 会见时，应向未成年被告人说明律师的职责，征求其对律师为其提供法律帮助的意见，告知其享有的诉讼权利。《关于刑事诉讼法律援助工作的规定》第 14 条第 2 款规定，承办律师应当在首次会见未成年被告人时，询问是否同意为其辩护，并制作笔录。被告人不同意的，律师应当书面告知人民法院和法律援助机构。

3. 律师会见未成年被告人时，应注意了解未成年被告人的陈述和辩解，发现、核实、澄清案件事实和证据材料中的矛盾和疑点，并重点了解以下情况：

（1）被告人的身份及其收到起诉书的时间；

（2）被告人是否承认起诉书所指控的罪名；

（3）指控的事实、情节、动机、目的是否清楚、准确；特别是对在阅卷中发现的矛盾和疑点，逐步核对，查证落实；

（4）起诉书指控的从重情节是否存在；

（5）被告人关于无罪辩解的理由；

（6）从轻、减轻、免予处罚的事实、情节和线索；

（7）是否有立功表现；

（8）询问被告人有无可能提供新证据、新线索；

（9）是否存在超期羁押及合法权益是否受到伤害等情况。

步骤5：充分调查取证，认真核查受援助的被告人年龄

我国刑法对刑事责任年龄采取的是"四分法"，即将刑事责任年龄划分为绝对无责任年龄（14岁以下）、相对有责任年龄（14岁～16岁）、从宽责任年龄（16岁～18岁）、完全负责任年龄（18岁以上）四个时期。刑事责任年龄的大小直接关系到受援助的被告人的刑事责任的有无及受处罚的轻重。

对于侦查机关、公诉机关针对未成年犯罪嫌疑人进行社会调查所形成的证据材料，承办律师应当认真查阅，结合未成年人成长经历、性格特点、家庭环境、犯罪诱因等，提出辩护意见。

步骤6：适时依法辩护

1. 律师为未成年被告人进行辩护，除应考虑犯罪性质、情节、犯罪构成等基本内容外，还应充分考虑未成年被告人的动机、目的和在共同犯罪中的地位、作用，以及是否初犯等因素，提出有利于未成年被告人的辩护意见。

2. 律师应从案件实际情况出发，依法作从轻、减轻或免予刑事处罚的辩护。对事实不清、证据不足、依法不应追究刑事责任或明显不构成犯罪的，应作无罪辩护。对依法可能判处3年以下有期徒刑、拘役，但具有帮教条件，适用缓刑不致危害社会的，应建议法庭依法适用缓刑。对共同犯罪中的未成年被告人，律师应适时提请法庭区别对待，较之成年被告人适用较轻刑罚。

步骤7：审结后的帮教阶段

1. 案件审理终结后，律师应针对不同的判决结果，对未成年当事人进行谈话帮助。对依法被追究刑事责任的，教育其认罪服法、积极改造；对依法被免于刑事处罚的，教育其吸取教训、痛改前非，做遵纪守法的公民。

2. 继续提供援助。服刑未成年罪犯有申诉、检举、控告和保外就医、监外执行等需要法律援助的情形的，受指派的律师应尽职尽责地提供法律服务。

3. 律师对司法机关及其工作人员在刑事诉讼活动中侵害未成年犯罪嫌疑人、被告人合法权益，妨碍未成年当事人依法行使诉讼权利的问题，应及时向有关机关提出纠正意见。

在办案过程中发现未成年受援人有《法律援助条例》规定的终止法律援助

的情形的，应当及时向法律援助机构报告，由法律援助机构审查核实是否终止提供法律援助。

三、承办律师刑事代理工作流程

（一）担任被害人的诉讼代理人

步骤1：接受指派，签订委托代理协议

律师应当在接受案件指派后及时与受援人或其法定监护人、法定代理人签订委托代理协议。

步骤2：向被害人详细调查了解案情

若未成年被害人本人尚存活于世，接受委托后的律师应尽快与其见面。被害人是案件的亲历者，被害人的陈述可能是最全面、最具体的证据材料，对查清案件事实有重要的证明作用。

步骤3：向法院提起附带民事诉讼（检察院提起的除外）

1. 帮助受援人撰写诉状，并致送到有管辖权的法院。

2. 为保证将来判决的顺利执行，代理律师可以建议或者帮助受援人向人民法院提出采取财产保全措施的申请。

步骤4：查阅卷宗材料

律师查阅卷宗材料应着重了解：被告人的自然情况；被告人被指控犯罪的时间、地点、动机、目的、手段、后果及其他可能影响定罪量刑的法定、酌定情节；主要物证、书证、证人证言、鉴定结论、勘验笔录等证据的证明内容。

步骤5：调查取证，申请鉴定

在公诉案件中，举证责任由公诉机关负担，代理律师一般不需要进行调查取证，但通过会见被害人或其他方式，如果了解到了能够认定被告人犯罪，但公诉机关尚未调查核实的问题，代理律师应当申请检察机关调查收集。如果检察机关认为没有必要调查的，代理律师可以自行调查收集。

步骤6：参加庭审，进行辩论

1. 在法庭调查阶段，代理律师应当依法指导、协助或代理委托人行使法律规定的诉讼权利。

2. 进行法庭辩论。在法庭审理时，代理律师应该与公诉人互相配合，依法行使控诉职能，与被告人及其辩护人展开辩论。

代理意见与公诉意见不一致时，代理律师应该从维护被害人的合法权益出发，独立发表代理意见，并与公诉人展开辩论。

3. 自案件辩论结束后，代理律师可以根据委托人的授权就民事赔偿部分参与法庭调解。还应当协助委托人在法院宣告判决前决定是否与被告人就民事赔偿问题进行和解。但由人民检察院提起的附带民事诉讼除外。

步骤 7：提请检察院抗诉

被害人及其法定代理人不服一审判决的，代理律师可以协助或代理委托人，在收到判决书之日起 5 日内，请求人民检察院抗诉。

（二）担任自诉人的诉讼代理人

步骤 1：接受指派，签订委托代理协议

律师应当在接受案件指派后及时与自诉人或其法定监护人、法定代理人签订委托代理协议。协议中必须明确代理权限，以免在诉讼中因权限不清无法代理。

步骤 2：向自诉人详细了解案情

1. 律师与自诉人面谈，除获得自诉人对案件的陈述外，还应该询问有关能够证明案件事实的证据或证据线索，为调查取证工作做准备。

2. 如果自诉人尚未起诉，则代理律师应向自诉人解释法律赋予他的有关诉讼权利，并代写刑事自诉状，向有管辖权的人民法院提起诉讼。

步骤 3：调查取证

代理律师应该积极协助自诉人调查收集尽可能多的能够证明案件各方面事实的证据材料，为诉讼成功做好准备。对于能够认定被告人犯罪的证据线索，律师自行调查有困难的，可以申请人民法院调取证据。

步骤 4：参加庭审，进行辩论，配合法庭调解

1. 代理律师应该告知自诉人有关自诉案件开庭的法律规定，避免因自诉人拒不到庭或中途擅自退庭导致人民法院按撤诉处理的法律后果。自诉人因故不能出庭的，代理律师应按时出庭履行职责。

2. 在庭审过程中，代理律师应该依法指导自诉人行使法定的诉讼权利。

3. 在法庭审理中，代理律师应当协助自诉人依法充分行使控诉职能，与被告人及其辩护人展开辩论。

4. 自诉案件辩论结束后，代理律师可以根据自诉人的授权参加法庭调解。还应当协助自诉人在法院宣告判决前决定是否与被告人和解或撤回自诉。

步骤 5：判决后工作

自诉人及其法定代理人不服一审判决的，代理律师可以协助或代理自诉人，在收到判决书后 10 日内提起上诉。

四、未成年人刑事法律援助应当注意的问题

（一）分析未成年人犯罪的原因，找准切入点进行法律援助

未成年人对事物识别力差、模仿能力强，涉世不深、意志薄弱，极易受家庭环境、社会环境的负面影响。未成年人犯罪，大部分是在受到家庭、社会环境负面影响后而引发的。律师在对未成年犯罪嫌疑人进行法律援助时，要分析未成年犯罪嫌疑人犯罪的原因，掌握未成年犯罪嫌疑人的心理状况，结合案件事实从犯

罪情节、犯罪动机、犯罪手段、犯罪后果及犯罪背景等方面进行辩护。

1. 侦查阶段。案件侦查终结前，承办律师应根据法律相关规定和调查中所掌握的未成年犯罪嫌疑人不构成犯罪或犯罪情节显著轻微的事实和证据，向侦查机关提出撤销案件的建议。

2. 审查起诉阶段。对犯罪情节较轻、社会危害不大、未成年犯罪嫌疑人主观恶习不深、受害人主动要求和解的案件，律师可以建议公诉机关对案件不起诉，或建议公诉机关向审判机关提出免予刑事处罚，适用训诫、责令具结悔过、赔礼道歉、赔偿损失等处罚方式。

3. 审判阶段。律师应从案件实际情况出发，依法作从轻、减轻或免予刑事处罚的辩护。对事实不清、证据不足、依法不应追究刑事责任或明显不构成犯罪的，应作无罪辩护。对依法可能判处 3 年以下有期徒刑、拘役，但具有帮教条件，适用缓刑不致危害社会的，应建议法庭依法适用缓刑。对共同犯罪中的未成年被告人，律师应适时提请法庭区别对待，较之成年被告人适用较轻刑罚。

（二）查清未成年犯罪嫌疑人实际年龄，根据刑事责任年龄"四分法"进行辩护

未成年犯罪嫌疑人的年龄大小不仅关系到刑事责任的有无，也影响到刑罚的轻重。作为未成年犯罪嫌疑人的刑事法律援助律师，对公安机关调查或公诉机关指控的犯罪嫌疑人的年龄，一定要认真核查，即使未成年犯罪嫌疑人本人没有异议，也要进行核查。

对未成年犯罪嫌疑人居住地、学校、出生地医院提供的各种年龄线索，要逐一核实，直至查清未成年犯罪嫌疑人的实际年龄为止。

根据所查的未成年犯罪嫌疑人的实际年龄，结合我国刑法刑事责任年龄"四分法"即《刑法》第 17 条的规定，作出不构成犯罪、从轻或者减轻处罚的辩护。

（三）辩护中把握好法定情节和酌定情节的关系

处理未成年人犯罪案件的主要依据是案件中存在的各种法定情节和酌定情节。

由于受传统思维方式的影响，对未成年人犯罪案件中广泛存在的影响量刑的各种酌定情节，侦查机关和公诉机关一般不会给予应有的重视，更不会搜集相应的证据予以证明。

要想使未成年人犯罪案件实现最佳的法律和社会效果，辩护律师在辩护前一定要多做详细的调查取证工作，挖掘其好的表现。辩护律师一定要深入犯罪嫌疑人原所在学校、生活社区或者其他居住区，了解有关情况，进行调查研究，搜集相关的证据。

要着重查清楚：犯罪嫌疑人犯罪的原因；平时的性格特点；犯罪之前的一贯表现；被告人所处的家庭环境和所受教育的经历；归案后的认罪态度和悔罪表现；等等。正确发挥法定情节和酌定情节在案件处理过程中的作用，不能仅把有限的法定情节作为唯一标准而忽视酌定情节在量刑中的作用。所以，律师要在办案中把握好调查取证酌定情节在量刑中的作用，及时掌握针对未成年人犯罪出台的新的司法解释，得当使用从轻从新的法理。

（四）刑事法律援助与教育相结合

在对未成年犯罪嫌疑人进行刑事法律援助的同时，要对未成年犯罪嫌疑人进行法制教育，使其认识到其行为对自身、对社会的危害性。

作为未成年犯罪嫌疑人的刑事法律援助律师，若在援助过程中掌握了未成年犯罪嫌疑人的心理状况，就容易和未成年犯罪嫌疑人沟通交流，进行法制教育时，未成年犯罪嫌疑人也就容易接受，效果较好。援助律师对未成年犯罪嫌疑人进行法制教育，可以预防未成年人重新犯罪，这也是法律援助的目的之一，最终保护了未成年人的权益。

从司法实践情况看，即使是未成年人刑事犯罪，免于刑事处罚和判处缓刑的案件所占比例也较低，多数未成年人案犯还会被处以刑罚。所以，法律援助人员要善于抓住一切机会，多做未成年人的思想工作，深挖犯罪原因，帮助其端正思想认识，还要积极争取其家长的协助，为其今后的安心改造打下良好的法制意识和思想基础，有时也可亲自结对帮教，使法治与道义在辩护中延伸。

 【实训案例一】

案情介绍

2010 年 4 月 16 日中午，被告人贾某在洛川中学教学楼内，因摇楼道栏杆与该校高二理科 16 班的学生王某发生争执引起厮打，被告人吴某见状上前拉架时亦与王某发生厮打，后被同学拉开。当日下午，吴某、贾某听同学讲，王某和几个人在校门外转。吴、贾二人便商议准备防身工具，遂借来一把"T"形铁锤，并由贾某购买两把刀子。当晚 21 时 50 分许，该校下晚自习后，王某将吴某叫到教室门口，说道："你还能打，咱们到校外打。"王某先走后，吴某从事先准备的工具中取出一把刀子藏于袖中，与贾某同出校门。在校门外等候的王某扑向刚出校门的吴某挥拳便打，吴某即用携带的刀子朝王某的腹部刺了一刀，王某继续拳打吴某，吴某又用刀刺数下，先后共刺中 4 刀，后被同学拉开，吴某、贾某遂逃离现场。王某被送往医院后经检查已死亡。经鉴定，王某系他人用锐器刺伤致后侧股动脉断裂引起失血性休克而死亡。2010 年 4 月 17 日吴某被刑事拘留，同年 5 月 11 日被逮捕。

公诉机关认为，被告人吴某、贾某的行为触犯了《中华人民共和国刑法》第232条之规定，应当以故意杀人罪追究其刑事责任。

2010年12月6日，延安市法律援助中心接到延安市中级人民法院关于吴某故意杀人一案的指定辩护函后，因案件复杂，时间仓促，被告人可能被判处死刑，故指派屈继宏律师承办此案。

请问：如果你是被指派的律师，将如何开展工作？请设计提供援助的工作方案及具体工作步骤。

【训练目的】根据案例提供的事实情况，能够准确判断法律援助机构作出提供法律援助的决定的依据。模拟提供法律援助服务的律师，能够设计出提供法律援助的具体方案。

【训练方法】组织小组讨论，并进行模拟演练，进行分析评价。

【学习情境2】 未成年人民事法律援助的工作

一、法律援助机构的工作流程

步骤1：受理申请

1. 根据《法律援助条例》、《办理法律援助案件程序规定》和最高人民法院、司法部制定的《关于民事诉讼法律援助工作的规定》，未成年人及其法定代理人有民事行政法律援助需求时，应当按照《法律援助条例》第14条的规定向有关法律援助机构提出申请，并填写法律援助申请表。填写申请表确有困难的，由法律援助机构工作人员或者转交申请的机关、单位工作人员代为填写。

2. 在申请中说明申请法律援助的理由。

3. 申请人应同时提供以下证明材料：

（1）身份证或者其他有效的身份证明，代理申请人还应当提交有代理权的证明。

（2）经济状况证明表。

（3）与所申请法律援助事项有关的案件材料。

例如，在追索抚养费案件中，未成年人申请法律援助的，除按上述规定办理相关手续外，还应提交下列材料：父母的离婚证明；被抚养人是未成年人的证明；要求给付生活费之外其他费用的，则需要提供其他费用的有关依据；尽可能提供抚养人的经济收入证明；法律援助中心根据案情需要认为需要提交的其他相关材料。

4. 法律援助机构受理申请，为申请人办理申请登记。

步骤 2：审查申请材料

1. 法律援助机构对申请进行审查，认为申请人提交的证件、证明材料不齐全的，可以要求申请人作出必要的补充或者说明，申请人未按要求作出补充或者说明的，视为撤销申请。

2. 认为申请人提交的证件、证明材料需要查证的，由法律援助机构向有关机关、单位查证，并可以适当延长审查期限。

步骤 3：审查涉诉事由及受理范围

1. 法律援助机构应对案件的基本情况进行审查，以确定是否属于民事法律援助案件的范围。申请事项应当是维护申请人的合法权益的事实和相关情况。

2. 法律援助机构应对该申请是否应由该中心受理进行审查。

3. 法律援助机构要对案件的胜诉的把握进行必要判断。对明显超过诉讼时效，或维权要求明显不能实现的申请，应当决定不予援助。

步骤 4：作出是否予以援助的决定

1. 法律援助机构应自受理申请之日起 7 个工作日内进行审查，并作出是否援助的决定。经法律援助机构审查，认为申请人的条件符合法律援助的规定的，应当及时决定提供法律援助。决定提供法律援助的，应由法律援助机构主要负责人批准，并在《给予法律援助决定书》上签字。

2. 认为所申请的案件不属于法律援助范围，但考虑其实际情况，可以予以援助的，须报援助机构负责人及主管司法行政机关领导批准。

3. 作出不予援助决定的，应当制作《不予援助决定书》，并告知申请人理由及其享有提出异议的权利。

步骤 5：指派与安排律师

1. 指派或安排合适的人员承办案件。根据《法律援助条例》第 21 条，法律援助机构可以指派律师事务所安排律师或者安排本机构的工作人员办理法律援助案件，也可以根据其他社会组织的要求，安排其所属人员办理法律援助案件。

根据《办理法律援助案件程序规定》第 20 条第 1 款，对于民事、行政法律援助案件，法律援助机构应当自作出给予法律援助决定之日起 7 个工作日内指派律师事务所、基层法律服务所、其他社会组织安排其所属人员承办，或者安排本机构的工作人员承办。

根据《办理法律援助案件程序规定》第 21 条第 1 款，法律援助机构应当根据本机构、律师事务所、基层法律服务所、其他社会组织的人员数量、资质、专业特长、承办法律援助案件的情况、受援人意愿等因素合理指派或者安排承办机构、人员。

2. 发出指派律师通知书。法律援助机构、律师事务所、基层法律服务所或

者其他社会组织应当自指派或者安排法律援助人员之日起 5 个工作日内将法律援助人员姓名和联系方式告知受援人，并与受援人或者其法定代理人、近亲属签订委托代理协议。

步骤 6：对案件办理进行协调与监督

1. 诉讼协调与监督。法律援助机构对自己指派或办理的法律援助案件，应当进行办案质量监督。通过建立与律师及当事人的工作联系，了解案件的办理情况，及时处理案件办理过程中遇到的问题。可组织有关部门、法律援助律师、被告方等相关人员进行案件协调，疑难或影响较大的案件应组织专家进行研讨。

2. 报告案件承办情况。根据《办理法律援助案件程序规定》第 31 条第 2 款，法律援助案件有下列情形之一的，法律援助人员应当向法律援助机构报告：①主要证据认定、适用法律等方面有重大疑义的；②涉及群体性事件的；③有重大社会影响的；④其他复杂、疑难情形。

步骤 7：案件卷宗归档审查

1. 根据《律师和基层法律服务工作者开展法律援助工作暂行管理办法》（司发通［2004］132 号）的有关规定，承办律师自法律援助案件办结后 15 日内，应当向指派案件的法律援助机构提交承办案件的材料，接受法律援助机构的审查。

2. 法律援助机构应当自收到结案材料之日起 15 日内完成审查，并将材料退还，由承办人员所在的律师事务所、基层法律服务所负责归档保管。

步骤 8：支付办案补贴

法律援助机构应当按照当地人民政府制定的法律援助办案补贴标准，自收到结案材料之日起 30 日内，向承办法律援助案件的律师或者基层法律服务工作者支付办案补贴。

二、承办律师的工作流程

步骤 1：接受指派，办理委托手续

1. 律师接受法律援助机构的指派后，应当按照有关规定及时与受援人及其法定监护人办理委托手续。授权范围应明确一般授权代理或是特别授权代理，同时明确能否代签代收法律文书。

2. 承办法律援助案件的律师和基层法律服务工作者，应当严格按照执业规范开展业务。应当根据承办案件的需要，依照司法部、中华全国律师协会及本地律师协会有关律师和基层法律服务工作者执业规范的要求，尽职尽责地履行法律服务职责，遵守职业道德和执业纪律。

步骤 2：向被代理人详细了解案情

1. 律师接受委托后，成为民事诉讼代理人，应与委托人再次进行有针对性的谈话，详细了解案情。

2. 要紧紧围绕如下几个方面进行：

（1）让当事人重点介绍本案法律关系的发生、变更、终结的事实，以判断其法律关系的合法性。

（2）引导当事人重点介绍本案案件纠纷的发生、发展直到诉讼的经过事实，以判断是非责任，进一步明确双方争议焦点与诉讼请求。

（3）要求当事人说明本案件当事人与证人、第三人之间的关系，特别是恩怨利害关系，以判定证据来源及其证明力大小。

（4）在进一步核实了解全案情况以后，确定是否还需要委托人提供新的证人、补充新的证据；是否要向法庭建议调查新证人、调取新证据或申请重新鉴定，或建议延期审理。

通过听取被代理人对案情的详细叙述来了解案情，以便正确履行代理职责、维护被代理人合法权益。

步骤3：调查和收集证据

1. 律师应当根据案件情况，拟订调查计划。一般通过查阅案件的有关材料、向有关单位和个人进行调查了解、向对方当事人了解情况及申请法院调查等方式来收集证据。

2. 律师应要求被代理人提供书证、物证、视听资料和其他证据，并让其详细说明证据的来源，尚需查实的是哪些证据，以及如何去查实，向谁去查实，说明被调查人的姓名、职业与工作单位或家庭住址，以便去查实。

3. 根据被代理人或第三人所提供的线索，实地进行调查活动，收集证据或勘验现场，并做好笔录。

4. 在证据可能灭失或以后难以取得的情况下，在征求委托人意见后，可以代为提出证据保全申请。

步骤4：争取和解息讼

1. 在涉及未成年人权益保护的民事案件中，大多与家庭内部成员及其生活学习的场所有密切关系，因而，在维权过程中，律师更多地应当考虑通过调解等非诉程序解决有关事宜，将未成年人的权益受侵害程度降低到最小。

2. 如果诉前未能达成和解，律师应当及时准备代理委托人向法院起诉。

步骤5：明确诉讼请求和管辖法院

1. 对重大、复杂、疑难的法律援助案件，律师事务所、基层法律服务所应当组织集体研究，确定承办方案，确保办案的质量和效果。

2. 结合调查取证及掌握的案情，经与委托人沟通，为其明确诉讼请求，并对提出请求的理由向委托人进行说明。

3. 结合案情，确定管辖法院。

4. 律师依据当事人的请求，为其代写诉状。

5. 编制证据目录。在审查收集证据的同时，对证据进行编号，编制证据目录并注明是原件或复印件，说明该证据要证明的事实。

如有证人需要出庭作证，应编制证人名单并说明拟证明的事实，在法律规定的时间内将证人名单递交法院。每一证人应附上相关材料，包括证人的姓名、年龄、性别、文化程度、职业、工作单位、详细地址、证明事项、证明目的、联系电话等。

步骤 6：代理被代理人向法院起诉

1. 律师向法院提交诉状、证据卷、授权委托书和律师事务所函。律师接受法律援助机构的指派，代理受援人办理民事诉讼案件时，应向人民法院提交经注册的律师执业证、法律援助机构的指派函、受援人的委托书（律师以外的人代理的，则要提交法律援助机构的指派函、受援人的委托书、居民身份证或其他证件）。

2. 律师向法院提交诉状后，如法院初步审查认为立案尚需补交有关证据材料的，律师应及时补交。

3. 律师向法院提交诉状后，可根据当事人经济困难的情况，向法院申请为当事人减免诉讼费。

4. 在接到法院不予受理的裁定书后，律师应及时告知当事人，并可依据当事人的委托，提起上诉。

步骤 7：做好庭前准备

1. 查阅并摘录相关法律、法规、政策。

2. 对于重大疑难案件，应经律师事务所集体讨论研究或咨询相关领域的专家。

3. 开庭 3 日前应向律师事务所业务审查部汇报案件庭前准备情况。

4. 在举证期限内向法院提交证据卷。查漏补缺，在举证期限内进一步收集证据材料。根据对证据材料审查和证据交换的情况，分析证据所存在的不足或缺陷，进一步补充收集证据材料，并在举证期限内提交给法院。

5. 律师应根据被代理人提供的有关材料及阅卷情况，准备法庭调查提纲。准备好拟在法庭上宣读、出示的证据，制定书面的举证材料。就对方当事人提交的证据认真分析研究，制定书面的质证材料，梳理和明确双方争议的主要问题和分歧要点，为出庭做好准备。

6. 与当事人商议庭审中的注意问题。

（1）与当事人商议是否出庭。

（2）开庭前，向当事人介绍庭审程序，需告知其出庭及回答法庭提问时应注意的事项。

（3）开庭前，应征求当事人意见，对合议庭组成人员是否提出回避申请及有无相应证据。

（4）认为案件涉及个人隐私，法院决定公开审理的，可提出异议。

7. 综合案情，认真撰写代理词。

步骤8：依据规定，必要时申请延期开庭

在接到开庭通知书后应按时出庭，如因故不能出庭，可以与法院联系，申请延期开庭。

步骤9：参加庭审

1. 法庭调查开始后，律师可代为宣读诉状，阐明具体诉讼请求和理由。

2. 认真听取审判人员的询问、对方当事人或诉讼代理人的陈述、证人的证言、鉴定人的鉴定结论、勘验报告以及其他诉讼参与人的陈述，注意揭示他们之间相互矛盾的地方和同自己所掌握情况的异同之处。

3. 代理或帮助被代理人作法庭陈述。

4. 提出证据并对对方证据进行质证。仔细审查法庭中出示的各种书证、物证、视听资料等证据，以确定其真伪及可靠程度。经法庭许可，向证人、鉴定人、勘验人发问。

5. 律师在法庭调查中，就法庭上的主要陈述以及有关情况，应认真记录，以备法庭辩论中使用。

6. 在法庭调查过程中，必要时，律师可申请重新鉴定、勘验，要求补充证据，通知新的证人到庭，申请延期审理。

7. 审判长归纳争议焦点或法庭调查重点后，律师可提出异议和补充意见。

8. 参与法庭辩论。

9. 根据当事人的特别授权，参与调解、和解。

步骤10：收到判决书后的工作

1. 了解当事人是否收到裁判文书，征求当事人是否需要提起上诉或启动再审程序。

2. 经过法律援助中心同意，可继续提供援助。律师可以根据当事人的请求，代其书写上诉状或上诉答辩状、再审申请书，并在法定期间提交法院。

3. 没有参加一审诉讼的律师担任二审代理人的，应通过到法院查阅案卷，与一审律师取得联系等方式，全面了解一审情况。

4. 律师应根据一审情况，做好证据补救工作，收集新的证据。

在办案过程中发现未成年受援人有《法律援助条例》规定的终止法律援助的情形的，应当及时向法律援助机构报告，由法律援助机构审查核实是否终止提供法律援助。

三、未成年人民事法律援助应注意的问题

（一）注意与未成年人主管部门、相关部门协调配合

《未成年人保护法》第6条规定：保护未成年人是国家机关、武装力量、政党、社会团体、企业事业组织、城乡基层群众性自治组织、未成年人的监护人和其他成年公民的共同责任。从此项规定看来，要对未成年人权益予以保护不能仅靠法律援助机构，还需要各部门机关团体、社会组织的密切配合。1996年司法部和共青团中央联合下发的司发通〔1996〕142号文《司法部、共青团中央关于保障未成年人合法权益，做好未成年人法律援助工作的通知》，要求律师实施法律援助时要与相关部门共同研究、交流信息、密切配合。

（二）尊重未成年人的人格尊严

律师对援助过程中知悉的未成年人隐私要保密。对于涉及未成年人权益的处分，要征求未成年人的意见。对于未成年人提出的建议和要求要耐心听取，诚恳解释，对其合理要求要尽可能满足。

（三）注意援助与教育相结合

律师在对未成年人进行民事法律援助的同时，应当教育未成年人学习法律知识，增强其权益意识，学会运用法律武器保护自己的合法权益。

 【实训案例二】

案情介绍

追索抚养费案

刘某娜，女，1996年3月2日生，深圳市人；刘某山，男，1998年7月1日生，深圳市人。刘某娜、刘某山两人系刘某山与冯某的婚生子女，2001年7月刘某山与冯某离婚后，两人一直随父亲刘某山及年迈的奶奶一起生活，虽然离婚时，双方约定冯某不用支付抚养费，但随着两受援人年龄的增长，每年的教育费用、生活费用都在逐年增加，仅靠父亲微薄的收入及政府发放的低保金已经无法维持两人学习和生活所需，两人也即将面临上高中所需高额费用的困境，而两人的母亲则有一栋1000平方米的厂房在出租，每年也有2万多的股份分红，有私家车、高级商品住房，收入稳定，两人父亲曾多次与其母亲协商，母亲均以两人还处于国家义务教育阶段，不需要任何学费，生活费也没有什么额外支出为由予以拒绝。于是，两人的法定代理人刘某山来到龙岗区法援处，寻求法律援助。

请问：

1. 根据所掌握的知识和案例提供的事实情况，判断法律援助中心应否给该高中生提供法律援助？

2. 援助的方法有哪些？

【训练目的】 根据案例提供的事实情况，能够准确判断法律援助的范围及其所属的诉讼领域。能够设计出提供法律援助的具体方案。

【训练方法】 组织小组讨论，每个小组在规定的时间内讨论被指定的问题，并向全体同学汇报本组的讨论结果。

案情介绍

未成年人被虐待案

2012 年 4 月 9 日，辽宁省大连市大孤山派出所接到一名 11 岁女孩小丽的报案，小丽称自己被狠心的父亲虐待达两年之久。

小丽于 2010 年带着上学的梦想被父亲王洪杰从河南接到大连，不但没有走进校门，反而惨遭父亲长达两年之久的虐待。父亲对她用开水烫、锥子扎、钳子夹、斧子砍。4 月 9 日，小丽在父亲又一次痛打她之后，忍无可忍，跑到了派出所。当时，小丽嘴里有几颗牙齿只有半截，胳膊肘上有大片血泡，左手腕已经变形，腕骨高高地翘着，皮肤的颜色呈青紫色，在小腿和臀部有多处结痂，脚趾红肿，指甲发黑，额头和脸部也有多处红肿。小丽称，这些都是被父亲虐待的结果。

公安部门在接到小丽报案后，立即对小丽采取救助措施，并立案进行侦查，对小丽的伤势进行了司法鉴定。鉴定结果没有构成重伤。

根据我国《刑法》的规定，如果属于重伤，由公安部门侦查后移送检察院审查提起公诉，否则只有被害人到法院直接起诉才能追究侵害人的刑事责任。但对于小丽的这种情况，显然她自己无法提起刑事诉讼，因为《法律援助条例》规定：未成年人法律援助由其法定代理人代为提出申请，如侵犯人是法定代理人的，由与该争议事项无利害关系的其他法定代理人代为提出申请。根据《民法通则》的规定，未成年人的父母是未成年人的法定代理人，这表明小丽的法律援助只能由其父母代为申请，可侵害小丽利益的侵权人正是其法定代理人。

在这种情况下，法律援助机构主动进行干预，为小丽开辟法律援助"绿色通道"，遵循"优先安排、优先办理、优质服务"的"三优"原则，指派政治素质好、业务能力强的法律服务人员无偿为小丽提供法律服务。

接受指派的人员依法代小丽向法院提起了刑事自诉，请求追究其父的刑事责任，剥夺其父亲的监护人资格，并要求其一次性支付小丽成长到 18 岁之前的所有的抚养费和教育费，由法院确定其他合适监护人。

讨论与思考

1. 本案的法律援助事项是否属于应当提供法律援助的事项范围？依据是什么？

2. 法律援助机构的做法有哪些可借鉴之处？

3. 模拟为小丽提供法律援助的律师，设计律师工作方案。

学习单元十 农民工法律援助实务

> **【学习目标】**
> ● 了解农民工法律援助的特点，熟知农民工法律援助的工作内容，掌握农民工法律援助的基本工作方法和程序。
> **【学习任务】**
> ● 结合典型案例，学习并掌握办理农民工法律援助案件的工作方法和技巧。

【案例导入】

农民工追索劳务报酬案件

四川某煤矿于 2004 年由私人投资成立，后来换了几个老板。2011 年，该煤矿营业执照、煤矿生产许可证到期，被迫停产，煤矿老板李某和赵某也突然不知去向，欠下了 102 名农民工的 55 万元工资。当地法律援助中心接到农民工的求助后，指派法律援助中心律师为 102 名农民工提供法律援助。

援助人员接受指派后，到农民工家里签订法律援助合同、收集相关证据，向人民法院提起诉讼。法院认为："本案案情清晰，关键是要找到被告人可供执行的财产。"为此，承办案件的援助人员多方查询，了解到被告赵某在某市可能有高档住房，被告李某在南充包工，在某市有门市、轿车。

法律援助人员 5 次到某市房管部门调查被告的房产信息和财产状况，连续两天到李某前妻住处蹲点守候，发现李某的轿车停放在小区内，法院得知此信息，立即将该轿车扣押，并向李某送达传票。

两名被告主动向法律援助人员要求协商处理，经过援助人员劝说，两名被告认识到他们的行为恶劣。随后，两名被告和农民工达成一致意见：当场支付 19 万元工资，余款在规定期限内付清。2012 年 8 月 16 日，两名被告支付了所欠的最后一笔工资，102 名农民工也向法院申请撤回诉讼。至此，这起农民工追索劳务报酬案件终于画上了一个圆满的句号。

该案集中反映了社会上的一个特殊群体——农民工作为法律援助对象的重要性。那么，农民工法律援助有什么特点？其工作内容和方法又有什么特殊性？

知识储备　农民工法律援助概述

一、农民工自身特点

农民工简称民工，该称谓并非法律术语，最早是由社会学家在20世纪80年代初期提出来的，随后在社会学界、经济学界被大量地引用，最终成为整个社会的一种通用的称谓。简言之，农民工是指具有农村户籍，但从事非农产业的人员。"他们就业流动性强，有的在农闲季节外出务工、亦工亦农，有的长期在城市居住、生活和就业，已成为产业工人的重要组成部分。"[1]

农民工作为中国现代历史上的一个新生概念，是在特殊的历史时期形成的一类特殊的社会群体，极具自身特点。

（一）农民工数量巨大

20世纪80年代初期，一些农民开始离开土地进入珠江三角洲的外资企业做工，后来随着私营企业的迅猛发展，汹涌澎湃的民工潮一浪高过一浪。由于农民工就业的流动性、分散性很强，因此关于我国农民工的总体数量难以精确计算，国务院研究室综合各相关部门的统计数据，大致推断2006年我国外出农民工总数为1.2亿人，如果加上在本地企业就业的农村劳动力，农民工总数约为2亿人。[2]2013年5月，国家统计局发布《2012年全国农民工监测调查报告》，据抽样调查结果推算，2012年全国农民工总量达到26 261万人，比上年增加983万人，增长3.9%。其中，外出农民工16 336万人，增加473万人，增长3.0%；住户中外出农民工12 961万人，比上年增加377万人，增长3.0%；举家外出农民工3375万人，增加96万人，增长2.9%；本地农民工9925万人，增加510万人，增长5.4%。有研究人员估计，随着我国城镇化进程的快速发展，还会有两三亿农民在今后若干年内成为农民工。

（二）文化素质偏低，维权观念落后

农民工跨省流动以自中西部地区向东部地区和大中城市为主，2004年，四川、河南等中西部9省（自治区、直辖市）的外出农民工7889万人，占全国跨省流动农民工总量的81%[3]。2012年，东部地区农村户籍劳动力中农民工占54.9%，其中，外出农民工占20.2%，本地农民工占34.7%；中部地区农村户籍劳动力中农民工占37.2%，其中，外出农民工占24.3%，本地农民工占12.9%；西部地区农村户籍劳动力中农民工占28.7%，其中，外出农民工占

〔1〕　国务院研究室课题组：《中国农民工调研报告》，中国言实出版社，2006年4月第1版，第1页。
〔2〕　国务院研究室课题组：《中国农民工调研报告》，中国言实出版社，2006年4月第1版，第4页。
〔3〕　国务院研究室课题组：《中国农民工调研报告》，中国言实出版社，2006年4月第1版，第4、5页

19.2%，本地农民工占 9.5%。东部地区本地农民工比例高，而中西部地区外出农民工的比例高。在农民工中，接受过农业技术培训的占 10.7%，接受过非农职业技能培训的占 25.6%，既没有参加农业技术培训也没有参加非农职业技能培训的农民工占 69.2%。青年农民工接受非农职业技能培训的比例要高于年长的农民工，年长的农民工接受农业技术培训的比例要高于青年农民工，年龄层次越低，接受农业技术培训的比例也越低。[1]

由于中西部地区传统上以农业耕种为主，受教育程度不高，存在严重的乡土宗族观念，外出打工具有盲目性，一般都是追随亲戚或老乡到同一个企业或地方打工，不熟悉社会知识和务工常识，较少经过专业技术培训，对外部信息了解和接收的能力弱，因此，同乡亲友是农民工打工期间的依靠力量。当权利受到侵犯时，往往认为通过法律途径维权时间长、花费多，万一碰上司法不公等现象，自己最终还是要吃亏，因此不愿意通过法律程序解决，而是寻求同乡、亲友帮忙，甚至选择私了。

（三）具有吃苦耐劳的奉献精神，缺乏自我保护的基本意识

在农民工中，从事制造业的比重最大，占 35.7%，其次是建筑业，占 18.4%，服务业占 12.2%，批发零售业占 9.8%，交通运输仓储和邮政业占 6.6%，住宿餐饮业占 5.2%。从近几年调查数据看，变化较明显的是建筑业，农民工从事建筑业的比重在逐年递增，从 2008 年的 13.8% 上升到 18.4%，从事制造业的比重则趋于下降。[2]

农民工是我国当前收入最低的阶层之一，往往背负着农村家庭对他们经济上的依赖，因此强烈渴望提高自己的收入、改善生活状况，这使得他们有着吃苦耐劳、任劳任怨、朴实无华和安分守己的优良传统，发挥着城市劳动力难以替代的积极作用。例如，基建工程、重体力或手工劳动等城市劳动力不愿意干或干不好的一些重、脏、累、苦和危险的工作多由农民工承担。与此同时，相当一部分农民工往往拿不出明确的劳动关系凭证，甚至不知道用工单位的名称，主张权利时往往在基本劳动关系上遭遇障碍。

（四）收入总体增加，生活方式依旧单调

应该说，农民工收入总体呈上升趋势。国家统计局调查显示，农民工年平均务工收入 2004 年为 6471 元，其中 3411 元寄回或带回家，2001～2004 年收入平均增长率为 8%。2012 年末，外出农民工人均月收入水平为 2290 元，比上年提高 241 元，增长 11.8%，但增加额比上年同期减少 118 元，增幅回落 9.4 个百分

〔1〕 国家统计局《2012 年全国农民工监测调查报告》，摘自 http：//www. gov. cn/gzdt/2013 - 05/27/content_2411923. htm，2013 年 5 月 27 日。

〔2〕 国家统计局《2012 年全国农民工监测调查报告》，摘自 http：//www. gov. cn/gzdt/2013 - 05/27/content_2411923. htm，2013 年 5 月 27 日。

点。分地区看，在东部地区务工的农民工月收入水平为 2286 元，比上年增加 233 元，增长 11.4%；在中部地区务工的农民工月收入水平为 2257 元，比上年增加 251 元，增长 12.5%；在西部地区务工的农民工月收入水平为 2226 元，比上年增加 236 元，增长 11.8%。另外，在境外就业的农民工月收入水平为 5550 元。雇主或单位为农民工缴纳养老保险、工伤保险、医疗保险、失业保险和生育保险的比例分别为 14.3%、24%、16.9%、8.4% 和 6.1%，分别比上年提高 0.4、0.4、0.2、0.4 和 0.5 个百分点。从近 5 年调查数据看，外出农民工养老保险、医疗保险、失业保险和生育保险的参保率提高 4 个百分点左右，而"五险"中参保率相对较高的工伤保险则没有明显提高。[1]

但比较而言，大多数农民工在衣食住行各方面与他们所在谋生城市的居民有着很大的不同，衣着极为简朴甚至粗陋，一般都合伙租住于城乡结合部的农居点、简易工棚内，多人拥挤一室，采光通风差，夏天漏雨，冬天漏风，条件十分艰苦。为节约开支，饮食一般比较简单粗糙，是街头路边饮食摊档的常客。由于农民工普遍劳动强度较大，干活时间较长，闲暇时间少，基本上处于工作、吃饭、睡眠这种原始、简单的生活状态，日复一日地重复着从住处到工地再到住处的循环过程，与城市居民的生活方式相去甚远。大多没有什么业余文化生活，睡觉、聊天、打牌赌钱、闲逛是他们打发空闲时间的主要方式。

（五）"新生代农民工"逐渐成为主体

目前，农民工以中青年人居多，留在家种田的大多是老人、妇女。据有关方面统计，2004 年全国农民工中，16～30 岁的占 61%，31～40 岁的占 23%，41 岁以上的占 16%，总体平均年龄为 28.6 岁，初中文化程度的占 66%。[2]调查资料显示，近年来 40 岁以下农民工所占比重逐年下降，由 2008 年的 70% 下降到 2012 年的 59.3%，农民工平均年龄也由 34 岁上升到 37.3 岁。但农民工总体上仍以青壮年为主，16～20 岁占 4.9%，21～30 岁占 31.9%，31～40 岁占 22.5%，41～50 岁占 25.6%，50 岁以上的农民工占 15.1%。[3]为此，2010 年中央一号文件第一次明确提出了"新生代农民工"的概念，主要就是指以 80 后、90 后为代表的青年农民工，当前为 1 亿人左右，其特点是：①他们幼时入学，上完学以后就进城打工，大多没有务农经历，也难以适应农村生活，相对来讲，对农业、农村、土地、农民等不是那么熟悉，思想观念已经远离土地和农业生产；②他们的

〔1〕　国家统计局《2012 年全国农民工监测调查报告》，摘自"http：//www.gov.cn/gzdt/2013 - 05/27/content_2411923.htm，2013 年 5 月 27 日。

〔2〕　国务院研究室课题组：《中国农民工调研报告》，中国言实出版社 2006 年版，第 4 页。

〔3〕　国家统计局《2012 年全国农民工监测调查报告》，摘自"http：//www.gov.cn/gzdt/2013 - 05/27/content_2411923.htm，2013 年 5 月 27 日。

文化素质相对有所提高，更贴近城市的生活方式和思维方式，因而对城市表现出较强的认同感和归属感，渴望进入、融入城市社会，其外出打工的动机，在很大程度上已由谋求生存向追求平等和现代生活转变，因而对获得社会尊重、平等和承认有着更多的期盼。但他们在城镇的待遇并没有得到提高，也较难进入城镇正式就业岗位序列，结果往往处于"回不去农村，融不进城市"的尴尬地位。

二、农民工法律援助案件状况

农民工在城市中的地位相对较低，属于弱势群体的一部分。近年来，国家制定了一系列保护农民工合法权益的政策措施，以解决农民工在工作、生活等各方面遇到的一系列问题，特别是在解决农民工工资拖欠问题上取得了明显的效果。但是，从全国总体情况看，涉及农民工的劳动报酬、劳动安全、人身安全、社会保险等突出问题尚未从根本上得到解决，农民工权益保障任务依然繁重。

（一）农民工法律援助案件大幅增加

1. 农民工的现实发展情况决定了他们对法律援助的强劲需求。农民工的数量在逐年增加，随着国家对农民工政策的逐步落实，今后一个时期，农村富余劳动力将越来越多地逐渐转移到非农产业和城镇中，这是一个必然的趋势。

2. 随着法律援助的范围和条件的进一步放宽，农民工法律意识的不断增强，农民工法律援助需求将随之加大，不仅在服务范围、内容上有新需求，对规范服务质量、提升服务效果等也提出了新的要求。2011 年全国共组织办理法律援助案件 84.4 万件，年均增幅达 27%。

3. 农民工权益被侵害现象依然严重。目前一些地方的农民工劳动报酬得不到保障，工资偏低，拖欠、克扣工资现象比较普遍，涉及农民工追索劳动报酬、工伤赔偿、非法解除劳动合同等的劳动争议纠纷不可避免，农民工普遍缺乏法律知识、诉讼技能和各种社会资源，一旦出现法律纠纷，大部分都需要法律帮助。

（二）劳动合同签订率低致使法律援助维权困难

劳动合同是劳动者与用人单位之间确认权利和义务关系的书面证明，是确认劳动关系的最重要的凭证，也是确定农民工的工资、工种、工时等工作内容的最重要的证据。

劳动和社会保障部、建设部和全国总工会联合发布的《关于加强建设等行业农民工劳动合同管理的通知》指出："通过劳动合同确立用人单位与农民工的劳动关系，是维护农民工合法权益的重要措施。"但在农民工法律援助案件中，存在的最严重的问题就是劳动合同签订率低。从近几年的调查数据看，外出农民工与雇主或单位签订劳动合同的比例变化不大，没有明显的改善。分行业看，2012 年未与农民工签订劳动合同的比例，建筑业为 75.1%，比上年上升 1.5 个百分点；制造业为 48.8%，比上年下降 0.8 个百分点；服务业为 60.8%，比上年下

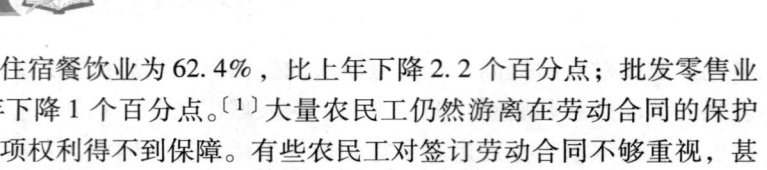

降 0.6 个百分点；住宿餐饮业为 62.4%，比上年下降 2.2 个百分点；批发零售业为 59.9%，比上年下降 1 个百分点。[1]大量农民工仍然游离在劳动合同的保护范围之外，致使各项权利得不到保障。有些农民工对签订劳动合同不够重视，甚至认为不签劳动合同可以不遵守企业规章制度，可以随时回家，拥有更多的自由。有些农民工则不懂得如何签订劳动合同，在用人单位拒不签订合同的情况下接受用工条件，使自身权利得不到法律保障。

（三）农民工维权案件调查取证难，诉讼环节多

1. "三无"现象多。农民工法律援助案件普遍存在无劳动合同、无养老保险和无福利待遇的"三无"现象，出现纠纷时，农民工往往连工资表、工作牌等都拿不出来，甚至不知道用人单位的名称，往往难以证明劳动关系的存在，法律援助人员要耗费大量的时间、精力和物力进行核实。

2. 企业阻挠取证。一些企业和雇主设置障碍阻挠法律援助人员调查取证，甚至故意损毁证据，工友或证人考虑自身利益往往不愿或不敢作证。

3. 诉讼程序环节多。劳动仲裁、行政诉讼、民事诉讼等维权环节过多，造成农民工维权成本高。例如，工伤案件中，当劳动者提出劳动仲裁时，用人单位往往滥用诉权，对劳动部门的工伤认定不服，提起行政复议，再提起行政诉讼，二审后才回到仲裁，然后又提起民事诉讼，经过一审再打二审。有时用人单位故意不出庭，还要经过法院公告送达，全部程序走完要数年之久。

（四）农民工社会保障机制不健全，工资待遇偏低

国家已经下发了关于解决农民工社会保障问题的相关文件，但是在实际操作中，大部分农民工仍未真正纳入社会保障的范围，多数企业均未交纳养老保险费用，用工单位和企业漠视农民工利益的现象普遍存在。

此外，农民工工资偏低，且增长缓慢；有些企业以最低工资标准作为实际工资支付标准；有些企业以计件工资和规章制度为幌子，变相降低或克扣职工工资。

 **【学习情境 1】 农民工法律援助工作程序**

一、受理申请

步骤 1：接受申请表及证明资料

1. 根据《法律援助条例》、《办理法律援助案件程序规定》和《关于民事诉

---

〔1〕 国家统计局《2012 年全国农民工监测调查报告》，摘自 http：//www.gov.cn/gzdt/2013 - 05/27/content_2411923.htm，2013 年 5 月 27 日。

讼法律援助工作的规定》，农民工有民事、行政法律援助需求时，应当按照《法律援助条例》第 14 条的规定向有关法律援助机构提出申请，并填写法律援助申请表。填写申请表确有困难的，由法律援助机构工作人员或者转交申请的机关、单位工作人员代为填写。

2. 在申请中说明申请法律援助的事项及理由。

3. 申请人应同时提供以下证明材料：

（1）身份证或者其他有效的身份证明，代理申请人还应当提交有代理权的证明；

（2）经济状况证明表；

（3）与所申请法律援助事项有关的案件材料。

步骤 2：办理申请登记

法律援助机构受理申请，为申请人办理申请登记，应当向申请人出具收到申请材料的书面凭证，载明收到申请材料的名称、数量、日期。

二、审查申请材料

步骤 1：审查申请材料是否齐备

1. 法律援助机构对申请进行审查，认为申请人提交的证件、证明材料不齐全的，可以要求申请人作出必要的补充或者说明，申请人未按要求作出补充或者说明的，视为撤销申请。

2. 申请人持有下列证件、证明材料的，无需提交法律援助申请人经济状况证明表：

（1）城市居民最低生活保障证或者农村居民最低生活保障证；

（2）农村特困户救助证；

（3）农村"五保"供养证；

（4）人民法院给予申请人司法救助的决定；

（5）在社会福利机构中由政府出资供养或者由慈善机构出资供养的证明材料；

（6）残疾证及申请人住所地或者经常居住地的村民委员会、居民委员会出具的无固定生活来源的证明材料；

（7）依靠政府或者单位给付抚恤金生活的证明材料；

（8）因自然灾害等原因导致生活出现暂时困难，正在接受政府临时救济的证明材料；

（9）法律、法规及省、自治区、直辖市人民政府规定的能够证明法律援助申请人经济困难的其他证件、证明材料。

3. 认为申请人提交的证件、证明材料需要查证的，由法律援助机构向有关

机关、单位查证，并可以适当延长审查期限。

步骤2：审查涉诉事由及受理范围

1.《国务院关于解决农民工问题的若干意见》指出："要把农民工列为法律援助的重点对象。对农民工申请法律援助，要简化程序，快速办理。对申请支付劳动报酬和工伤赔偿法律援助的，不再审查其经济困难条件。"

2. 法律援助机构应对案件的基本情况进行审查，以确定是否属于法律援助案件的范围。

（1）申请事项应当是符合《法律援助条例》第10条规定且为维护农民工的合法权益的事实和相关情况。

（2）法律援助机构应对该申请是否应由该中心受理进行审查。

（3）法律援助机构对案件的胜诉把握进行必要判断。对明显超过诉讼时效或维权要求明显不能实现的申请应当决定不予援助。

三、作出是否予以援助的决定

步骤1：法律援助机构应自受理申请之日起7个工作日内进行审查，并作出是否援助的决定

1. 经法律援助机构审查，认为申请人的条件符合法律援助规定的，应当及时决定提供法律援助，由法律援助机构主要负责人批准，并在《给予法律援助决定书》上签字。

2. 认为所申请的案件不属于法律援助范围，但考虑其实际情况，可以予以援助的，须报援助机构负责人及主管司法行政机关领导批准。

步骤2：作出不予援助决定的，应当制作《不予援助决定书》，并告知申请人理由及其享有提出异议的权利

申请人对法律援助机构作出的不予提供法律援助决定有异议的，可以向作出该决定的法律援助机构的主管司法行政部门申请重新审核。司法部门经审查认为申请人符合法律援助条件的，应当以书面形式责令法律援助机构及时对申请人提供法律援助。

四、指派与安排律师

步骤1：指派或安排合适的人员承办案件

1. 根据《法律援助条例》第21条，法律援助机构可以指派律师事务所安排律师或者安排本机构的工作人员办理法律援助案件；也可以根据其他社会组织的要求，安排其所属人员办理法律援助案件。

根据《办理法律援助案件程序规定》第20条，对于民事、行政法律援助案件，法律援助机构应当自作出给予法律援助决定之日起7个工作日内指派律师事务所、基层法律服务所、其他社会组织安排其所属人员承办，或者安排本机构的

工作人员承办。对于刑事法律援助案件，法律援助机构应当自作出给予法律援助决定或者收到指定辩护通知书之日起 3 个工作日内指派律师事务所安排律师承办，或者安排本机构的法律援助律师承办。

2. 根据《办理法律援助案件程序规定》第 21 条第 1 款，法律援助机构应当根据本机构、律师事务所、基层法律服务所、其他社会组织的人员数量、资质、专业特长、承办法律援助案件的情况、受援人意愿等因素合理指派或者安排承办机构、人员。

步骤 2：发出指派律师通知书

1. 法律援助机构、律师事务所、基层法律服务所或者其他社会组织应当自指派或者安排法律援助人员之日起 5 个工作日内将法律援助人员的姓名和联系方式告知受援人，并与受援人或者其法定代理人、近亲属签订委托代理协议。

2. 法律援助机构开具的法律援助指派通知书等文书，由农民工转交律师事务所、法律服务所或法律援助工作人员，并建立与律师及当事人的工作联系，以便随时了解法律援助案件的办理情况。

五、对案件办理进行协调与监督

步骤 1：诉讼协调与监督

法律援助机构对自己指派或办理的法律援助案件，应当进行办案质量监督。通过建立与律师及当事人的工作联系了解案件的办理情况；及时处理案件办理过程中遇到的问题。对于涉及农民工群体性的案件，可组织有关部门、法律援助律师、被告方等相关人员进行案件协调；对于疑难或影响较大的案件，应组织专家进行研讨。

步骤 2：报告案件承办情况

根据《办理法律援助案件程序规定》第 31 条第 2 款，法律援助案件有下列情形之一的，法律援助人员应当向法律援助机构报告：①主要证据认定、适用法律等方面有重大疑义的；②涉及群体性事件的；③有重大社会影响的；④其他复杂、疑难的情形。

六、案件卷宗归档审查

援助机构应当在自己指派或办理的法律援助案件结案后的 1 个月内，将对法律援助人员提交的立卷材料及受理、审查、指派等材料进行整理，一案一卷，统一归档管理。应当通过阅卷及征求律师和当事人的意见，对法律援助案件的办理情况作出评定，并及时总结办理情况，以作为日后奖惩的依据。

诉讼案件以法律援助人员收到判决书、裁定书、调解书之日为结案日。仲裁案件或者行政复议案件以法律援助人员收到仲裁裁决书、行政复议决定书原件或者复印件之日为结案日；其他非诉讼法律事务以受援人与对方当事人达成和解、调解协议之日为结案日；无相关文书的，以义务人开始履行义务之日为结案日。法律援助机构终止法律援助的，以法律援助人员所属单位收到终止法律援助决定函之日为结案日。

七、支付办案补贴

法律援助机构应当自收到法律援助人员提交的立卷材料之日起 30 日内进行审查。对于立卷材料齐全的，应当按照当地人民政府制定的法律援助办案补贴标准通过法律援助人员所属单位向其支付办案补贴。

【学习情境 2】 农民工法律援助中的律师服务

结合农民工自身的特点及对法律服务的需求，有关农民工法律援助的服务内容大体集中为以下三类事务：审查劳动合同、代理追索劳动报酬、代理进行工伤索赔。

一、审查劳动合同的工作方法

劳动合同是劳动者与用人单位之间，在平等、自愿、协商的原则上合法订立的，是确认彼此权利和义务关系的书面证明。

我国《劳动法》第 16 条第 2 款规定："建立劳动关系应当订立劳动合同。"劳动和社会保障部、建设部和全国总工会联合发布的《关于加强建设等行业农民工劳动合同管理的通知》提出："通过劳动合同确立用人单位与农民工的劳动关系，是维护农民工合法权益的重要措施"；"用人单位使用农民工，应当依法与农民工签订书面劳动合同，并向劳动保障行政部门进行用工备案"。劳动合同是稳定劳动关系、维护劳资双方合法权益和处理双方劳动争议的重要法律依据。对进城就业的农民工而言，签订劳动合同更是维护自身合法权益的重要手段。

对农民工提供劳动合同方面的法律援助，属于非诉服务的法律范畴，因此，应以预防纠纷为主导思想。包括以下工作要点：

步骤 1：注意用人单位的合法性

1. 审查用人单位是否经过了合法登记或备案。非法用人单位是指无营业执照或者未经依法登记、备案的单位以及被依法吊销营业执照或者撤销登记、备案的单位。农民工在签订劳动合同时对此应加以注意。需仔细查看用人单位是否经过法定部门登记、备案。

2. 需查证用人单位的注册登记、备案的有效期限。如登记有效期已经届满，则所签订的劳动合同很可能是一份无效合同。

步骤 2：注意劳动合同必备条款

1. 合同必备条款要详细、具体。根据《劳动合同法》第 17 条第 1 款，劳动

合同应当具备以下条款：

（1）用人单位的名称、住所和法定代表人或者主要负责人；

（2）劳动者的姓名、住址和居民身份证或者其他有效身份证件号码；

（3）劳动合同期限；

（4）工作内容和工作地点；

（5）工作时间和休息休假；

（6）劳动报酬；

（7）社会保险；

（8）劳动保护、劳动条件和职业危害防护；

（9）法律、法规规定应当纳入劳动合同的其他事项。

注意：在审查合同时，应对上述必备条款进行审查，看是否有缺项、遗漏的情况，并要审查各必备条款是否做到了尽可能详细、具体，比如劳动报酬，一定要争取在合同中写明工资支付标准、支付项目、支付形式以及支付时间等内容，以便将来发生劳动争议时能够有效维护农民工的合法权益。

2. 约定事项要明确。劳动合同除上述规定的必备条款外，用人单位与劳动者可以约定试用期、培训、保守秘密、补充保险和福利待遇等其他事项。

步骤3：注意合同形式

1. 劳动合同应当采用书面形式。有的企业不以书面形式与农民工订立合同，只是口头约定工资、工时等，一旦发生纠纷，双方各执一词，由于缺乏书面文字证据，农民工往往有口难辩。

2. 农民工有权要求订立书面合同。在实践中，一些农民工从事的是非全日制工作，根据《劳动和社会保障部关于非全日制用工若干问题的意见》的规定，从事非全日制工作的人员，劳动合同期限在1个月以下的，经双方协商同意，可以订立口头劳动合同。但劳动者提出订立书面劳动合同的，应当以书面形式订立。也就是说，不管用工期限有多长，农民工都有权提出签订书面合同。

3. 注意合同生效时间及保存。

（1）劳动合同日期也应当明确，合同的日期涉及劳动者享受权利和履行义务的期间，还涉及日后有可能发生的诉讼时效。

（2）劳动合同一式两份，劳动者一份，用人单位一份。应当提醒农民工要保存合同原件。

4. 合同文字要规范。检查劳动合同的文字是否规范。劳动合同涉及数字时，应当使用大写汉字。

步骤4：合同内容不能违法

1. 注意修改合同中的部分违法内容。

2. 一些用人单位利用自己的强势地位，经常强迫农民工订立违法劳动合同条款以逃避责任，常见的情形如下：

（1）一些危险性行业企业不按法律的有关规定履行安全卫生义务，在签订合同时要求与劳动者约定"工伤概不负责"、"试用期内不能结婚"和"合同期内不能怀孕生子"等条款来逃避责任。

（2）有的用人单位害怕劳动保障主管部门监督，往往与应聘方签订两份合同，或者空白合同，一份用来应付检查，另一份合同才是真正履行的合同，而后者一般是强力约束劳动者的不平等合同。

（3）一些用人单位利用农民工求职心切的心理，在签订合同时约定收取抵押金、风险金、保证金、培训费等名目众多的费用，农民工稍有违反管理的行为，用人单位即"合法"地扣留这部分费用。

3. 对不合法的条款作出提示。对合同中存在的不合法的条款，要提示农民工注意，并告知不能随意同意，尽量据理力争。农民工可以要求用人单位取消这些条款；如果协商不成，一旦发生事故，可协助农民工申请劳动仲裁委员会或人民法院确认这些条款无效。

4. 对于黑白合同的情况，应告知农民工在订立合同时注意保存证据。

5. 提示农民工在求职时应拒绝交纳不合理费用。根据劳动保障部《就业服务与就业管理规定》，禁止用人单位招用人员时向求职者收取招聘费用、向被录用人员收取保证金或抵押金、扣压被录用人员的身份证等证件以及以招用人员为名牟取不正当利益或进行其他违法活动。农民工在订立劳动合同时如遇到这样的情况，可以向劳动保障行政部门举报投诉。

步骤 5：注意用人单位的规章制度等合同附件

对进城就业的农民工而言，签订劳动合同是维护自身权益的重要手段。如果用人单位没有与农民工签订劳动合同，农民工一定要主动提出签订书面劳动合同；用人单位拒不签订劳动合同的，根据具体情况，法律援助律师可以协助农民工向劳动监察部门投诉举报，由劳动保障行政部门督促其签订劳动合同。

签订劳动合同前，要仔细阅读相关岗位的工作说明书、劳动纪律、工资支付规定、劳动合同管理细则等规章制度，因为这些文件涉及农民工多方面的权益，当这些文件作为劳动合同附件时，与劳动合同具有同样的法律约束力。农民工尤其对用人单位的规章制度不能掉以轻心，用人单位的规章制度主要是用来规范劳动者工作纪律的，在规章制度中可能对劳动者的一些个人权利进行限制。在签订劳动合同时，一些单位会拿出《员工手册》之类的文件叫农民工签收，签收之后就意味着农民工已经了解文件的内容并同意文件里的任何规定，因此，在签收前应认真阅读其内容，以免用人单位借口农民工违反单位规章制度而克扣工资甚至解雇。

二、追索劳动报酬[1]纠纷的工作方法

用人单位欠薪不但使农民工贫困的生活雪上加霜，而且成为影响社会稳定和谐的重要因素。近几年来，尽管国家制定了一系列措施，加大了对农民工的保护力度，但是拖欠农民工工资的情况仍然大量存在。因此，为农民工追索劳动报酬成为法律援助最常见的内容，相关程序和要点简列如下：

步骤 1：申请仲裁或者提起诉讼前的准备

1. 接受指派，办理相关委托手续。

（1）经法律援助中心指派，承办律师在办理委托手续前，应书面向农民工委托人告知诉讼风险。

（2）农民工委托授权范围应当明确具体，一般表述为："代为参与协商、和解；代为提起诉讼；代为承认、放弃或者变更诉讼请求；代为提起反诉。"不能笼统写上一般授权或者特别授权。

2. 审查用工主体资格，确定被告。劳动和社会保障部、建设部和全国总工会联合发布的《关于加强建设等行业农民工劳动合同管理的通知》提出："劳动合同必须由具备用工主体资格的用人单位与农民工本人直接签订，不得由他人代签。建筑领域工程项目部、项目经理、施工作业班组、包工头等不具备用工主体资格，不能作为用工主体与农民工签订劳动合同。"用工主体是否具备法定资格直接影响被告的确定，如果用工主体不具备法定资格，则应以具备法定资格的主体为被告。

3. 了解案件的基本事实和相关法律依据。案件事实是当事人请求人民法院裁判的基本根据，主要包括：

（1）引起农民工与用人单位之间劳动合同民事法律关系发生、变更或消灭的事实。

（2）农民工的劳动合同权利受到侵犯或者发生争议的事实。对此，应仔细了解具体的时间、地点、原因、情节、事实经过。

法律依据主要包括：

（1）程序法律依据，是指用来证明起诉的理由，主要是与案件有关的民事诉讼法、最高人民法院的司法解释和其他相关的法律法规等。

（2）实体法律依据，是指用来证明胜诉的理由，主要是与案件相关的劳动法、劳动合同法及其实施条例和司法解释，以及其他有关劳动合同的法律法规等。

4. 注意审核诉讼时效。根据证据材料和相关法律规定，无正当理由超过诉

---

〔1〕 以下内容如涉及诉讼事项，其程序要点与本问题基本相同，可参照本问题所列要点。

讼时效期间起诉的，将丧失胜诉权。为此，应特别注意审查是否超过诉讼时效期间，有无诉讼时效中断、中止的事由。

《劳动争议调解仲裁法》第 27 条规定，劳动争议申请仲裁的时效期间为 1 年。仲裁时效期间从当事人知道或者应当知道其权利被侵害之日起计算。前款规定的仲裁时效，因当事人一方向对方当事人主张权利，或者向有关部门请求权利救济，或者对方当事人同意履行义务而中断。从中断时起，仲裁时效期间重新计算。因不可抗力或者有其他正当理由，当事人不能在本条第 1 款规定的仲裁时效期间申请仲裁的，仲裁时效中止。从中止时效的原因消除之日起，仲裁时效期间继续计算。劳动关系存续期间因拖欠劳动报酬发生争议的，劳动者申请仲裁不受本条第 1 款规定的仲裁时效期间的限制；但是，劳动关系中止的，应当自劳动关系终止之日 1 年内提出。第 50 条规定，当事人对本法第 47 条规定以外的其他劳动争议案件的仲裁裁决不服的，可以自收到仲裁裁决书之日起 15 日内向人民法院提起诉讼；期满不起诉的，裁决书发生法律效力。

5. 递交诉状时一并向人民法院申请司法救助。司法救助，是指人民法院对于当事人为维护自己的合法权益，向人民法院提起民事、行政诉讼，但经济确有困难的，实行诉讼费用的缓交、减交或免交。

《关于民事诉讼法律援助工作的规定》（司发通〔2005〕77 号）第 8 条规定："当事人以法律援助机构给予法律援助的决定为依据，向人民法院申请司法救助的，人民法院不再审查其是否符合经济困难标准，应当直接作出给予司法救助的决定。"第 9 条规定："人民法院依据法律援助机构给予法律援助的决定，准许受援的当事人司法救助的请求的，应当根据《司法救助规定》第 5 条的规定，先行对当事人作出缓交诉讼费用的决定，待案件审结后再根据案件的具体情况，按照《司法救助规定》第 6 条的规定决定诉讼费用的负担。"

步骤 2：开庭前的准备

1. 收集整理证据，确定劳动关系。用人单位与劳动者建立劳动关系的时间为用工之日，而并非签订劳动合同之日，这一点对于无劳动合同的农民工尤其重要。为此，应当收集以下证据：①工资表、社保记录；②花名册；③派工单；④奖惩记录；⑤工作证、卡、号；⑥电话簿；⑦出勤记录；⑧证人证言；⑨其他能够证明农民工为用人单位付出劳动的证据。

还可以考虑先向当地的劳动监察部门投诉，请求调查此事，以便取得当事人与单位之间存在劳动关系的证据。

2. 整理和提交证据，进行证据交换。

（1）编制证据目录。在审查收集到的证据时，对证据进行编号，说明证据来源、是原件还是复印件以及要证明的目的。

（2）要认真审核对方当事人所提交的证据材料，整理并提出异议，对异议作出必要说明。

（3）根据对证据材料审查和证据交换的情况，分析证据所存在的不足或缺陷，进一步收集补充证据材料，并在举证期限内提交给法院。

（4）准备好拟在法庭上宣读、出示的证据，制定书面的举证材料。就对方当事人提交的证据认真分析研究，制定书面的质证材料，梳理和明确双方争议的主要问题和分歧要点，为出庭做好准备。

3. 出庭时应注意的事项。

（1）商议农民工是否出庭。劳动合同案件中，农民工委托了法律援助律师作为代理人并进行了特别授权，其本人可以出庭，也可以不出庭。

（2）通知证人出庭。提交了证人证言作为证据的，应当通知证人携带身份证明准时到庭，并告知其出庭作证应注意事项。否则，如果用人单位提出异议，证人证言将不能被法院认定。

（3）商议庭审中应注意的问题。农民工大多不具法律常识，第一次走上法庭，因此需向其详细介绍庭审程序，告知回答法庭和对方当事人及其代理人提问时应注意的事项。

步骤3：出席庭审活动

1. 熟知案件事实，列明法律依据。庭审活动中，案件事实是基础，法律依据是武器。法律援助律师对案件情况应当了然于胸，司时厘清法律关系，尽可能全面地查找、研究相关法律、法规、司法解释以及与农民工劳动合同纠纷相关的案例。此外，还要总结争议焦点，拟定调查提纲、陈述提纲、举证提纲、质证提纲和发问提纲。

2. 参加法庭调查，进行举证与质证。法律援助律师通过实施法律赋予的诉讼权利，协助法庭查明案件事实，分清是非，维护当事人的合法权益，为正确解决案件打下基础。

证据材料审查的一般要点为：

（1）证据的来源。

（2）证据的形成和制作。

（3）证据形成的时间、地点和周围环境。

（4）证据的种类。

（5）证据的内容和形式。

（6）证据要证明的事实及其与本案的关联性。

（7）证据间的关联性。

（8）证据提供者的基本情况。

（9）证据提供者与本案或本案当事人的关系。

（10）证据的合法性和客观性。

（11）证据的证明力。

（12）审核证据材料是否遵守证据规则。证据材料需要符合法律规定的期限和形式。

（13）需证人出庭作证的，在法律规定的时间内将证人名单和证人证言递交人民法院。

3. 进行法庭辩论，全面主张工资权益。在法庭辩论阶段，法律援助律师应发表代理词，充分论证自己代理的农民工的诉讼请求及理由，反驳对方的主张和意见，协助法庭查明是非，以作出有利于农民工的公正判决。

农民工追索劳动报酬案件往往在以下问题上形成辩论焦点：

（1）关于劳动关系问题。由于农民工自己手中经常不掌握劳动合同，有时连工资表、工作牌等都拿不出来，甚至不知道用人单位的名称，出现欠薪纠纷时，一些用人单位的第一反应就是釜底抽薪，拒不承认劳动关系的存在，如果没有其他的证据，容易造成农民工讨薪无门，对此应当予以特别警惕。

（2）关于工资数额问题。由于实践中农民工劳动合同签订率低，农民工与用人单位仅存在事实劳动关系，导致工资数额往往无法确定，对此亦应予以警惕，注意收集相关证据。否则，法院往往只能判决用人单位按最低工资标准向农民工支付工资。

（3）关于加班工资问题。国家统计局所做的调查显示，农民工每周人均工作6.4天，每天工作9.4小时。[1]可见农民工加班加点现象非常普遍，但与此同时，用人单位却很少支付加班费。因此，在法律援助农民工欠薪案件中，应当特别注意收集关于加班的证据，要求用人单位支付加班费并争取得到仲裁委员会及法院的支持。

（4）关于克扣工资问题。用人单位在招用劳动者时，不能向劳动者收取任何形式的押金。但根据国家统计局的调查，一些企业每月扣留农民工20%~30%的工资作为"风险抵押金"，要求工作满3年且不能出差错，否则全部扣除。[2]还有的用工单位私下与农民工签订"事故责任自负"的"生死合同"，这些都是典型的违法无效条款。

（5）关于用人单位不与农民工签订书面劳动合同或合同到期后没有及时续签的问题。《劳动合同法》第82条第1款规定："用人单位自用工之日起超过1个月不满1年未与劳动者订立书面劳动合同的，应当向劳动者每月支付2倍的工资。"

---

〔1〕 国务院研究室课题组：《中国农民工调研报告》，中国言实出版社2006年版，第203页。

〔2〕 国务院研究室课题组：《中国农民工调研报告》，中国言实出版社2006年版，第203页。

《劳动合同法》第14条第3款规定："用工单位自用工之日起满1年不与劳动者订立书面劳动合同的，视为用人单位与劳动者已订立无固定期限劳动合同。"

步骤4：适时进行调解

调解原则是我国民事诉讼的一项基本原则，法庭调解是在审判人员的主持下，针对当事人双方争议的实体权利和义务，通过平等协商、互谅互让达成协议。2013年1月1日起实施的新修订的《民事诉讼法》增加规定，当事人起诉到人民法院的民事纠纷，适宜调解的，先行调解，但当事人拒绝调解的除外。

调解作为解决纠纷的有效方式，具有程序简便、方式灵活、自觉履行率高等优点。未经人民调解的纠纷，起诉到法院的，可以先行调解；经过调解未达成调解协议的纠纷，起诉到法院的，也可以先行调解。

对于有希望调解的案件，出于为农民工节约诉讼成本和时间，降低诉讼风险的考虑，法律援助律师可以引导用人单位与农民工进行协商，相互谅解或接受法庭提出的调解方案，达成协议，解决问题。

当前我国处于农民工社会矛盾凸显期，各类民事纠纷日益增多，充分发挥调解作用，尽量将矛盾纠纷解决在基层、解决在当地，对及时化解矛盾纠纷，促进社会和谐稳定，具有重要意义。

三、工伤赔偿案件的工作方法

农民工是最容易发生工伤事故的群体，也是工伤赔偿权益最不容易得到保护的群体，农民工在身体受到伤害之后往往还要再次遭受心理上的伤害，因此工伤赔偿法律援助对于农民工而言尤其重要。

步骤1：确定劳动关系

这是农民工主张工伤赔偿的前提条件。农民工与用人单位没有签订劳动合同的，必须向劳动部门提供与用人单位存在事实劳动关系的证据。

1. 依法律规定确认事实。根据劳动和社会保障部《关于确立劳动关系有关事项的通知》，用人单位招用劳动者未订立书面劳动合同，但同时具备下列情形的，劳动关系成立：

（1）用人单位和劳动者符合法律、法规规定的主体资格；

（2）用人单位依法制定的各项劳动规章制度适用于劳动者，劳动者受用人单位的劳动管理，从事用人单位安排的有报酬的劳动；

（3）劳动者提供的劳动是用人单位业务的组成部分。

2. 依据相关凭证确认事实。用人单位未与劳动者签订劳动合同的，认定双方存在劳动关系时可参照下列凭证：

（1）工资支付凭证或记录（职工工资发放花名册）、缴纳各项社会保险费的记录；

（2）用人单位向劳动者发放的"工作证"、"服务证"等能够证明身份的证件；

（3）劳动者填写的用人单位招工招聘"登记表"、"报名表"等招用记录；

（4）考勤记录；

（5）其他劳动者的证言等。

其中，（1）、（3）、（4）项的有关凭证由用人单位承担举证责任。

步骤2：协助申请工伤认定

1. 准备材料，提出申请。根据《工伤保险条例》第18条第1款的规定，农民工提出工伤认定申请应当提交下列材料：

（1）工伤认定申请表；

（2）与用人单位存在劳动关系（包括事实劳动关系）的证明材料；

（3）医疗诊断证明或者职业病诊断证明书（或者职业病诊断鉴定书）。

2. 存在争议时适用举证责任倒置。根据《工伤保险条例》第19条第2款规定，劳动者或者其直系亲属认为是工伤，用人单位不认为是工伤的，由用人单位承担举证责任。

步骤3：协助申请进行劳动能力鉴定

劳动能力鉴定是指劳动功能障碍程度和生活自理障碍程度的等级鉴定。

劳动功能障碍分为10个伤残等级，最重的为一级，最轻的为十级。

经劳动部门确认农民工构成工伤后，如果经治疗伤情相对稳定后存在残疾、影响劳动能力的，农民工应当进行劳动能力鉴定。

劳动能力鉴定由用人单位、工伤职工或者其直系亲属向设区的市级劳动能力鉴定委员会提出申请，并提供工伤认定决定和职工工伤医疗的有关资料。自劳动能力鉴定结论作出之日起1年后，工伤职工或者其直系亲属、所在单位或者经办机构认为伤残情况发生变化的，可以申请劳动能力复查鉴定。

步骤4：要求用人单位支付工伤赔偿费用

1. 计算赔偿数额。进行劳动能力鉴定后，根据伤残等级计算赔偿数额，要求单位支付相关费用。工伤职工可以要求支付医疗费、伙食补助费、食宿费、交通费、康复治疗费、辅助器具费、停工留薪期工资、生活护理费、工伤复发的费用、丧葬补助金、一次性工亡补助金、供养亲属抚恤金、一次性伤残补助金、伤残津贴、工伤医疗补助金及伤残就业补助金。

2. 存在纠纷的，申请劳动仲裁。如果单位拒绝支付费用或双方发生争议，依据《工伤保险条例》第54条，农民工可以向劳动仲裁委员会申请劳动仲裁。

步骤5：非劳动关系亦可主张人身损害赔偿

农民工与用人单位之间如被认定为雇佣、劳务等非劳动关系，则农民工不能获得工伤赔偿，但这不意味着丧失了救济途径，农民工可以主张人身损害赔偿。依据《最高人民法院关于审理人身损害赔偿案件适用法律若干问题的解释》，雇员在从事雇佣活动中遭受人身损害的，雇主应当承担赔偿责任。雇佣关系以外的第三人造成雇员人身损害的，赔偿权利人可以请求第三人承担赔偿责任，也可以请求雇主承担赔偿责任。雇主承担赔偿责任后，可以向第三人追偿。雇员在从事雇佣活动中因安全生产事故遭受人身损害，发包人、分包人知道或者应当知道接受发包或者分包业务的雇主没有相应资质或者安全生产条件的，应当与雇主承担连带赔偿责任。

 【学习情境3】 农民工法律援助的技巧及应注意的问题

一、重视政策与法律

党和国家高度重视农民工问题，尤其是农民工的权益保障问题，为此先后出台了一系列相关政策、法规，一些地方和行业主管机关也随之颁布了相应的具体实施规定，共同构成了农民工权益保护的政策法律体系。这些政策和法律都是根据目前农民工维权过程中出现的问题制定的，具有很强的针对性，是法律援助律师维护农民工权益的最重要的武器。

（一）农民工权益保障相关政策

1.《中共中央、国务院关于加大统筹城乡发展力度，进一步夯实农业农村发展基础的若干意见》。2010年中央一号文件《中共中央、国务院关于加大统筹城乡发展力度，进一步夯实农业农村发展基础的若干意见》发布，其中一大亮点就是提出要"着力解决新生代农民工问题"，"完善促进创业带动就业的政策措施，将农民工返乡创业和农民就地就近创业纳入政策扶持范围。加大农民外出务工就业指导和服务力度，切实维护农民工合法权益，促进农村劳动力平稳有序转移。健全农民工社会保障制度，深入开展工伤保险全覆盖行动，加强职业病防治和农民工健康服务，将与企业建立稳定劳动关系的农民工纳入城镇职工基本医疗保险，抓紧落实包括农民工在内的城镇企业职工基本养老保险关系转移接续办法。落实以公办学校为主、以输入地为主，解决好农民工子女入学问题的政策，关心农村留守儿童"。

2.《中共中央、国务院关于推进社会主义新农村建设的若干意见》。2005年12月31日，中共中央、国务院下发《关于推进社会主义新农村建设的若干意见》，强调要保障务工农民的合法权益，"进一步清理和取消各种针对务工农民流动和进城就业的歧视性规定和不合理限制。建立健全城乡就业公共服务网络，

为外出务工农民免费提供法律政策咨询、就业信息、就业指导和职业介绍。严格执行最低工资制度，建立工资保障金等制度，切实解决务工农民工资偏低和拖欠问题。完善劳动合同制度，加强务工农民的职业安全卫生保护。逐步建立务工农民社会保障制度，依法将务工农民全部纳入工伤保险范围，探索适合务工农民特点的大病医疗保障和养老保险办法。认真解决务工农民的子女上学问题"。

3.《国务院关于解决农民工问题的若干意见》。2006年1月18日，国务院常务会议审议通过《关于解决农民工问题的若干意见》，指出农民工问题"事关我国经济和社会发展全局"，"解决农民工问题是建设中国特色社会主义的战略任务"，并提出全社会应该着力解决农民工面临的问题，即"工资偏低，被拖欠现象严重；劳动时间长，安全条件差；缺乏社会保障，职业病和工伤事故多；培训就业、子女上学、生活居住等方面也存在诸多困难，经济、政治、文化权益得不到有效保障"。意见还明确指出："要把农民工列为法律援助的重点对象。对农民工申请法律援助，要简化程序，快速办理。对申请支付劳动报酬和工伤赔偿法律援助的，不再审查其经济困难条件。""有关行政机关和行业协会应引导法律服务机构和从业人员积极参与涉及农民工的诉讼活动、非诉讼协调及调解活动。"

（二）农民工权益保障相关法律

1.《中华人民共和国劳动合同法》。2008年1月1日起施行的根据2012年12月28日中华人民共和国主席令第七十三号《关于修改〈中华人民共和国劳动合同法〉的决定》第一次修正的《中华人民共和国劳动合同法》：①扩大了《劳动法》的适用范围，增加了民办非企业单位等组织及其劳动者；②规定违法不签合同单位须付双薪；③在被派遣劳动者合法权益受到侵害时，用工单位与劳务派遣单位承担连带赔偿责任；④非全日制员工工资结算周期最长不得超过15日；⑤恶意欠薪将加付等额赔偿金，同时将用人单位违法赔偿金的具体标准提高为应付金额50%以上100%以下。

2.《中华人民共和国劳动争议调解仲裁法》。2008年5月1日起施行的《中华人民共和国劳动争议调解仲裁法》将劳动争议申请仲裁的时效期间由60日延长为1年，还规定劳动关系存续期间因拖欠劳动报酬发生争议的，劳动者申请仲裁不受规定的仲裁时效期间的限制；仲裁庭对追索劳动报酬、工伤医疗费、经济补偿或者赔偿金的案件，根据当事人的申请，可以裁决先予执行而不用提供担保；对于追索劳动报酬、工伤医疗费、经济补偿或者赔偿金等方面的劳动争议，仲裁裁决为终局裁决，裁决书自作出之日起发生法律效力。

3.《工伤保险条例》。根据2010年12月20日《国务院关于修改〈工伤保险条例〉的决定》修订的《工伤保险条例》是唯一将农民工无条件、无差别全部纳入的社会保险法规，对于及时救治和补偿受伤农民工，保障工伤农民工的合法权益，分散用人单位的工伤风险，发挥了重要作用。

4.《最高人民法院关于审理劳动争议案件适用法律若干问题的解释（二）》。2006年10月1日起施行的《最高人民法院关于审理劳动争议案件适用法律若干问题的解释（二）》规定，在劳动关系存续期间产生的支付工资争议，用人单位能够证明已经书面通知劳动者拒付工资的，书面通知送达之日为劳动争议发生之日。用人单位不能证明的，劳动者主张权利之日为劳动争议发生之日。因解除或者终止劳动关系产生的争议，用人单位不能证明劳动者收到解除或者终止劳动关系书面通知时间的，劳动者主张权利之日为劳动争议发生之日。

此外，一些行业主管部门相继出台了有关农民工的政策文件和法律规定，包括：2004年3月1日起施行的劳动和社会保障部《最低工资规定》；2004年6月1日劳动和社会保障部发布的《关于农民工参加工伤保险有关问题的通知》；2004年9月6日劳动和社会保障部、建设部发布的《建设领域农民工工资支付管理暂行办法》；2004年10月29日国务院办公厅转发的建设部等部门《关于进一步解决建设领域拖欠工程款问题意见的通知》；2005年5月25日劳动和社会保障部发布的《关于确立劳动关系有关事项的通知》；2006年1月18日中华全国律师协会发布的《关于推动农民工法律援助工作的意见》等。

冰冻三尺非一日之寒，农民工权益保护涉及人数众多、情况复杂，只有党和国家的政策法规在实际中得到切实贯彻才能逐步解决问题，同时立法、执法和制度设计上也要不断完善。

二、注意采用多种方法取证

由于农民工在从事劳动的过程中是被管理方，从事劳动的证据均掌握在雇主手中，因而处于劣势，绝大多数的农民工都没有与用人单位签订劳动合同或者相应的文字依据，也没有工资单、欠据等书面证据，而这些恰恰是获得法律支持的基础。有的农民工只有包工头打的欠条或者其他工友的证明，还有的农民工几乎什么证据都没有。多数拖欠薪酬的案件都是农民工在长时间自行索要无果后才起诉，客观上导致部分证据的毁损灭失、证人难寻、证言失真，这就使得农民工纠纷的调查取证相当困难。农民工大多不懂如何举证，也无从举证，对缺乏证据支持的主张，原、被告各执一词，法院难以及时查清事实。

在此情况下，为有效维护农民工的合法权益，法律援助律师必须尽快取证，尽力解决农民工维权中取证难的问题。据此，可以采取如下方法：

步骤1：到农民工工作地寻找证据

让农民工回到单位或工地，寻求其他熟悉情况的工友的帮助，尽可能地寻找能够证明劳动关系内容的书面凭证，至少有证人证言。

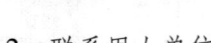

步骤2：联系用人单位

法律援助律师在取得初步证据并综合分析案件情况后可以联系用人单位进行谈判。首先考虑通过协商来解决，尽可能让对方至少先支付一部分工资和赔偿金。这样做一方面可以尽快为农民工要回工资和赔偿金，另一方面也可以此来取得确认劳动关系的证据。

步骤3：利用包工头搜集有利证据

如果雇主有分包行为，农民工是跟随包工头打工的，手中只有包工头所打的欠条，与用人单位没有直接联系，此时让用人单位承担责任就缺少相应证据，这种情况下法律援助律师应说服包工头作为证人出庭，或依据包工头为用人单位员工，迫使用人单位承认招用农民工的事实。

步骤4：联系用人单位的上级单位

如果用人单位拒绝谈判，援助律师可以找到用人单位的上级发包方或建设单位，或者直接找到劳动、建设、公安、生产安全管理等部门。一方面可以通过用人单位的监管部门对其施加压力，使用人单位接受调解；另一方面也可以从中取得工程分包合同等相关证据。

三、注意运用调解方法

调解应该是法律援助律师代理维护农民工权益的首选方法，特别是如果农民工被拖欠的工资数额不大、人数不多或者发生工伤后伤情不重时，更应该考虑直接联系用人单位，通过协商、谈判等方式及时迅速地为农民工要回工资或工伤赔偿金，即使案件已经进入了仲裁或诉讼程序，也不能放弃调解。这是因为调解可以快捷地解决问题，节约农民工维权成本，弱化农民工法律援助案件的诸多软肋，有利于和谐社会的建设。对此，可采取以下工作方法：

步骤1：熟悉全部案情和现有证据材料

这是办理法律援助案件的关键，只有吃透了全部案情，才能为调解工作奠定坚实的基础。

步骤2：正确研判案情和证据材料

对于农民工自己提供的证据和叙述的案情经过，承办案件人员要认真审核。对于案件的利弊得失等情况，一定要如实地向农民工解释清楚，由其自主决定是否调解。

对于农民工对法律的错误理解，要解释清楚，对于农民工不合理的要求，要耐心做工作。

步骤3：进行必要的调查，了解相关情况

农民工申请法律援助时提交的证据往往不是很充分，所以有必要进行一些调查取证工作。同时，还要与用人单位进行接触，了解他们的态度和想法，为调解奠定基础。

步骤4：制定调解方案

在了解双方的真实想法和意愿后，找出双方的契合点，有针对性地制定切实可行的调解方案。

在对农民工做工作时，要为他们预测调解的难度和最坏的结果，降低他们的期望值；在对用人单位或雇主做工作时，要大力宣传国家的法律和当前全国上下重视农民工的形势，使他们明白农民工权益受到侵害带来的后果。

步骤5：完善手续，及时制作调解协议

法律援助律师还要坚持规范，把握好程序，完善手续，及时促使双方达成调解协议。协议达成后，应当及时履行，以免出现波折。

四、注意防范包工头给农民工维权带来的风险

农民工本来是应该与用人单位直接签订劳动合同的，但是由于包工头的存在，往往是农民工直接跟随包工头干活，因而只有包工头与用人单位的分包协议。农民工没有和用人单位建立直接的联系，也就不可能与用人单位签订劳动合同，农民工很难证明其与用人单位存在劳动关系。

包工头在一定程度上拓宽了农民工的就业渠道、降低了寻找工作的成本，但包工头是没有承包资质的个人，没有多少抗风险能力，一旦发生伤亡事故或工程亏损，根本支付不了农民工的工资。

国务院办公厅转发的十六部委《关于进一步解决建设领域拖欠工程款问题的意见》第3条第9项规定：按照谁承包、谁负责的原则，总承包企业对所承包工程的农民工工资支付全面负责，分包企业对分包工程的农民工工资支付直接负责。总承包企业因转包、违法分包工程造成拖欠农民工工资的，由总承包企业承担全部责任。《劳动和社会保障部关于确立劳动关系有关事项的通知》第4条规定：建筑施工、矿山企业等用人单位将工程（业务）或经营权发包给不具备用工主体资格的组织或自然人，对该组织或自然人招用的劳动者，由具备用工主体资格的发包方承担用工主体责任。《关于审理建设工程施工合同纠纷案件适用法律问题的解释》第26条规定：实际施工人以转包人、违法分包人为被告起诉的，人民法院应当依法受理。实际施工人以发包人为被告主张权利的，人民法院可以追加转包人或者违法分包人为本案当事人。发包人只在欠付工程价款范围内对实际施工人承担责任。

五、注意防范用人单位利用劳务派遣逃避责任

劳务派遣原本是针对企业淡季、旺季对员工需求数量的不同而调剂余缺，从而降低用人单位与劳动者成本的招工方式，但在实践中却成了用人单位逃避责任的工具，以此来规避其解雇劳动者应支付的经济补偿金以及劳动者发生工伤后的工伤保险待遇等，将其应负的种种责任转嫁给了劳务派遣公司，对此应予以特别注意。

《劳动争议调解仲裁法》第22条第2款规定，劳务派遣单位或者用工单位与劳动者发生劳动争议的，劳务派遣单位和用工单位为共同当事人。《劳动合同法》第92条第2款规定，劳务派遣单位违反本法规定，给被派遣劳动者造成损害的，劳务派遣单位与用工单位承担连带赔偿责任。

六、注意化解群体性冲突，预防和减少违法犯罪案件的发生

当有些农民工在焦急的等待后仍然拿不到工资或工伤赔偿款时，往往会想到以违法犯罪的方法来维护自己的权利，如绑架、报复包工头。对于那些人数众多的群体性案件，还容易发生围堵政府机关、静坐、爬广告牌等社会事件。遇到这种情形，法律援助律师应坚决不参与、不鼓励、不出主意，同时要向农民工讲解有关法律知识，及时打消其违法犯罪的念头，想办法尽快为他们要回工资和工伤赔偿金。

 **【实训案例】**

案情介绍

农民工追索工伤赔偿案例

2009年9月17日，村民刘某（男，49岁）进城务工期间，在给承建的宜昌某物贸高档印刷生产基地A、B厂房工地上施工时被从塔吊吊篮上掉下的砖块砸中背部，随即被送到宜昌市第二人民医院进行诊断治疗。经诊断，伤情为：①高处坠落伤，胸10、11椎体附件骨折并椎管内站位，不全瘫；②左10~12肋骨骨折，右9~10肋骨骨折并血气胸；③左侧创伤性湿肺，胸腔积液；④头皮裂伤。入院后进行9、10、11锥锥弓根钉内固定＋植骨融合术。住院410天，现虽出院，但下肢已瘫痪，长期卧床，每月需医疗费用约6000元，长期需要护理，体内还有3根钉尚未取出。伤情经宜昌大公法医司法鉴定所根据职工工伤与职业病致残等级标准鉴定其致残程度为三级，其后期需要大部分护理依赖。

刘某正值壮年时期，是家中唯一的顶梁柱，家里的开销全指望他进城打工，其上有70多岁父母，下有两个正在上学的女儿，此次事故真将其一家人推到了绝路。在多次找用工单位协商无果的情况下，刘某向当地司法局法律援助中心申请了法律援助。在了解案情后，法律援助中心立即启动法律援助绿色通道，特事特办，当天就受理并指派法律援助律师李某为其进行维权。

李律师在接到指派后，走访调查，取证阅卷，在案情分析会上，大家一致认为这是一起特殊的工伤赔偿案件，案件虽然已超过工伤认定的时间，根据本案的需要，还是要进行工伤认定，才能走法院诉讼程序来维护当事人的合法权益。通过查找有关法律法规，李律师结合自己的办案经验，根据《中华人民共和国民事诉讼法》第49条、《工伤保险条例》等有关法律规定，依法向人民法院提起诉讼。

经过大量工作和多方争取，几经协调，于2012年1月16日，在法院的主持下，在双方当事人的谅解下，在法律援助工作者人性化的感召下，刘某最终与用工单位达成调解协议，参照工伤赔偿标准赔偿各项工伤待遇赔偿款776 300元。得益于法律援助工作者耐心的思想工作、人文化的关怀和巧妙的援助方法，一起复杂的劳动争议案得到了圆满的解决。

【训练目的】根据案例提供的事实情况，了解农民工法律援助的基本流程，论证本案涉及的法律问题。

【训练方法】在规定的时间内讨论上述问题，并模拟此案的律师设计提供法律援助的具体方案，并发表自己的看法。

案情介绍

李某原是河南省某公司的一名农民合同制工人，20世纪80年代，他进入公司上班时与该公司签订了劳动合同，合同期限至1994年12月底。

1993年5月，公司以企业进行改革为由，出台了相关裁员方案："为了加快公司改革，经领导研究现进行大面积裁员。被公司列为裁减的职工，应当积极主动向公司递交辞职申请。如不主动辞职，公司将每月只发给裁减人员50元生活费，裁减人员必须一次性交纳5000元风险抵押金。待公司形势好转时，再通知裁减人员回公司上班。"1993年7月，李某向公司提出辞职。当时，双方没有办理解除劳动合同手续，公司也没有给李某出具解除劳动合同证明书，没有按规定将档案移交有关部门。与李某境遇相同的还有其他80位农民工。

2005年3月，李某等81位农民工听说公司经营形势好转，便集体到公司要求上班。公司给出的答复很简单：公司已经与81位农民工解除了劳动合同关系，不可能接收其回公司上班。

2005年9月26日，81位农民工向市劳动争议仲裁委员会申请劳动仲裁，提出请求恢复工作；补发1993年～2005年的基本生活费，支付经济补偿金和赔偿金；补发1993年～2005年工资并支付25%的赔偿金；向社会保险经办机构为申诉人补缴和继续缴纳社会保险费；补签无固定期限的劳动合同等13项请求。

讨论与思考

1. 如果你是本案的法律援助律师，你对此案的法律关系如何判定？

2. 你认为此案的仲裁员将如何裁决此案？

【讨论要点】

1. 分析81位农民工的劳动关系在1993年辞职时是否已经解除。

2. 分析81位农民工1993年7月的辞职行为，与公司采取让被告缴纳高额风险抵押金以及每月只发给50元生活费，并承诺待公司经营形势好转时再让被告回公司上班等措施是否有关联，该行为是否具有胁迫、欺诈性质。

3. 分析本案是否已经超过劳动仲裁时效。

学习单元十一　妇女权益法律援助实务

 【案例导入】

法律援助严某离婚案

　　2002 年四川省威远县农村女青年严某与湖北省团风县男青年梁某登记结婚，2004 年生下一子。结婚后，严某一直住在四川娘家，梁某只去看望过两次，此外几年中，梁某对妻儿一直不闻不问，夫妻感情逐渐破裂。2007 年 9 月，严某来到湖北省团风县妇联求助，希望帮助离婚。县妇联立即与团风县法律援助中心联系，法律援助中心审查批准后由法律援助律师代理，向法院提起离婚诉讼，但法院认为证据不足，当庭宣判不予离婚，严某只好无奈的返回四川老家。

　　2008 年 5 月 12 日，汶川发生了特大地震，严某所在的威远县也未能幸免。6 月 16 日，严某打电话给法律援助律师，哭诉她小腿胫折，住房坍塌，娘家承包的鱼塘堤坝断裂，水干鱼亡，身处险境、困苦无助的严某寻求丈夫梁某帮助，而梁某却置之不理，为此严某再次要求法律援助帮助起诉离婚。法律援助中心启动特别程序，当天就下达了批准通知书，法律援助律师自垫经费，连夜乘坐火车赶赴灾区，第二天到站后换乘长途汽车，经过 4 个多小时颠簸，又步行 40 多分钟，才到达严某所在村庄。当时天色已晚，法律援助律师立即展开工作，不顾 5.4 级余震，连夜取得大量证据，一直忙到晚上 12 点。回到团风县后，法律援助律师将证据作了整理，于 2008 年 6 月 23 日交到法院。8 月 20 日，经法庭调解达成离婚协议，严某取得了孩子的抚养权。

　　本案中法律援助律师冒着生命危险前往灾区，义无反顾地履行法律援助的神圣职责，使灾区妇女感受到了法律的力量和社会的关爱，体现了扶助弱者的强烈社会责任感。那么，他们在法律援助中采取了哪些工作方法最终维护了严某的合法权益呢？

知识储备　　妇女权益法律援助概述

妇女权益法律援助是指在司法行政部门的监管和法律援助机构的组织、指导下，在妇联的支持、配合下，律师、公证员、基层法律工作者和法律援助志愿者依法为经济困难或某些特殊刑事案件的妇女免除法律服务费用，提供法律帮助的一项制度。

在人类社会发展的历史长河中，妇女始终是推动文明进步的伟大力量。新中国成立以来，国家认识到了法律在保障妇女权益中的重要作用，逐步构建了保障妇女权益的法律体系。但在另一方面，随着市场经济的发展，传统的妇女权益保障制度已受到市场竞争的严重冲击，处于社会转型期的人们价值取向发生了复杂变化，歧视、虐待、伤害妇女现象日益突出。法律作为社会的公共产品，它的价值判断标准就在于全社会贫困的弱势群体是否均可享用，而我国的经济发展状况还不能达到使所有妇女都可平等享用法律服务，这就需要法律援助给妇女以人文关怀。

一、侵害妇女合法权益的表现

妇女的合法权益，是指妇女依法享有的各种权利，其内容包括两个方面：一是妇女和男性公民享有平等的权利；二是法律赋予妇女的特殊权利。实践中，经常发生侵害妇女权益的情形主要有以下情况：

（一）侵害妇女的婚姻家庭权利

我国《婚姻法》第 5 条规定："结婚必须男女双方完全自愿，不许任何一方对他方加以强迫或者任何第三者加以干涉。"第 31 条还规定："男女双方自愿离婚的，准予离婚……"但是，干涉妇女结婚或离婚，特别是干涉农村妇女提出离婚和干涉老人再婚的现象时有发生。此外，离婚后的妇女在家庭共有财产分割、子女抚养费和子女探视权等方面的合法权益受到侵犯的情况也屡见不鲜，这成为困扰离婚妇女经济和精神的一大难题。

（二）侵害妇女的劳动权利

伴随中国经济的高速发展，经济效益优先的观念占据了社会主流地位，由于两性生理上的差别，女性首当其冲地成了这种价值评判尺度的牺牲品，特别是目前我国就业形势严峻，侵害妇女劳动权益呈现出公开化、多样化的特点，并表现出较为严重的态势。再加上这些下岗妇女的文化、技能等素质与社会对人力资源综合素质的要求差距较大，而失业妇女对职业的期望与社会实际能提供的就业机会差距更大，导致失业妇女人数居高不下，尤其是 35 岁以上的妇女难以再进入劳动力就业市场。

此外，某些用人单位违反劳动法的有关规定，安排女工在孕期、产期、哺乳期、经期内从事重体力、高压、高空、高寒、有毒有害等工作，或是在劳动合同中对女职工在合同期内怀孕、生育、工资待遇等方面作出限制性约定，从而严重侵害妇女享有的平等的劳动权利。

（三）侵害妇女的人身权利

妇女的人身权利是指妇女的人身和与人身直接有关的权利，主要包括妇女的生命安全、身心健康、人身自由、人格与名誉等方面的内容，具体可分为人格权（生命权、健康权、身体权、自由权、肖像权、名誉权、姓名权等）和身份权（荣誉权、监护权、继承权、著作权、发明权等）。

人身权利是妇女最基本也是最重要的权利之一，是妇女能够正常生活的必要前提，也是妇女从事各种生产、劳动、学习和社会活动的根本条件。然而，现实中，强奸、拐卖、家庭暴力、性骚扰等侵害妇女的人身权利案件的发案率比较高，遗弃女婴以及歧视生女孩妇女的现象经常出现，家庭暴力呈现出突发性强、持续时间长、来势凶猛的特点，这些都严重摧残了妇女的身心健康。

（四）侵害妇女的财产所有权

继家庭暴力、家庭冷暴力之后，被称为财产"暴力"的多种婚内财产纠纷，近年来正成为许多女性心头新的伤痛，因为妻子不清楚丈夫的收入和在外经营的财产状况，并且难以取证，从而导致家庭财产分割不公正，损害了妇女的经济利益。我国《婚姻法》第17条第2款明确规定："夫妻对共同所有的财产，有平等的处理权。"第24条第1款规定："夫妻有相互继承遗产的权利。"但实践中，丈夫任意剥夺妻子对共同所有的财产的处理权，家庭成员干涉妇女继承遗产的权利的现象屡见不鲜。例如，何某之夫在上海投资成立了一家独资企业，双方离婚进行财产分割时，何某之夫称上海的独资企业已资不抵债，无任何有价值的东西，另外的两处房产均是他人购买的，应归他人所有，不仅不分给何某财产，反要求何某承担巨额债务。

此外，还存在农村女性受教育水平与男性差距较大、妇女参与国家与社会事务决策的程度仍然偏低等情形。之所以产生这些问题，除了妇女自身因素外，社会对这些妇女的关注不足也是一个很重要的原因。传统的歧视女性的性别观念已经成为一种文化模式，为减少这种现象，必须进一步加强对妇女的法律援助。

二、我国现行法律关于妇女权益保护的规定

（一）《宪法》

我国《宪法》第48条规定："中华人民共和国妇女在政治的、经济的、文化的、社会的和家庭的生活等各方面享有同男子平等的权利。国家保护妇女的权利和利益，实行男女同工同酬，培养和选拔妇女干部。"这是对妇女权益进行法律保护

的总的原则，同时也为其他下位法制定有关妇女权益保障的规定提供了立法依据。

（二）《婚姻法》

我国《婚姻法》对婚姻家庭权益集中、系统地作出了规定，婚姻家庭权益的享有不因主体的性别而异，夫与妻、男性和女性家庭成员的法律地位都是平等的。《妇女权益保障法》又作出了具有实际针对性的规定，是对《婚姻法》的重要补充。

根据上述法律，妇女的婚姻家庭权益包括以下内容：妇女的婚姻自主权；一定期限内限制男方的离婚请求权；禁止对妇女实施家庭暴力；夫妻共同财产的平等支配权；离婚时对妇女的保护权；母亲对未成年子女的监护权；保障妇女的生育权和生殖健康权等。

（三）《劳动法》、《妇女权益保障法》

1. 根据我国《劳动法》第3条的规定，妇女享有平等就业、选择职业、取得劳动报酬、休息休假、获得劳动安全卫生保护、接受职业技能培训、享受社会保险和福利、提请劳动争议处理等劳动权利。

同时，依据《劳动法》第12、13条规定，妇女在就业中不因民族、种族、性别、宗教信仰而受歧视。妇女享有与男子平等的就业权利。

2. 我国《妇女权益保障法》对保障妇女的劳动与社会权益作出了进一步明确规定，概括起来主要包括：

（1）享有与男子平等的劳动机会和权利。根据第23条规定，用人单位在录用职工时，除不适合妇女的工种或者岗位外，不得以性别为由拒绝录用妇女或者提高对妇女的录用标准；在录用女职工时，应当依法与其签订劳动（聘用）合同或者服务协议，劳动（聘用）合同或者服务协议中不得规定限制女职工结婚、生育的内容。除国家另有规定的以外，用人单位不准录用未满16周岁的女性未成年人。

（2）享有与男子平等的劳动报酬权和专业技术职务评定权。根据第24条、第25条规定，实行男女同工同酬，妇女在享受福利待遇方面享有与男子平等的权利；在晋职、晋级、评定专业技术职务等方面，应当坚持男女平等的原则，不得歧视妇女。

（3）特殊生理期劳动保护权。根据第26条、第27条规定，任何单位都应根据妇女的特点，依法保护妇女在工作和劳动时的安全和健康，不得安排不适合妇女从事的工作和劳动；妇女在经期、孕期、产期、哺乳期受特殊保护；任何单位不得因结婚、怀孕、生产、哺乳等原因，降低女职工的工资，辞退女职工，单方解除劳动（聘用）合同或者服务协议。

（4）社会保险保障权。根据第27条、第28条规定，各单位在执行国家退休制度时，不得以性别为由歧视妇女；保障妇女享有社会保险、社会救助、社会福利和卫生保健等权益。第29条规定，国家推行生育保险制度，建立健全与生育相关的其他保障制度；地方各级人民政府和有关部门应当按照有关规定为贫困妇女提供必要的生育救助。

（四）《关于预防和制止家庭暴力的若干意见》

2008年全国妇联、中宣部、最高检、公安部、民政部、司法部、卫生部7个部委下发《关于预防和制止家庭暴力的若干意见》，规定司法行政部门应当督促法律援助机构，为符合条件的家暴受害人提供法律援助，鼓励和支持法律服务机构对经济确有困难又达不到法律援助条件的受害人，按照有关规定酌情减收或免收法律服务费用。

司法部还要求把妇女列为"三优"对象，即优先受理、优先指派、优先办理，家庭暴力案件在全国范围内进入法律援助受案范围。

此外，《中华人民共和国母婴保健法》、《中国妇女发展纲要》、《女职工劳动保护规定》等法律、政策、行政法规和地方性法规都对妇女权益保障作出了相应规定，涉及的领域极其广泛。

三、妇女权益法律援助的重点工作内容

（一）妇女劳动权益法律援助

1. 全面掌握我国妇女劳动权益的内容。掌握包括劳动法、劳动合同法、妇女权益保障法等相关法律法规。根据《妇女权益保障法》，妇女的劳动权益主要包括：保障妇女享有与男子平等的劳动权利和社会保障权利；坚持同工同酬和平等生活福利待遇及晋升机会；根据妇女的特点，在工作和劳动中给予特殊保护；保障妇女在终止劳动合同和退休制度中的合法权益等。

2. 明确保障妇女平等就业权是妇女实现劳动权的基础。现实生活中，用人单位招聘时经常显性或者隐性地存在招男不招女或者提高女性录用条件的现象，上述规定的目的就是从法律上消除就业领域的性别歧视，保障妇女就业权利，这是妇女全面行使劳动权的基础。

3. 男女平等原则贯穿于妇女劳动权的始终。取得薪酬权是妇女实现劳动权的主要内容，按劳分配是我国宪法的规定，意味着劳动者不论性别以及其他非劳动因素的差别，一律按照其劳动的数量和质量获得劳动报酬，妇女劳动者从事与男性劳动者相同工作时，用人单位应当按同一标准支付其劳动报酬。晋职、晋级、评定专业技术职务是对劳动者素质、能力和业绩的权威性评价，其与妇女的权利以及利益息息相关，是妇女实现劳动权的重要内容，在同等条件下应一视同仁，不得以性别为由施加歧视。

4. 重视女职工享有特殊的劳动保护的权利。国家对女职工实行特殊的劳动保护是基于妇女的生理特征和保障妇女健康的考虑作出的：①妇女在身体结构和生理机能上有别于男性，有着特殊的生理现象，如月经、怀孕、生育、哺乳等，如果让她们从事过重的体力劳动或者在恶劣的环境中工作，就会严重损害妇女的身体健康；②妇女不仅创造社会普通财富，而且还担负着人类自身生产的职责，妇女的健康不仅关系到妇女自身，而且关系到下一代的成长和整个民族的兴旺。

（二）妇女婚姻家庭权益法律援助

1. 全面掌握妇女婚姻家庭权利的内容。婚姻家庭权益是指缔结婚姻的男女双方及家庭成员在婚姻家庭关系中依法享有的权益。这些权益蕴含着两方面的内容：一是人身方面的权益，二是财产方面的权益。基于妇女的历史地位、现实状况及妇女的生理特点等因素，我国宪法、妇女权益保障法、婚姻法、收养法、民法通则、继承法对此作了较全面的规定。

2. 注意保护妇女的婚姻自由权。婚姻自由是我国婚姻制度的基石，妇女在婚姻问题上有决定自己婚姻大事的自由，不允许一方对他方进行强迫或任何第三者进行干涉。我国《宪法》第49条第4款规定："禁止破坏婚姻自由……"《妇女权益保障法》第44条规定："国家保护妇女的婚姻自主权。禁止干涉妇女的结婚、离婚自由。"《民法通则》第103条规定："公民享有婚姻自主权……"《婚姻法》第2条第1款规定："实行婚姻自由、一夫一妻、男女平等的婚姻制度。"

（1）婚姻自由包括结婚自由和离婚自由两个方面。在结婚问题上，结婚必须出于男女双方完全自愿，不许男方对女方加以强迫或任何第三者加以干涉。包办婚姻、买卖婚姻和其他干涉婚姻自由的行为，都是为法律所严格禁止的。女方受胁迫而结婚的，可以向婚姻登记机关或人民法院请求撤销该婚姻。

（2）在离婚问题上，男女双方自愿离婚的，双方到婚姻登记机关申请离婚。婚姻登记机关查明双方确实出于自愿，并对子女和财产问题已有适当处理的，准予离婚登记。单方要求离婚的，可以向人民法院提出离婚诉讼。人民法院审理离婚案件，应当进行调解；如双方感情确已破裂，调解无效，依法准予离婚。

3. 注意保护妇女在婚姻家庭中的财产权利。财产权利，是指具有直接经济内容的民事权利，主要包括财产所有权、财产继承权、承包经营权、宅基地使用权、抵押权、质权、典权、知识产权中的财产权利、债权等。

《妇女权益保障法》第30条规定：国家保障妇女享有与男子平等的财产权利。第34条规定：妇女享有的与男子平等的财产继承权受法律保护，在同一顺序法定继承人中，不得歧视妇女。丧偶妇女有权处分继承的财产，任何人不得干涉。

由此可见，妇女在婚姻、家庭中的财产权利主要体现在两个方面：

（1）对共同财产有平等的处理权。不能根据双方收入的多少和有无来认定财产权利的大小，夫妻双方在行使处理权时，应当平等协商，任何一方都无权违背他方的意志而擅自处理夫妻共同财产。

（2）继承遗产的权利。继承是由于人的死亡而发生的一种法律行为，夫妻有相互继承遗产的权利，夫妻在婚姻关系存续期间所得的共同所有的财产，除有约定的以外，如果分割遗产，应当先将共同所有的财产的一半分出为配偶所有，其余的为被继承人的遗产，夫妻互为第一顺序继承人。我国法律禁止任何人以任何借口侵犯配偶的继承权，配偶继承遗产后，即取得其所有权，任何人不得加以限制或干涉。

（三）家庭暴力侵害妇女权益案件

家庭暴力侵害妇女权益是指家庭成员之间使用伤害、胁迫等手段侵害妇女的人身权利和财产权利，致使其肉体和精神造成严重伤害的暴力违法行为。

妇女在婚姻家庭中的地位和权利最能代表妇女真实的生存状态，由于受生理、经济、文化等各方面条件的制约，妇女在婚姻家庭中处于弱势地位。近些年来配偶间的家庭暴力在一定范围内情况较严重并有升级趋势，而妇女是家庭暴力的主要受害者，但长期以来这一问题并未得到重视。当家庭暴力发生时，常常被认为是家务事，以至于出现居委会管不了、警察不愿管、法院不受理的现象，推诿、扯皮屡有发生，甚至把执法责任推给不具执法权的妇女联合会。

1. 明确反家庭暴力的法律依据。第48届联合国大会通过的《消除对妇女的暴力行为的宣言》，将对妇女的暴力界定为对身体的暴力、性暴力以及心理上的暴力。我国首次出现家庭暴力这一概念是在《婚姻法》第3条、第32条、第43条、第45条、第46条中，明确规定"禁止家庭暴力"，将实施家庭暴力作为法院应准予离婚的法定情形之一，并专门规定了对家庭暴力受害人的救助措施和施暴人的法律责任。《妇女权益保障法》第46条规定"禁止对妇女实施家庭暴力，国家采取措施，预防和制止家庭暴力……"这些是反家庭暴力立法的重大突破。《最高人民法院关于适用〈中华人民共和国婚姻法〉若干问题的解释（一）》第1条对家庭暴力的范畴作了表述，即行为人以殴打、捆绑、残害、强行限制人身自由或者其他手段，给其家庭成员的身体、精神等方面造成一定伤害后果的行为。这为各级法院审理涉及家庭暴力的案件提供了操作依据。

2. 了解家庭暴力的行为表现形式。实践中对妇女的家庭暴力一般表现为以下形式：

（1）残害妇女身体，如实施故意杀害、伤害、殴打、冻饿、性摧残等使妇女身体受到严重损害的行为。

（2）对妇女进行精神迫害，如对妇女进行威胁、恐吓、辱骂，捏造事实并四处宣扬毁坏妇女名誉，将第三者带回家中同居或当面发生性行为，故意使妇女精神受到极度伤害等行为。

（3）虐待妇女，即持续性地实施家庭暴力，这是家庭暴力的严重形态。许多病、残妇女往往既无工作和收入，又无社会活动能力，只能常年待在家里，依靠丈夫维持生活，容易发生虐待现象。

（4）对妇女进行体罚和限制人身自由，如罚跪、强迫过度劳动、关禁闭、限制行动自由等。

3. 掌握家庭暴力的救济途径。对妇女家庭暴力的救济是一个社会性系统工程，需要各方配合，综合治理。《妇女权益保障法》第46条第3款规定："公安、民政、司法行政等部门以及城乡基层群众性自治组织、社会团体，应当在各自的职责范围内预防和制止家庭暴力，依法为受害妇女提供救助。"首次明确了政府各有关部门在预防和制止家庭暴力方面的责任。

《妇女权益保障法》第58条规定："违反本法规定，对妇女实施性骚扰或者家庭暴力，构成违反治安管理行为的，受害人可以提请公安机关对违法行为人依法给予行政处罚，也可以依法向人民法院提起民事诉讼。"这在婚姻法规定禁止家庭暴力的基础上，首次明确了政府各部门在预防和制止家庭暴力方面的责任，强调多部门合作解决家庭暴力问题，为公安机关干预家庭暴力提供了直接的法律依据，克服了政府介入家庭暴力工作依据不足的问题。

根据《中华人民共和国刑法》第260条，虐待家庭成员，情节恶劣的，构成虐待罪。除此之外，家庭暴力还可能触犯刑法的其他规定，构成"暴力干涉婚姻自由罪"、"故意伤害罪"、"故意杀人罪"、"侮辱罪"等。

（四）性骚扰案件是妇女权益保护新的内容

对妇女的性骚扰是对妇女人身权利和人格尊严的侵犯，1992年联合国消除对妇女歧视委员会通过的第19号一般性建议，把性骚扰定义为："以语言或行动形式，带有黄色或性要求性质，具有性取向的不受欢迎的身体接触和冒犯，或带有性色彩的话语。这种行为可能是侮辱性的，并可能导致健康和安全问题；当妇女合理地认为她的拒绝会使其就业或职业（包括雇佣、升职或造成一个充满敌意的工作环境）处于不利的状况下，就属于歧视行为。"

我国《妇女权益保障法》第40条规定："禁止对妇女实施性骚扰……"这是我国第一次将"禁止性骚扰"写入法律，表明了国家坚决维护妇女人身权利和人格尊严的严正态度，体现了宪法"尊重和保障人权"的精神，对那些性骚扰实施者有很强的法律震慑作用，为预防和制止性骚扰提供了明确的法律依据，对于保障广大妇女的人权，具有重要的意义。

随着社会生活逐渐多元化和复杂化，我国的性骚扰现象不断显现，逐渐成为一个较为突出的侵害妇女权益问题，造成越来越严重的社会危害，法律援助工作人员对此应当给予足够的关注。

【学习情境1】 妇女权益保护民事法律援助工作

因妇女权益保护法律援助事项大多属于民事法律范畴，因此，本单元重点就此内容进行介绍。关于涉及妇女权益的刑事法律援助工作，因在程序方面并无特殊性，在本单元中不单列介绍，有关援助程序及工作方法可参见本书"学习单元8"【学习情境1】、【学习情境2】、【学习情境3】的内容。

一、法律援助机构工作流程

步骤1：受理申请

1. 根据《法律援助条例》、《办理法律援助案件程序规定》和《关于民事诉讼法律援助工作的规定》，妇女有民事行政法律援助需求时，应当按照《法律援助条例》第14条的规定向有关法律援助机构提出申请，并填写法律援助申请表。填写申请表确有困难的，由法律援助机构工作人员或者转交申请的机关、单位工作人员代为填写。

2. 在申请中说明申请法律援助的事项及理由。

3. 申请人同时提供以下证明材料：

（1）身份证或者其他有效的身份证明，代理申请人还应当提交有代理权的证明；

（2）经济状况证明表；

（3）与所申请法律援助事项有关的案件材料。

4. 法律援助机构受理申请，为申请人办理申请登记，应当向申请人出具收到申请材料的书面凭证，载明收到申请材料的名称、数量、日期。

步骤2：审查申请材料

1. 女性申请人提供的材料不完备或有疑义的，应通知女性申请人作必要的补充或向有关单位、个人索取有关证明材料，并可视情况进行调查。

法律援助机构对申请进行审查，认为申请人提交的证件、证明材料不齐全的，可以要求申请人作出必要的补充或者说明，申请人未按要求作出补充或者说明的，视为撤销申请。

2. 申请人持有下列证件、证明材料的，无需提交法律援助申请人经济状况证明表：

（1）城市居民最低生活保障证或者农村居民最低生活保障证；

（2）农村特困户救助证；

（3）农村"五保"供养证；

（4）人民法院给予申请人司法救助的决定；

（5）在社会福利机构中由政府出资供养或者由慈善机构出资供养的证明材料；

（6）残疾证及申请人住所地或者经常居住地的村民委员会、居民委员会出具的无固定生活来源的证明材料；

（7）依靠政府或者单位给付抚恤金生活的证明材料；

（8）因自然灾害等原因导致生活出现暂时困难，正在接受政府临时救济的证明材料；

（9）法律、法规及省、自治区、直辖市人民政府规定的能够证明法律援助申请人经济困难的其他证件、证明材料。

3. 认为申请人提交的证件、证明材料需要查证的，由法律援助机构向有关机关、单位查证，并可以适当延长审查期限。

4. 审查涉诉事由及受理范围。

（1）法律援助机构应对案件的基本情况进行审查，以确定是否属于民事法律援助案件的范围。申请事项应当是维护申请人的合法权益的事实和相关情况。

（2）法律援助机构应对该申请是否应由该中心受理进行审查。

（3）法律援助机构对案件的胜诉把握进行必要判断。对明显超过诉讼时效，或维权要求明显不能实现的申请应当决定不予援助。

步骤3：作出决定，办理有关法律援助手续

1. 经法律援助机构审查，认为申请人的条件符合法律援助规定的，应当及时决定提供法律援助，由法律援助机构主要负责人批准，并在《给予法律援助决定书》上签字。

2. 认为所申请的案件不属于法律援助范围，但考虑其实际情况，可以予以援助的，须报援助机构负责人及主管司法行政机关领导批准。

3. 作出不予援助决定的，应当书面告知申请人理由。

4. 申请人对法律援助机构作出的不予提供法律援助决定有异议的，可以向作出该决定的法律援助机构的主管司法行政部门申请重新审核。司法部门应当在收到异议之日起5个工作日内进行审查，经审查认为申请人符合法律援助条件的，应当以书面形式责令法律援助机构及时对申请人提供法律援助。

5. 法律援助机构确定法律援助人员以后，应与受援人员签订书面的《法律援助协议书》。

步骤4：指派与安排律师

1. 根据《法律援助条例》第21条，法律援助机构可以指派律师事务所安排律师或者安排本机构的工作人员办理法律援助案件；也可以根据其他社会组织的

要求，安排其所属人员办理法律援助案件。

对于民事、行政法律援助案件，法律援助机构应当自作出给予法律援助决定之日起7个工作日内指派律师事务所、基层法律服务所、其他社会组织安排其所属人员承办，或者安排本机构的工作人员承办。

对于刑事法律援助案件，法律援助机构应当自作出给予法律援助决定或者收到指定辩护通知书之日起3个工作日内指派律师事务所安排律师承办，或者安排本机构的法律援助律师承办。

2. 法律援助机构应当根据本机构、律师事务所、基层法律服务所以及其他社会组织的人员数量、资质、专业特长、承办法律援助案件的情况、受援人意愿等因素合理指派或者安排承办机构、人员。

3. 确定法律援助承办人员后，法律援助机构发出指派通知书。由受援人转交律师事务所、法律服务所或法律援助工作人员，并建立与律师及当事人的工作联系，以便随时了解法律援助案件的办理情况。

4. 申请人应向法律援助机构提供与法律援助事项有关的证据材料，由法律援助机构将受援人提交的有关证据材料移交给承办人。

步骤5：对案件办理进行协调与监督

1. 诉讼协调与监督。法律援助机构对自己指派或办理的法律援助案件，应当进行办案质量监督。通过建立与律师及当事人的工作联系，了解案件的办理情况；及时处理案件办理过程中遇到的问题。

法律援助案件有下列情形之一的，法律援助人员应当向法律援助机构报告：

（1）主要证据认定、适用法律等方面有重大疑义的；

（2）涉及群体性事件的；

（3）有重大社会影响的；

（4）其他复杂、疑难情形。

2. 事后监督。

（1）法律援助机构应当在自己指派或办理的法律援助案件结案后的1个月内，将案件的卷宗整理归档。应当通过阅卷及征求律师和当事人意见的方式，对法律援助案件的办理情况作出评定，并及时总结办理情况，以作为日后奖惩的依据。

（2）对于违反规定或拒不履行援助义务的人员，根据《法律援助条例》第26～29条予以处罚。

步骤6：案件卷宗归档审查

1. 法律援助人员应当自法律援助案件结案之日起30日内向法律援助机构提交立卷材料。诉讼案件以法律援助人员收到判决书、裁定书、调解书之日为结案日。仲裁案件或者行政复议案件以法律援助人员收到仲裁裁决书、行政复议决定

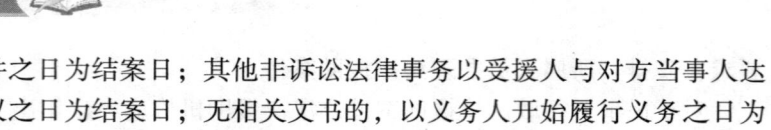

书原件或者复印件之日为结案日；其他非诉讼法律事务以受援人与对方当事人达成和解、调解协议之日为结案日；无相关文书的，以义务人开始履行义务之日为结案日。法律援助机构终止法律援助的，以法律援助人员所属单位收到终止法律援助决定函之日为结案日。

作出指派的法律援助机构应当对法律援助人员提交的立卷材料及受理、审查、指派等材料进行整理，一案一卷，统一归档管理。

2. 法律援助机构应当自收到结案材料之日起 15 日内完成审查，并将材料退还，由承办人员所在的律师事务所、基层法律服务所负责归档保管。

步骤 7：支付办案补贴

法律援助机构应当自收到法律援助人员提交的立卷材料之日起 30 日内进行审查。立卷材料齐全的，应当按照当地人民政府制定的法律援助办案补贴标准通过法律援助人员所属单位向其支付办案补贴。

二、律师代理工作流程

因针对妇女民事权益的法律援助服务的基本程序具有较强相似性，因此，本单元中不单列具体的服务事项的工作方法，而是一并列明。在此仅以为妇女办理协议离婚及离婚诉讼法律援助的程序及方法为例。对此，可采取以下步骤：

步骤 1：接受指派，接待当事人

1. 当事人的法律援助申请经当地法律援助中心批准后，由中心安排本中心工作人员或指派律师事务所或基层法律服务所人员承办此项业务。

2. 律师或基层法律服务工作者接受指派后，接待当事人，听取女性当事人陈述事实。

3. 审查该事实是否已有证据支持，问明证据的来源，判断是否有必要进一步调查核实。

步骤 2：提供进一步咨询，明确妇女在离婚中的法律权利

1. 针对当事人提出的咨询，可以为其进行相应解答，并向其介绍有关婚姻法及妇女保障的法律常识。

2. 了解女方当事人对离婚的要求及其家庭财产、子女抚养等相关情况，为制定适合的援助策略提供依据。

步骤 3：调查取证与审核证据

1. 在弄清纠纷的法律事实基础上，进行必要的调查取证。

2. 对当事人提供的证据材料进行审核，找出证据中的疑点进一步核实与确认。这些有利证据将为己方争取最大利益提供有力支撑。

步骤 4：组织调解，给出适当建议

1. 承办这类纠纷，律师应在了解案情的基础上，分别情况制定策略。有调

解基础的，尽量采取调解方式；无调解可能的，可提出协议离婚或诉讼离婚的建议。

2. 鉴于离婚纠纷属于家庭纠纷，当事人在寻求法律帮助时，双方的感情并非完全破裂，特别是在一方坚持离婚而另一方坚持不离的情况下，为妇女今后生活考虑，律师应尽可能选择调解来解决纠纷。

对于双方已经坚持离婚的情况，如只是在财产或子女抚养问题方面尚未达成一致，律师的工作重点应放在建议双方通过调解达成协议。

3. 在征得女方当事人同意和大致判断案件结果的基础上，律师可以主动与男方进行接触，争取促成调解。

4. 在调解过程中，为使双方继续生活，律师的工作重点要放在化解家庭现有的矛盾方面，同时要将未来可能再发生纠纷的事宜也一并作出安排。

如果是就财产和子女抚养问题进行协议，应注重在调解中不究问离婚原因和太多是非，避免让双方互相指责，尽量在消除双方对立情绪的基础上，促成调解。

5. 一旦调解达成协议，应当协助制作调解协议书，请双方当事人确认并签字。为保证调解协议的有效执行，应尽量对该调解协议申请公证。

步骤5：向相关部门举报家庭暴力，借助外力解决问题

1. 对于涉及家庭暴力的离婚，律师可协助女方当事人向相关部门举报。

2. 由有关部门对施暴方进行查处或予以批评教育，借此外力，有利于促使纠纷向好的方向发展。

步骤6：通过诉讼维护妇女权益

1. 调解不成的，经女方当事人委托，律师可以代为提起诉讼。

2. 律师可代为撰写起诉状，确定诉讼请求及管辖法院，并将收集的证据提交法院。

3. 除已有证据外，律师应进一步收集支持女方诉讼请求的证据，做庭审前的相关准备工作，拟写代理词或法庭辩论提纲。

4. 律师应参加庭审活动，进行举证质证，发表代理词，与对方当事人进行辩论，为女方当事人争取最大利益。

步骤7：向法院申请司法救助

依据《最高人民法院关于对经济确有困难的当事人提供司法救助的规定》，当事人具备下列情形之一的，可向人民法院申请司法救助：追索赡养费、抚养费、抚育费、抚恤金的；追索养老金、社会保险金、劳动报酬而生活确有困难的；孤寡老人、孤儿和农村"五保户"；正在享受城市居民最低生活保障、农村特困户救济或者领取失业保险金，无其他收入的；正在接受有关部门法律援助的；当事人为社会福利机构、敬老院、优抚医院、精神病院、SOS儿童村、社会

救助站、特殊教育机构等社会公共福利单位的。

步骤 8：收到判决后的工作

1. 了解当事人是否收到裁判文书，征求当事人是否需要提起上诉。

2. 经过法律援助机构同意，可继续提供法律援助。法律援助律师可以根据当事人的请求，代其书写上诉状，并在法定期间提交法院。

3. 没有参加一审诉讼的法律援助律师担任二审代理人，应通过到法院查阅卷宗，与一审律师进行沟通等方式，全面了解一审情况。

4. 二审法律援助律师应根据一审情况，做好证据补救工作，收集新的证据。在办案过程中发现妇女受援人有《法律援助条例》规定的终止法律援助的情形的，应当及时向法律援助机构报告，由法律援助机构审查核实是否终止提供法律援助。

 【学习情境2】 妇女权益法律援助技巧及应注意的问题

一、法律援助工作者必须具备良好的素养

就我国法律援助工作的现状而言，律师办理法律援助案件多处于粗放的状态，办案质量的好坏主要依赖于法律工作者履行法律援助义务的自觉性，由于这种自觉性的差异，导致了法律援助办案质量的参差不齐。

对妇女进行法律援助需要诚信、忠实、敬业的法律专业人员，作为法律援助工作者必须具备三种基本素质：

1. 要树立高度的社会责任感和使命感。同情弱者是人类的天性，是人类文明的标志，也是人类发展的需要。关心、关爱、帮助需要受援助妇女同胞，用正义的法律之剑更好地保护妇女的权益，是非常值得为之奋斗的事业。

2. 要掌握娴熟的法律知识和工作技巧。要正确行使和充分利用诉讼权利，多方走访调查收集相关证据，熟知法律法规及相关案例，认真撰写代理词并发表代理意见，在法理与情理很好结合的基础上充分利用调解手段。

3. 要具备吃苦耐劳的精神和品质。完全实现男女平等还需要一个崎岖而漫长的过程，需要法律援助工作者具有铁肩担道义的奉献精神，花费宝贵的时间和精力，付出艰苦而执着的努力。

二、充分认识维护妇女合法权益的难度

男性一般占有教育、体力、经济地位的优势，妇女遭受侵犯时，经常选择逃避的方式，害怕来自同事、亲戚等社会各方面的压力，宁可忍气吞声、忍辱负重，也不愿声张。例如，曾发生某女士因丈夫对其殴打而要求法律援助人员帮

助，当法律援助人员协助其报案，警察赶到现场后，该女士又一言不发，纵容了其夫的暴力行为。为此，特别需要全社会对妇女的帮助和理解，其中包括法律援助人员对妇女在心理上和情感上的支持。此外，当家庭暴力等侵害妇女权益的行为没有造成严重后果时，即使法律援助人员出面也很难引起有关部门的重视和解决，因此往往不能及时、有效地保护妇女的合法权益。

三、注意收集证据是对妇女提供法律援助的关键

由于家庭暴力、性骚扰等侵害妇女权益的行为多发生在家庭或者单位内部，知情人少，界限不易理清，具有很强的隐蔽性，受害妇女往往很难举出有力的证据来支持自己的损害赔偿请求。

同时，在婚姻家庭关系中，妇女一般对家庭财产所知甚少，家庭主要财产往往处于男方控制之下，如今离婚财产分割已经不仅仅局限于日常生活用品，更重要的是房屋、股权、股票、汽车等，在离婚时即使女方提出分割财产的要求，但由于不能提供权属证据，往往使离婚妇女的权益得不到有效的保障。因此，对妇女进行法律援助一定要有强烈的证据意识，收集一切能够收集的证据，包括证言、书面材料、录音等。例如，某学校女教师何某把该校教研室领导告上法庭，要求他就两年多来的性骚扰行为赔礼道歉，并赔偿精神损失。由于何某注意保留了对方写下的保证书，法律援助人员又收集了学校对对方的处罚决定和谈话录音，有力地证明了侵害行为的存在，因此何某的诉讼请求得到了法院的支持。

四、注意保护妇女的个人隐私

在女性就要求离婚、家庭暴力、性骚扰等方面寻求法律援助时，因为此类纠纷涉及个人婚姻家庭状况以及单位的上下级关系，特别是案件事实中无可避免地带有与两性关系相关的内容，因此，法律援助人员在办案过程中，应对所了解的案件情况，特别是涉及当事人及其家庭成员、单位同事的隐私情况予以严格保密，给予双方当事人足够尊重。《办理法律援助案件程序规定》第5条也明确规定，法律援助人员应当保守在办理法律援助案件中知悉的国家秘密、商业秘密，不得泄露当事人的隐私。

五、灵活选择维护妇女权利的途径

法律援助工作人员维护妇女权益可以灵活运用以下法律途径：

1. 与侵权人谈判，协商调解解决。妇女法律援助案件大多权利义务关系明确，当事人之间今后仍需继续相处，并且一般具有较大调解可能性，应优先采用调解程序办案。此类妇女法律援助案件一般包括婚姻家庭、劳动争议、医疗事故、交通事故和涉及有关社会保障、优抚规定的纠纷等，对群体纠纷等特殊案件更应积极采取先调解的原则。

2. 向侵权人所在的单位或者主管机关投诉。受害妇女可以向侵权人单位的

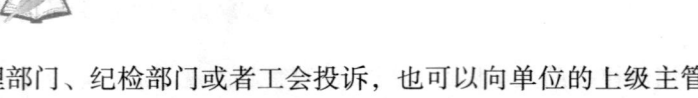

人事、劳动关系管理部门、纪检部门或者工会投诉，也可以向单位的上级主管部门投诉，要求调查处理。例如，某市一位妇女向有关部门投诉，反映自己被部门领导性骚扰长达一年多，查实后，这名部门领导被免职。

3. 向人民法院提起民事诉讼。受害妇女可以申请获得法律援助人员的帮助，到有管辖权的人民法院提起诉讼，按照民事诉讼法的有关规定，主张自己的权利，由人民法院作出判决，维护妇女权益。示范情境案例就属于此种途径。

4. 向公安机关报案，要求给予治安处罚。受害妇女可以到案发地或者对方所在地的公安机关基层派出所报案，接受警察的询问，配合做好有关工作，由公安机关依法对违反《治安管理处罚法》的行为人进行处罚。例如，某出租汽车司机经常向同事之妻发黄色短信息，受害妇女把情况反映到出租汽车公司并向公安机关报案，最终该司机被处以行政拘留。

5. 向公安机关举报刑事犯罪。妇女的弱势地位使得其极易遭受犯罪行为侵害，在为妇女提供法律援助服务过程中应当注意是否存在刑事犯罪情况。例如，妇女李某长期被丈夫殴打，寻求法律援助离婚，法律援助人员发现李某已经构成轻伤，于是协助其向公安机关报案，终于使其夫受到刑罚处罚。

 【实训案例】

案情介绍

妇女李某请求返还丈夫打工死亡赔偿款案

妇女李某的丈夫在打工安装空调时，不慎从 24 楼坠落身亡，事发后用工单位一次性补偿死亡补偿金、子女抚养费、老人赡养费、安葬费等共计 22 万元整。除了花费安葬费外，李某将余款连同安葬时所收礼金共 20 万元都交付给死者之弟夏某保管。但夏某在未经李某同意的情况下，私自以自己的名义将该款在保险公司投保，从而将该款占为己有。此后李某索要无果，无奈之下向法律援助中心寻求帮助，将夏某告上法庭，请求被告返还不当得利 20 万元。

法院审理后认为：李某的丈夫因工死亡，所获得的赔偿金应由李某、两个孩子、死者的父母依法取得，两个孩子属于未成年人，分得的部分应由母亲李某保管。法院依法判决：被告夏某一次性向原告和死者父母返还所有不当得利，并承担诉讼费用，两个孩子所得款项由母亲李某负责保管。

这是一起典型的家族势力侵害妇女权益的案件。在家族人眼里，男人死后媳妇将来就可能再嫁并带走财产，因此死者父母、兄弟才合谋将财产投保，甚至连同死者妻子的那一份赔偿款也一并处置。作为妻子，李某合法地享有对丈夫财产的继承权；作为母亲，她最先享有对未成年子女财产监管的权利。法律援助中心

通过援助这样一起案件，不仅直接维护了妇女李某的合法权益，更重要的是弘扬了男女平等的理念。

请问：

1. 李某的诉讼请求的法律依据是什么？

2. 法院判决的理由是什么？

【训练目的】根据案例提供的事实情况，了解妇女法律援助的基本流程，论证本案涉及的法律问题及社会问题。

【训练方法】在规定的时间内讨论上述问题，并向同学发表自己的看法。

案情介绍

遗腹女请求损害赔偿纠纷案

妇女李某之夫受赵某雇佣驾驶货车运矿石，途中因交通事故死亡。交警在处理交通事故时，主持调解，赵某同意一次性支付李某赔偿金56 000元，约定今后事宜与雇主无关。调解当时，李兰身怀有孕，但在调解协议里并没有谈及孩子的未来权益。

第二年李某生下遗腹女小华，因养育困难，李某诉至法院要求赵某赔偿孩子养育费，诉讼请求的案由是交通事故损害赔偿纠纷。法院经初步审查李某的材料，准备驳回李某的诉讼请求，李某于是向法律援助中心求助。法律援助中心审查后，决定指派律师为其提供法律援助。接受委托后，法律援助工作人员向法院提出撤回原交通事故损害赔偿之诉，获得法院批准。随后，法律援助工作人员以小华名义，以雇员损害赔偿为由重新向法院提起对赵某的诉讼，法院依法予以受理。

【讨论问题】

1. 法律援助人员为什么向法院提出撤回原交通事故损害赔偿之诉？

2. 在法律援助人员帮助下提起的第二次诉讼为什么改变了诉讼主体和案由？

3. 如果你是本案主审法官，你如何判决？为什么？

【方法提示】从法律关系与诉讼主体一致性、雇主是否重复承担责任、胎儿出生后的权益保护等方面予以分析判断。

学习单元十二　残疾人法律援助实务

> 【学习目标】
> ● 了解残疾人法律援助的特点及工作内容。
> 【学习任务】
> ● 掌握残疾人法律援助的基本工作方法。

【案例导入】

沈某诉束某侵权案

沈某，男，52 岁，家住某县，残疾人（肢体三级），享受最低生活保障。

沈某同村村民束某（男，30 岁），因曾对沈某女儿小慧进行性侵犯（未遂）被法院判刑，束某因此怀恨在心，遂于 2010 年 6 月 2 日晚对沈氏父女殴打报复，致沈某受伤住院，花去医疗费 4000 余元。本案经公安机关调解处理未果，沈某来到县法律援助中心请求提供法律援助。

该县法律援助中心启动残疾人维权绿色通道，依法受理了沈某的援助申请，并指派某律师事务所办案经验丰富的储律师具体承办该案。

储律师接受委托后，与当地公安机关联系，调取了案件材料，并及时向法院提起诉讼。考虑到对方当事人束某曾受过刑事处罚，性格偏激、容易冲动，双方又系邻里关系，日后低头不见抬头见，为了避免和减少矛盾，防止双方当事人之间再次发生恶性冲突，律师建议沈某冷静、理智地提出诉求，对于法院支持可能性不大的损失（如精神损害抚慰金等）予以放弃，对于营养费、交通费等其他损失，实事求是地提出要求。当事人权衡之后，便接受了律师的意见。

案件经人民法院公开审理后，判决束某赔付沈某各项损失共计 6883.07 元，双方当事人均未提起上诉，束某亦未再骚扰沈家，沈家父女的生活又恢复了平静。

该案集中反映了社会上的一类特殊群体——残疾人作为法律援助对象的重要性。在我国贫困人口中，残疾人占的比重很大。满腔热情地关心残疾人，切实提高残疾人维护自身合法权益的意识和能力，给他们以平等的地位和均等的机会，是每一个法律援助工作者的职责。那么，残疾人法律援助有什么重要特点？其工作内容和方法又有什么特殊性呢？

残疾人法律援助的概述

残疾人法律援助是指在司法行政部门监管和法律援助机构的组织、指导下，在残联支持、配合下，律师、公证员、基层法律工作者和法律援助志愿者依法为经济困难或某些特殊刑事案件的残疾人免除法律服务费用，提供法律帮助的一项制度。

参考联合国《关于残疾人世界行动纲领》对残疾人的界定，《中华人民共和国残疾人保障法》第 2 条将残疾人界定为"在心理、生理、人体结构上，某种组织、功能丧失或者不正常，全部或者部分丧失以正常方式从事某种活动能力的人。残疾人包括视力残疾、听力残疾、言语残疾、肢体残疾、智力残疾、精神残疾、多重残疾和其他残疾的人"。

全世界约有 6.5 亿残疾人，占世界人口总数的 10%。根据 2006 年第二次全国残疾人抽样调查的结果，我国现有 8296 万残疾人，占全国总人口的 6.34%，涉及的家庭人口达 2.6 亿，是世界上残疾人最多的国家。并且由于遗传、事故、疾病与人口老龄化等难以避免的原因，每年仍以 70 万~80 万人的速度增长。

残疾人是一个数量众多、特性突出、特别困难的社会群体，是法律服务的重点人群，残疾人在政治、经济、文化、社会和家庭生活等方面依法享有同其他公民平等的权利。维护残疾人的尊严和权利是国家和社会义不容辞的职责，是我国社会主义法制建设和人权保障的重要组成部分，是实现司法公正、体现社会文明进步的必然要求。为残疾人提供无障碍法律服务和法律援助，就是要通过各种渠道为残疾人提供方便快捷的法律服务和法律援助，消除他们在获得法律服务和法律援助方面面临的经济条件障碍、物质环境障碍、语言障碍和信息障碍，使他们能够及时有效地利用法律武器维护自身合法权益，促进残疾人事业与社会的协调发展。

一、残疾人权益易受侵害

（一）残疾人权益被侵犯表现为"三多"特点

残疾人是社会中特殊困难的群体，由于受到身体条件、文化水平和经济条件的限制，残疾人受到歧视、侮辱、伤害的现象时有发生，有的还相当严重。从残疾人申请法律援助的实践来看，残疾人权益被侵犯主要表现为"三多"特点：一是被侵害的主体中以智力、视力残疾人居多；二是以残疾女性居多；三是人身伤害案件多。智力残疾人缺乏是非判断能力，视力残疾人看不见人和物，女性残疾人更加缺乏反抗能力，这些弱点使本就处于弱势的残疾人的合法权益更易被侵犯。

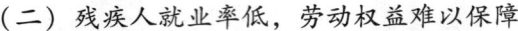

（二）残疾人就业率低，劳动权益难以保障

与全国劳动就业率相比，残疾人就业率很低，在激烈的市场竞争形势下，残疾人福利企业的生存和发展受到了威胁，多数企业由于技术设备落后，人才资金缺乏，管理水平较差，加之残疾人占到职工总数的一半左右，因而在市场竞争中处于劣势，面临停产甚至倒闭的威胁。尽管国家规定社会各单位按比例录用残疾人，但是由于对残疾人的偏见和残疾人自身的困难，所以他们在求职时仍相当困难。

由于国家对农村残疾人没有采取有效的扶持措施，使得大多数农村残疾人因为没有起码的资金或物资而不能从事力所能及的生产活动。据统计，城镇求职登记的残疾人有 85 万余人，没有安排就业的有 116 万余人；农村有 467 万残疾人无工作可干。在全国农村 3681 万余贫困人口中，贫困残疾人有将近 650 万。全国 6000 万残疾人中，只有不足 1/3 的人能够自己养活自己，大多数靠家庭和亲友供养。

（三）残疾人法律意识淡薄，自身素质有待提高

由于残疾人自身综合素质状况相对低弱，文化素质不高且法律意识淡薄，对残疾人法律援助制度不了解，经济又比较困难，使残疾人群体在追求效率的市场竞争中成为弱者，自己的合法权益受到侵犯时不知道如何维护，同时残疾人自身又良莠不齐，影响了社会上一部分人对残疾人的公正评价，再加上个别司法工作人员的腐败行为，使得一些残疾人对法律不信任，很多残疾人认为"有理没钱不能打官司"，不知道寻求法律援助。

二、残疾人法律援助的范围与现状

（一）残疾人法律援助范围

根据《法律援助条例》等相关法律规定，残疾人法律援助的范围并无单独规定，也非有其特殊性，但从法律援助实践来看，其主要集中在以下法律事项中：

1. 涉及残疾犯罪嫌疑人、被告人以及被害人的刑事案件；

2. 残疾人请求给付赡养费、抚育费、抚养费；

3. 请求发给抚恤金、救济金等法律事务；

4. 侵犯残疾人劳动权益案件；

5. 虐待、歧视、遗弃、侮辱残疾人的案件；

6. 追索侵权赔偿诉讼；

7. 除责任事故外，因公受伤害请求赔偿的法律事项；

8. 需要予以公证的与残疾人个人人身、财产密切相关的法律事实或法律关系。

（二）残疾人法律援助服务体系已经形成

目前，我国已初步形成以宪法为核心，以残疾人保障法为基础，以有关法律、行政法规、部门规章、地方性法规、规章为配套，以县、乡、村扶助残疾人的优惠政策为延伸的残疾人法律法规体系。

据中国残联统计，截止到 2009 年底，全国建立残疾人法律援助（服务）中心 2870 个，办理案件 1.9 万件，其中，省级建立残疾人法律援助（服务）中心 27 个，办理案件 388 件；地市级建立残疾人法律援助（服务）中心 313 个，办理案件 4066 件；县级建立残疾人法律援助（服务）中心 2530 个，办理案件 1.5 万件。全国共命名了 7476 个维权示范岗，为残疾人提供法律服务的案件有 3.3 万件，其中省级命名残疾人维权示范岗 552 个，为残疾人提供法律服务的案件有 995 件；地市级命名残疾人维权示范岗 678 个，为残疾人提供法律服务的案件有 9527 件；县级命名残疾人维权示范岗 6246 个，为残疾人提供法律服务的案件有 2.2 万件。这些都有力地促进了法律援助和法律服务工作，充分发挥了法律援助机构为残疾人伸张正义，在法律上保护残疾人合法权益的功能。

（三）残疾人享有法律赋予的法律援助等特殊权益保障

1. 社会物质帮助权和社会平等权。残疾人作为社会弱势群体，国家针对其特殊情况制定了以《残疾人保障法》为核心的，包括《残疾人就业条例》、《残疾人教育条例》在内的大量的维权法律、法规，在规定残疾人拥有和普通公民一样的权利以外，还规定残疾人享有社会物质帮助权和社会平等权等特殊权利。例如《残疾人保障法》第 38 条第 2 款规定："在职工的招用、转正、晋级、职称评定、劳动报酬、生活福利、休息休假、社会保险等方面，不得歧视残疾人。"

2. 特殊诉讼权利。依据《中华人民共和国刑事诉讼法》有关条款规定，对于被告人是盲、聋、哑以及未成年或可能被判处死刑的其他残疾人而没有委托辩护人的，人民法院应指定承担法律援助义务的律师为其提供辩护。根据最高人民法院、最高人民检察院、公安部、司法部 2013 年 2 月 4 日发布的《关于刑事诉讼法律援助工作的规定》，因经济困难没有委托辩护人或者有证据证明犯罪嫌疑人、被告人属于一级或者二级智力残疾的，残疾人本人及其近亲属可以向办理案件的公安机关、人民检察院、人民法院所在地同级司法行政机关所属法律援助机构申请法律援助。

依据《人民法院诉讼收费办法》，对当事人（包括残疾人）交纳诉讼费用确有困难的，予以缓、减、免收诉讼费。最高人民法院颁布实施的《〈人民法院诉讼收费办法〉补充规定》、《最高人民法院关于对经济确有困难的当事人提供司法救助的规定》，都明确规定当事人为没有固定生活来源的残疾人或社会公共福利事业单位的，如福利院、精神病院、敬老院、孤儿院等，人民法院根据案件具

体情况决定当事人缓交、减交或者免交诉讼费用。

根据司法部等九部（局）联合下发的《关于贯彻落实〈法律援助条例〉切实解决困难群众打官司难问题的意见》，残疾人在劳动仲裁、档案资料查询和复制、司法鉴定等方面享有费用减免优惠。

3. 残疾人财产权享有特别保护。在一些相关法律法规中，残疾人的财产权等权益也受到特殊保护。例如，残疾人的监护人在履行监护职责时，除为被监护人的利益外，不能处理被监护人的财产。离婚时，生活困难的残疾人，有权要求对方给予适当的经济帮助。遗嘱人处分自己的财产时，应当为缺乏劳动能力又没有生活来源的残疾继承人保留必要的遗产份额，否则，遗嘱部分无效。

【学习情境1】 残疾人法律援助保障措施

一、为残疾人提供法律援助的实践做法

措施1：残疾人是法律援助工作的优先服务对象

根据《刑事诉讼法》规定，被告人是盲、聋、哑人而没有委托辩护人的，人民法院为被告人指定辩护时，法律援助机构应当提供法律援助，无须对被告人进行经济状况的审查。

《司法部关于学习盘龙经验进一步做好残疾人法律援助工作的通知》规定：残疾人作为社会中特殊的弱势群体，面临着生产生活诸多矛盾和困难。解决好他们的矛盾和困难，维护好他们的合法权益，对于促进社会和谐稳定关系重大。做好残疾人法律援助工作，是司法行政机关和法律援助机构服务大局、构建和谐社会的重要内容。

措施2：为残疾人提供无障碍法律援助

司法部在全国法律援助工作部署中，要求法律援助机构将残疾人作为重点对象优先提供法律援助。2004年，司法部又和中国残疾人联合会联合下发了《关于为残疾人提供无障碍法律服务和法律援助的通知》，要求进一步加大对残疾人法律援助工作的力度，确保经济困难的残疾人获得无障碍法律援助，消除他们在获得法律援助方面面临的经济条件障碍、物质环境障碍、语言障碍和信息障碍。

措施3：县级以上地方残联健全残疾人法律援助中心（当地政府法律援助的分中心或工作站）

中心配备专（兼）职工作人员，在当地政府法律援助中心的指导下，开展法律咨询、调解、代书、转介或者代理等工作，为残疾人提供法律援助。

措施4：命名残疾人示范岗

各级司法行政部门和残联命名了4000多个残疾人维权示范岗，它们采取发放法律援助卡、开通法律援助热线、设立咨询信箱、实行上门服务、定期回访等措施，推动残疾人无障碍法律援助工作向基层延伸。

措施5：由残联指定或者委托律师事务所为残疾人提供法律援助服务

全国共有3290多家律师事务所接受各级残联指定或者委托，为残疾人提供"优先、优质、优惠"的法律服务。一些高等院校、社会团体举办的法律援助和法律志愿工作者也积极发挥作用，为残疾人提供法律服务。

二、实行残疾人无障碍服务的常用方法

方法1：发放法律援助卡

1. 根据残疾人联合会掌握的重度生活困难的残疾人名单，制作残疾人法律援助联系卡，方便残疾人咨询、申请法律援助。

2. 残疾人手持法律援助卡，可到法律援助中心寻求帮助，中心对持卡人的身份不必查验，可及时提供咨询等帮助。

3. 对来访事项进行登记，并对处理结果予以记录，定期进行归档整理。

4. 对持卡残疾人提供法律援助时，优先办理，相关费用减免或予以优惠。

方法2：开通法律援助热线

1. 在法律援助中心开通12348法律援助咨询专线，并向社会公布电话号码，随时接待残疾人等群众的法律咨询与求助。

2. 由残疾人法律援助中心的工作人员定期值班接听残疾人的咨询电话。

3. 定期对工作人员进行有关残疾人法律、法规及政策的学习，这些专业的工作人员能够针对残疾人的特点，及时解答残疾人提出的法律咨询问题，并做好日常维权工作。

方法3：设立咨询信箱

1. 通过在办公场所或居民生活社区设立法律援助咨询信箱，及时收取残疾人提出的有关法律问题。

2. 对残疾人提出的咨询问题，应分门别类地进行统一登记，并尽快转交专业咨询人员阅读，及时回复，尽量不要拖延。

3. 有必要面谈的，可依据咨询人提供的联系方式，另外约时间当面解答疑问。

4. 如发现较为严重的涉及侵犯残疾人权益的情况，应当立即报告有关部门加以协调处理，并及时为当事人办理法律援助手续。

方法4：审批绿色通道

1. 对残疾人申请法律援助，简化审批程序，缩短残疾人法援申请获批的时间。

2. 根据残疾人的意愿就近指派申请人居住地或者受诉机关所在地附近的律师事务所或者法律服务所承办，以方便当事人往返，减轻残疾人诉累。

3. 对于因居住在外地不能及时提供困难证明的，为避免超过时效，可先受理后补办手续。

方法 5：设立便利残疾人求助的办公接待场所

设立固定的便利残疾人求助的办公接待场所，并建立基本符合《城市道路和建筑物无障碍设计规范》的无障碍设施。

方法 6：实行上门服务

对患有疾病或者行动不便的残疾人，提供上门法律援助服务。由法律服务人员上门了解案情，代理受援人办理法律援助申请手续。

方法 7：定期回访

为残疾人提供法律援助事项完成后，定期由法律援助中心工作人员对残疾当事人进行回访，了解援助的效果、援助人员的服务水平，听取残疾当事人的意见，并询问是否有新的情况或新的法律服务需求。

方法 8：加强残疾人法律援助相关部门协作

加强法律援助中心与相关部门的协调沟通，构建残疾人法律援助联动机制，拓宽残疾人维权渠道，从而降低残疾人的维权成本。

【学习情境 2】 残疾人刑事法律援助工作

残疾人刑事法律援助既包括通知辩护援助，也包括申请法律援助。对此，法律援助机构在审查、指派环节有不同的工作要求，下文将分别加以介绍。

一、法律援助机构的工作流程

步骤 1：受理申请并审查申请人资格

1. 法律援助机构在收到刑事法律援助申请后，应对申请人提交的经济困难等证明材料认真进行审查，需核实是否属于经济困难或《关于刑事诉讼法律援助工作的规定》第 2 条第 2 款规定的 4 种特殊情形，以确定其是否有资格提出法律援助申请，对符合条件的申请人，应当指导其填写《法律援助申请表》。

2. 审查申请人在提出申请时是否提交了以下相关证件和证明材料：

（1）身份证或者其他有效的身份证明。

（2）有关单位出具的申请人家庭经济困难的证明。

（3）与本案有关的拘留证或者逮捕证、起诉书或一审判决书等案件材料。

对于申请人提供的材料不完备或有异议的，应通知申请人作必要的补充或向有关单位、个人索取有关证明材料，并可视情况进行调查。

3. 接受公检法转交的法援申请。公安机关、人民检察院、人民法院在收到被羁押的残疾犯罪嫌疑人、被告人以及残疾被害人或其法定代理人、近亲属提出的法律援助申请后，应当在 24 小时内将申请转交所在地的法律援助机构，并于 3 日内通知申请人的法定代理人、近亲属或者其委托的其他人员协助提供申请法律援助有关的证件、证明及案件材料。

对于犯罪嫌疑人、被告人申请法律援助的案件，法律援助机构可以向公安机关、人民检察院、人民法院了解案件办理过程中掌握的犯罪嫌疑人、被告人是否具有规定情形等情况。

步骤 2：审查涉诉事由及受理范围

1. 法律援助机构应对案件的基本情况进行审查，以确定是否属于刑事法律援助案件的范围。申请事项应当是维护申请人的合法权益的事实和相关情况。

2. 法律援助机构应对该申请是否应由该中心受理进行审查。按照《法律援助条例》第 15 条的规定，非指定辩护刑事诉讼案件的法律援助，由申请人向审理案件的人民法院所在地的法律援助机构提出申请，被羁押的犯罪嫌疑人的申请由看守所在 24 小时内转交法律援助机构。

步骤 3：作出决定或接受通知

1. 法律援助机构应在接到申请后 7 个工作日内作出是否援助的决定。

2. 对符合法律援助条件的，应当决定给予法律援助，并制作给予法律援助决定书；对不符合法律援助条件的，应当决定不予法律援助，制作不予法律援助决定书。给予法律援助决定书和不予法律援助决定书应当及时发送申请人，并函告公安机关、人民检察院、人民法院。

3. 残疾申请人及其近亲属对法律援助机构不予援助的决定有异议的，可以向确定该法律援助机构的司法行政部门提出，司法行政部门应当在收到异议之日起 5 个工作日内进行审查，经审查认为申请人符合法律援助条件的，应当以书面形式责令法律援助机构及时对该申请人提供法律援助，同时通知申请人。认为申请人不符合法律援助条件的，应当维持法律援助机构不予援助的决定，并将其维持决定及理由书面告知申请人。

4. 对于公安机关、人民检察院、人民法院通知辩护或通知代理的需接受通知。

（1）公安机关、人民检察院、人民法院根据《刑事诉讼法》及相关司法解释为残疾被告人通知辩护的，应当将通知辩护公函和采取强制措施决定书、起诉意见书、起诉书、判决书副本或者复印件送交法律援助机构，由法律援助机构统一接收并组织实施。

（2）根据《关于刑事诉讼法律援助工作的规定》第11条第1、2款规定，人民法院自受理强制医疗申请或者发现被告人符合强制医疗条件之日起3日内，对于被申请人或者被告人没有委托诉讼代理人的，应当向法律援助机构送交通知代理公函，通知其指派律师担任被申请人或被告人的诉讼代理人，为其提供法律帮助。人民检察院申请强制医疗的，人民法院应当将强制医疗申请书副本一并送交法律援助机构。

步骤4：在法定时间内合理指派

1. 签发指派公函。对于公安机关、人民检察院、人民法院通知辩护的残疾人，提供法律援助无需残疾犯罪嫌疑人或被告人申请，也不用法律援助机构作出决定，法律援助机构应当自收到通知辩护公函、通知代理公函之日起3日内，确定承办律师并函告公安机关、人民检察院、人民法院。

法律援助机构出具的法律援助公函应当载明承办律师的姓名、所属单位及联系方式。

2. 合理指派案件承办人员。法律援助机构在指派或安排法律援助人员时，应当按照相关规定，对承担办案任务的法律援助人员的资质提出要求。提供刑事辩护的法律援助人员应当具有律师执业资格证书。根据《关于刑事诉讼法律援助工作的规定》第13条，对于可能被判处无期徒刑、死刑的案件，法律援助机构应当指派具有一定年限刑事辩护执业经历的律师担任辩护人。第15条规定，对于依申请提供法律援助的案件，犯罪嫌疑人、被告人坚持自己辩护，拒绝法律援助机构指派的律师为其辩护的，法律援助机构应当准许，并作出终止法律援助的决定；对于有正当理由要求更换律师的，法律援助机构应当另行指派律师为其提供辩护。

步骤5：对案件办理进行协调与监督

1. 诉讼协调与监督。法律援助机构依法对律师事务所、律师开展的法律援助活动进行指导监督，确保办案质量。通过建立与律师及当事人的工作联系，了解案件的办理情况，及时处理案件办理过程中遇到的问题。

公安机关、人民检察院、人民法院在案件办理过程中发现律师有违法或者违反职业道德和执业纪律行为，损害受援人利益的，应当及时向法律援助机构通报有关情况。

2. 依法终止法律援助。在法律援助案件办理过程中，如果出现"受援人的经济收入状况发生变化，不再符合法律援助条件的；案件终止办理或者已被撤销的；受援人自行委托辩护人或者代理人的；受援人要求终止法律援助的，但应当通知辩护的情形除外；法律、法规规定应当终止的其他情形"等情况的，法律援助机构应当作出终止法律援助的决定。

3. 事后监督。司法行政机关和律师协会根据律师事务所、律师履行法律援助义务的情况实施奖励和惩戒。对于违反规定或拒不履行援助义务的人员，根据《法律援助条例》第 26、27、28、29 条予以处罚。

步骤 6：案件卷宗归档审查

1. 法律援助人员应当自法律援助案件结案之日起 30 日内向法律援助机构提交立卷材料。

2. 作出指派的法律援助机构应当对法律援助人员提交的立卷材料及受理、审查、指派等材料进行整理，一案一卷，统一归档管理。

步骤 7：支付办案补贴

法律援助机构应当自收到法律援助人员提交的立卷材料之日起 30 日内进行审查。对于立卷材料齐全的，应当按照当地人民政府制定的法律援助办案补贴标准通过法律援助人员所属单位向其支付办案补贴。

二、律师辩护的工作流程

根据 2012 年《刑事诉讼法》第 33 条规定，犯罪嫌疑人自被侦查机关第一次讯问或者采取强制措施之日起，有权委托辩护人；在侦查期间，只能委托律师作为辩护人。被告人有权随时委托辩护人。侦查机关在第一次讯问犯罪嫌疑人或者对犯罪嫌疑人采取强制措施的时候，应当告知犯罪嫌疑人有权委托辩护人。人民检察院自收到移送审查起诉的案件材料之日起 3 日以内，应当告知犯罪嫌疑人有权委托辩护人。人民法院自受理案件之日起 3 日以内，应当告知被告人有权委托辩护人。犯罪嫌疑人、被告人在押期间要求委托辩护人的，人民法院、人民检察院和公安机关应当及时转达其要求。犯罪嫌疑人、被告人在押的，也可以由其监护人、近亲属代为委托辩护人。

2012 年《刑事诉讼法》第 34 条规定，犯罪嫌疑人、被告人因经济困难或者其他原因没有委托辩护人的，本人及其近亲属可以向法律援助机构提出申请。对符合法律援助条件的，法律援助机构应当指派律师为其提供辩护。犯罪嫌疑人、被告人是盲、聋、哑人，或者是尚未完全丧失辨认或者控制自己行为能力的精神病人，没有委托辩护人的，人民法院、人民检察院和公安机关应当通知法律援助机构指派律师为其提供辩护。犯罪嫌疑人、被告人可能被判处无期徒刑、死刑，没有委托辩护人的，人民法院、人民检察院和公安机关应当通知法律援助机构指派律师为其提供辩护。

律师接受法律援助机构指派后，应当按照有关规定及时办理委托手续，在刑事诉讼各个阶段认真履行律师职责。

（一）侦查阶段

步骤 1：接受指派，办理委托手续

律师接受法律援助机构的指派后，应当按照有关规定及时与受援助人或其法定监护人、法定代理人办理委托手续，取得由受援人签署的授权委托书。

步骤2：及时向有关部门了解案情

1. 律师接受法律援助机构指派后，应当及时向侦查机关了解残疾犯罪嫌疑人涉嫌的罪名。

2. 开具律师事务所介绍信，连同《授权委托书》以及律师证提交侦查机关。

3. 律师提交的请求会见的材料经侦查机关审核后，认为符合会见要求的，应批准会见，并确定会见时间。

步骤3：会见残疾犯罪嫌疑人

1. 会见时，律师应向犯罪嫌疑人说明律师的职责，征求其对律师为其提供辩护和法律帮助的意见。承办律师应当在首次会见犯罪嫌疑人时，询问是否同意为其辩护，并制作笔录。犯罪嫌疑人不同意的，律师应当书面告知公安机关、人民检察院和法律援助机构。

2. 律师会见残疾犯罪嫌疑人时，应告知其所享有的诉讼权利。

3. 律师会见残疾犯罪嫌疑人，有权依法了解有关案件情况。

步骤4：向有关部门提出建议

1. 残疾犯罪嫌疑人提出证明自己无罪的证据线索的，律师应当建议侦查机关调查核实。

2. 调查核实的建议不被侦查机关采纳的，律师可以自行调查，并将调查获取的材料提交相关侦查机关和公诉机关。

3. 案件侦查终结前，承办律师应根据法律相关规定和调查中所掌握的残疾犯罪嫌疑人不构成犯罪或犯罪情节显著轻微的事实和证据，向侦查机关提出撤销案件的建议。

（二）审查起诉阶段

步骤1：接受指派，办理委托手续

律师接受法律援助机构的指派后，应当按照有关规定及时与受援助人或其法定监护人、法定代理人办理委托手续，取得由受援人签署的授权委托书。

步骤2：与公诉机关交换意见

1. 律师接受委托后，开具律师事务所介绍信，连同《授权委托书》以及律师证，提交检察院，以便开展法援工作。

2. 律师提交的请求会见的材料经检察机关审核后，认为符合会见要求的，检察机关应批准会见，并确定会见时间。

3. 律师可就残疾人犯罪案件的事实、证据与公诉机关交换意见。律师认为犯罪嫌疑人无罪的案件，应当进行证据开示。

步骤3：查阅、摘抄、复制案件材料

律师有权到人民检察院查阅、摘抄、复制案件的诉讼文书和技术鉴定材料。

1. 诉讼文书包括立案决定书、拘留证、批准逮捕决定书、逮捕证、搜查证、起诉意见书及其他文书。

2. 技术性鉴定材料包括法医鉴定、司法精神病鉴定、物证技术鉴定等鉴定性文书。

3. 律师摘抄、复制的材料应当保密，并妥善保管。

步骤4：会见犯罪嫌疑人

1. 律师接受委托后，经检察机关批准按照确定的会见时间会见残疾犯罪嫌疑人。

2. 会见时，应向残疾犯罪嫌疑人说明律师的职责，征求其对律师为其提供法律帮助的意见，告知其享有的诉讼权利。承办律师应当在首次会见残疾犯罪嫌疑人时，询问残疾犯罪嫌疑人是否同意为其辩护，并制作笔录。被告人不同意的，律师应当书面告知人民检察院和法律援助机构。

3. 向残疾犯罪嫌疑人了解相关的案情，同时向其提供法律咨询。

步骤5：调查和收集案件有关材料

1. 律师向被害人调查取证时需经本人同意，并且要向检察院提出书面申请并取得同意。

2. 律师可以向证人或者其他单位和个人收集与案件有关的材料，但应事先征得本人同意。

3. 律师可以申请人民检察院收集、调取证据。

步骤6：及时提出处理建议

1. 审查起诉期间，律师应依据所掌握的残疾犯罪嫌疑人无罪、罪行显著轻微不应追究刑事责任的事实和证据，向公诉机关提出不起诉建议。

2. 对犯罪情节较轻、社会危害不大、残疾犯罪嫌疑人主观恶习不深、受害人主动要求和解的案件，律师可以建议公诉机关对案件不起诉，或建议公诉机关向审判机关提出免予刑事处罚的建议，适用训诫、责令具结悔过、赔礼道歉、赔偿损失等处罚方式。

（三）审判阶段

步骤1：接受指派，办理委托手续

律师接受法律援助机构的指派后，应当按照有关规定及时与受援人或其法定监护人、法定代理人办理委托手续。

步骤2：查阅、摘抄、复制案件材料

1. 辩护律师有权查阅、摘抄、复制本案所指控的犯罪事实的证据材料，包

括起诉书、证据目录、证人名单和主要证据的复印件或者照片等。

2. 缺少上述材料的，律师有权要求人民法院通知人民检察院补充。

步骤3：会见被告人

1. 在审判阶段，辩护律师会见残疾被告人无需经过批准，可以随时会见。

2. 会见时，应向残疾被告人说明律师的职责，征求其对律师为其提供法律帮助的意见，告知其享有的诉讼权利。承办律师应当在首次会见残疾被告人时，询问被告人是否同意为其辩护，并制作笔录。被告人不同意的，律师应当书面告知人民法院和法律援助机构。

3. 律师会见残疾被告人时，应注意了解残疾被告人的陈述和辩解，发现、核实、澄清案件事实和证据材料中的矛盾与疑点，并重点了解以下情况：

（1）残疾被告人的身份及其收到起诉书的时间；

（2）残疾被告人是否承认起诉书所指控的罪名；

（3）指控的犯罪事实、情节、动机、目的是否清楚、准确，特别对在阅卷中发现的矛盾和疑点，要逐步核对，查证落实；

（4）起诉书指控的从重情节是否存在；

（5）残疾被告人关于无罪辩解的理由；

（6）从轻、减轻、免予处罚的事实、情节和线索；

（7）是否有立功表现；

（8）询问残疾被告人有无可能提供新证据、新线索；

（9）是否存在超期羁押及合法权益受到伤害等情况。

步骤4：充分调查取证，找出法定的从轻、减轻或免除处罚的依据

审查残疾人犯罪是否属于法定不负刑事责任、从轻、减轻或者免除处罚的范畴。根据我国《刑法》第18条规定，精神病人在不能辨认或者不能控制自己行为的时候造成危害结果，经法定程序鉴定确认的，不负刑事责任。尚未完全丧失辨认或者控制自己行为能力的精神病人犯罪的，应当负刑事责任，但是可以从轻或者减轻处罚。《刑法》第19条规定，又聋又哑的人或者盲人犯罪，可以从轻、减轻或者免除处罚。应当注意的是，这里的聋哑人与前面不同，要求是既聋又哑的人，只聋不哑或只哑不聋的人不适用该规定。但如果犯罪行为确实与行为人的单方面的聋或哑有关，法律援助律师亦应争取法院在作出处罚时予以考虑。

开庭审理前，法律援助律师作为辩护人、诉讼代理人，可以申请人民法院排除以非法方法收集的证据。

步骤5：庭审中依法辩护

律师为残疾被告人进行辩护，除应考虑犯罪性质、情节、犯罪构成等基本内容外，还应充分考虑残疾被告人的动机、目的和在共同犯罪中的地位、作用，以

及是否是初犯等因素，提出有利于残疾被告人的辩护意见。

对于人民法院决定不开庭审理的案件，承办律师应当在接到人民法院不开庭通知之日起 10 日内向人民法院提交书面辩护意见。

步骤 6：审结后的帮教阶段

1. 案件审理终结后，律师应针对不同的判决结果，了解残疾人对判决的认可程度。对依法被追究刑事责任的，应教育其认罪服法、积极改造；对依法被免于刑事处罚的，应教育其吸取教训、痛改前非，甚至建议其寻求相关治疗。

2. 继续提供援助。服刑残疾人罪犯有申诉、检举、控告和保外就医、监外执行等要求，需要法律援助的，受指派的律师应尽职尽责地提供法律服务。

3. 律师遇有司法机关及其工作人员在刑事诉讼活动中侵害残疾犯罪嫌疑人、被告人合法权益，妨碍残疾当事人依法行使诉讼权利的问题，应及时向有关机关提出纠正意见。

三、律师代理的工作流程

（一）担任残疾被害人的诉讼代理人

步骤 1：接受指派，签订委托代理协议

律师应当在接受案件指派后及时与受援人或其法定监护人、法定代理人签订委托代理协议。

步骤 2：向残疾被害人详细调查了解案情

若残疾被害人本人可以正常表达思想，接受委托后的律师应尽快与其见面。因为被害人是案件的亲历者，被害人的陈述可能是最全面、最具体的证据材料，对查清案件事实有重要的证明作用。

步骤 3：向法院提起附带民事诉讼（检察院提起的除外）

1. 帮助受援人撰写诉状，并送到有管辖权的法院。

2. 为保证将来判决的顺利执行，代理律师可以建议或者帮助受援人向人民法院提出采取财产保全措施的申请。

步骤 4：查阅卷宗材料

律师查阅卷宗材料应着重了解：被告人的自然情况；被告人被指控犯罪的时间、地点、动机、目的、手段、后果及其他可能影响定罪量刑的法定、酌定情节；主要物证、书证、证人证言、鉴定结论、勘验笔录等证据的证明内容。

步骤 5：调查取证，申请鉴定

在公诉案件中，举证责任由公诉机关负担，代理律师一般不需要进行调查取证。但通过会见被害人或其他方式，如果了解到能够认定被告人犯罪，但公诉机关尚未调查、核实清楚的问题，代理律师应当申请检察机关调查收集。如果检察机关认为没有必要调查的，代理律师可以自行调查收集。

步骤 6：参加庭审，进行辩论

1. 在法庭调查阶段，代理律师应当依法指导、协助或代理委托人行使法律规定的诉讼权利。

2. 进行法庭辩论。在法庭审理时，代理律师应该与公诉人互相配合，依法行使控诉职能，与被告人及其辩护人展开辩论。

代理意见与公诉意见不一致时，代理律师应该从维护被害人的合法权益出发，独立发表代理意见，并与公诉人展开辩论。

3. 自案件辩论结束后，代理律师可以根据委托人的授权就民事赔偿部分参与法庭调解，还应当协助委托人在法院宣告判决前决定是否与被告人就民事赔偿问题进行和解。但由人民检察院提起的附带民事诉讼除外。

步骤 7：提请检察院抗诉

被害人及其法定代理人不服一审判决的，代理律师可以协助或代理委托人，在收到判决书之日起 5 日内，请求人民检察院抗诉。

二、担任自诉人的诉讼代理人

步骤 1：接受指派，签订委托代理协议

律师应当在接受案件指派后及时与自诉人或其法定监护人、法定代理人签订委托代理协议。协议中必须明确代理权限，以免在诉讼中因权限不清无法代理。

步骤 2：向自诉人详细了解案情

1. 律师与自诉人面谈，除获得自诉人对案件的陈述外，还应该询问有关能够证明案件事实的证据或证据线索，为调查取证工作做准备。

2. 如果自诉人尚未起诉，则代理律师应向自诉人解释法律赋予他的有关诉讼权利，并代写刑事自诉状，向有管辖权的人民法院提起诉讼。

步骤 3：调查取证

代理律师应该积极协助自诉人调查收集尽可能多的能够证明案件各方面事实的证据材料，为诉讼成功做好准备。对于能够认定被告人犯罪的证据线索，律师自行调查有困难的，可以申请人民法院调取证据。

步骤 4：参加庭审，进行辩论，配合法庭调解

1. 代理律师应该告知自诉人有关自诉案件开庭的法律规定，避免因自诉人拒不到庭或中途擅自退庭导致人民法院按撤诉处理的法律后果。自诉人因故不能出庭的，代理律师应按时出庭履行职责。

2. 在庭审过程中，代理律师应该依法指导自诉人行使法定的诉讼权利。

3. 在法庭审理中，代理律师应当协助自诉人依法充分行使控诉职能，与被告人及其辩护人展开辩论。

4. 自诉案件辩论结束后，代理律师可以根据自诉人的授权参加法庭调解。

还应当协助自诉人在法院宣告判决前决定是否与被告人和解或撤回自诉。

步骤 5：判决后工作

自诉人及其法定代理人不服一审判决的，代理律师可以协助或代理自诉人在收到判决书之日起 10 日内提起上诉。

【学习情境 3】 残疾人民事法律援助工作

一、法律援助机构工作流程

实践中，对于残疾人的法律援助申请，一般均实行优先受理、优先审查、优先指定的原则，降低门槛，简化程序，快速办理，即对符合法律援助条件的残疾人优先给予法律援助，对一些不符合法律援助条件但又确需得到法律帮助的残疾人适当降低门槛，对残疾人中特殊人员的问题进行特殊处理，快速指派，热情服务。

具体实施步骤如下：

步骤 1：受理申请

1. 接受申请表及证明资料。根据《法律援助条例》、《办理法律援助案件程序规定》和《关于民事诉讼法律援助工作的规定》的规定，残疾人有民事法律援助需求时，应当按照《法律援助条例》第 14 条的规定向有关法律援助机构提出申请，并填写法律援助申请表。填写申请表确有困难的，由法律援助机构工作人员或者转交申请的机关、单位工作人员代为填写。

2. 在申请中说明需要法律援助及申请法律援助的理由。

3. 申请人同时提供以下证明材料：

（1）身份证或者其他有效的身份证明，代理申请人还应当提交有代理权的证明；

（2）残疾证以及经济状况证明表；

（3）与所申请法律援助事项有关的案件材料。

4. 法律援助机构受理申请，为申请人办理申请登记的，应当向申请人出具收到申请材料的书面凭证，载明收到申请材料的名称、数量、日期。

步骤 2：审查申请材料

1. 法律援助机构对申请进行审查。残疾申请人持有残疾证及申请人住所地或者经常居住地的村民委员会、居民委员会出具的无固定生活来源的证明材料的，无需提交法律援助申请人经济状况证明表。认为申请人提交的证件、证明材料不齐全的，可以要求申请人作出必要的补充或者说明，申请人未按要求作出补充或者说明的，视为撤销申请。

2. 认为申请人提交的证件、证明材料需要查证的，由法律援助机构向有关机关、单位查证，并可以适当延长审查期限。

3. 审查涉诉事由及受理范围。

（1）法律援助机构应对案件的基本情况进行审查，以确定是否属于民事法律援助案件的范围。申请事项应当是维护申请人的合法权益的事实和相关情况。

（2）法律援助机构应对该申请是否应由该中心受理进行审查。

（3）法律援助机构对案件的胜诉把握进行必要判断。对明显超过诉讼时效或维权要求明显不能实现的申请，应当决定不予援助。

步骤3：作出是否予以援助的决定

1. 法律援助机构应自受理申请之日起7个工作日内进行审查，并作出是否援助的决定。经法律援助机构审查，认为申请人的条件符合法律援助的规定，应当及时决定提供法律援助，由法律援助机构主要负责人批准，并在《给予法律援助决定书》上签字。

2. 认为所申请的案件不属于法律援助范围，但考虑其实际情况，可以予以援助的，须报援助机构负责人及主管司法行政机关领导批准。

3. 作出不予援助决定的，应当制作《不予援助决定书》，并告知申请人理由及其享有的提出异议的权利。

4. 申请人对法律援助机构作出的不予提供法律援助决定有异议的，可以向作出该决定的法律援助机构的主管司法行政部门申请重新审核。司法部门经审查认为申请人符合法律援助条件的，应当以书面形式责令法律援助机构及时对申请人提供法律援助。

5. 法律援助机构确定法律援助人员以后，应与受援人员签订书面的《法律援助协议书》。

步骤4：指派与安排律师

1. 合理指派。根据《法律援助条例》第21条规定，法律援助机构可以指派律师事务所安排律师或者安排本机构的工作人员办理法律援助案件，也可以根据其他社会组织的要求，安排其所属人员办理法律援助案件。

根据《办理法律援助案件程序规定》的规定，对于民事、行政法律援助案件，法律援助机构应当自作出给予法律援助决定之日起7个工作日内，根据本机构、律师事务所、基层法律服务所或其他社会组织的人员数量、资质、专业特长、承办法律援助案件的情况、受援人意愿等因素，合理指派或者安排承办机构、人员。

2. 与受援人办理援助手续。法律援助机构、律师事务所、基层法律服务所或者其他社会组织应当自指派或者安排法律援助人员之日起5个工作日内将法律援助人员姓名和联系方式告知受援人，并与受援人或者其法定代理人、近亲属签订委托代理协议。

3. 发出指派通知。确定法律援助承办人员后，法律援助机构发出指派通知书，由受援人转交律师事务所、法律服务所或法律援助工作人员，并建立与律师及当事人的工作联系，以便随时了解法律援助案件的办理情况。

4. 申请人应向法律援助机构提供与法律援助事项有关的证据材料，由法律援助机构将受援人提交的有关证据材料移交给承办人。

步骤5：对案件办理进行协调与监督

1. 诉讼协调与监督。法律援助机构对自己指派或办理的法律援助案件，应当进行办案质量监督。通过建立与律师及当事人的工作联系，了解案件的办理情况，及时处理案件办理过程中遇到的问题。

2. 报告案件承办情况。《办理法律援助案件程序规定》第31条规定，法律援助案件有下列情形之一的，法律援助人员应当向法律援助机构报告：

（1）主要证据认定、适用法律等方面有重大疑义的；

（2）涉及群体性事件的；

（3）有重大社会影响的；

（4）其他复杂、疑难情形。

步骤6：案件卷宗归档审查

援助机构应当在自己指派或办理的法律援助案件结案后的1个月内，将向法律援助人员提交的立卷材料及受理、审查、指派等材料进行整理，一案一卷，统一归档管理。应当通过阅卷及征求律师和当事人的意见，对法律援助案件的办理情况作出评定，并及时总结办理情况，以作为日后奖惩的依据。

诉讼案件以法律援助人员收到判决书、裁定书、调解书之日为结案日；仲裁案件或者行政复议案件以法律援助人员收到仲裁裁决书、行政复议决定书原件或者复印件之日为结案日；其他非诉讼法律事务以受援人与对方当事人达成和解、调解协议之日为结案日；无相关文书的，以义务人开始履行义务之日为结案日；法律援助机构终止法律援助的，以法律援助人员所属单位收到终止法律援助决定函之日为结案日。

步骤7：支付办案补贴

法律援助机构应当自收到法律援助人员提交的立卷材料之日起30日内进行审查。对于立卷材料齐全的，应当按照当地人民政府制定的法律援助办案补贴标准，通过法律援助人员所属单位向其支付办案补贴。

二、代理工作流程

因针对残疾人民事权益的法律援助服务内容及基本程序具有较强相似性，因此，本单元中不单列具体的服务事项的工作方法，而是一并列明。在此仅以为残疾人请求扶养费提供法律援助的事项为例。

残疾人因肢体、言语等各种障碍，需要家庭成员的扶养和照顾，尤其在我国社会保障较为有限的情况下，家庭承担着照顾残疾人生活的主要责任。因此，此类纠纷主要发生在家庭成员之间。对此，可采取以下步骤：

步骤1：接受指派，接待残疾当事人

1. 残疾当事人的法律援助申请经当地法律援助中心批准后，由中心安排本中心工作人员或指派律师事务所或基层法律服务所人员承办此项业务。

2. 律师或基层法律服务工作者接受指派后，在接待残疾当事人，听取残疾当事人陈述事实时，应当注意残疾当事人的残疾情形是否影响其对所陈述事实的判断。

3. 审查该事实是否已有证据支持，问明证据的来源，判断是否有必要进一步调查核实。

步骤2：提供进一步咨询，明确对残疾人扶养的法律依据

1. 针对残疾人提出的咨询，可以为其进行相应解答，并向其介绍有关残疾人保障的法律常识。《残疾人保障法》第9条第1款规定，残疾人的扶养人必须对残疾人履行扶养义务。扶养在法律上包括赡养和抚养。赡养是指子女在物质和精神上为残疾父母提供必需的生活帮助；抚养是指父母或其他对未成年人负有抚养义务的人，对残疾未成年人履行必要的生活、教育责任。《中华人民共和国婚姻法》第21条第1～3款规定："父母对子女有抚养教育的义务；子女对父母有赡养扶助的义务。父母不履行抚养义务时，未成年的或不能独立生活的子女，有要求父母付给抚养费的权利。子女不履行赡养义务时，无劳动能力的或生活困难的父母，有要求子女付给赡养费的权利。"

2. 了解残疾人维权的要求及要求承担扶养义务人的经济状况等相关情况，为制定适合的援助策略提供依据。

步骤3：调查取证与审核证据

1. 在弄清纠纷法律事实的基础上，进行必要的调查取证。

2. 对当事人提供的证据材料进行审核，找出证据中的疑点并进一步核实与确认。这些有利证据将为己方争取最大利益做有力支撑。

步骤4：组织调解

1. 鉴于残疾人请求扶养费纠纷一般属于家庭纠纷，当事人之间往往具有亲属关系，为有利于残疾人今后的生活，应尽可能通过调解解决纠纷。

2. 在征得当事人同意和大致判断案件结果的基础上，可以主动与对方当事人进行接触，争取促成调解。

3. 在调解过程中，不仅要化解一个家庭现有的矛盾，还要对将来可能发生纠纷的事宜一并作出安排，以体现我国调解制度的人性化特点。

4. 一旦调解达成协议，应当协助制作调解协议，请双方当事人确认并签字。为保证调解协议的有效执行，应尽量对该调解协议申请公证。

步骤5：向相关部门反映情况或者举报，借助外力解决问题

对于经说服、调解仍然不愿履行义务的当事人，如果其行为严重侵犯残疾人的合法权益，律师可协助残疾人向残疾人组织投诉，残疾人组织应当维护残疾人的合法权益，要求有关部门或者单位查处。有关部门或者单位应当依法查处，并予以答复。由有关部门对其进行查处或予以批评教育，有利于促使纠纷向好的方向发展。

步骤6：通过诉讼维护残疾人权益

1. 调解不成的，受残疾当事人委托，法律援助人员可以代为提起诉讼。

2. 代为撰写起诉状，确定诉讼请求及管辖法院，并将收集的证据提交法院。

3. 除已有证据外，进一步收集支持残疾当事人诉讼请求的证据，做庭审前的相关准备工作，拟写代理词或法庭辩论提纲。

4. 参加庭审活动，进行举证质证，就扶养关系的确定、未付扶养费的事实和法律依据等方面发表代理意见，与对方当事人进行辩论，为残疾当事人争取最大利益。

步骤7：向法院申请先予执行及司法救助

1.《民事诉讼法》第106条规定，对于追索赡养费、抚养费、抚育费、抚恤金、医疗费用的案件，人民法院根据当事人的申请，可以裁定先予执行。由此可见，残疾人在进行扶养纠纷诉讼时，法律已明确并具体地赋予了残疾人在法院作出判决之前享有先予执行、先予给付一定货币或一定生活急需物品的特殊权利。

2. 依据《最高人民法院关于对经济确有困难的当事人提供司法救助的规定》，当事人具备下列情形之一的，可向人民法院申请司法救助：追索赡养费、抚养费、抚育费、抚恤金的；追索养老金、社会保险金、劳动报酬而生活确有困难的；孤寡老人、孤儿和农村"五保户"；正在享受城市居民最低生活保障、农村特困户救济或者领取失业保险金，无其他收入的；正在接受有关部门法律援助的；当事人为社会福利机构、敬老院、优抚医院、精神病院、SOS儿童村、社会救助站、特殊教育机构等社会公共福利单位的。

步骤8：收到判决后的工作

1. 了解当事人是否收到裁判文书，征求当事人是否需要提起上诉。

2. 经过法律援助中心同意，可继续提供援助。法律援助律师可以根据当事人的请求，代其书写上诉状，并在法定期间提交法院。

3. 没有参加一审诉讼的法律援助律师担任二审代理人，应通过到法院查阅案卷、与一审律师进行沟通等方式，全面了解一审情况。

4. 法律援助律师应根据一审情况，做好证据补救工作，收集新的证据。

5. 在办案过程中发现残疾受援人有《法律援助条例》规定的终止法律援助的情形的，应当及时向法律援助机构报告，由法律援助机构审查核实是否终止提供法律援助。

三、残疾人法律援助应注意的问题

残疾人是一个数量众多、特性突出、特别需要帮助的社会群体，法律援助是体现公民在法律面前一律平等，保障公民都能公正、平等地获得法律保护，实现宪法和法律赋予公民基本权利的重要措施。由于心理、身体功能和受教育程度等方面的原因，使得本就处于弱势的残疾人越发难以主张权利，因此，法律援助律师在为残疾人提供法律援助时必须给予特别的关注。

（一）法律援助工作者需要增强为残疾人服务的意识

残疾人所具有的智慧和力量是无尽的宝藏，无数残疾人为了实现自身的价值，为了创造社会财富和推动社会文明进步，自强不息，取得了令人肃然起敬的业绩。我们不应以陈腐的观念去看待和对待残疾人，应给予关爱、尊重，把为残疾人提供法律援助看作社会应尽的责任，只有这样，才可能从源头上解决如何为残疾人提供法律援助的问题。

（二）充分认识维护残疾人合法权益的难度

残疾人在出现纠纷后，由于生理条件的限制，一般都处于孤立无援的状况，甚至一些关系到残疾人基本生存条件的矛盾也不能被及时解决。即使有了解决方案，在调解协议、生效判决的实际履行方面，由于残疾人在交通、语言表达方面处于弱势，只有法律援助工作人员亲自入户、督促解决、回访，才能得到及时处理。

此外，未成年残疾人、智力残疾人、精神残疾人经常出现法定代理人缺位的情况，即使能够找到，也出现拖延、不积极履行义务的情况，导致法律援助工作不能顺利进行。还有，在残疾人法律援助案件中，残疾人的生理缺陷严重影响到法律援助工作人员调查取证、刑事会见的效果，致使不能最大限度地保护残疾人的合法利益。

（三）重视温情调解的作用

在向残疾人提供法律援助服务的过程中，法律援助人员应尽可能地尝试采取"温情调解"的方法，这样既可以较快地解决纠纷，避免严重侵权事件发生，又可以避免残疾人的讼累之苦。同时，通过调解解决纠纷，双方当事人自行达成的调解协议，也较容易履行，避免因诉讼中出现履行不能而使残疾人的利益再次得不到有效保障的问题。例如，在东莞塘厦某五金制品厂工作的徐东因工伤致左前臂肢体缺失，经相关部门鉴定为五级伤残。由于与工厂就赔偿的金额迟迟无法达成协议，徐东陷入困境。无奈之下，徐东找到了东莞市法律援助处塘厦办事处，工作人员迅速为其办理了援助手续。通过调查，市法律援助处认为该案具有调解基础，为了在最短时间内为徐东追讨赔偿，援助律师开始积极与工厂沟通。经过反复地调解，工厂最终同意与徐东签订和解协议，将共计 18 万余元的赔偿款项分三次付清。而本案前后仅用了不到 1 个月的时间。

（四）援助服务同时要注重维护稳定

在残疾人群中，精神残疾人员占一定的比例，因为生理和心理的缺陷，他们的行为举止难以自控，往往作出一些危害他人安全和社会稳定的行为。对于这些残疾人中的特殊人员，法律援助人员除了运用法律的手段维护他们的合法权益外，还应十分注意接待策略和工作方法，运用做群众工作的方法和技巧，与来访人交朋友，耐心引导，尽心疏导，以确保社会稳定。

例如，上海黄浦区法援中心倡导"一把钥匙开一把锁"的理念，已经形成了一套行之有效的对来访人做思想工作的工作方法。工作人员鼓励当事人说话，认真倾听，并实施有针对性的疏导，帮助来访者消除心中郁积的不快。例如，现住奉贤郊区的汤某患有精神分裂症，2001 年前为"平反"历史遗留问题，时常到政府部门和政法部门缠访甚至闹访。2001 年 3 月，汤某来到黄浦法援中心闹访，中心工作人员采取特别的接待方法，主动与其交朋友，对其在心理上不断地进行疏导和引导，为其解决一些具体问题。多年来，汤某坚持每（隔）月来访，中心总是派出专人热情接待，一面稳定他的情绪，一面耐心地倾听他的"苦衷"。经过长期的接待，汤某的情绪稳定了，心情舒畅了，到其他部门缠访和闹访的现象也没有了。

 【实训案例】

案情介绍

2013 年 3 月 6 日，北京市某小区居民王某（二级伤残）驾驶残疾人车与赵某骑的电动自行车相撞，造成王某受伤，且伤势较严重，赵某未受伤。经交警处理，认定双方负有同等责任。

事发后，王某到医院治疗，医药费花了 8000 多元。出院后，王某持医院的诊断证明和医疗费收据要求赵某赔偿医药费、误工费、护理费、交通费、住院伙食补助费、精神损失费等共计 20 000 元。赵某只同意赔偿医疗费的一半，其他费用不同意赔偿。

王某来到法律援助工作站寻求法律援助。工作站工作人员耐心接待了王某，

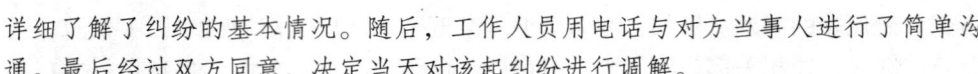
详细了解了纠纷的基本情况。随后，工作人员用电话与对方当事人进行了简单沟通。最后经过双方同意，决定当天对该起纠纷进行调解。

下午，双方当事人如约来到法律援助工作站。一开始，双方当事人对赔偿问题争议很大，互不相让。后来，工作人员分别对当事人进行普法宣传，向他们讲解《道路交通安全法》、《道路交通安全法实施条例》以及相关司法解释的规定。最后，法律援助工作人员指出，这次交通事故，交通队既然认定双方负有同等责任，王某的损失就不应全部由赵某承担，自己也应承担一半的经济损失。另外，王某的赔偿请求应该有法律依据和事实根据，超出合理、合法的部分也不应赔偿。

经过工作人员入情入理地分析和耐心细致地调解，双方最终达成了调解协议，由赵某一次性赔偿王某各项损失 8000 元整（即时结清），双方再无异议。王某对法律援助工作人员的工作态度表示满意。

请问：

1. 本案中，王某主张法律援助权利的法律依据是什么？

2. 如果你是本案王某的法律援助律师，你将如何进行调解？如何设计本案的诉讼策略？

【训练目的】根据案例提供的事实情况，了解残疾人法律援助的基本流程，设计提供法律援助的具体方案，论证本案涉及的法律问题。

【训练方法】在规定的时间内讨论上述问题，并向同学发表自己的看法。

 拓展训练

案情介绍

轮椅无法进入北京地铁，残疾人讨要出行权

2007 年 8 月 15 日，残疾人阮某在北京公主坟地铁站购买了一张 5 元面值，可在地铁 1、2、13 号线通用的地铁车票。但该地铁入口未设缘石坡道，也未安装斜挂式或垂直式电梯等无障碍设施，致使她无法进入地铁乘车，只得放弃出行。为此其向法院起诉，要求地铁公司继续履行让她乘坐地铁的服务合同，并要求对北京市的地铁 1、2、13 号线设置从地面通向站台的无障碍过道或升降平台。同时，向法律援助中心申请法律援助。

阮某诉状中称：她在五六岁时因患小儿麻痹症落下双腿残疾，平时只能靠轮椅出行。随着生活水平的提高，她和她的残疾人朋友非常希望也能像正常人一样，按照自己的意愿出行，参与各种社会活动，但是在乘坐地铁时她却发现，由于北京地铁 1、2、13 号线都没有供残疾人使用的无障碍通道，在没有两三个人

帮助的情况下，她的轮椅几乎连地铁站门口的台阶都上不去，更别说下几十层台阶去乘坐地铁列车了。她打官司的目的，是想推动北京加快地铁无障碍设施的改造，让残疾人、老年人都能够方便地乘坐公共交通出行。

地铁运营公司方面称：北京地铁 1、2 号线均修建于《残疾人保障法》实施之前，13 号线虽于 1999 年修建，但立项时间是 1989 年。上述地铁路线正在逐步进行无障碍设施的改造，目前均已完成盲道的铺设。其中，1、2 号线的西直门、复兴门、建国门、八宝山、西单、天安门东、王府井、国贸 8 个车站分别增设了爬楼车、垂直升降电梯等设施供乘坐轮椅的残疾人使用；13 号线除上地和东直门两站外也都设置了垂直升降电梯、爬楼车等，其余车站关于无障碍设施改造的研究和申报工作也正在进行。在改造期间，如果残疾人需要乘坐地铁，可以拨打售票窗口附近的服务电话，地铁公司会派遣专人提供出入站的协助服务。地铁运营公司代理人说，由于地铁 1 号线的主要功能是战备线，所以增设无障碍通道的难度比较大，新修建的地铁 5 号线等都已经完善了无障碍设施。

 讨论与思考

1. 法院是否应支持阮某要求北京地铁 1、2、13 号线设置无障碍过道或升降平台的主张？

2. 本案中，阮某的法律援助律师向法院建议，由法官向相关部门及地铁公司发出司法建议，你认为本案中法官是否可以发出司法建议？

3. 如果你是本案主审法官，你如何判决？为什么？

【方法提示】从地铁无障碍设施的改造是个渐进的过程，诉讼主张是否超出了双方合同义务范围等方面予以分析判断。

学习单元十三　老年人法律援助实务

【学习目标】
● 通过本单元的学习，了解老年人法律援助的特点及工作内容。
【学习任务】
● 掌握老年人法律援助的基本程序和工作方法。

 【案例导入】

老年妇女王某某状告子女赡养纠纷案

王某某今年70岁，住四川某县，生有两子。2008年汶川地震后，王某某的统规统建住房分在小儿子名下，小儿子取得住房后却不让王某某住进家里，大儿子也因未分得而拒绝接收。现在两个儿子为赡养老人发生纠纷，经村委会调解十余次、司法局调解7次均无果，在当地造成了很大的社会影响，成为人们茶余饭后的谈资。万般无奈之下，王某某只能向法律援助中心寻求帮助。

在了解情况后，法律援助中心当即指派法律服务所蒋律师担任王某某代理人为其提供法律援助。为了达到更好的宣传教育作用，法律援助中心与法院进行了沟通协调，决定将此案作为典型性案例进行现场庭审，以配合即将实施的《老年人权益保障法》宣传活动。26日上午，在炎炎烈日下，该案在村里开庭，吸引了上百村民前来旁听，经过近三小时的庭审，在法律援助律师的努力下，法庭最终判决两被告应承担相应的赡养义务，两被告也当庭认错，表示今后将积极履行赡养义务。庭审结果一出，围观群众纷纷叫好，并表示受到了极大的启发和教育。庭审结束后，法律援助中心工作人员还亲自前往老人住处了解其生活现状，并与其大儿子进行了沟通，以理服人，以情动人，以保证老人不仅能得到物质赡养，更能得到来自亲人精神上的关怀。

人民法院和法律援助律师利用我国民事诉讼中调解制度的特点，充分保护老年妇女的合法权益，不仅关注到了本案原告的诉讼请求，即要求支付生活费，并提供居住用房；而且也关注到了原告诉讼请求之外，即日常生活的照顾、生病治疗的医药费用以及死后的安葬等事宜。在调解过程中法庭并非只是冷冰冰地着眼于原告的诉讼请求，而是将老人的生老病死全部囊括到了其法眼之中，在调解过程中一并予以解决。它不仅化解了一个家庭现有的矛盾，而且将老年妇女日常生活可能遇到的困难、将来可能发生的纠纷也一一作了安排，体现了我国司法制度的人性化特色。此案在现实的老年人法律援助中有很强的代表性，此案中的法律援助工作有哪些特点？其中做法有哪些值得借鉴呢？

知识储备　老年人法律援助概述

保障老年人合法权益，为经济困难的老年人提供法律援助，让老年人安享晚年，是国家和全社会的共同责任，也是我国社会主义法治建设和人权保障的重要组成部分。《中华人民共和国老年人权益保障法》明确规定需要获得律师帮助但无力支付律师费用的老年人可以依法获得法律援助，这对于弘扬中华民族尊老敬老的传统美德，促进社会稳定，推动社会主义精神文明建设，建立健全有中国特色的法律援助制度，都具有十分重要的意义。

一、中国老年人数量宏大，法律援助需求强烈

老龄化已成为 21 世纪不可逆转的世界性趋势。据联合国预测，1990 年～2020 年世界老龄人口平均年增速度为 2.5%，同期我国老龄人口的递增速度为 3.3%；世界老龄人口占总人口的比重从 1995 年的 6.6% 上升至 2020 年的 9.3%，同期我国由 6.1% 上升至 11.5%。

我国是世界上老年人口最多的国家，中国老龄化进程无论是增长速度还是比重都超过了世界老龄化进程。20 世纪末，中国 60 岁以上老年人口占总人口的比例超过 10%。按照国际通行标准，中国人口年龄结构已开始进入老龄化阶段。进入 21 世纪后，中国人口老龄化速度加快，第 6 次人口普查显示：截至 2010 年底，我国 60 周岁以上老年人达到 1.78 亿，占总人口的 13.26%。据预测，到"十二五"期末，老年人口将达到 2.21 亿，平均每年增加 860 万，老龄化水平提高到 16%，到 2025 年将突破 3 亿，2033 年将突破 4 亿，届时全世界 4 个老年人中就有 1 个是中国老年人，中国将步入老龄化严重阶段；2050 年，中国将步入超高老龄化国家行列。另外，我国困难老人数量增多，目前，我国 80 岁以上高龄老人超过 2000 万，失能、半失能老人约 3300 多万。

随着中国现代化进程加快，几代同堂的家庭越来越少，家庭养老功能明显弱化。目前，我国平均每个家庭只有 3.1 人，家庭小型化加上人口流动性的增强，尤其是农村劳动力大规模向城市转移，使得子女与父母分开，使城乡"空巢"家庭大幅增加，目前已接近 50%，破坏了老年人传统上可以依赖终生的照顾网络。随着个人主义和西方价值观的影响，孝道伦理本身在经历不断变化的过程，

再加上老年人随着年龄的增长，体力、精力逐渐出现衰退，成为社会人群中的相对弱者。因此，对老年人而言，法律援助需求日趋强烈，通过法律援助途径维护老年人的合法权益越来越重要。

二、受传统观念影响自我保护的法律意识弱

由于历史原因，老年人往往法制观念淡薄，观念陈旧，不知道自己享有哪些合法权益，更不懂得如何去维护自己的权益，当合法权益受到侵害时认为是家务事，外人不能干涉，不愿意诉诸法律。

许多老年人在合法权益受到侵害后碍于情面，担心打官司会加深双方的矛盾，也有的害怕打完官司后子女报复、自己处境更难而不敢告状；还有不少老人对子女怀有很深的感情，不愿拿起法律武器为自己讨公道，奢望用亲情来化解权益纠纷，结果只有忍气吞声、默默承受；还有一些老年人怕打官司花钱，根本不知道有法律援助。

基于上述情况，使得加强老年人法律援助工作变得更为必要。

三、老年人权益法律保障体系形成

1996 年 8 月 29 日第八届全国人民代表大会常务委员会第二十一次会议通过的《中华人民共和国老年人权益保障法》是我国历史上第一部专门保护老年人权益的法律，该法于分别于 2012 年和 2015 年进行了两次修订。我国以《老年人权益保障法》为核心，初步形成了老年人权益保障的法律体系。

（一）维护老年人从国家、社会获得物质帮助的权利

《老年人权益保障法》第 3 条明确规定："国家保障老年人依法享有的权益。老年人有从国家和社会获得物质帮助的权利，有享受社会服务和社会优待的权利，有参与社会发展和共享发展成果的权利。禁止歧视、侮辱、虐待或者遗弃老年人。"离退休老年人的养老金领取、孤寡老人的社会福利救济、交不起医药费时可减免、请求法律援助以及减免诉讼费等内容是国家、社会提供给老年人的具体物质帮助。

（二）维护老年人受赡养的权利

扶幼养老应是做人的本性和起码的道德。老年人为社会辛勤劳动，贡献毕生的精力，为子女操劳终身，为家庭作出贡献。在他们年老体弱，丧失劳动能力时，理应得到社会和子孙们的尊敬、关怀以及生活上的帮助，使他们安度晚年，这既是社会的职责，也是家庭的功能。

（三）维护老年人的婚姻自由权

老年人的婚姻自由权指老年人有权按照法律规定，自主自愿决定自己的婚姻问题，排除任何人的强制与干涉。现实生活中，老年人的结婚自由与离婚自由时常受到干涉，这是干涉婚姻自由的违法行为。

（四）维护老年人的财产所有权

财产所有权是指财产所有人依法对自己的财产享有的权利。财产所有权是民事权利中最重要、最基本的权利之一，也是老年人确立其社会地位的物质保障，许多养老纠纷的发生就是因为老年人没有充分享有财产所有权。

（五）维护老年人的继承权

为了保证老年人的生活水平，一方面规定老年人有权继承子女的财产；另一方面在分割遗产时，应当优先照顾老年人的利益。当老年配偶间发生一方死亡的事实，生存方享有配偶身份的继承权。在确定被继承人遗产范围时须注意，夫妻共同财产的一半为遗产。老年人以遗嘱处分财产，应当依法为老年配偶保留必要的份额。

（六）维护老年人的劳动权利

老年人虽已离退休，但是他们的劳动权利并没有丧失。我国老年人中蕴藏大量的宝贵人才，有潜在的巨大的创造力。他们大多愿为国家和社会再作贡献。应当为他们提供劳动就业的机会，创造条件使他们为社会作贡献。

（七）维护老年人的法律帮助权

老年人因其合法权益受侵害提起诉讼交纳诉讼费确有困难的，可以缓交、减交或者免交；需要获得律师帮助，但无力支付律师费用的，可以获得法律援助。老年犯罪嫌疑人、被告人因经济困难没有委托辩护人的，本人及其近亲属可以向办理案件的公安机关、人民检察院、人民法院所在地同级司法行政机关所属法律援助机构申请法律援助。

老年犯罪嫌疑人、被告人具有下列情形之一没有委托辩护人的，可以申请法律援助：①有证据证明犯罪嫌疑人、被告人属于一级或者二级智力残疾的；②共同犯罪案件中，其他犯罪嫌疑人、被告人已委托辩护人的；③人民检察院抗诉的；④案件具有重大社会影响的。

老年犯罪嫌疑人、被告人如果属于盲、聋、哑人或者尚未完全丧失辨认、控制自己行为能力的精神病人或者可能被判处无期徒刑、死刑的人，公安机关、人民检察院、人民法院应当自发现该情形之日起3日内，通知所在地同级司法行政机关所属法律援助机构指派律师为其提供辩护。

四、老年人法律援助重点工作内容

（一）老年人赡养纠纷数量大

赡养案件一直是涉老民事案件中数量较多、矛盾较为突出的案件。

由于历史原因，有的老年人受教育程度低，没有固定工作，没有养老金，甚至把自己的住房给子女结婚居住，自己离家在外。赡养老人是子女以及其他负有赡养义务的人的法定义务，应该对老年人在经济上供养、生活上照料、精神上慰藉，但有些儿女互相推诿，谁都不愿意多出一分赡养费；有些儿女以老人处理财产不公等原因为由拒不履行赡养义务；有些儿女以家庭负担过重、生活拮据为由拒绝赡养；还有些儿女视赡养老人为负担，尤其是在老年人生病，生活不能自理时，往往把老年人看成累赘，有的甚至虐待、遗弃老年人，根本不尽义务。因此，针对这些侵害老年人权益行为进行的法律援助，应当是老年人法律援助的服务重点。

（二）为老年人维护合法财产权益成新焦点

老年人财产权益经常受到侵犯，子女往往认为父母的钱就是自己的钱，父母的房子就是自己的房子，争相继承和分割。

房产是老年人拥有的最主要财产，子女侵权的表现形式多种多样：有的是在房屋拆迁过程中，子女们私自将老人的承租权、产权人姓名变更为自己，或是将拆迁安置费私下领走；有的子女出资购买老人具有使用权的房屋后，私自将户口迁入老人居住地，并私自更改户主及产权（租赁）人；有的是共同居住的子女自己购买住房后，仍占据老人住房，影响老年人的生活；还有的是同住人以赡养、照料老年人生活为名，购买房屋产权、迁入户口、更改户主；等等，致使一些老年人最后两手空空，甚至有病都得不到及时治疗，房屋确权成为老年人维权的新焦点。

【学习情境1】 老年人民事法律援助工作

因老年人法律援助事项大多属于民事法律范畴，因此，本单元重点就此内容进行介绍。关于老年人刑事法律援助，因在程序方面并无特殊性，在本单元中不单列介绍，有关援助程序及工作方法可参见本书"学习单元8"【学习情境1】、【学习情境2】、【学习情境3】的内容。

一、法律援助机构工作流程

步骤1：优先受理

1. 根据《法律援助条例》、司法部《办理法律援助案件程序规定》和最高人民法院、司法部《关于民事诉讼法律援助工作的规定》，老年人有民事、行政法律援助需求时，应当按照《法律援助条例》第14条的规定向有关法律援助机构提出申请，并填写法律援助申请表。填写申请表确有困难的，由法律援助机构工作人员或者转交申请的机关、单位工作人员代为填写。

2. 在申请中说明因何需要法律援助及申请法律援助的理由。

3. 申请人同时提供以下证明材料：

（1）身份证或者其他有效的身份证明，代理申请人还应当提交有代理权的证明；

（2）经济状况证明表；

（3）与所申请法律援助事项有关的案件材料。

4. 申请应当采用书面形式，填写申请表；以书面形式提出申请确有困难的，可以口头申请，由法律援助机构工作人员或者代为转交申请的有关机构工作人员作书面记录。

5. 法律援助机构应当优先受理老年申请人的申请，为申请人办理申请登记。

全国老龄委办公室、中宣部、国家发改委等《关于加强老年人优待工作的意见》第 7 条第 1 款规定："对城市'三无'老人、农村'五保'老人和城乡贫困老年人提出的法律援助申请，要简化程序，优先受理、优先审核和指派。各地可根据本行政区域的经济发展水平及财力状况，对老年人申请法律援助的经济困难标准和受案范围适当放宽。"

步骤 2：审查申请材料

1. 审查资料。法律援助机构在收到申请后，应对申请人提交的证明材料认真进行审查，以确定其是否有资格提出法律援助申请。

2. 对于申请人提供的材料不完备或有异议的，应通知申请人作必要的补充或向有关单位、个人索取有关证明材料，并可视情况进行调查。

3. 审查涉诉事由及受理范围。

（1）法律援助机构应对案件的基本情况进行审查，以确定是否属于法律援助案件的范围。申请事项应当是维护申请人的合法权益的事实和相关情况。

（2）法律援助机构应对该申请是否应由该机构受理进行审查。

（3）法律援助机构对案件的胜诉把握性进行必要判断。对明显超过诉讼时效，或维权要求明显不能实现的申请应当决定不予援助。

步骤 3：作出决定，办理有关法律援助手续

1. 经法律援助机构审查，认为申请人的条件符合法律援助的规定，应当及时决定提供法律援助。应由法律援助机构主要负责人批准，并在《给予法律援助决定书》上签字。

2. 认为所申请的案件不属于法律援助范围，但考虑其实际情况，可以予以援助的，须报援助机构负责人及主管司法行政机关领导批准。

3. 对作出不予援助决定的，应当书面告知申请人理由。

4. 申请人对法律援助机构作出的不予提供法律援助决定有异议的，可以向作出该决定的法律援助机构的主管司法行政部门申请重新审核。司法部门应当在收到异议之日起 5 个工作日内进行审查，经审查认为申请人符合法律援助条件

的，应当以书面形式责令法律援助机构及时对申请人提供法律援助。

5. 法律援助机构确定法律援助人员以后，应与受援人员签订书面的《法律援助协议书》。

步骤4：指派与安排律师

1. 指派或安排合适的人员承办案件。根据《法律援助条例》第21条，法律援助机构可以指派律师事务所安排律师或者安排本机构的工作人员办理法律援助案件；也可以根据其他社会组织的要求，安排其所属人员办理法律援助案件。

对于民事、行政法律援助案件，法律援助机构应当自作出给予法律援助决定之日起7个工作日内指派律师事务所、基层法律服务所、其他社会组织安排其所属人员承办，或者安排本机构的工作人员承办。

对于刑事法律援助案件，法律援助机构应当自作出给予法律援助决定或者收到指定辩护通知书之日起3个工作日内指派律师事务所安排律师承办，或者安排本机构的法律援助律师承办。

2. 法律援助机构应当根据本机构、律师事务所、基层法律服务所、其他社会组织的人员数量、资质、专业特长、承办法律援助案件的情况、受援人意愿等因素合理指派或者安排承办机构、人员。

3. 法律援助机构、律师事务所、基层法律服务所或者其他社会组织应当自指派或者安排法律援助人员之日起5个工作日内将法律援助人员姓名和联系方式告知受援人，与受援人或者其法定代理人、近亲属签订委托代理协议，并建立与律师及当事人的工作联系，以便随时了解法律援助案件的办理情况。

4. 申请人应向法律援助机构提供与法律援助事项有关的证据材料，由法律援助机构将受援人提交的有关证据材料移交给承办人。

步骤5：对案件办理进行协调与监督

1. 诉讼协调与监督。法律援助机构对自己指派或办理的法律援助案件，应当进行办案质量监督。通过建立与律师及当事人的工作联系，了解案件的办理情况，及时处理案件办理过程中遇到的问题。

法律援助案件有下列情形之一的，法律援助人员应当向法律援助机构报告：①主要证据认定、适用法律等方面有重大疑义的；②涉及群体性事件的；③有重大社会影响的；④其他复杂、疑难情形。

2. 事后监督。

（1）法律援助机构应当在自己指派或办理的法律援助案件结案后的一个月内，将案件的卷宗整理归档。应当通过阅卷及征求律师和当事人的意见，对法律援助案件的办理情况作出评定，并及时总结办理情况，以作为日后奖惩的依据。

（2）对于违反条件规定或拒不履行援助义务的人员，根据《法律援助条例》

第 26～29 条予以处罚。

步骤 6：案件卷宗归档审查

法律援助人员应当自法律援助案件结案之日起 30 日内向法律援助机构提交立卷材料。

诉讼案件以法律援助人员收到判决书、裁定书、调解书之日为结案日。仲裁案件或者行政复议案件以法律援助人员收到仲裁裁决书、行政复议决定书原件或者复印件之日为结案日；其他非诉讼法律事务以受援人与对方当事人达成和解、调解协议之日为结案日；无相关文书的，以义务人开始履行义务之日为结案日；法律援助机构终止法律援助的，以法律援助人员所属单位收到终止法律援助决定函之日为结案日。

作出指派的法律援助机构应当对法律援助人员提交的立卷材料及受理、审查、指派等材料进行整理，一案一卷，统一归档管理。

步骤 7：支付办案补贴

法律援助机构应当按照当地人民政府制定的法律援助办案补贴标准，自收到结案材料之日起 30 日内，对于立卷材料齐全的，向承办法律援助案件的律师或者基层法律服务工作者支付办案补贴。

二、律师代理工作流程

因针对老年人民事权益的法律援助服务的基本程序具有较强相似性，因此，本单元中不单列具体的服务事项的工作方法，而是一并列明。在此仅以老年人赡养纠纷法律援助的程序及方法为例。

步骤 1：接受指派，接待当事人

1. 当事人的法律援助申请经当地法律援助中心批准后，由中心安排本中心工作人员或指派律师事务所或基层法律服务所人员承办此项业务。

2. 律师或基层法律服务工作者接受指派后，接待当事人。

3. 审查该事实是否已有证据支持，问明证据的来源，判断是否有必要进一步调查核实。

步骤 2：提供进一步咨询，明确对老年人赡养的法律依据

1. 针对老年人提出的咨询，可以为其进行相应解答，并向其介绍有关老年人权益保障的法律常识。

根据《老年人权益保障法》，赡养人应当履行对老年人经济上供养、生活上照料和精神上慰藉的义务，照顾老年人的特殊需要；赡养人应当妥善安排老年人的住房，不得强迫老年人迁居条件低劣的房屋，老年人自有的或者承租的住房，子女或者其他亲属不得侵占，不得擅自改变产权关系或者租赁关系；家庭成员应当关心老年人的精神需求，不得忽视、冷落老年人，与老年人分开居住的家庭成

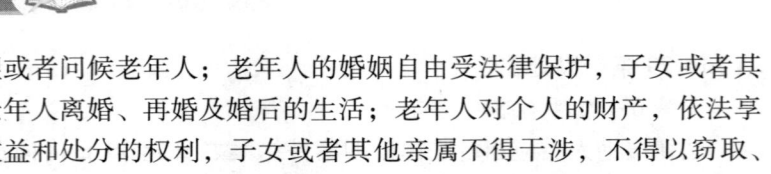

员，应当经常看望或者问候老年人；老年人的婚姻自由受法律保护，子女或者其他亲属不得干涉老年人离婚、再婚及婚后的生活；老年人对个人的财产，依法享有占有、使用、收益和处分的权利，子女或者其他亲属不得干涉，不得以窃取、骗取、强行索取等方式侵犯老年人的财产权益；禁止对老年人实施家庭暴力；具备完全民事行为能力的老年人，可以在近亲属或者其他与自己关系密切、愿意承担监护责任的个人、组织中协商确定自己的监护人。

2. 了解老年人维权的要求及赡养义务人的经济状况等相关情况，以为制定适合的援助策略提供依据。

步骤3：调查取证与审核证据

1. 在弄清纠纷的法律事实基础上，进行必要的调查取证。

2. 对当事人提供的证据材料进行审核，找出证据中的疑点进一步进行核实与确认。这些有利证据将为己方争取最大利益作有力支撑。

步骤4：组织调解

依据《老年人权益保障法》第74条，老年人与家庭成员因赡养、扶养或者住房、财产等发生纠纷，可以申请人民调解委员会或者其他有关组织进行调解，人民调解委员会或者其他有关组织调解该类纠纷时，应当通过说服、疏导等方式化解矛盾和纠纷；对有过错的家庭成员，应当给予批评教育。

1. 鉴于老年人请求赡养费纠纷一般属于家庭纠纷，当事人之间往往具有亲属关系，为有利于老年人今后生活，应尽可能通过调解解决纠纷。

2. 在征得当事人同意和大致判断案件结果的基础上，可以主动与老年人子女进行接触，争取促成调解。

3. 在调解过程中不仅要化解一个家庭现有的矛盾，而且将将来可能再发生纠纷的事宜也一并作出安排，以体现我国调解制度的人性化特色。同时，调解时要注意平息双方的对立情绪，为日后共同生活时减少仇视和对立。

4. 一旦调解达成协议，应当协助制作调解协议，请双方当事人确认，并签字。为保证调解协议的有效执行，应尽量对该调解协议申请公证。

步骤5：向相关部门反映情况或者举报，借助外力解决问题

1. 对于经说服、调解仍然不愿履行义务的当事人，如果其行为系严重侵犯老年人合法权益的情况，依据《老年人权益保障法》第72条，律师可协助老年人向相关部门反映情况或者进行举报，要求有关部门处理，对侵犯老年人合法权益的申诉、控告和检举，有关部门应当依法及时受理，不得推诿、拖延。

2. 由有关部门对其进行查处或予以批评教育，借此外力，有利于促使纠纷向好的方向发展。

步骤6：通过诉讼程序维护老年人权益

1. 调解不成，受老年当事人委托可以代为提起诉讼。

2. 代为撰写起诉状，确定诉讼请求及管辖法院，并将收集的证据提交法院。

3. 除已有证据外，进一步收集支持当事人诉讼请求的证据，做庭审前的相关准备工作，拟写代理词或法庭辩论提纲。

4. 参加庭审活动，进行举证质证，就赡养关系的确定、未付赡养费的事实、法律依据等方面发表代理词，与对方当事人进行辩论，为老年当事人争取最大利益。

步骤7：向法院申请先予执行及司法救助

1. 《民事诉讼法》第106条规定，人民法院对下列案件，根据当事人的申请，可以裁定先予执行："①追索赡养费、抚养费、抚育费、抚恤金、医疗费用的……"《老年人权益保障法》第74条第3款规定："人民法院对老年人追索赡养费或者扶养费的申请，可以依法裁定先予执行。"由此可见，老年人在进行赡养纠纷诉讼时，法律已明确而又具体地赋予了老年人在法院作出判决之前，就享有先予执行、先予给付一定货币或一定生活急需物品的特殊权利。

2. 依据《最高人民法院关于对经济确有困难的当事人提供司法救助的规定》第3条，当事人具备下列情形之一的，可向人民法院申请司法救助：追索赡养费、抚养费、抚育费、抚恤金的；追索社会保险金、劳动报酬和经济补偿金的；孤寡老人、孤儿和农村"五保户"；正在享受城市居民最低生活保障、农村特困户救济或者领取失业保险金，无其他收入的；正在接受有关部门法律援助的；当事人为社会福利机构、敬老院、优抚医院、精神病院、SOS儿童村、社会救助站、特殊教育机构等社会公共福利单位的。

步骤8：收到判决后的工作

1. 了解当事人是否收到裁判文书，征求当事人是否需要提起上诉。

2. 经过法律援助中心同意，可继续提供援助。法律援助律师可以根据当事人的请求，代其书写上诉状，并在法定期间提交法院。

3. 没有参加一审诉讼的法律援助律师担任二审代理人，应通过到法院查阅案卷，与一审律师取得联系等方式，全面了解一审情况。

4. 法律援助律师应根据一审情况，做好证据补救工作，收集新的证据。

在办案过程中发现老年受援人有《法律援助条例》规定的终止法律援助的情形的，应当及时向法律援助机构报告，由法律援助机构审查核实是否终止提供法律援助。

 【实训案例】

案情介绍

　　李某和前老伴老袁生有一子袁大，并收养了一个女儿取名袁二，因李某和老袁一直感情不和，在两个孩子都成家后便离婚各自寻找自己的幸福。李某离婚后于 1992 年 7 月与老林再婚，老林有林大、林二等 5 个子女，这 5 个子女也就成为李某的继子女。2008 年年底，因李某和老林都年岁已高，家中又无人照顾，只好住进了当地的老年公寓。虽然没有儿孙的陪伴，但和很多年纪差不多的老朋友们在一起生活，老林夫妇也过得很是惬意。可好景不长，2012 年 4 月老林去世，留下了李某孤身一人。因子女们都不愿意赡养李某，她只好继续住在老年公寓，可是在老年公寓生活每个月也需要交纳相关的费用，老林生前每个月还有一些退休金，多多少少也够两个人的开销，可老林去世后，孤身一人的李某没有任何经济来源，就连能否在老年公寓继续住下去都成了问题。

　　于是李某在他人的帮助下找到了法律援助中心，要求起诉她的子女们，用法律手段维护自己的合法权益。工作人员在了解了李某老人的情况后立即决定给予法律援助，并协助老人提交了相关材料。之后，法律援助中心根据就近原则将该案件指派给了法律服务所。工作人员接手该案后，考虑到李某年岁已高行动不便，便每次都去老年公寓和老人商谈案件的有关问题，免去了老人路途的劳累。工作人员按照李某老人的意愿写了起诉书，将亲生儿子袁大、养女袁二、继子女林大、林二等 7 人一同告到法院，要求 7 被告承担其在老年公寓居住的相关费用，并要求 7 被告均承担其日后医疗费中的自费部分。

　　法院经审理查明：原告李某与老袁原系夫妻，被告袁大系二人之子，被告袁二系二人之养女。李某与老袁离婚后于 1992 年 7 月与老林再婚。被告林大、林二等五人系老林之子女，李某之继子女。2008 年李某与老林入住当地老年公寓，2012年 4 月老林去世后李某继续在老年公寓居住。李某在老年公寓每月费用为 900 元，每年另有取暖费 500 元，李某只有每月政府补贴的 270 余元，无其他经济来源。

　　人民法院认为：子女对父母有赡养扶助的义务，养子女对养父母亦如此。受继父母抚养教育的继子女对继父母有赡养扶助的义务。本案中袁大作为李某之子，袁二作为李某之养女，有赡养李某的义务。其余五被告虽系李某的继子女，但因李某再婚时其均已成年，李某对其并未进行抚养教育，故五名继子女无赡养李某的义务。但鉴于李某再婚后与老林已生活近 20 年，现老林已去世，林二、林五又自愿承担李某部分赡养费用，故酌情要求林二、林五承担李某部分赡养费用。本着从保护老年人权益、尊重老人意愿出发，法院最终判决袁大、袁二每月各给付原告赡养费 300 元；被告林二、林五每月各给付赡养费 150 元；原告日后发生的医疗费用自付部分，由被告袁大、袁二各负担1/2。

一审法院判决后，袁大以不同意一审法院判决为由上诉至中级人民法院，要求李某到林家居住，自己负责李某一切生活开支。二审法院认为，赡养老人是中华民族的传统美德，亦是子女的法定义务，不应附有任何条件，子女应当尊重老年人自己的意愿，李某已经明确表示其愿意继续在老年公寓居住，二审法院最终判决驳回袁大的上诉，维持一审判决。

请以法律援助律师的身份设计提供本案法律援助的具体方案，论证本案涉及的法律问题。

【训练目的】根据案例提供的事实情况，熟悉老年人法律援助的基本流程。

【训练方法】在规定的时间内讨论上述问题，并向全体同学发表自己的看法。

【学习情境2】 老年人法律援助的技巧及应注意的问题

一、提供法律服务应热情接待、简化程序

根据老年人的心理特点和案件的特殊性，为老年人提供法律援助服务应当优先接待、优先受理、耐心解答，以在心理上平息积压在老年人内心长期的愤怒与积怨。

对文化水平不高、视力不好的老年人，接待人员可以代为填写法律援助申请表等表格。针对一些老年人思维不清、说话罗嗦的特点，工作人员要耐心倾听老年人的诉说，认真解答老年人提出的法律问题，做到微笑相迎、百问不厌。

老年人由于年龄、文化程度、身体等原因，他们到法律援助中心申请办理法律援助事项存在具体困难，所以，对老年人申请的法律援助有必要缩短审批时间。符合条件的老年人申请法律援助的，无论材料是否齐全应先受理，受理后一次性告知其在规定的期限内应补交的材料。同时，对老年人法律援助的案件，应尽可能指派业务素质高、责任心强的法律援助工作人员承办，这样可以减少程序，使老年人就地、就近、及时得到优质法律服务，避免老年人对法律援助不信任，有利于及时化解矛盾。

二、注重在服务中全过程调解

对法律援助的案件尽量以非诉讼和调解结案，避免因执行难而使老年人权益保障不能落到实处。

双方当事人通过调解达成的协议，是在分清是非和双方当事人自愿的基础上实现的，因而有助于承担义务一方依据调解协议自觉履行。同时，在涉及老年人的家庭纠纷法律援助中，援助的重点及目的是让老年人获得正常而平静的生活，其生存权、财产权不致受到侵犯，而通过调解解决纠纷，有利于为其家庭成员留有余地，也为日后父母与子女修复情感创造良好条件。因而，调解工作应当贯穿于为老年人提供法律援助的始终。

三、注重取得各地老龄工作委员会的支持

全国老龄工作委员会是国务院主管全国老龄工作的议事协调机构，成立于1999年10月，现成员单位有公安部、民政部、司法部等28个单位，职责之一就是协调和推动有关部门依法做好维护老年人权益的保障工作。

法律援助机构及其人员应加强与老龄委等有关职能部门的协调与配合，建立联系、会商制度，及时沟通情况，充分发挥他们在维护老年人合法权益方面的工作优势，增强工作的针对性。在实践中如果遇到国家工作人员、有关部门或者组织不履行保护老年人合法权益的职责的行为，法律援助人员可以通过老龄工作委员会向上级主管部门反映，由上级主管部门首先承担纠正下属部门错误行为的责任，以有效地保护老年人的合法权益。

拓展训练

案情介绍

陈某在年轻时是一个小有名气的饭馆老板，每月收入足够维持妻子和五个子女的生活。但陈某缺乏家庭责任心，吃、喝、嫖、赌样样都会，所挣的钱多数用于自己的开销，很少拿回家里。当时，5个子女的母亲（也就是陈某的妻子）为了维持家庭和5个子女的生活，不得不想方设法地挣钱，补贴家用，经常为别人洗衣服、带孩子、打零工，日夜操劳。当实在没有办法的时候，就让孩子去向父亲要钱，但每次都遭到父亲的拒绝。后来，陈某与一名女子姘居，索性就不再回家。5个孩子长大后陆续成家，但孩子的母亲却因长期过度操劳，在不到60岁时就因病去世了。后来，陈某因故关闭了饭馆，靠以前的一点积蓄生活，当积蓄用光后，陈某没有了生活来源，日常生活靠亲朋近邻救济度日。因为他有5个子女的存在，因此不属于国家福利照顾的对象，年近80岁的陈某在万不得已之下，申请并获得法律援助，将5个子女诉至法院，要求予以赡养。在开庭审理中，5个被告一致表示拒绝赡养陈某，并向法庭表示：陈某在5个子女年幼时，只图自己享乐，没有尽到父亲抚养未成年子女的义务，还迫使母亲因操劳过度而过早地去世，他们与陈某之间事实上已经断绝父子关系了。

讨论与思考

五子女能否与陈某断绝父子关系？父母的过错能否成为免除子女赡养责任的理由？

学习单元十四 法律援助常用法律文书

【案例导入】

刘某某人身损害赔偿纠纷[1]

2012 年年初，刘某某（女，72 岁）与王某某因宅基地发生纠纷，王某某闯入刘某某家中，强行将刘某某的老伴拖出屋外，并因此发生纠纷。刘某某见状上前劝阻，被王某某推倒在柏油路上摔伤，刘某某被在场的人扶起，因伤势严重拨打 110 求助，被送往山东利津县某医院治疗。刘某某因经济困难，住院两天后被迫出院回家治疗，出院时仍不敢下床活动，医生要求刘某某休息治疗四周。

该纠纷经派出所等有关部门多次调解，均因王某某的原因无法达成调解协议，刘某某老人经人介绍到利津县法律援助中心求助。刘某某夫妻二人无固定经济收入，常年靠捡拾破烂为生，生活极其困难，符合援助条件。利津县法律援助中心当即决定给予援助，并指派山东诚正勤律师事务所律师承办此案。山东诚正勤律师事务所接受利津县法律援助中心指派，确定王希国、胡军二位律师作为本案的承办律师，为刘某某人身损害赔偿纠纷一案提供法律援助。

王希国、胡军接受委托后，办理了相关手续，对本案情况进行了深入细致的了解。经了解，王某某闯入刘某某家中寻衅滋事、无理取闹，并依仗自己年轻气盛，恃强凌弱将刘某某打伤住院，花去医疗费 700 余元。经派出所及司法所多次调解，均未得到有效处理。针对此种情况，王希国、胡军二位律师没有为双方做调解工作，直接为原告书写了起诉状和缓交诉讼费申请书，依法提起了赔偿诉讼。刘某某年纪较大，行走不方便，为了使其早日得到赔偿，维护其合法权益，同时也为了使更多村民学法、守法，王希国、胡军二位律师请求法院及早做调解工作，并以巡回法庭的形式在村内现场审理。王某某在强大的法律攻势下，认识到了自身错误，并

---

〔1〕 本案例来源于 http：//sfj. loulan. gov. cn/falvyuanzhugongzuo/2012 - 08 - 03/34622. html.

积极要求赔偿。经刘某某同意，王某某在没有开庭的情况下赔偿了 1200 元，刘某某向法院提出撤诉并得到批准，本案圆满结束，老年人的合法权益得到了维护。

法律援助中心在决定为刘某某提供法律援助，以及承办此案的律师在办理案件中都会使用相关的法律文书，那么他们在此案中应该使用了哪些法律文书？它们分别是在哪个法律援助阶段使用的呢？

知识储备　法律援助常用法律文书概述

法律援助常用文书是指在法律援助活动中，各个主体必须使用和撰写的常规法律文书。它是整个法律文书的有机组成部分。法律援助文书是法律援助活动每一个环节的法定文字记载，也是法律援助活动的步骤证明。

一、法律援助常用法律文书分类

（一）根据制作的主体分

1. 法律援助机构法律文书。如《法律援助指派通知书》。

2. 律师事务所及其律师法律文书。如有关法律援助案件的证明等函件，承办法律援助案件所撰写的代理词等。

3. 基层法律服务所及其基层法律服务工作者法律文书。如法律服务所制作的对法院的信函，基层法律服务工作者代写的起诉状等。

（二）根据法律援助文书的内容分

可以分为：

1. 表格。包括来访、咨询登记表、申请表及审批表、申请人经济状况证明表、结案报告表等。

2. 公函。包括法律援助协作函、转交申请公函、通知辩护公函、强制医疗通知代理公函等。

3. 通知书及决定书。包括补充材料通知书、指派通知书、给予法律援助及不给予法律援助决定书、终止法律援助决定书等。

4. 办案文书。包括代理协议、起诉状、答辩状、代理词、辩护词、调解协议等。

（三）根据法律援助的活动阶段分

1. 法律援助工作文书。包括表格、公函等。根据司法部印发的《法律援助文书格式》，法律援助申请、审查、承办的流程中涉及的文书样式，共计 24 种。

2. 法律援助办案文书。包括各种诉状、协议等。

关于这两种文书将在后面进一步阐述，这里就不再加以说明和分析。

（四）根据法律文书的表现形式分

按照是否必须遵从一定的格式和是否必须以书面形式进行表现，可以分为：

1. 要式法律文书。要式法律文书是指根据法律规定必须以书面形式表现，而且具有特定格式要求的法律文书。在法律援助活动中，有许多法律文书都是要式法律文书，如起诉状、调解书等。

2. 非要式法律文书。非要式法律文书是指并无明确的法律规定必须需要特定的格式，也无书面要求，可以是口头的也可以是书面的法律文书，如律师或基层法律服务工作者所制作的代理词等。

二、法律援助工作文书

对法律援助活动而言，最关键的、重要的环节是法律援助的办案阶段。在办案前或者在办案阶段，乃至办案以后的阶段中的每一个工作流程、程序、环节都有一定的书面文书，既可以使法律援助活动能够有序进行，也能够使法律援助的整个活动有明确的记载。更为重要的是，这样的文书可以对整个法律援助活动进行良好的衔接，如法律援助机构进行受理申请，然后作出是否受理的决定，选任何人来承办法律援助的案件以及选任如何进行、法律援助机构指派通知向谁发出，发出以后如何办理，没有办理如何承担责任，法律援助文书记载都是一个有益的、必需的依据所在。当然，一旦出现错误，也能够通过这些文书进行查询，追究责任。这样在最好的、最有效的程度上保证法律援助活动不会或者在最小限度范围内出现随意性、任意性，使法律援助活动始终处于有条不紊的状态，从而保证法律援助案件顺利、高质量地完成。

（一）法律援助工作文书的含义及特点

1. 法律援助工作文书的含义。法律援助工作法律文书是指法律援助活动中，由特定的主体制作的，具有特殊法律效力的，涉及法律援助工作流程或程序的法律文书。如函件、决定、通知等法律文书。

2. 法律援助工作文书的特点。法律援助工作文书不同于一般的法律援助文书，是法律援助工作环节中所制作的法律文书，具有特殊的属性，掌握这样的属性对我们把握法律援助文书有重要的帮助。

（1）法律援助工作文书的特定性。法律援助工作文书是法律援助活动过程中司法行政机关、法律援助机构、律师协会以及律师事务所、基层法律服务所等之间因法律援助活动而必需的工作往来文书，如法律援助机构向律师事务所、基层法律服务所发出的《法律援助指派通知书》等，其制作的主体是特定的，发送的主体也是特定的，不能互相代替，所以法律援助工作文书具有特定性。

（2）法律援助工作文书的效力保证性。法律援助工作文书制作出来以后，一旦送达到相应机构中，受送达机构就必须执行。例如，《法律援助指派通知书》一旦向律师事务所发出，律师事务所就必须执行。再如，司法行政机关对在法律援助工作中有突出贡献的律师事务所或律师个人作出的奖励决定，或者是因拒不履行法律援助义务的律师事务所、基层法律服务所及律师、基层法律服务工作者作出的处罚决定等。

（3）法律援助工作文书的要式性。法律援助工作文书必须以书面的方式作出，有许多法律援助工作文书都是以固定格式的方式出现。

（4）法律援助工作文书的法定性。法律援助工作文书制作的主体、发送的对象、执行的效力等都是由法律法规事先加以规定，法律的主要依据为《法律援助条例》、司法部印发的《法律援助文书格式》。

（5）法律援助工作文书的权威性。法律援助工作既是一项社会公益活动，具有极强的社会属性，也是一项具有特殊的国家属性，由国家强制力保证的活动，因此，法律援助工作文书具有权威性。

（二）法律援助工作文书的种类

1. 司法行政机关制作的法律援助工作文书。司法行政机关对法律援助事项的一些公文性质的文书，均可列为司法行政机关制作的法律援助工作法律文书的范围，我们这里不再一一列举。司法行政机关的法律援助工作的法律文书，大多是因其职权和职责范围所作，也是司法行政机关的一项职权活动。常见的形式包括：各级司法行政机关所制作的有关法律援助工作的决定、答复、批复、通知等文书，对法律援助机构、律师事务所、基层法律服务所、社会组织等在提供法律援助的活动中都具有积极有效的指导意义。这类文书虽然在具体的案件办理中没有直接的适用意义，但是就一个地区或整个国家的法律援助事业推进而言则具有重要的指导意义。

2. 法律援助机构的法律援助工作文书。法律援助机构是法律援助日常工作的直接主持者、组织者，也是法律援助工作的具体参与者，法律援助机构工作的好坏直接牵动着法律援助事业的成败，因此，法律援助机构的常规工作及其相关文书也是法律援助工作文书的重要组成部分。

法律援助机构制作的法律援助工作文书是法律援助机构在日常法律援助工作中制作的有关法律援助事项的各类文书的统称。这类文书既包括法律援助机构对司法行政部门、律师事务所、基层法律服务所的文书和函件，也包括对法律援助申请人所作的文书信函。这类常用的法律文书主要有法律援助审批表、给予法律援助决定书、不予法律援助决定书、指派通知书、法律援助协助函以及民事法律援助、刑事法律援助公函等。

3. 法律服务机构的法律援助工作文书。这是指律师事务所、基层法律服务所以及律师、基层法律服务工作者在法律援助活动中，不仅要撰写大量的承办案件法律文书，在工作中也要撰写一定数量的工作文书，这些工作文书同时也是承办法律援助案件的需要。这些文书主要包括：

（1）工作函件。主要是律师事务所、基层法律服务所在本所律师、基层法律服务工作者承办法律援助案件过程中，需要向人民法院、人民检察院、公安机关、看守所、劳教所、监狱、司法行政机关、法律援助机构等开具的介绍证明类的文件。这类文件只要写明事项、人员、目的等即可，相对来说比较简单。

（2）申请文书。在办理法律援助案件的过程中，律师、基层法律服务工作者有许多情况下要为当事人代写诸如减免诉讼费用等文书，这类文书需要将事实、当事人的情况直接简要说明，写明理由和请求事项即可。当然也可以将此类文书归结到办案文书中。

（3）其他工作文书。主要如律师建议、工作请示、结案报告等一类的工作文书。在法律援助工作中，往往遇到当事人的经济情况好转，不再属于法律援助的对象，或者出现紧急情况如当事人生病等，需要向本所或法律援助机构请示等工作文书。

三、法律援助办案文书

法律援助办案文书主要是法律援助机构的工作人员、律师、基层法律服务工作者在承办法律援助案件中所要撰写的与案件有直接关联的法律文书。这一类文书是法律援助文书最为重要的部分。

最常用的文书主要是案件调查笔录、起诉状、上诉状、答辩状、申诉状、辩护词、代理词、调解书、协议书等文书。

这些文书的基本格式与撰写的基本要求与通常的法律文书没有太大的差别，在实践中撰写这些文书的通常要求就是要格式正确、诉求明确、事实清楚明确、说理逻辑严密、法律适用和解释准确等。如民事起诉状，首部、正文、尾部的每一个部分内容均要清楚明确，不能有遗漏，更不能出现常识性的错误。

四、制作法律文书的基本步骤

（一）正确选择文书种类

从常理来说，在制作或使用时，只要明确文书的功能，一般不会弄错文书的种类。但是，对于一些相近的用语名称文书，有些承办人可能由于疏忽或者其他原因导致文书种类的选择发生错误。

（二）占有必要的材料

占有必要的材料是撰写法律文书的基础，没有材料是无法书写法律文书的。占有资料内容主要是相关人员的基本情况、案件的事实和证据材料、相关的法律依据和处理结果等。

（三）准确表达文书的内容

最基本的是要熟悉法律文书结构，明确文书正文所要叙述事实的法律性质或法律目的，要准确使用语言，力求最简练明了地反映文书本义。

（四）检查文书的正误

法律文书事关当事人的切身利益，不能有丝毫马虎，因此，必须要认真检查是否有错误的地方。特别是语言文字错误。

（五）履行必要的手续

如需要领导审阅或单位盖章等手续，则应履行相关手续。

五、制作法律文书注意事项

制作法律援助的法律文书要注意的事项很多，这里仅就一些主要的事项加以分析和说明。

1. 要明确。主体明确、事项明确、内容明确、时间明确，联系方式、地址、要求等相关信息也要明确。

2. 要简练。特别是针对工作类的文件，能够简练的，尽可能简练，否则制作者辛苦，阅读的人、执行的人更加辛苦。

3. 要有针对性。法律援助机构的工作文书虽然具有一定的程式性，但是也不能千案一文，千人一面。办案文书更是要结合具体案件，进行有针对性的陈述或论辩。

4. 要及时。法律援助机构的工作事关受援人的切身利益，如果因为援助机构或办案工作的延误，导致最佳办案时机错失，那将对受援人产生极大的损害。从法律援助事项来说，许多法律援助案件都是受援人不得已才来寻求帮助，如赡养费、抚养费等涉及人身关系的案件，本来就是已经发生很长时间的事情，再拖延就可能使受援人遗憾终生。因此，相关法律文书及时作出，并产生效用，十分必要。

【学习情境1】 常用法律援助工作文书格式及作用

法律援助活动所需要的法律文书很多，2005年，司法部印发了《法律援助格式文书（示范文本）》（共计25种），对规范法律援助工作发挥了重要作用。随着工作实践不断推进，特别是修改后的《刑事诉讼法》、《办理法律援助案件程序规定》颁布实施后，原格式文书部分内容与相关法律法规规定不一致、一些重要环节缺少必要的文书等问题逐步显现，已不能很好地适应工作开展需要。为此，司法部于2013年3月对法律援助相关文书规定进行了修改完善，形成了《法律援助文书格式》。

《法律援助文书格式》按照法律援助申请、审查、承办的流程，对法律援助案件办理中涉及的文书样式进行了规范，共计24种。与原格式文书相比，所作修改主要包括以下几个方面：一是体现法律法规的新规定。主要依据《办理法律援助案件程序规定》，同时参照新修改的《关于刑事诉讼法律援助工作的规定》，增加了法律援助申请委托书、法律援助协作函、法律援助公函（强制医疗通知代理）等文书格式。二是突出法律援助案件的办理特点。考虑到原有多个格式文书与律师办理收费案件使用的文书相同，可参考律师办案有关文书规范，因此删除了律师会见在押犯罪嫌疑人函、调查取证申请书、通知证人出庭申请书等文书，仅就法律援助案件办理中特有的文书格式予以规定。此外，针对各地在使用原格式文书中存在的问题，对表格设计、文书内容、文字表述等进行了相应修改。

以下以法律援助活动的基本顺序和所涉及的主体即参加者为线索，对常用和主要文书进行列举并对它们的作用进行说明。

一、法律援助申请表

（一）含义和作用

1. 法律援助申请表是需要申请法律援助的当事人在向法律援助机构提出申请时，需要填写及提交的表格。

新文书格式规范删除了原表中的人群类别、申请事项类别、申请人的法律地位、申请事项法律状态、援助方式、申请人及家庭经济状况等，相关内容并入法律援助申请人经济状况证明表、法律援助审批表中，简化了申请人需要填写的项目。

2. 法律援助申请表的作用。法律援助申请表是法律援助申请人在向法律援助机构提出申请时以及法律援助机构接到援助申请的文字记载，其主要作用表现在以下几个方面：

（1）启动法律援助工作。需要民事、行政法律援助服务的当事人以及刑事被害人，必须向法律援助机构提出申请，经法律援助机构审查认为符合法定的要件后，才会获得法律援助。此表也是申请人向义务机关或义务人所在地的法律援助机构提出申请时的必备文书，也是法律援助机构经审查决定是否给予援助的基础。

（2）是法律援助有效实施的基础。法律援助机构工作人员受理审查法律援助申请时，应注意向申请人了解相关情况。发现申请人提交的申请材料不齐全或者内容不清楚的，应向申请人发出补充材料或说明通知书，要求其补充相关材料或者说明相关情况。只有在申请人提交的申请材料齐全的情况下，法律援助机构才能正式受理申请，并进行对申请的审查程序。

（二）格式

法律援助申请表

援申字 [   ] 第   号

申请人基本情况																
姓名		性别			出生日期				民族							
身份证号																
户籍所在地																
住所地 （经常居住地）																

续表

邮政编码		联系电话	
工作单位			

代理人基本情况

姓名		□法定代理人	□委托代理人
身份证号			

案情及申请理由概述

本人承诺以上所填内容和提交的证件、证明材料均真实。

申请人（签字）：
代理人（签字）：
年　　月　　日

二、法律援助审批表格

（一）含义及作用

1. 法律援助审批表是法律援助机构收到法律援助申请或其他途径获得的法律援助材料后，通过对案件材料审核，对是否提供法律援助所作出的初步意见文书。法律援助审批表是法律援助机构的工作文书，也是内部文书。

2. 法律援助审批表的作用。法律援助审批表是在接到援助申请和案件材料信息后，对审核和审批流程进行记载，其主要作用表现在以下几个方面：

（1）对法律援助案件材料进行初步审查。通过审批表的登记，可以对众多的法律援助申请信息进行初步审核，为是否提供法律援助的决定作出基本准确、合法判断。

（2）对法律援助实施的公平公正起到了最初的保障作用。法律援助审批表的制作，对申请援助的申请人来说，进行了是否真正需要法律援助帮助的甄别和筛选，同时也为法律援助的专业实施起到了积极作用。

（二）格式

法律援助审批表

援审字〔　　　〕第　　号

申请人基本情况					
姓名		案由		申请日期	
文化程度		□文盲　□小学　□中学　□大专以上			

续表

人群类别 （可重复交叉）	□女性　　□未成年人　　□残疾人　　　□老年人（60 岁以上） □农民　　□农民工　　　□少数民族　　□军人军属 □一般贫困者　　　　　　□外国籍人或无国籍人 □其他（注明）＿＿＿＿＿＿＿＿＿

经济状况

是否符合法律援助经济困难标准	□是　　　　　□否

案件来源

□当事人直接申请
□转交申请（□人民法院　□人民检察院　□公安机关　□监狱　□看守所　□强制隔离戒毒所）
□其他来源（注明）＿＿＿＿＿＿＿＿＿

申请事项

□刑事案件
□请求国家赔偿
□请求给予最低生活保障待遇或社会保险待遇
□请求发给抚恤金、救济金
□请求给付赡养费、抚养费、扶养费
□请求支付劳动报酬　　□主张因见义勇为行为产生的民事权益
□工伤　　□交通事故　　□医疗纠纷
□婚姻家庭（不含请求给付赡养费、抚养费、扶养费）
□其他（注明）

申请事项所处阶段

□尚未进入法律程序
□侦查
□审查起诉
□诉讼（□一审　□二审　□审判监督程序）
□仲裁　　　□调解
□行政处理　□行政复议　□国家赔偿
□死刑复核
□申诉
□执行

案件概况	
审查意见	
	签字： 年　　月　　日：
审批意见	
	签字： 年　　月　　日：

注：1. 审查意见由对法律援助申请进行初审的工作人员出具。

　　 2. 审批意见由法律援助机构负责人或者其他有权签署意见的人员出具。

三、给予法律援助决定书

（一）含义及作用

1. 给予法律援助决定书是法律援助机构对需要提供法律援助的案件材料和申请等进行审查，认为符合法律援助条件，决定给予法律援助，向当事人发出的决定书。文书包括存根和正本。

2. 作用。给予法律援助决定书是法律援助机构的重要文书，也是当事人能否获得法律援助资格的唯一的具有法律价值的凭证，其具体作用和功能如下：

（1）是法律援助活动中承上启下的法律文书。法律援助从当事人咨询开始到案件最后圆满办结，其中最为关键的一个环节就是当事人是否能够获得法律援助，只有法律援助机构作出给予援助的决定，才能真正进入法律援助的实质实施阶段。

（2）是受援人获得法律援助救济，维护合法权益的法律凭证。申请人只有得到《给予法律援助决定书》才能获得法律援助的救济和帮助，也才能由申请人转变为受援人，同时才能据此与援助律师或基层法律工作者签订代理协议。

（3）是法律援助机构行使法定职权的重要标志文书。《给予法律援助决定书》是法律援助机构依据事实和法律作出的法律文书，同时也是依照法定的职权作出的法律文书，是法律援助机构职权活动的标志文书。

（二）格式

给予法律援助决定书（存根）

　　　　　　　　　　　　　　援决字【　　】第　　号

申请人：

案　由：

经办人（签字）：

日　期：

给予法律援助决定书

　　　　　　　　　　　　　　援决字【　　】第　　号

（申请人姓名）

_____：

　　你于_____年_____月_____日向本中心（处）提出的_____一案法律援助申请，经审查，符合法律援助条件，决定给予法律援助。

　　　　　　　　　　　　　　　　（公章）

　　　　　　　　　　　　　年　　月　　日

四、不予法律援助决定书

（一）含义及作用

1. 不予法律援助决定书是法律援助机构对法律援助申请以及案件材料进行审查后，认为不符合法律援助条件，给申请人发出的不提供法律援助的决定文书，包括存根和正本。

2. 作用。对申请人来说，获得法律援助的资格已经丧失，法律援助活动也就到此结束，在一定程度上来说法律援助活动也没有真正开始。

（二）格式

不予法律援助决定书（存根）

援拒字【　　】第　　号

申请人：

案　由：

经办人（签字）：

日　期：

不予法律援助决定书

援拒字【　　】第　　号

（申请人姓名）

＿＿＿＿＿＿：

你于＿＿＿＿＿＿年＿＿＿＿＿＿月＿＿＿＿＿＿日向本中心（处）提出的＿＿＿＿＿＿＿＿＿＿＿一案法律援助申请，经审查，不符合＿＿＿＿＿＿＿＿＿＿＿的规定，决定不予法律援助。

如对本决定有异议，可以自收到本决定书之日起＿＿＿＿＿＿＿个工作日内向＿＿＿＿＿＿司法局（厅）提出。

（公章）

年　月　日

五、法律援助指派通知书

（一）含义及作用

1. 指派通知书是指法律援助机构决定为受援人提供法律援助后，选任和指定案件承办单位，要求律师事务所或基层法律服务所安排律师或基层法律服务工作者来承办案件而向承办单位发出的通知函件。指派通知书同样包括存根和正本。

2. 作用。法律援助指派是法律援助机构在作出法律援助决定之后的又一项职权活动，《指派通知书》发出后，就具体案件而言法律援助机构的活动也暂时告一个阶段，所以《指派通知书》的功效同样也很重要。

（1）是法律援助机构有关法律援助的职权活动的标志文件。与律师事务所等所作法律文书相比，《指派通知书》与《给予法律援助决定书》等一样，也是法律援助机构行使职权的标志性文件。

（2）是律师或基层法律服务工作者等履行法律援助义务的法律记载。《指派通知书》接到以后，律师事务所和律师、基层法律服务所和工作者即开始履行应尽的援助义务。

（3）是与受援人签订法律援助协议的法律凭据。律师事务所、基层法律服务所只有接到《指派通知书》后才能开始法律援助活动，才能与受援人签订委托协议。

（二）格式

指派通知书（存根）

援指字【　　】第　　号

发往单位：

受　援　人：

案　　由：

经办人（签字）：

日　　期：

指派通知书

援指字【 　 】第 　 号

（受指派单位名称）：

本中心（处）决定对＿＿＿＿＿＿一案提供法律援助，现指派你单位承办该案。请自收到本通知书之日起＿＿＿＿＿＿个工作日内安排合适承办人，并自安排之日起 5 个工作日内将承办人姓名和联系方式告知受援人及本中心（处），与受援人或者其法定代理人、近亲属签订委托代理/辩护协议。

特此通知。

法律援助中心（处）地址：

联 系 人：

联系方式：

法律援助中心（公章）

年 　 月 　 日

六、法律援助公函

（一）含义及作用

1. 法律援助公函是法律援助机构因刑事、民事、行政、仲裁等法律援助工作需要，向法院、检察院、公安机关、仲裁机构或行政处理机关提交的案件和承办人等情况的工作函件。在司法部 2013 年印发的《法律援助文书格式》中涉及公函类的共有五种。因是格式化函件，内容基本相近，所以这里仅就法律援助公函（文书格式十四[1]）的格式进行列举，其他不再列举。

2. 作用。法律援助公函是法律援助机构因法律援助活动与公、检、法、司以及行政机关进行联系的文件，既可以起到告知的作用，也可以起到证明作用，同时方便律师、基层法律服务工作者与法院、检察院等机关联系。其中，法律援助公函（文书格式十四）用于承办人提交给办案机关等单位以表明身份，根据需要可开具多份；法律援助公函（转交申请）（文书格式十五）用于法律援助机构对有关机关、单位转交申请的回复；法律援助公函（通知辩护）（文书格式十

---

〔1〕 该文书为司法部 2013《法律援助文书格式》第 14 项。

六)、法律援助公函（强制医疗通知代理）（文书格式十七）分别用于法律援助机构对通知辩护、通知代理的回复；终止法律援助公函（文书格式二十三）用于法律援助机构告知有关机关、单位终止法律援助的决定，根据需要可开具多份。

（二）法律援助公函（文书格式十四）格式

法律援助公函（存根）

援函字〔　　〕第　　号

发往单位：

受　援　人：

案　　　由：

经办人（签字）：

日　　　期：

注：本函用于承办人向办理案件的人民法院、人民检察院、公安机关、仲裁机构、行政机关以及看守所等表明身份。

法律援助公函

援函字〔　　〕第　　号

_____：

本 中 心（处）对 ____（受 援 人）_____ 一 案，已 指 派 _____（承办机构）_____（承办人）担任其代理人/辩护人。

特此函告。

承办人联系方式：

（公章）

年　　月　　日

七、委托代理／辩护协议

（一）含义及作用

1. 委托代理／辩护协议是由法律援助机构与受援人基于民事法律援助代理或刑事法律援助辩护所签订的协议。该文书为司法部在 2013 年完善法律援助文书格式中新增的格式内容，该协议的签订主体一方为受援人或者其法定代理人、近亲属，另一方为承办人所属的法律援助机构、律师事务所、基层法律服务所或者其他社会组织。该文书为法律援助机构经过审查法律援助申请人的援助申请，在决定予以提供法律援助并指派了相应的法律援助承办人时，或由有关机关通知法律援助机构指派律师提供辩护或者法律帮助，法律援助机构依据辩护公函或者通知代理公函，指派律师提供法律援助时所使用的文书。

2. 作用。

（1）双方确立委托关系的开始。无论受托人最终获得的法律援助权益是由其申请所取得，还是由有关机关依法通知法律援助机构受托所取得，双方签订了委托代理或辩护协议后，法律援助工作就此开始。

（2）明确了法律援助事项及委托的权限。法律援助承办人需要根据协议确定的法律援助事项及受委托的权限，积极努力地完成法律援助工作，不得私自变更。

（3）明确了双方的权利义务。对受援人提供事实不明或委托不明的都有相应的告知及条款约定，受援人应当在享受受援权利的同时，履行相应的义务。

（二）格式

委托代理／辩护协议

甲方　受援人姓名：　　　　　性别：　　　　　出生日期：　　　　民族：
　　　身份证号码：
　　　法定代理人（或近亲属）姓名：　　　　系受援人（关系）：
　　　身份证号码：
　　　联系地址：　　　　　联系电话：
乙方（承办机构）：
　　　地　　址：
　　　联系电话：

　　　甲方＿＿＿＿＿＿＿一案，经＿＿＿＿＿＿＿法律援助中心（处）审查，决定给予法律援助，并指派乙方承办。现双方就委托事项达成如下协议：

续表

　　一、乙方接受甲方的委托，安排 ＿＿＿＿＿＿＿（承办人）担任本案＿＿＿＿＿＿＿阶段的代理/辩护人，提供下列第＿＿＿＿＿＿＿项的法律援助：

　　（一）刑事辩护；（二）刑事被害人代理；（三）刑事附带民事诉讼代理；（四）自诉代理；（五）民事诉讼代理；（六）行政诉讼代理；（七）劳动仲裁代理；（八）其他非诉讼代理。

　　二、甲方委托乙方承办人的权限包括＿＿＿＿＿＿＿＿＿＿＿＿＿＿＿＿＿＿

＿＿

＿＿＿＿＿＿＿＿＿＿＿＿＿＿＿＿＿＿＿＿＿＿＿。

　　三、乙方承办人应当遵守职业道德和执业纪律，在受委托的权限内依法完成受托事项，维护甲方的合法权益。

　　乙方承办人代理甲方以和解或者调解方式解决纠纷的，应当征得甲方同意。

　　对于民事诉讼法律援助案件，乙方承办人应当告知甲方可以向人民法院申请司法救助，并提供协助。

　　四、乙方及承办人不得要求甲方支付任何形式的费用，不得接受甲方的财物或者牟取其他利益。

　　五、甲方应当真实完整地叙述案件事实，提出的要求应当明确、合法、合理，并对所提供证据材料的真实性、合法性负责；与案件有关的事实或者经济状况发生变化的，应当及时告知乙方承办人。

　　六、甲方有权向乙方承办人了解委托事项办理进展情况，进行法律咨询。乙方承办人应当向甲方通报案件办理情况，答复甲方询问。

　　七、甲方有证据证明乙方承办人不依法履行职责的，可以请求法律援助机构更换承办人。

　　法律援助机构决定更换的，乙方应当另行安排承办人，并与甲方变更本协议。乙方因客观原因无法另行安排的，应当书面报告法律援助机构。法律援助机构另行指派承办机构的，乙方与甲方解除本协议。

　　八、乙方承办人遇有下列情形之一的，有权中止委托事项，并向法律援助机构报告：

　　（一）甲方不再符合法律援助经济困难标准的；

　　（二）案件依法终止审理或者被撤销的；

　　（三）甲方又自行委托其他代理人或者辩护人的；

　　（四）甲方要求终止法律援助的；

续表

（五）甲方利用法律援助从事违法活动的；

（六）甲方故意隐瞒与案件有关的重要事实或者提供虚假证据的；

（七）法律、法规规定应当终止的其他情形。

法律援助机构决定终止法律援助的，甲乙双方解除本协议。

九、甲乙双方就下列事项进行约定：

_____

_____

_____

_____

_____

_____

十、本协议自双方签署之日起生效，至＿＿＿＿＿＿＿＿＿＿＿＿＿＿终止。本协议一式三份，甲乙双方各一份，法律援助机构备案一份。

甲方：　　　　　　　　　　乙方：

（公章）

　年　　月　　日　　　　　　　年　　月　　日

【学习情境2】　常用法律援助办案文书格式及作用

律师在参加法律援助活动中所涉及的法律文书也很多，因基层法律服务工作者在法律援助活动中涉及的法律文书与律师基本相同，所以这里一并举例说明，不再单独说明和分析。

一、民事类办案法律文书

律师在法律援助活动中所涉及的民事常用法律文书主要有起诉状、上诉状、答辩状、代理词等。民事法律文书在整个民事法律援助活动中的作用举足轻重，所以任何一个从业律师对此都必须有足够重视。

（一）起诉状作用及格式

1. 概念及作用。民商事案件的原告，为维护自身权益，向人民法院呈送的指控被告的书状即为民事起诉状。该文书的写作主体为依法享有民事起诉权的自然人、单位（法人或组织）。

民事起诉状经人民法院受理后，按照《民事诉讼法》的规定，对原告诉权的行使程序进行审查，审查通过，原告缴纳诉讼费用后，将启动诉讼程序，最后对案件作出裁决或调解。所以，起诉状是民事诉讼的开始。诉状书写的成功与否往往关系到案件的审理结果，关系到当事人的权益维护。它既是维护民事原告合法权益的文书，又是人民法院审理民商事纠纷的依据。

民事起诉状包括首部、正文、尾部三个部分，虽然正文部分是核心和关键，但是首部和尾部同样也很重要，不能忽视，如首部没有写清楚被告的基本信息，法院就无法受理，特别是在被告确定不明或管辖存在争议的情况下，更会为原告的诉权主张得到法院支持带来困难。

2. 格式。

民事起诉状

（自然人提起民事诉讼用）

原告：姓名、性别、民族、工作单位、住址、联系方式（未成年人为原告的，必须写清法定代理人或监护人的情况。）

委托代理人：姓名、律师事务所名称、联系方式

被告：姓名、性别、民族、工作单位、住址、联系方式

诉讼请求：

事实与理由：

此致

××××人民法院

具状人：×××（签名）

（二）民事上诉状作用及格式

1. 概念及作用。

民事案件中一审的原告、被告一方或双方、有独立请求权的第三人、判决其承担责任的无独立请求权第三人，因不服一审人民法院尚未生效的判决或裁定，

在法定的上诉期限内，向上一级人民法院提出重新审理本案，要求改判或发回重审的法律文书。

它是引起二审程序的法律文书，对上诉方和被上诉方的权利义务最终处理有重要作用。同样是由首部、正文和尾部组成。

2. 格式。

民事上诉状

上诉人：×××（原审原告或原审被告）

被上诉人：×××（原审被告或原告）

上诉人×××因×××一案，不服×××人民法院××年×月×日作出的（　　）民×××初字第××号民事判决（或裁定），现提出上诉。

上诉请求：

上诉理由：

此致
　×××人民法院

上诉人：×××
年　　月　　日

（三）民事答辩状的作用及格式

1. 概念及作用。民事答辩状是指民商事案件中被告或被上诉人，根据民事起诉书或民事上诉状的内容，针对原告或上诉人的请求和理由，进行辩驳的法律文书。

答辩状的制作有利于人民法院全面了解诉讼双方的意见和要求，有利于维护被告、被上诉人的合法权益，充分体现民事诉讼中双方当事人的诉讼地位的平等性。同时，它也是人民法院确定审理范围的参考，只要是依法和依据事实进行答辩，都会对法院查明纠纷事实、依法作出公正裁决有重要的参考作用，同时按照要求呈送答辩状也是确定双方举证责任的主要依据。

2. 格式。

民事答辩状

答辩人：

答辩人因×××一案（或答辩人因×××对×××上诉案），针对诉讼（上诉）请求和诉讼（上诉）理由，特提出如下答辩：

此致
×××人民法院

答辩人：×××
年　　月　　日

（四）代理词的作用及格式

1. 概念及作用。代理词是作为民商事案件诉讼代理人的代理律师在法庭辩论阶段为了说明自己的观点，并反驳对方的观点，维护委托人合法权益，向法庭发表的演说词。

在民事活动中，律师接受当事人的委托，维护当事人的合法权益，而代理词则是实现这一职责的重要手段。同时，代理词也是展现律师执业能力的一个重要标尺，是合议庭成员在研究案件时的重要参考文书，是影响合议庭对案件公正处理的重要因素。

2. 格式。代理词由前言、辩论理由、尾部三部分组成。需要注意的问题是代理词的撰写格式没有绝对的要求，对于焦点问题一定要写清楚。

代理词

尊敬的审判长、审判员：

受×××指派，接受×××委托。现根据庭审调查的焦点和双方陈述的事实，就本案×××等问题提出如下代理意见：

请合议庭对上述意见予以采纳。
谢谢！

代理人：×××
年　　月　　日

二、刑事类办案法律文书

刑事法律援助文书是律师从事法律援助工作的重要组成部分，是律师在法律援助活动中必须撰写的重要法律文书。主要包括刑事自诉状、刑事上诉状、刑事申诉状、辩护词等。

（一）会见犯罪嫌疑人/被告人笔录

1. 概念及作用。会见犯罪嫌疑人、被告人笔录是律师为犯罪嫌疑人、被告人提供法律帮助过程中，依法同他们会见，对他们的陈述所作的记录。

我国《律师法》第28条第3项规定，律师可以接受刑事案件犯罪嫌疑人、被告人的委托或者依法接受法律援助机构的指派，担任辩护人。律师会见犯罪嫌疑人、被告人，并制作笔录，正是律师法赋予律师的执业权利。会见笔录不仅可以作为律师分析案情的依据，而且其中可以证明被告无罪、罪轻或可以从轻或减轻的陈述还可以用于庭审，以维护犯罪嫌疑人、被告人的合法权益。

律师在会见犯罪嫌疑人、被告人之前应仔细阅读案卷，走访相关证人，对案件做到初步了解，并在此基础上拟定谈话提纲。制作会见笔录时，应准确地、清楚地反映被会见人陈述的实际情况，既要全面，又要突出重点；既要记录被会见人回答律师问话的内容，又要记录被会见人主张陈述补充的内容；尤其对涉及案件性质的罪与非罪、罪轻与罪重等关键情节要详细记录。在记录完毕后，交犯罪嫌疑人、被告人确认后签名。

2. 格式。

会见犯罪嫌疑人/被告人笔录 （第×次）

时间： 年 月 日 时 分至 时 分

地点：

会见人（律师）：

被会见人：

案由：

记录人：

笔录内容：

年 月 日

（二）刑事自诉状的作用及格式

1. 概念及作用。刑事自诉状是刑事案件的被害人或法定代理人、监护人等为追究被告人的刑事责任，直接向人民法院起诉时提交的文书。

根据我国《刑事诉讼法》的规定，告诉才处理的案件，被害人有证据证明的轻微刑事案件，被害人有证据证明对被告人侵犯自己人身、财产权利的行为应当追究刑事责任而公安机关或人民检察院不予追究被告人刑事责任的案件，属于刑事自诉案件。发生这三类案件，被害人或其法定代理人、监护人向人民法院提交的自诉状，是人民法院启动诉讼程序、追究被告人刑事责任、定罪量刑的重要依据所在。

2. 格式。

刑事自诉状

自诉人：

（法定代理人）

被告人：

案由：

诉讼请求：

事实与理由：

证据和证据来源，证人的姓名和住所：

此致

×××人民法院

自诉人：×××

年　　月　　日

附：1. 证据材料　　份

　　2. 本诉状副本　　份

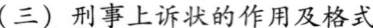

（三）刑事上诉状的作用及格式

1. 概念及作用。刑事上诉状，是刑事被告人对第一审人民法院作出的未生效判决、裁定，在法定期限内申明不服，向上一级人民法院提交的请求依法撤销或变更原审裁判的法律文书。

刑事上诉状是被告人行使辩护权的一种重要形式，也是开启二审程序的必要文书，同时也是二审法院作出裁决的重要依据。

2. 格式。

刑事上诉状

上诉人：

上诉人因×××一案，不服×××人民法院（××××）×法刑初字第×××号判决，提出上诉。

上诉请求：

上诉理由：

此致

×××人民法院

上诉人：×××
年　　月　　日

（四）辩护词的作用与格式

1. 概念及作用。辩护词是辩护人为维护被告人的合法权益，在法庭审理刑事案件的辩论阶段，针对公诉机关或自诉人对被告人的指控所作的系统发言。包括前言、辩护理由、结束语三个部分。

辩护词是被告人行使辩护权的直接标志，也是辩护人维护被告人合法权益最为重要的手段，是法律公平公正的体现。辩护人针对公诉机关或自诉人的指控，可以依据案件事实及法律，为被告人进行无罪、罪轻或减轻、免除刑事责任的辩护。

2. 格式。

> **尊敬的审判长、审判员：**
>
> 　　本人因被告×××的委托，受×××律师事务所的指派，担任×××案件被告×××的辩护人，针对公诉人（自诉人）的指控，依据事实和法律，发表如下辩护意见：
>
> 　　事实与理由：
>
> 　　请合议庭对辩护人的意见给予重视。
>
> 辩护人：×××
年　　月　　日

　　以上是对法律援助文书中常用的文书进行了简要列举，其他法律文书在这里就不再重复说明。

【实操训练】

案情介绍

　　2012 年 3 月 22 日凌晨，林某（化名）驾驶一辆重型自卸货车，途经河北唐山某路段时，由北向南行驶，与当地交通运输局在此设置的 2.9 米公路限高装置发生相撞事故。因该限高装置被撞击后整体倾覆，横梁砸压在驾驶室上，致林某窒息死亡。经公安交通部门现场勘查认定，此"交通事故"由林某负全责。但林某家属不同意这一认定，他们认为导致林某死亡的根本原因在于限高装置存在安全隐患，设置行为缺乏依据且没有提示标志，有严重过错，遂委托律师对当地交通运输局提起赔偿之诉，要求被告对林某的死亡后果承担过错赔偿责任。包括赔偿死亡赔偿金、被抚养人生活费、丧葬费等共计 28 万元。

　　一审代理词：

尊敬的审判长：

　　我所受本案原告林某某、宋某等 2 人的委托，指派郭某、刘某作为原告诉河北省唐山市某交通运输局人身损害赔偿一案的代理人参加诉讼，经过对本案的调查了解及今天的庭审，现发表代理意见如下：

一、被告所设限高装置已构成"构筑物",应依据《最高人民法院关于审理人身损害赔偿案件适用法律若干问题的解释》第16条之规定,证明自己无过错

1. 该解释第16条规定:"下列情形,适用《民法通则》第126条的规定,由所有人或者管理人承担赔偿责任,但能够证明自己没有过错的除外:①道路、桥梁、隧道等人工建造的构筑物因维护、管理瑕疵致人损害的……"

该条第2款同时规定:"前款第①项情形,因设计、施工缺陷造成损害的,由所有人、管理人与设计、施工者承担连带责任。"

2. 被告在该路段设置的限高装置,既未经相关部门审批,也没有设置限高的合理性依据。

被告坚持按照地方规定认为自己有权设置该限高装置,于法无据。

另外,根据《超限运输车辆行驶公路管理规定》(交通部令2000年第2号)第19条规定:"公路管理机构应在公路桥梁、隧道及渡口设置限载、限宽、限高标志。"该段公路并不属于该条所指定的道路,故没有设置限高的必要性和合理性。退一步讲,如果被告认为其对该段公路有设置限高的权利,设置限高是对该段公路实时保护措施,那么应当对于涉及该公路的各相关路口均设置限高、限宽或限重设施。然而事实上,在可通行该路段的3个路口中,被告仅在其中的2个路口安装了限制装置,还有一路口仍然有重型车辆随意出入(见证据第7组)。根本达不到对该路段实施保护的目的。

二、被告设置限高装置不符合公路工程"净空"设计标准

被告在庭审中,始终未就限高装置的技术标准及竣工验收合格等进行举证。《中华人民共和国公路法》、《公路工程技术标准》、《公路安全保护条例》、《中华人民共和国道路交通安全法实施条例》等相关规定,均对四级公路作了4.5米的"净空"要求"不得影响消防和卫生急救等应急通行需要"的规定。

《公路工程技术标准》(JTGB01-2003)第2.0.7条第4项第4条规定:"高速公路、一级公路、二级公路应满足5.0米的净高要求,三级公路、四级公路的净高应为4.5米"。该标准第8.5.3条还规定:"车行通道的净空应符合以下规定:净高:通行拖拉机、畜力车时应大于或等于2.70米,通行农用汽车时应大于或等于3.20米。……"

本案事发地点限高仅为2.9米,不符合法律规定的限高设置标准,明显存在安全隐患。

三、被告限高装置设计没有技术标准依据,主观上放任了损害结果的发生

1. 该限高装置,系由重达10吨左右的钢铁结构制成,且体积庞大,已形成公路中"构筑物",远远超出了"用于警示"的公路设施要求。如此设计,没有相关技术标准依据。

2. 被告设置限高时，应当预见到该装置被重型车辆撞击后，所造成人员伤亡的严重后果，远远大于撞坏限高装置的损失。

更让人费解的是，本案事故发生后，被告仍将该限高装置按原样安装，导致事故发生后的 1 个月内该处再次发生同样的事故，并造成 2 人当场死亡的惨剧。如果说被告在第一次事故发生前，不能预见会造成人员伤亡的严重后果，那么，在第一次事故发生后，被告依然按原样安装限高装置，可知被告此举绝非疏忽大意，而是故意放任而为之。（见证据第 4 组、第 8 组）

四、被告所设限高装置没有明显警示标志，且违规用广告布遮挡

《河北省治理货运车辆超限超载规定》（河北省人民政府令〔2010〕第 4 号）第 14 条规定："农村公路的管养单位或者部门，可以在农村公路的重要出入口以及节点位置设置限高、限宽设施，同时设置安全警示标志……"

根据《公路安全保护条例》（国务院令第 593 号）第 33 条第 2 款规定："公路、公路桥梁、公路隧道限载、限高、限宽、限长标准调整的，公路管理机构、公路经营企业应当及时变更限载、限高、限宽、限长标志；需要绕行的，还应当标明绕行路线。"

在本案中，该限高装置安装后，无任何警示标志、无绕行提示、无减速带、无道路交通标识、无夜间反光标识等预防性措施，更没有采取保证在夜间环境下能提醒过路司机的措施。反之，该限高装置横梁全部被挂有"圆梦婚纱摄影"的广告牌遮挡（见证据第 4 组）。

证据表明，被告未能按相关法律规定履行其警示义务。

五、被告所设限高装置存在重大安装质量隐患

此事故中，在限高装置的底座与水泥地基均完好无损的情况下，限高装置整体倾倒，且连续两次事故倾倒现场极为相似。从安装现场可以看到，限高装置自身坚固，地基完好，但限高装置与地基的连接环节上，根本就没有螺丝加以固定。庭审中被告也未就有螺母固定一节提出证据。现场螺丝锈迹斑斑，根本看不到有与螺母相连的痕迹。故在安装施工环节上存在重大质量隐患（见证据第 6 组）。本案中，林某虽然违规撞上限高装置，但如果该装置符合技术标准，不是如此庞大、厚重的限高杆，也不会造成林某在限高装置的重压之下，被困于驾驶室内窒息死亡的悲惨后果。

综上所述，被告在该限高装置设置上、技术标准上，行政管理上均存在过错。根据我国《中华人民共和国民法通则》第 106 条第 2 款、第 126 条的规定，《中华人民共和国侵权责任法》第 6 条、第 7 条、第 15 条、第 16 条、第 18 条、第 85 条、第 86 条的规定，《最高人民法院关于审理人身损害赔偿案件适用法律若干问题的解释》第 1 条、第 8 条、第 16 条第 1 项、第 17 条第 3 款、第 18 条、

第28~31条、第35条的规定，《最高人民法院关于贯彻执行〈中华人民共和国民法通则〉若干问题的意见（试行）》第147条等规定，被告应承担赔偿责任。

在"以人为本"、"保障安全、提供服务、利于管理"的理念贯穿于国家机关行政管理行为的今天，公路交通管理亦应当体现安全服务的观念，突出交通文化的现代内涵和品质，这是社会经济发展和文明进步的要求。然而，被告在明知存有安全隐患，并已经造成重大伤亡事故后，依然不予以纠正，至今限高装置仍然原样安置。我们恳请法院，依据事实和法律，本着贯彻以人为本，尊重人的生命价值的原则处理本案，维护原告的合法权利，作出公平、公正的裁判！

代理人：郭某、刘某

2012年9月8日

【训练项目】

根据本示范文书，自己寻找法律援助案例材料，并撰写一份代理词。同时分析其中的优点和不足之处，并说明理由。

【训练方法】

由教师推荐或学生自选一至二个法律援助案例材料，由学生择其一尝试撰写一份代理词。从中推选出几例文书，由全班同学进行相互评点。

附 录

附录一　法律援助典型案例集锦[1]

两级七审难定案
八审法援解沉冤

案由：故意杀人

指派单位：河北省法律援助中心

承办人：徐延平　河北省天捷律师事务所律师

提示：

围绕证据链的关键点，将控方所据以证明被告人有罪的证据链作为辩护人证明被告人无罪的强有力证据，这是本案的闪光点。

案情介绍：

1998 年 6 月 10 日下午 2 时许，河北省隆尧县尹村镇霍庄村一村民在本村南的麦地里发现一具女尸，随即报警。经公安机关现场勘查，女尸头北脚南仰卧，上衣着装相对整齐，胸口有大量血迹，裤子退至膝盖处，阴部挟有卫生纸。死者颈部左侧上部有两处刀痕，其中一处较深。死者为本村 30 岁的已婚妇女沙秀芬。经公安机关鉴定，死者系被人致昏后用锐器割断颈部左侧动、静脉失血性休克死亡，且生前与人发生过性关系。随后，公安机关调取霍庄村与死者关系较密切的 4 个人的血样，经 DNA 鉴定，结论为"不排除沙秀芬阴道擦拭纱布及卫生纸上的精斑是嫌疑人徐冬成所留"。据此，徐冬成被认定为犯罪嫌疑人，于 1998 年 9 月 17 日被刑事拘留。

同年 9 月 21 日，徐冬成在刑警队供述：1998 年 6 月 9 日晚 9 时许，他约沙秀芬到案发麦地调情，发生性关系后因怕奸情外露，即将其掐昏。因怕沙秀芬不死，随后返回家中取长把镰刀将其脖颈割裂。在审查起诉阶段，徐冬成以受到刑讯逼供为由，推翻了原有罪供述。本案从 1999 年 8 月至 2004 年 2 月先后进行了 7 次审理，有 7 份判决或裁定。其中，邢台市中级人民法院四审四判，前两次为死刑，后两次为死刑缓期二年执行，徐冬成均提起上诉。河北省高级人民法院 3 次审理，均作出发回重审裁定。2004 年 2 月，河北省高级人民法院再次受理上诉，本案进入第 8 次审理。

河北天捷律师事务所接受河北省法律援助中心指派，安排徐延平律师作为二审的指定辩护人办理该案。徐律师受理后通过认真阅卷，从认定被告人有罪的证据材料中发现诸多关键疑点，主要是：尸检报告没有具体死亡时间；原判决认定沙秀芬于当晚 9 时许被害死亡没有依据；现场勘查报告没有足印等任何涉及被告人留有痕

---

〔1〕 本集锦案例均选自贾午光主编：《全国法律援助百优案例》，法律出版社 2008 年版。

迹的表述；作为凶器提取的长把镰刀无被害人血迹；被害人尸体照片颈部无被掐过的痕迹等。特别是被告人在仅有一次的有罪供述中，所陈述的"作案"过程与其他证据相矛盾且在关键点上差距很大。如被告人讲与被害人发生关系后即将其掐昏，但死者阴部挟有擦拭的卫生纸，说明死者在发生性关系后没有立即受到侵害，而是从容擦拭阴部；被告人家距案发地约300米，从其供述先调情再发生关系后，将被害人掐昏十几分钟后再回家取镰刀砍人的作案过程看，不是短时间可以完成的。但有证人证明被告人在当晚9时30分左右在距案发地近600米的自家麦地收麦子；供认凶器为长把镰刀，但该镰刀的刀与刀把呈90度角，刀把长约60厘米。死者面部朝上，因角度关系用镰刀无论如何也形成不了颈上部割伤，且该镰刀经鉴定无任何血迹等。

通过阅卷发现有罪证据的诸多矛盾后，徐律师在会见被告人时详细了解了有关情况，随后进行了必要的调查，并就DNA鉴定问题向法医专家求教。在全面调查和认真分析的基础上，徐律师从DNA鉴定不具备确定性；镰刀作为凶器无法形成死者颈部创口；上诉人仅有一次的有罪供述与案发现场状况多处矛盾；除有罪供述外无其他直接或间接证明其实施犯罪行为的证据；有8个证人证明上诉人无作案时间；其杀人动机难以成立等六个方面，准备了对上诉人应当疑罪从无的辩护意见，并提出了建议开庭审理的申请。

2005年7月11日，河北省高级人民法院在隆尧县开庭审理了该案。徐延平律师在法庭上特别提出：本案之所以经过两级法院7次审理，长达近8年时间，根本原因在于认定上诉人有罪的关键证据严重不足，基本事实不清，故应对上诉人作出无罪判决。经审理，二审法院完全采纳了律师的辩护意见，于2005年12月14日以〔2004〕冀刑一终字第159号刑事附带民事判决书终审判定上诉人徐冬成无罪。2006年1月18日，徐冬成迈出了被羁押近8年的看守所大门。

点评：

律师调查取证难，在刑事案件中的调查取证尤其困难，这是法律界的共识。该案的辩护律师以负责任的态度，不畏艰难，认真调取了大量的有利证据。该案承办律师从认定被告人有罪的证据材料中发现了诸多关键疑点，然后紧紧抓住这些疑点和证据链的关键点，有理有据地进行分析辩护，最终竟然使控方所据以证明被告人有罪的证据链成为辩护人证明被告人无罪的强有力证据。事实说明，据理充分、合乎逻辑的辩护意见，是一定会为法院所采信的。

受援人维权多磨难　法律援助始终相随

案由：刑事附带民事诉讼

指派单位：贵州省铜仁地区、思南县法律援助中心

承办人：杨万隆　贵州省铜仁地区法律援助中心律师

　　　　吴传婵　贵州省思南县法律援助中心律师

提示：

国家赔偿中的行政赔偿，可以在行政诉讼中一并提出。

案情介绍：

2005 年 8 月，思南县鹦鹉溪镇大溪口村苏家坡村民组农民吕丽芬，在向思南县法援中心表示感谢后，又专程从思南赶到铜仁地区法律援助中心，真诚感谢帮助过她的法律援助工作者！辛酸、喜悦和感激交织的泪水，在她沧桑的脸庞上无声地流淌。

回首过去 6 年多的岁月，两千多个痛苦、艰难的日子，吕丽芬没想到维权的路竟如此漫长。所幸的是，一路上，我们的法律援助工作者始终陪着她，鼓励她要相信法律的公平与公正，无论维权路上有多苦，也不要轻言放弃。每一个参与办理此案的法律援助工作者，都以执着无畏、匡正人心的辛勤奉献，为吕丽芬共同撑起了公道的天空。

吕丽芬被他人打伤致残案，从 1999 年向法院起诉到 2004 年法院最后一份终审判决书下发，其间经历的曲折令人难以想象：思南县人民法院和铜仁地区中级人民法院先后 11 次审理该案，数次开庭，共有 11 份判决书和裁定书；思南县法律援助中心和铜仁地区法律援助中心先后指派了 6 名律师和法律援助工作者承办此案；时任铜仁地区法律援助中心主任的杨万隆，思南县法援中心主任吴传婵，都曾亲自担任吕丽芬的诉讼代理人。在法律援助人员的辛勤工作和不懈努力下，法律终于还吕丽芬以公道，帮她伸张了正义，讨回了说法，伤害她的两名侵害人受到了刑事处罚，侵害人所在单位某镇政府也向她赔偿了各项费用共计八万余元。吕丽芬的不幸遭遇和法律援助中心的鼎力维权，引起了社会各界的广泛关注和强烈反响。

吕丽芬原本有一个幸福殷实的家庭，除了务农外，勤劳的她还和丈夫共同从事木质机动船营运，经济状况比起一般的农村家庭要好许多，家里的三个孩子都在学校念书。然而，1999 年 6 月 5 日这天，她的命运发生了根本性的改变，伤痛和苦难霎时降临在她的身上。就在这一天，吕丽芬被当地镇政府开展水土安全检查工作的两名工作人员张海涛、张志德故意打伤致残，经鉴定其左肩及左手各关节功能障碍，构成重伤，达到五级伤残，部分丧失劳动能力；左耳鼓膜中央穿孔，构成轻伤。为讨一个公道，在以后的 6 年里，吕丽芬走上了漫长的要求两名侵害人承担刑事责任和向镇政府索赔的诉讼之路，除要求严惩侵害人之外，她还要求镇政府赔偿其医疗费、残疾赔偿金等各类费用十余万元。

吕丽芬为疗伤，花光了所有积蓄，变卖了值钱的家产，并欠下了不少外债，穷困潦倒，三个子女也不得不辍学外出打工。想要维权，可没有多少文化的吕丽芬夫妇既花不起钱请律师，又不知官司该怎么打。正在一筹莫展之际，思南县法律援助中心主任吴传婵来到了吕丽芬的病床前。吴主任的到来犹如雪中送炭，给吕丽芬一家带来了希望和力量。原来，在偶然得知吕丽芬的遭遇后，吴主任主动找到了吕丽芬夫妇，告诉他们法律援助中心可以免费帮助他们打官司。在办理了相关手续、指导吕丽芬进行了伤情鉴定（当时委托思南法院法医鉴定为轻伤），并收集了相关证据材料后，吴主任迅速为吕丽芬拟写了刑事自诉附带民事诉状呈交法院。然而，令吕丽芬和法律援助中心始料未及的是，这个并不复杂的官司打起来却没完没了，反复在思南县法院和铜仁地区中级人民法院来回审理，真可谓一波多折。最初，思南县法院［1999］思刑初字第103号刑事附带民事判决书认定被告张海涛系职务行为，犯故意伤害罪，免予刑事处罚，赔偿医药费、营养费、误工费共4000元；被告张志德无罪。1999年12月，吕丽芬以两被告的行为均已构成故意伤害罪，应承担刑事责任和相应的民事赔偿责任为由向铜仁地区中级人民法院提出上诉。上诉期间吕丽芬在铜仁靠拾垃圾为生，食不果腹，寒冷的冬天住在桥洞下度日。后经人指点来到地区法援中心申请法律援助，铜仁地区法律援助中心主任杨万隆热情地接待了她，在了解情况后，非常同情她的遭遇，决定给予援助，并亲自办理。从此，随着案件审理的不断发展变化，铜仁地区和思南县法律援助中心先后指派了6名法律援助工作者担任吕丽芬的诉讼代理人。法律援助工作者们凭着强烈的事业心和责任感，运用精湛的法律专业知识，不辞辛劳，尽职尽责地维护她的合法权益。

第一次上诉，中级人民法院以事实不清为由，以［2000］铜中刑终字第41号刑事附带民事裁定书撤销原判，发回重审。发回重审期间，吕丽芬的诉讼代理人提出重新鉴定的申请，思南县法院先后委托贵阳医学院和贵州省人民医院鉴定，鉴定结论吕丽芬左手伤为重伤，左耳部伤为轻伤。思南县人民检察院以涉嫌故意伤害对张海涛提起公诉，吕丽芬对张志德提起自诉，并对两被告及镇政府提起附带民事诉讼，要求赔偿各种费用十三万余元。思南县人民法院［2001］思民初字第48号刑事附带民事判决书认定两被告犯故意伤害罪，判决张海涛有期徒刑3年，缓刑4年；判决张志德有期徒刑1年，缓刑1年；同时，判决书认定他们的伤害行为是在执行公务完毕之后，不是职务行为，因此镇政府不负赔偿责任，由两被告承担各项费用二万余元。两被告人服判，但吕丽芬不服此判决，再次上诉，铜仁中级人民法院的终审判决维持了原判。此时的吕丽芬不知所措，援助中心指派的代理人鼓励她不要气馁，告诉她虽然我国的审判制度是两审终审制，但确属判决不公的，可以通过向法院申诉，或向人大、检察院等有关部门反映，启动再审程序。在代理人的支持下，吕丽芬提起了申诉。2002年底，铜仁中级人民法院作出了再审决定书，由本院另行组成合议庭进行再审。

原以为这次审理会有一个满意的结果，没想到此次审理的结果是撤销一、二审判决，发回原审法院重审，吕丽芬又一次回到了起点。思南县人民法院经过审理，对两被告人给予了与原判决相同的刑事处罚，但认定了两被告的行为是职务行为，应由镇政府承担赔偿责任，应另行向法院提起行政赔偿诉讼。对于这份判决，吕丽芬没有再上诉。之后，吕丽芬向思南县法院提起了行政赔偿诉讼，要求镇政府赔偿医疗费、残疾赔偿金等各项费用十八万余元。思南县法院以［2003］思行赔初字第4号判决书判决镇政府赔偿吕丽芬各项费用五万余元，吕丽芬以认定事实不清、适用法律错误、赔偿过低为由提起上诉。铜仁地区中级人民法院经过审理后，采纳了上诉方的意见，认为原判决认定事实不清，证据不足，且适用法律错误，裁定撤销一审［2003］思行赔初字第4号判决书，发回思南县人民法院重审。

2004年5月，思南法院又作出了和上一次差别不大的判决。在征求吕丽芬的意见后，代理人再次帮助她向中级人民法院提出了上诉。此案引起了中级人民法院的高度重视，组成了以分管副院长任审判长的合议庭进行审理，并以［2004］铜中行终字第8号行政赔偿判决书判决镇政府向吕丽芬赔偿医疗费、误工费、护理费、残疾赔偿金等各种费用共计83 123.57元。手捧判决书，吕丽芬百感交集，泣不成声。2005年8月，通过向法院申请强制执行，所有的赔偿费用已全部执行完毕。

马拉松式的诉讼终于一步一步地走到了终点。看着手中厚厚的一叠判决书和裁定书，吕丽芬感慨万千，她动情地说："没有法律援助，就没有我的今天！"

点评：

本案被告人张海涛、张志德在执行公务的过程中将吕丽芬打至重伤，已构成故意伤害罪，应依法承担刑事责任和民事赔偿责任，而作为被告人执行公务时所代表的行政机关——镇政府应当承担行政赔偿责任，这本是一宗法律关系并不复杂的案件。但本案却历经了6年多时间，县和地区两级人民法院11次审理并出具过11份判决书和裁定书，可见当事人维权之路的曲折与艰辛，的确令人难以想象。吕丽芬漫漫维权路，浸染着法援人的心血、艰辛与执着。正是对法律的信仰、公平正义的信念和对弱势群体的爱心，使法律援助人员坚持下来，进而支持当事人坚持下来，吕丽芬才赢得最后的胜诉。法律援助工作维护了弱者的合法权益，也维护了法律的尊严。

正当防卫遇尴尬　涉嫌故意伤害
法律援助悬明镜　判决宣告无罪

案件性质：人身损害案

指派单位：四川省成都市法律援助中心

承办人：李启军　魏　东

提示：

根据《法律援助条例》的规定，因见义勇为申请法律援助，法律援助机构应当受理。

案情介绍：

2006年2月28日，随着成都市中级人民法院李斌冝判长"驳回上诉，维持原判"话音落下，社会各界广泛关注的张建军见义勇为法律援助案终以见义勇为者的胜诉而告终，张建军迷茫的眼神中蕴含了更多的内容，是喜？是怨？还是对法律援助中心的感激？也许都有吧，想想自己所做的事，并没有错，但是，如果没有法律援助的帮助，他很有可能因故意伤害致人死亡、重伤罪被关在大牢里了。

2005年9月4日，成都市法律援助中心获悉张建军见义勇为行为导致犯罪嫌疑人家属起诉后，主动援助，经征得张建军本人的同意，立即指派四川汇韬律师事务所承办张建军见义勇为案。接受指派后，该所成立了由主任李启军律师为组长，法学博士魏东、法学硕士徐涛、梁光术等律师组成的法律援助工作组。先后到市公安局成华分局刑警大队、圣灯乡派出所、成华区人民法院查阅卷宗、复印案件相关材料，掌握案件的基本事实和经过。

2004年8月14日18时许，成华区人民塘村三组村民李君骑自行车行至人民塘村民兴路童鞋厂附近时，被胡远辉、罗军驾驶摩托车抢走金项链一根，胡、罗二人得手后驾车向牛龙公路逃跑。在李君惊呼"抢人了"之后，在附近的张建军等七人听见后，随即分成两辆汽车追赶。在追赶过程中，张建军等人一直示意让胡、罗二人停下，二人不但未停车，且向张建军等人进行挑衅，当追至三环路龙潭寺立交桥时，胡远辉所驾摩托车因车速太快，撞上了右侧立交桥护栏，罗军被摔在立交桥路面致重伤，胡远辉被摔到桥下当场死亡。事发后，罗军和胡远辉的家属当即将见义勇为者张建军起诉至成华区人民法院。援助律师随后了解到：案发后，相关部门在了解情况后，对张建军的见义勇为行为作出了认定，并授予张建军等7名同志"成华区2004年见义勇为先进群体"荣誉称号。鉴于案件中有利于张的证据材料调取困难，为此，援助律师向成化区法院提出了延期开庭审理以及请求法院进行补充调查证据的申请，获得法院的批准。

援助律师对原告起诉张建军犯故意伤害罪进行了分析。从主观方面，认定张建军不具有伤害他人的故意。根据《刑法》第14条规定，明知道自己的行为会发生危害社会的结果，并且希望或者放任这种结果的发生，因而构成犯罪的，是故意犯罪。根据案件的情况反映：张建军驾车追赶胡、罗二人的动机和目的是鉴于保护他人的合法财产而实施的一种合法、正当行为。其希望发生的结果是制止不法行为，保护他人合法财产，并无伤害胡、罗二人生命、身体的故意。从客观方面，张建军未实施非法伤害胡、罗二人生命健康的行为。根据《刑法》第20条的规定，公民有权利采取制止不法侵害的正当防卫行为。同时，根据《刑事诉讼法》第63条规定，公民有权扭送违法犯罪分子到司法机关接受处理。由此可见，张建军的行为是按照实体法和程序法实施的正当合法行为。结合所有的情况分析，援助律师得出一个铁定的事实：张建军不构成故意伤害罪。此后，由汇韬律师事务所的资深律师组成的专门研讨会，在认真研究案情后又一致认识到一个重大疑难问题："此案不是一个简单的是否构成故意伤害罪的问题，其自诉人完全可能在开庭时提出张建军的行为存在防卫过当构成过失致人重伤的后果和过失致人死亡罪的主张。"一旦自诉人提出这种主张，将会使案情复杂化，使本案的援助工作面临挑战，因此，援助律师对张建军的行为是否构成防卫过当和过失犯罪的问题，进行了详细的分析和研究。根据《刑法》第20条第2款规定，正当防卫明显超过必要限度造成重大损害的，应当负刑事责任。张建军的行为不构成防卫过当，理由是：张建军的驾车追赶行为是在胡、罗二人抢走他人财物后驾车逃跑的紧急情况下而实施的一种防卫行为。在客观上具有紧迫性和合理性，张建军的驾车追赶行为是唯一可取的正当防卫行为，具有实质上的相当性。对于罗、胡二人造成的悲剧，是二人应当预见的，而不是张建军应当预见的。从防卫强度的量化指标看：防卫行为是否已经有效控制了犯罪行为的继续，如果其违法犯罪行为已经得到有效的控制，其防卫行为就应当以此为限。张建军的追赶行为并没有能够控制胡、罗二人的当场逃逸的继续，因此继续穷追不舍的防卫方式和防卫强度是完全适当的。无证据表明张建军在追赶过程中有用汽车故意撞击胡、罗二人高速逃逸的摩托车，以此为依据，援助律师推断法院定将说服自诉人撤诉或裁定驳回自述的结论。对张建军的行为是否构成过失犯罪也进行了探讨。根据《刑法》第 15 条的规定和相关刑法理论，认定张建军的行为不属于违背刑事义务的行为，而是正当、合法行为，因此，张建军的行为与胡、罗二人伤亡的结果之间没有法律上的因果关系。从自诉人的举报不能，以及罪刑法定，罪刑相适应原则的精神，结合案件中张建军的行为进行分析，认为张建军不构成过失犯罪。

援助律师最终得出的结论：张建军在本案中实施的行为是法律所保护的正当防卫行为，也是社会应当大力提倡和弘扬的见义勇为行为。

在 2005 年 10 月 24 日成华区法院庭审过程中，法律援助律师李启军、魏东用充分的事实和法律证明张建军的行为正当合法性，其行为没有超过法律规定的必要限度，张建军的行为既不构成故意犯罪，也不构成过失犯罪，自诉人附带民事赔偿请求亦不应得到支持。

2005 年 12 月 7 日，成华区法院判决驳回自诉人所有诉讼请求。2006 年 2 月 28 日，成都市中级人民法院以事实为依据，以法律为准绳，再次驳回了自诉人诉讼请求，以维持原判的判决结果，最终维护了见义勇为者的合法权益。

在一定程度上说，张建军的胜诉也是法律援助的胜利。鉴于此，该案在符合客观事实，符合我国法律惩恶扬善的社会责任要求上，弘扬见义勇为行为的社会主义道德和体现法律所追求的价值，并在援助律师精深的法律功底和细致的工作下，有力地维护了见义勇为者的合法权益，弘扬了法律的尊严和社会的正义。

点评：

正当防卫不能超过必要限度，造成不应有的损害，否则应负防卫过当的法律责任，本案中，防卫行为是否过当，是本案争议的焦点。根据刑法总则的规定，防卫行为与犯罪行为对抗的强度应该相当，以制服犯罪行为人继续犯罪为限。本案的犯罪嫌疑人实施抢劫犯罪行为后，在逃窜中被张建军等人驾车追赶，被追赶途中，犯罪嫌疑人仍以语言相威胁（如果持凶器当场使用暴力，则转化为抢劫罪），并没有交还抢夺的财物，因此，张建军等人只有驾车继续追赶，该行为是正当合法行为。倘若罪犯交出了抢夺的财物而张建军等人仍然继续追赶，造成嫌疑人死亡的后果，就构成防卫过当，该情形下，根据刑法规定应当负刑事责任。

律师熟练地运用了正当防卫理论，使案件拨云见日，最终达到维护见义勇为人合法权益的目的。

车祸惨绝人寰 18 人命丧轮下
律师援助争得最大合法权益

案件性质：人身损害赔偿

指派单位：湖北省随州市曾都区法律援助中心

承办人：肖　晖　随州市曾都区法律援助中心主任，律师

　　　　吴华强　随州市曾都区法律援助中心副主任，律师

提示：

被执行单位的财务易主，可追加该单位的法定代表人为被执行人。

案情介绍：

2004 年 8 月 12 日，广东省韶关市发生死亡 18 人的特大交通事故，死亡人中随州籍占 14 人。随州市曾都区法律援助中心积极为受害者亲属提供法律援助。自 2005 年 11 月至 2006 年 9 月，历经 10 个多月、行程 3 万公里的艰辛工作，这一跨 3 省 8 市（区）的特大交通事故赔偿案终于尘埃落定，14 名曾都籍受害人的亲属共领取赔偿款 180 多万元。亡者已逝，悲痛难已，然而随州市曾都区法律援助中心的无私援助，却给亡者亲人带来了悲痛之中的最大安慰和温暖。

2004 年 8 月 11 日 23 时，随州司机王金平驾驶牌号为鄂 F00891 的大客车（属湖北襄樊神州运业集团有限公司），由中山前往襄樊市，乘客 47 人，行至京珠高速公路韶关梅花路段 19km＋848m 处，与牌号为豫 NA1098 的大货车发生碰撞，所幸并无人员伤亡。高速公路大队民警依照程序，将车上 47 名乘客转移到道路右侧防护栏外等待接送车辆。

12 日 0 时 20 分，湖南司机聂爱平驾驶一辆牌号为湘 K01384 的牵引大货车，经过该路段时发现前方有异，往右急打方向盘，碰到一辆行驶中的大货车而失控侧翻，砸向在路边等待转移的人群中，造成 18 人死亡、23 人受伤的特大交通事故。死者中随州居民 14 人，其中 6 人为未成年人。

肇事车隶属湖南省娄底市涟鑫汽车运输有限公司，总牵引量为 36 吨，事发时实际装载量达 52 吨，据韶关交警部门鉴定，肇事司机对此次特大交通事故负全责。

由于案情重大、损害后果特别严重，韶关市委、随州市委均给予高度重视，韶关市和韶关市武江区两级法院对受害人启动了司法救助程序，迅速受理了事故赔偿案，并对涟鑫公司所有的 28 辆车采取了查封措施。2005 年 9 月，该案进入执行程序。然而出人意料的是，韶关中院和武江区法院到涟鑫公司执行时，涟鑫公司竟唆使单位数十名职工围攻执行人员。特别是被查封的 28 辆车车主，手持娄底市娄星区法院的判决书，声称法院已将查封的汽车判归个人所有。

原来，在韶关中院依法裁定查封涟鑫公司车辆的同时，涟鑫公司指使汽车承包人，以"车辆所有权属个人"为由，在当地某区法院起诉涟鑫公司。某区法院 2004

年 8 月 19 日迅速受理此案，并于 2004 年 9 月 25 日，将被查封的车辆判归 28 个承包人所有，这样，涟鑫公司以合法的形式转移了应执行的资产。

此前，韶关中院依法查封车辆时，收集的原始购车发票和行车证均为涟鑫公司，而某区法院的判决书中，反映的车主是由承包人出资购买，与涟鑫公司是一种挂靠关系。

两份法律文书互相"打架"，究竟孰是孰非？一时难有定断，执行工作陷入僵局。

该事件激怒了亲属。为索赔事宜，死者亲属多次到湖南、广东上访，请求各级党委、政府、法院协调处理，但未有进展。案发后一年多，他们变卖家产，花费 20 多万元进行诉讼、上访，已是人财两空，处境非常困难，在全市造成了较大影响。这一重大不稳定因素引起了随州市、曾都区领导的高度重视，并指定区政府法制办、区法律援助中心全力以赴为其提供法律帮助，以最快的速度解决此案，维护死者亲属利益，维护社会稳定。

受理该案后，由于案情重大，任务艰巨，曾都区司法局直接指定区法律援助中心主任律师肖晖、副主任律师吴华强亲自办理，在熟悉案情后，二人多次向区委、区政府领导汇报，取得了区领导的大力支持，并研究实施了系列果断措施，积极引导和支持死者亲属依法维护自己的权益。

追加涟鑫公司法人代表颜卫国（以下简称"颜某"）为被执行人。经查，涟鑫公司法定代表人颜某，自 2005 年 5 月 27 日至 8 月 31 日，先后 6 次以个人名义，将公司银行存款转入娄星区信用联社营业部，用于还个人贷款，转入金额共 1 698 212 元，既无贷款合同，又无往来账目，因此应为公司应收账目，颜某此举有逃避法院执行之嫌。法院方面根据事实追加涟鑫公司法人代表颜某为被执行人，颜某不服，又召开追加被执行人的听证会。律师吴华强赴广东韶关参加听证。2006 年 1 月 25 日，该院最终裁定，追加颜某为被执行人，在占用资金 1 698 212 元范围内，对涟鑫公司欠申请人的债务承担责任。在诉讼中，吴律师要求追究颜某的刑事责任，采取强制措施。这一意见被广东韶关人民法院采纳，迫于强大的压力，公司负责人颜某开始露面，使得该案的执行从不能变为可能，执行程序再次启动。

2006 年 1 月下旬起，为防止死者家属的过激行为，律师肖晖陪同死者亲属代表到全国人大常委会、最高人民法院、国家信访总局反映情况，寻求高层的重视和支持，并请求对该案进行督办，推动案件执行。2006 年新春伊始，国务院办公厅对律师肖晖等同志的反映情况两次向湖南省政府进行了督办。2006 年 2 月 12 日，律师肖晖再次赶赴武汉，参加省十届四次人代会关于韶关 8·12 特大交通事故案情汇报会，并作专题汇报。省人大代表提出议案，湖北省高院领导给湖南省高院的相关领导去了亲笔信。2006 年 3 月 29 日，湖南省高院对亲笔信进行了回复。2006 年 3 月 14 日至 17 日肖晖律师又会同湖北省高院执行局等一行 8 人到湖南省高院、广东省韶关市中院、韶关市武江区法院帮助反映死者亲属的要求，协调督办此案。积极协调死者亲属立场，最大限度地维护他们的权益。该案地跨3省8市（区），执行难度很大。韶关市中院在综合考虑各方面因素的基础上，向各方提出了涟鑫公司赔付100万元结案的建议。较多死者亲属原则同意韶关市中院的建议，但也有一部分死者亲属认为太少，提出了各自的要求。肖晖律师抓住机遇，召集受害人家属对本案执行中的主客观情况进行通报、磋商，经多次做工作，死者亲属最终就结案方式、数额、分配方案等事项达成了一致意见，并共同委托区法律援助中心作为全权代表代为处理此事。2006年4月9日，带着全体受害者家属的信任和期待，肖晖律师再次到韶关市武江区法院，为死者亲属提供法律援助，经过2天的艰苦谈判，死者亲属终于与涟鑫公司签订了《执行和解协议》。该协议约定：涟鑫公司2006年4月30日前向死者亲属支付104万元（共支付126.1万元），同时死者亲属自愿放弃其他赔偿款。目前，该协议已得到全面履行。同年五一长假一结束，区法律援助中心派员前往韶关法院办理了领款事宜，韶关市武江区法院也下达了终结执行裁定书。至此，韶关8·12特大交通事故损害赔偿案在历时近两年终于取得了阶段性的重大成果。

由于客观原因，韶关法院的判决不能得到完全执行，随州市曾都区法律援助中心在熟悉案情和法律的基础上，寻找了另一条为当事人维权的途径——即以客运合同纠纷为由向承运公司索赔。

经过多次研讨，2006年6月2日，区法律援助中心正式向湖北神州运业公司（以下简称神州公司）送达了法律意见书。律师肖晖理直气壮地指出，受害人乘坐神州公司的客运车辆，双方形成了客运合同关系，神州公司应按照《合同法》的规定，将乘客运到指定地点，但在营运途中，因第三人原因，导致发生特大损害后果，未能履行合同，神州公司的行为已构成违约，应承担相应的违约责任，即在交通事故执行不能的范围内承担赔偿责任。且神州公司没有按照规定为受害人投保承运人责任险，违反了《道路交通条例》第32条"客运经营者、危险货物运输经营者应分别为旅客或危险货物投保承运人责任险"这一强制性规定。为减少当事人的讼累，律师肖晖诚恳地提出了处理意见，建议神州公司本着化解纠纷，减少矛盾的原则，尽量将本案通过非诉讼途径解。2006年6月2日、6月20日、7月28日、8月17日、9月8日，肖晖同志及受害人代表与神州公司邹总、吴总及其代理律师进行了锲而不舍的谈判。谈判中，律师肖晖紧紧围绕本案的焦点问题，利用自己所掌握的法律知识，始终主导着谈判过程，最终使双方达成赔偿协议：由神州公司按死者人均4万元赔偿给受害者家属，加上先期由湖南娄底涟鑫公司赔付的现金，受害人的损失降到了最低的限度。

点评：

这是一起造成18人死亡、23人受伤的特大交通事故（涉案人员及其亲属多达几百名），这是一起惊动了省、市、县（区）领导，乃至全国人大、最高法院、国家信访总局的一件团体上访大案，这也是一起跨越3个省、8个市，司法文书互相冲突打架、执行陷入僵局的特别复杂的案件。法律援助律师在司法文书"打架"、执行工作陷入僵局的情况下，提出追加被执行人单位的法人代表为被执行人，并及时查明被执行人的财产，为本案的执行打开突破口。随后，法律援助律师又以客运合同纠纷为由，向承运公司提出索赔。这一系列做法充分体现出法律援助律师本着对受援人高度负责的精神，运用精湛的法律知识、娴熟的办案技巧，为最大限度地维护当事人的合法权益，维护社会稳定所作的贡献。

尘肺病致害二百余民工受损
全社会关注法律援助维权

案件性质：工伤赔偿

指派单位：重庆市忠县法律援助中心

承办人：聂典兴　重庆市忠县司法局副局长

　　　　吴后权　重庆市忠县司法局科长

　　　　蒋建　黄学权　钟于明　重庆市忠县法律援助中心法律援助人员

提示：

办理农民工职业病异地索赔案，不但要有娴熟的法律专业知识，还要协同人民政府，呼吁全社会及新闻媒体共同关注，全方位、立体式解决这类案件。

案情介绍：

2003年1月，在沿海某地打工的二百多名忠县籍农民工们发现，他们中有好些人都得上了一种奇怪的病。首先是农民工李春开始不断地咳嗽、发烧，而且越来越严重，最后竟然到了吃不了饭、睡不了觉的地步。紧接着农民工潘某也出现了相同的症状。再接下来，患上此病的农民工一个接一个，当时，南方"非典"的阴影还没有散去，这些怪病一时间让大家都慌了手脚。

经过医院的诊断，这二百多名农民工都患上了尘肺病或者疑似尘肺病。这是一种在粉尘污染的环境中常见的一种职业病，如矿山、塑料编织袋加工以及少数接触化纤产品的单位，一旦染上，终生难以治愈。这二百多名农民工中年龄大的有五十几岁，而其中大部分是三十多岁的青壮年，他们都是家里的主要劳动力、顶梁柱。年纪轻轻的却得上了这种难缠的病，以后的生活可怎么办呢？这二百多个家庭又该如何是好？这么多人得上了同一种病，又是什么原因呢？

原来，这二百多名农民工都在一家叫做蔺草加工企业打工，看来问题就出现在这里。这个单位在农民工工作的时候，没有进行防护安全教育，更没有采取相应的保护措施，才使这二百多名农民工同时患上了尘肺病或者疑似尘肺病。悲伤之余，大家又非常气愤，他们向当地有关部门反映情况，要求那家企业对他们的人身损害进行赔偿。可是这一赔偿请求涉及人员太多，索赔金额也太大，当地政府及职能部门受到很大的压力，因而相关的仲裁、鉴定、索赔等工作很难顺利进行。农民工们无奈，联名写信向忠县市人们政府请求调查原因处理此事，否则他们将要采取行动，与企业拼个你死我活。

重庆市忠县县委、县政府获悉情况后，感到事态严重，有关领导迅速作出批示，责成县司法局牵头办理。2003 年 2 月，县司法局立即派出以副局长聂典兴为组长，吴后权科长、法律援助人员蒋健、黄学权、钟于明等 6 人参加的法律援助工作组，赶赴事发地提供法律援助，帮助民工们维护自身的合法权益。

根据农民工的现实状况，工作组理清思路、仔细分析，最后把急需解决的重难点问题归纳为五个重点，制订了切实可行的工作方案：①全体援助律师和法律援助中心的工作人员齐上阵，切实做好已经患上尘肺病或者疑似尘肺病民工的安抚工作，耐心地教育大家要理智行事，不可因一时冲动鲁莽采取过激行为酿成大错，使矛盾激化。这样不但解决不了实际问题，相反，还会触犯法律，使有理的事变没理了。②做好农民工的思想工作的同时，即刻开始对患病农民工的摸底、造册、送检工作，对患病民工力争做到底数清、情况明。当时，许多农民工的尘肺病都很严重，他们昼夜咳嗽甚至口吐鲜血，在医院住院都没有人愿意和他们住在一个病房。可是法律援助人员不怕脏不怕苦，亲自到农民的病床边、炕头上进行统计工作。连医院的医护人员都说，从来没见过有这样工作的律师。不到一个月时间，援助律师就完成了对二百多名农民工自然情况的登记造册工作，同时还建立了他们的病情统计档案，为日后诉讼奠定了坚实的基础。③法律援助不是孤立的，在许多法律援助案件中，仅靠法律和诉讼程序并不能够使事情得到圆满的解决。为了解决实际问题，为受援人真正办实事，往往需要法律援助律师们要有很强的沟通、协调能力，努力做好与当地政府及相关职能部门的协调、配合工作，这样才会使援助工作顺利、有序地进行下去，而不至于因某一环节的不畅，陷入僵局。为此，这个临危受命的法律援助 6 人工作组先后跑了许多政府机关和职能部门沟通，取得大家的支持和理解，为下一步工作的顺利进行铺设了道路。④做好矛盾对立面的沟通工作，打好基础。要在可能的情况下，尽量创造两地政府领导与农民工当面说话的机会。俗话说"人怕见面"，其实有很大一部分问题和矛盾都起源于缺少沟通，继而产生误会，接着矛盾激化。因此，援助律师们多次创造了政府有关部门和农民工见面的机会，如召开见面会、座谈会，以便大家能心平气和地坐下来，协商解决民工患职业病问题。⑤非常重要的是，许多农民工在工作结束或者告一段落的时候，又没有签订任何的合同与协议，这就导致这些已经回家的患有尘肺病或者疑似尘肺病的农民工与单位劳动关系不明确。面对这个难题，法律援助律师们知道没有任何办法，只有"进行地毯式的查找"，于是，为了查找在这家单位工作过的各种证据，调查、找人就成了那一段时间法律援助律师唯一的工作。然而"屋漏偏逢连天雨"，本来对二百多名农民工工作时间的查找和取证就已经耗掉了律师们的大量时间与精力、体力，偏偏在调查取证中，法律援助律师又发现了一个相当严重的问题：蔺草加工企业是联合的，类似于城市的连锁经营企业，不是一家，而是好多家。在案件诉讼前期调查期间，就已经有些用人单位解散了，在这样的企业打工患病的农民工，又该如何索赔呢？而且调查中援助律师还发现，像这样的情况并不在少数，怎样才能针对这类问题制定出一个行之有效的解决方案呢？

虽然有一部分农民工在工作时间、工作单位等问题上使调查搁浅，但是这并没有阻碍援助律师快速、高效地进行诉讼的脚步，援助小组作出决定：对索赔条件成熟的个案先期进入诉讼程序，帮助民工索赔。

在一部分农民工索赔案开始走上诉讼轨道以后，援助律师一边等待法院的开庭通知，一边继续到达案发地，到民工相对集中的高桥、集仕港、横街、古林等乡镇开展深入地调查，获取了大量证据。主动与当地政府及卫生局、劳动和社会保障局、司法局等有关部门、有关企业进行磋商。在区政府办公室副主任任国斌的大力支持和共同努力下，多次召开座谈会和协调会，研究解决农民工赔偿问题的妥善方法。

2003年3月11日，经过法律援助工作组一个多月的艰苦努力，终于促成两地政府达成了《关于妥善处理重庆市忠县籍蔺草民工职业病问题的协调会议纪要》。纪要的主要内容有：①坚持"政府督促、企业负责、依法处理、综合治理"的职业病处理原则；②当地卫生、劳动部门督促蔺草加工企业依法安排全体职工体检，搞好工伤认定和伤残鉴定；③当地相关部门和乡镇政府帮助确认民工与企业的劳动关系；④当地政府对蔺草加工企业进行整治，实行停、并、转，彻底解决职业病隐患；⑤当地政府根据忠县法律援助工作组提供的患病民工情况，督促有关部门依法解决好诊断、治疗、赔偿等问题；⑥忠县法律援助工作组积极做好农民工的思想工作，切实维护当地社会稳定。这次会议所作的决定，标志着索赔工作取得了关键性进展。根据会议精神，依照《劳动法》、《职业病防治法》、《职工工伤与职业病致伤程度鉴定标准》和《浙江省企业职工工伤保险实施办法》，忠县农民工的索赔工作取得了明显进展。此后，工作组留下了3名法律援助工作人员，无偿代理民工们索赔。

通过近两年的努力，法律援助共为二百多名忠县籍患病农民工索回了八百多万元赔偿金。其中，患者潘某一家三口共获赔52.5万元。患者李春因病情较重，先后几次入院治疗。工作组援助人员多次代表家乡政府去慰问、看望，并送去慰问金。工作组的积极努力，引起了当地政府的高度重视，将李春作为特殊个案单独研究，责成用人单位依法迅速理赔，使李春及时获得了赔偿金30多万元。索赔期间，中央相关媒体、重庆市和当地主要新闻媒体进行了跟踪采访，发表了近百篇（条）生动感人的新闻报道；中央台经济频道、重庆电视台"拍案说法"制作了专题节目，使这一群体性职业病大案在社会上引起了极大反响，为法律援助事业赢得了崇高的声誉。2004年4月28日，为本案作出重大贡献的忠县法律援助中心被重庆市委、市政府表彰为"重庆市法律援助工作先进集体"。

点评：

本案中，法律援助人员不但利用娴熟的法律专业知识积极取证、依法维护农民工合法权益，还有效地运用了各级人民政府对维权农民工合法权益、防治职业病的高度责任感，积极与政府协调、配合，加快了本案解决步伐；同时，法律援助人员还及时呼吁全社会及新闻媒体的关注，对本案的解决起到了有益的推动作用。本案

的全方位、立体式解决法律援助疑难案件的方法，是一种有益的尝试。

狸猫换太子　验血起疑
法援细甄别　真相大白

案件性质：监护权纠纷

指派单位：鹤壁市法律援助中心

承办人：陆军　田志锋

提示：

孤证不能作为定案的唯一依据。

案情介绍：

2002 年 6 月，朱云和王聪离婚以后，回到鹤壁市陈家湾村父母家暂住，没有生活来源。父母是农民，家境也不好，朱云无奈，只能以拾荒废品为生。此时，朱云已有 7 个月身孕。考虑到自己身无着落，无任何经济来源，就与在新疆的前夫协商将肚子里的孩子打掉，王聪也没有意见。

一天，她来到陈家湾村口付天勤开设的诊所内要求做人流手术（当时不知道付天勤开设的诊所没有任何执照，付天勤本人也不具有进行医疗手术的执业资格）。付天勤知道原委后，以同情的口吻多次建议朱云把孩子生下来送人，得一笔营养费，也算是解决朱云暂时的困境，朱云不同意，认为这样做无异于卖自己的孩子，一直未答应。

2002 年 7 月 26 日上午，朱云在付天勤的诊所内做人流手术，由于孩子已经 8 个月了，按常理已经无法做人流手术，付天勤却并没有告诉她这些，结果人流手术没有做成，却把孩子给生了出来，当朱云看到"哇哇"啼哭的健康孩子时，一种母亲的责任感油然而生，她下定决心，不管自己今后有多苦都要把这个孩子抚养成人。

这时却发生了意想不到的情况，付天勤不顾朱云的反对强行把这个孩子装入一黑色塑料袋内叫助手扔到一河沟里。可怜这对母子在相见不到两分钟后就被残忍地分开了。当时，朱云并不知道这些，因付天勤医术不精，手术操作不当，造成朱云大出血，昏死过去，被紧急送往市人民医院抢救。总算保住了性命，她醒来以后，就追问孩子的下落，付天勤说："孩子没了，我处理了。"朱云当时就急了，马上就要出院找孩子去，可是医院不同意。因朱云刚刚抢救过来，尚不能下地行走，虽痛斥付天勤，但无济于事，只能在焦虑中在医院苦挨了一个星期，整天以泪洗面，茶饭不思……

出院后，朱云一直挂念着被丢掉的孩子，很多好心人让他起诉付天勤，可她没有法律知识，又请不起律师、交不起法院诉讼费，只能一直忍气吞声，不知如何维权，只感觉到叫天不应、叫地不灵。

2003 年 1 月的一天，朱云听人们说法律援助中心是为穷人免费打官司的机构，就来到鹤壁市法律援助中心申请法律援助。经审查，鹤壁市法律援助中心受理了朱云的申请，指派援助中心陆军主任和田志锋同志办理此案。朱云似乎看到一些希望，在法律援助中心两位同志的调查取证帮助下，2003 年 5 月，法院以付天勤非法进行节育手术、致人重伤罪，判决付天勤有期徒刑 3 年。

可是，由于法院审理的是付天勤非法进行节育手术、致人重伤案件，该案对孩子的下落问题没有涉及，朱云仍然找不到仅见面两分钟的孩子。"可怜的孩子，你究竟在哪儿呀！"看着朱云呼天喊地、悲痛欲绝的情景，鹤壁市法律援助中心陆军主任和田志锋同志心里很难受，当时，陆军主任召开了紧急会议，会上，很多同志认为，法律援助已经为朱云讨回了公道，付天勤已经受到法律的惩处，至于找孩子的事，不是法律援助的受案范围，不同意继续援助，陆军主任说："我们是人民的公仆，我们面向的是那些没有能力维权的贫弱群体，朱云的案件虽然办结了，但没有落到实处，由于我们承办本案，情况熟悉，就再伸一把手，帮帮朱云，我们应当设身处地地为朱云想想，看看法律援助的徽标，除了一双援助的手以外，还要有一颗慈爱的红心，还有一面正义的法律之盾。"

会议开了两个小时，最后一致通过了继续向朱云提供法律援助，直到找到孩子为止的决议。

为了寻找线索，法律援助中心的两位同志来到孩子被扔的那个河沟里调查现场。他们发现离这个河沟不远处有一些本地村民居住，考虑到事情是发生在中午，附近的村民一定有人看到当时丢弃孩子的情况，就到周围的村民家中打听 2002 年 7 月 26 日那天发生的事情。没想到周围的村民都称："当时人很多，你去问其他人吧，我什么都不知道。"凭多年的经验判定这里的村民一定知道当天发生的事情，只是其中有什么缘故，大家闭口不谈而已。两位同志多次来到附近居民家中，向他们讲解法律政策，告诉他们作证是每个公民的义务，希望他们能告知当天事发情况。终于有一位现场目击者提供了线索："当时是一个女的，提一个黑色塑料袋来到这个河沟边，把塑料袋放在河边就走了，随后就过来一个老太太把这个黑色塑料袋拿走了。黑色塑料袋里装的可能是个孩子，因为当时黑色塑料袋内发出了孩子的哭声。"并告诉援助律师拿走塑料袋的那个老太太就是住在本地的刘老太。据此情况，两位援助律师便陪着朱云及其家人来到刘老太家认领失散的孩子。原来，刘老太拾到孩子后就将孩子交给其儿子秦国良抚养，并取名"秦遇"。然而令人没想到的是，秦国良虽然承认了现在抚养的这个孩子是同一时间、同一地点在河沟里黑色塑料袋内捡的，但要朱云提供证据证明这个孩子就是当时她生的那个孩子，否则，他是不会将这个孩子还给朱云的。

在与秦国良协调不成的情况下，2003 年 4 月 1 日，在法律援助中心两位同志的帮助下，朱云以秦国良侵犯其对孩子监护权和抚养权为由，向法院提起民事诉讼。在庭审中，法院要求朱云与"秦遇"做亲子鉴定。2003 年 8 月 28 日，省公安厅刑事技术鉴定科对朱云和秦国良带来的孩子作了亲子鉴定，鉴定结论却大大超出人们所料：朱云与秦国良带去的小孩不存在亲子关系。案件进行到这里，一下子卡住了。

朱云看到这样的鉴定结论，万念俱灰，经受不住这种事实的刺激，致使精神失常，被家人送到新乡精神病院进行治疗。而法律援助中心的两位同志也是一头雾水，到底是哪个环节出现了问题呢？两位同志坐在一起反复推敲，认真研究案件从头到尾的各个环节，一致认为，"秦遇"一定是朱云所生。根据现有的证据，从朱云到付天勤诊所做手术生下孩子，到付天勤强行抱走交于助手扔到河沟里，到秦国良的母亲在河沟里拾到孩子交给他抚养，形成了客观的证据锁链，足以确定秦国良现在抚养的"秦遇"就是朱云的孩子的事实，不会出现什么问题。那么剩下的就是鉴定环节了，难道说是鉴定过程中出现了问题？当再次来到朱云家中了解作鉴定时的情况时，他们发现，原来朱云和其家人根本不记得孩子到底长什么模样，因为孩子一出生就被抱走了，时隔一年，孩子现在长什么样朱云根本不清楚，做鉴定时的那个孩子是另外一个女人抱过去的，按理说一岁的小孩应该能认人了，但这个小孩好像一点都不认识秦国良。在整个鉴定过程中，秦国良从未抱过小孩，秦国良逗小孩玩时，孩子根本不理他。通过以上种种反常现象，推断出秦国良当天抱去的那个孩子根本就不是在河沟里拾的那个"秦遇"，"秦遇"一定是被掉了包。承办人员马上赶到法院，对鉴定结论提出异议，要求重新鉴定。然而，此时秦国良已将"秦遇"托付给他人，并隐瞒"秦遇"的去向，拒不配合重新鉴定。在庭审过程中，两位同志当庭提出以下几点意见：①原告是"秦遇"的母亲。原告提供的证据充分、真实，并且已经形成了一个完整的证据链条，足以证明秦国良现在抚养的"秦遇"就是朱某所生孩子的事实。②本案中，仅有一份证据与原告提供的一系列证据相违背，也就是这份鉴定书，没有其他证据与之相印证，这份鉴定书应属孤证，根据证据规则，不能作为本案的定案依据。③原告要求重新鉴定，而被告予以拒绝，根据法律规定，该鉴定结论不足为据，不能作为判决的依据。

最终，法院采纳了法律援助律师的意见，于2004年10月19日判决秦国良将"秦遇"交还给朱云。这件历时两年的法律援助案件终于画上了圆满的句号，朱云也已康复出院回到了家中。

当朱云手捧判决书，看着法律援助中心的同志们时，百感交集，泣不成声，嘴唇翕动着，却说不出一句话来，忽然间，两腿一软，"扑通"跪在地上，嘴里断断续续地说："恩人哪，我可怎么报答你们呀！"陆军主任赶快搀扶起她说："快起来，这是我们应该做的，你要感谢，就感谢党和政府、感谢法律援助制度，是党和政府为你主持了公道，找回了孩子。"孩子回来后，朱云给孩子改了名，叫朱铭恩。

点评：

本案办理过程一波三折、困难重重，从刑事案件到民事案件，从寻找孩子下落到进行亲子鉴定，每一步都付出了法律援助工作者的心血。可以说在具备了一定的法律知识和办案技巧后，法律援助工作者的细心、耐心和对受援群众的爱心，是办好案件的关键，也是这篇案例的一个亮点。在社会转型期，社会弱势群体更容易受到伤害而难以受到保护，关注社会弱势群体的利益，是法律援助的职责，更是全社会的责任。非法行医、非法收养等社会问题的解决，要不断加大执法力度；杜绝非法行医现象，还需要更多的政府部门的共同努力和关注。

一个残疾人结束了 37 年的噩梦

案件性质：交通事故人身损害赔偿

指派单位：北京市宣武区法律援助中心

承办人：魏贵武　北京亦德律师事务所律师

提示：

根据最高人民法院司法解释，医疗费的赔偿数额，按照一审法庭辩论终结前实际发生的数额确定，后续医疗费，可以待实际发生后另行起诉。超过确定的护理期限、辅助器具费给付年限或者残疾赔偿金给付年限，赔偿权利人向人民法院起诉请求继续给付护理费、辅助器具费或者残疾赔偿金的，人民法院应予受理。赔偿权利人确需继续护理、配制辅助器具，或者没有劳动能力和生活来源的，人民法院应当判令赔偿义务人继续给付相关费用 5～10 年。

案情介绍：

2005 年 11 月的一天，宣武区法律援助中心接到一位住在大兴区的残疾人打来的电话。这位残疾人叫金有福，他在电话里向中心的接待律师诉说自己曾经的遭遇和当前的困境。

37 年前的一场车祸，让当时只有 19 岁的金有福高位截瘫、卧床至今。"1968 年 7 月 2 日，我骑车路过先农坛东南角时，路边的一辆小轿车突然启动，我赶紧躲避，那辆小轿车猛地在我前面别了一下，我躲闪时靠近了快车道。没进快车道，但轧线了。结果被后面过来的 6 路电车撞到了后背……"

当时家人已帮他订下一门亲事，他到城里来本为买些木料，以按照女友的要求做装衣服的箱子，却不料噩梦突然降临。

当电车司机试图把他从地上掺起来时，金有福一下子意识到自己的双腿不听使唤，下身已完全失去了知觉。后经天坛医院诊断，他身上有 3 处脊椎脱位骨折，损伤中枢神经致高位截瘫，大小便失禁。

电车分公司为金有福支付了住院期间的医疗费和相关费用，治疗结束后，另外还支付了 1200 元作为赔偿。尽管 1200 元在当时算得不小的数额，然而只过了一年多，就因身体的后续治疗被花光了。金有福说，他回家后浑身不停地长褥疮，一块块的溃烂，一块块的脱皮，疼痛难忍，只好多次去医院治疗。

此后，电车分公司又在 1971 年和 1997 年分别给了他 1200 元和 1.2 万元的赔偿，用于后续治疗。

一个残疾人艰难地活着，然而噩梦却并未停止。因为生活不能自理，腿上长的褥疮越来越严重，严重到不截肢将危及生命。2003 年和 2005 年金有福分别做了两次截肢手术，左右腿相继失去。

手术前后，金有福与电车分公司数次协商，但公司不愿再承担赔偿责任。金有福说，自己高位截瘫，丧失了劳动能力，没有经济来源。"我欠了很多钱，治疗还需要费用。"他对电车分公司能不能再赔心里也没底。

为支付两次手术费用，金有福背上了沉重的债务。他高位截瘫失去双腿的重残之躯如何承担起生活的重压？电话中声音里流露出的无奈和辛酸牵动着援助中心接待人员的心，他立即向领导汇报了相关情况。

由于案件发生的时间太久，甚至我国现行的调整侵权法律关系的《民法通则》在其后近二十年后才开始规范社会生活，宣武区法律援助中心按照特殊案件讨论制度，组织了对本案的讨论。尽管与会的律师一致认为，诉讼时效和证据调取是本案很难解决的问题，但是本着应援尽援的原则，中心决定不计得失，即使败诉也要尽力，尽快提供法律援助。

考虑到金有福身体行动不便，家离得又太远，中心决定特事特办，在办理申请审批手续之前，先指派亦德律师事务所的魏贵武律师提前介入案件。

接受指派后，魏律师首先进行调查取证工作。当年的这场事故由宣武交通队处理，魏律师赶到交通队查阅事故处理的相关文件。但是由于时间已过了三十多年，超出了规定的档案保存期限，有关案件事实的文件已经无从查找。面对这种情况，魏律师让金有福将自己所保存的所有相关材料都准备好，以争取从中找出能证明案件发生事实的证据。终于从一堆发黄的纸里，魏律师细心地找到了1997年金有福接受电车分公司补偿的协议。这份协议具有非常重要的意义，它不仅能够证明当年交通事故发生的事实，还能证明事故发生数十年之后电车分公司曾经为金有福的后续治疗承担过赔偿责任。

在准备好能够证明侵权事实和后续治疗的费用等证据材料后，魏律师将有关情况向中心报告。中心认为，由于交通事故毕竟发生在37年以前，金有福可能会因为诉讼时效问题遭遇败诉风险。同时，调解过程中，电车分公司对当年事故发生的事实不予否认，但愿意给付的赔偿额与金有福两次手术治疗费用相比相差太远。调解不成，中心指示魏律师立即代为提起诉讼。

本案中，诉讼之前的协议赔偿都是在电车分公司和金有福之间进行的。但由于电车分公司是北京公共交通控股（集团）有限公司的分支机构，不能独立承担民事责任，不具备诉讼上的主体资格。另外本案事故发生地在宣武，而电车分公司所隶属的北京公共交通控股（集团）有限公司住所地在北京市西城区，根据民事诉讼管辖的有关规定，宣武区人民法院和西城区人民法院对本案都有管辖权。魏律师代理金有福选择在西城区人民法院以北京公共交通控股（集团）有限公司为被告提起诉讼。不仅如此，律师依据有关规定帮金有福申请了司法救助，北京市西城区人民法院批准了他免交诉讼费的申请。

开庭审理过程中，人民法院主持调解。由于律师已经做了大量的基础性工作，使得诉讼请求有理有据，北京市公共交通控股（集团）公司表示愿意协商解决。原被告双方达成协议，北京市公交控股公司给付金有福 5 万元。2006 年 1 月 20 日，西城区人民法院对该协议予以确认，制作了调解书。在渐行渐近的春节气氛里，金有福心中的石头落了地。

在代领赔偿款后，由于没有金有福本人的身份证无法在银行为其办理账户，魏律师亲自赶往大兴区将钱交到金有福手上。拿着钱的手激动地轻颤着，噙满泪水的眼里闪着无尽的感激，年近六旬的残疾老人一遍一遍重复着"谢谢！"

点评：

尽管本案最终以调解结案，但诉讼时效一直是涉案各方关注的焦点。这场官司离事发当年已有 37 年，是否超过法定诉讼时效呢？我们认为，金有福的病情新近两年发生了重要变化，金有福也一直要求电车分公司赔偿，这次索赔也主要是据此主张的，因此应该认定诉讼是在有效期间内提起的。由于金有福现在的损害是当初损害结果的进一步扩大，与过去的损害有因果关系，因此认为北京市公共交通控股（集团）公司应当承担赔偿责任。根据诉讼时效制度，诉讼时效届满，权利人丧失的是胜诉权，即丧失通过人民法院公力救济受到保护的权利，而权利人的实体权利仍然存在。

还我一片蓝天 一方净水

案件性质：损害赔偿案

指派单位：江苏省东海市法律援助中心

承办人：张龙江 江苏省东海县法律援助中心律师

　　　　胡廷荣 江苏省东海县石梁河镇司法助理员

提示：

因环境污染造成的损害，侵害人应当承担赔偿责任。本案的成功办理一定程度上唤醒了人们的环保意识，通过法律援助惩治污染企业让我们的天更蓝，水更甜。

案情介绍：

2001 年 12 月 14 日，江苏省连云港市中级人民法院对一起跨省诉讼、涉案金额 560 余万元的特大水污染损害赔偿纠纷案件进行宣判，判决被告山东省金沂蒙纸业有限公司和山东省临沭县化工总厂停止侵害，连带赔偿谢印立等 97 名原告网箱养鱼损失 560.4 万元、事故调查费 4.8 万元，案件受理费及其他诉讼费用全部由两被告承担。

次水污染事故，吞噬农民的希望

石梁河水库位于心沭河干流，地处连云港东海县、赣榆县和山东省临沭县交汇处，始建于 1962 年，库容水量 5.32 亿平方米，最大水面面积 150 平方公里，是江苏省最大的人工水库，不但具有调节沂沭水系的功能，而且还以水质纯净、水草丰美著称。因库区周围农民多为建库移民，人均耕地不足四分，水库丰富的天然鱼类资源一直是库区农民除土地之外的另一重要经济来源。20 世纪 80 年代中期以来，山东省鲁南地区工业发展迅猛，随之而来的工业污水的排放量日益加大，导致水库水质不断恶化，污染事故频发，天然水生物逐年减少。到 20 世纪 90 年代中期，水库天然鱼类基本绝迹，库区农民的生活受到严重影响。石梁河污染问题也引起了社会各界广泛关注，先后有多位国家领导同志亲自考察过石梁河，对石梁河污染情况给予关心。全国和省人大代表也多次提案，寻求解决污染的途径。1997 年"零点行动"以后，石梁河上游污水有所节制，库区水质开始好转。

在当地政府扶持下，库区农民走上了发展网箱养鱼的致富之路，到 1999 年网箱养鱼发展迅猛。然而好景不长，虽多方努力，污染问题得到了控制，但一直未得到根本的整治。上游下来的污水又逐渐增多。1999 年 9 月 11 日、2000 年 6 月 28 日，石梁河水库连续两次遭受特大水污染事故，谢印立等 97 户农民养殖的 2720 只网箱鱼全部死亡。经过连云港市环保部门的详细调查，认定是山东省临沭县南古工业区内的造纸厂、化工企业排放污水到上游的大官庄闸内，夏季开闸泄洪时，污水被集中排放进水库，造成水库突发性死鱼事故。

多方上访未果，法律援助及时介入

水污染事故，给当地养殖户带来灾难性的打击，有的农民因为几次的污染，家中负债累累；有的家庭因为负债，子女上不起学，脱贫致富的希望化作了泡影。为寻求索赔，养殖户们多次到连云港市政府、山东省临沂市政府和国家有关部门反映，他们的遭遇得到了有关部门的关注和同情，但是损失赔偿却没有着落。在走投无路的情况下，养殖户把最后的希望投向了法律援助。

东海县法律援助中心接受养殖户的申请后，依法受理并决定予以援助。中心律师张龙江与石梁河镇司法助理员胡庭荣一同冒着酷暑，多次沿新沭河上游查找污染源，四处调查，收集水污染侵权的证据。为了得到权威性的证据，援助中心想方设法争取到江苏省渔业局委托农业部渔业环境监测中心黄、渤海区监测站对事故进行鉴定，监测站接受委托后，对这两起事故损失进行了鉴定，结论是：山东省临沭县金沂蒙有限公司、山东省临沭县化工总厂排放大量超标污水、经引水沟官庄泄洪闸内蓄积蒸发，污水浓缩，超标加剧。泄洪闸泄洪时，污水进入石梁水库，造成石梁河水库中线以南水域的化学耗氧（COD）、悬浮物（S5）严重超标（其中 COD 和 S5 分别超过地面水质三类区域渔业水质标准的 62.3 和 21.5 倍），直接消耗水体内的大量氧气，致使养殖水域局部缺氧，造成鱼类鳃丝堵塞，从而在短时间内使鱼类窒息死亡。1999 年 9 月 11 日的水污染事故造成直接经济损失 290.8 万元，2000 年 6 月 28 日事故造成的直接经济损失 296.6 万元，两次合计造成的直接损失达 560.4 万元，天然渔业资源经济损失 606.6 万元。鉴定结论出来后，国家农业局曾召开相关当事人就污染赔偿问题进行行政调解，由于金沂蒙公司化工总厂坚决否认自身有超标排污现象，并且提交了山东省环保局的检验结论，致使调解未成。无奈之下，东海县法律援助中心决定通过诉讼为养殖户讨回公道：由张龙江和胡庭荣代理养殖户依法向连云港市中级人民法院提起诉讼，请求法院依法判决金沂蒙纸业有限公司和临沭化工总厂赔偿水污染事故造成的网箱鱼损失 560.4 万元，承担事故调查费 4.8 万元及其他实际支出费用。此案也得到两位环境法学专家的热情支持，中国政法大学王灿发教授和秦皇岛市环境干部学院刘湘讲师无偿与东海县法律援助中心一同为 97 位养殖户代办此案。

庭审激辩，是非自有分晓

2001 年 9 月 28 日，人们期待已久的石梁河水库污染损害赔偿案公开开庭。该案由于背景复杂、影响大，早已受到公众、媒体和有关政府部门的广泛关注。当天，整个法庭座无虚席，包括中央电视台《今日说法》栏目在内的多家媒体近十部摄像机同时对准了审判台上的法官和诉讼双方。

庭审在审判长的主持下紧张而有序地进行着，本案的争议焦点主要是三个方面：①石梁河水库是否具有渔业养殖功能；②被告方排放工业污水的行为与原告方的损失之间是否具有因果关系；③黄、渤海环境监测站是否具有鉴定资格。针对上述问题，原告提交了有关调查笔录、鉴定、损失评估报告、公证书、录像资料等证据，并请求法庭传唤连云港市环保局工作人员、农业部渔业环境监测中心黄、渤海区监测站出庭作证。被告方向法庭提交了十多份书证。双方围绕着争议焦点问题唇枪舌剑、针锋相对，争论得十分激烈。历时一天庭审后，经合议庭合议，连云港市中级人民法院最终确认：石梁河水库具有渔业养殖功能，黄、渤海渔业环境监测站的鉴定结果合法有效，被告排放工业污水的行为与原告的损失之间具有因果关系，应承担相应的赔偿责任，由此作出了上面的判决。

判决作出后，被告不服，向江苏省高级人民法院提出上诉。东海县法律援助中心继续为养殖户提供法律援助。2002 年 4 月 16 日江苏省高级人民法院作出了驳回上诉，维持原判的判决。2003 年年底，97 位农民拿到了 550 万赔偿款，赢得了最终的胜利。至此，一起法律援助为弱者维权的案件画上了圆满的句号。

点评：

石梁河水库特大水污染案的胜诉为 97 户养殖户挽回了损失，重新燃起了村民们脱贫致富的希望。然而，它的意义远不在案件本身，它唤醒了有关企业的环保意识，对那些肆意排污的企业予以警示，解决了多年没解决的问题。现在，石梁河水库日渐清澈，水库内的网箱养殖业发展迅猛，目前已有近 20 000 只网箱，养殖户也切实地从水资源的利用上尝到了甜头，正在向着小康之路昂首前进。法律援助正以自己的实际行动为环保事业、为国家的可持续发展发挥着不可或缺的作用。

一次援助改变一项用工制度

案件性质：劳动争议
指派单位：北京市农民工法律援助工作站
承办人：时福茂　徐玉领

提示：

进城务工人员要谨防用人单位利用劳务派遣合同侵害劳动者的合法权益。

案情介绍：

1995年春节刚过，一直在山东老家务农的徐庭骆就和几个老乡结伴，来到了朝思暮想的北京打工。由于没什么特长，文化水平又不高，所以只能做一些力工和零活，可就是这些活也是时断时续，一点儿也不稳定。同年2月28日，小徐终于有了一份稳定的工作。一个同乡介绍他到肯德基有限公司（以下简称肯德基公司）打工，具体工作就是搬货、理货、打杂工。

在来北京之前，"肯德基"这个名字徐庭骆只在电视上看过，来到北京后因为挣钱艰难，所以虽然他几次从肯德基快餐店门前走过，但却始终也没能狠下心进去吃上一顿。现在，可以到肯德基上班，小徐很开心。他想，虽然自己还不是一个来快餐店花钱吃饭的人，但却终于有机会见识一下外国的公司了。更重要的是，这份工作让他有了一份安全感，他坚信只要肯吃苦，好好干活，这家他心目中的大公司一定亏待不了自己的。

光阴荏苒，转眼徐庭骆在肯德基公司工作了近十个年头了，这些年来，他对自己的表现总的来说还是满意的，虽说算不上优秀，至少也是个"老员工"了，可是，他万万没有想到，一张薄薄的公告，彻底改变了他的命运。

2004年5月，肯德基公司仓储办公室的墙上出现了一张公告，内容是：仓储员工要与时代桥劳动事务咨询有限公司（以下简称"时代桥公司"）签订一份劳动合同，如果不与时代桥的公司签订劳动合同将被肯德基公司辞退。

一看这份公告，小徐吓了一跳，以为肯德基公司要辞退他，可仔细一看才明白，原来只要和这家叫"时代桥"的公司签合同，就仍然能在肯德基上班，小徐最为担心的就是能有份工作赚点钱，至于和谁签合同，怎么签，他倒没多想。他的头脑中只有一个想法，那就是只要让他在这上班，其他的无所谓。于是，2004年5月20日，徐庭骆高高兴兴地与时代桥公司签订了劳动合同，然后仍然在肯德基公司继续干他原来的活儿。

2005年10月12日，肯德基公司以违反劳动纪律和操作规程为由将徐庭骆退回时代桥公司。当天时代桥公司就与徐庭骆解除了劳动关系。

失去干了十多年的工作，徐庭骆很上火，全家都指望着他这份工作生活呢，一时半会儿也找不到别的活儿，这可怎么办呀？不过又一想，谁让自己犯错误了呢，认了吧。一天，心情郁闷的小徐去找同乡诉苦，却意外地打听到一件事，同乡告诉他：像他这样已经在肯德基公司连续工作11年，应当是肯德基公司的员工，即使解除劳动合同，肯德基公司也应当按11年工龄支付经济补偿金20 130元。听说这个消息，小徐的心理敞亮了许多，有了这两万块钱，应该可以使家里的生活维持一阵子不说，也可以让他有时间再去找别的工作。可是事与愿违，徐庭骆很快就接到了一个坏消息：肯德基公司只能按照2004年徐庭骆与时代桥签合同后至被辞退时计算给他补偿金，这样的话，小徐只能得到两个月工资的经济补偿金即 3660 元。两者相比，相差了 16 470 元。

这下，徐庭骆有些崩溃了，他觉得自己的权利受到了严重的侵害。于是，他天天去找时代桥公司、肯德基公司、政府劳动监察部门甚至多家媒体，无奈问题如泥牛入海，没有丝毫回音。他只好找些零活儿先干着，有空就继续找这两家公司讨说法。一天，他听说北京市专门成立了一家农民工法律援助机构，就抱着试试看的想法来到北京市农民工法律援助工作站寻求援助。工作站很快受理了徐庭骆的案件。一个多月后的 11 月 28 日，徐庭骆向北京市劳动争议仲裁委员会申请仲裁，要求肯德基支付经济补偿金。可是，仿佛看到希望的小徐却再次失望了，因为在一周的时间里，他接连遭遇两次失败。

2006 年 1 月 17 日，仲裁裁决驳回了徐庭骆的申诉。2006 年 1 月 25 日，徐庭骆不服仲裁裁决，诉至东城区人民法院。2006 年 6 月 12 日，东城区法院作出一审判决，驳回了徐庭骆的诉讼请求。法院认为，徐庭骆与时代桥公司签有劳动合同，确立了徐庭骆与时代桥公司的劳动关系，后徐庭骆被派遣到肯德基工作，但双方未形成事实劳动关系。也就是说，法院回避了徐庭骆曾经在肯德基连续工作 11 年、在与时代桥签订劳动合同前已经与肯德基存在事实劳动关系的事实。

徐庭骆不服一审的判决，于 2006 年 6 月 26 日向北京市第二中级人民法院提出上诉。与此同时，小徐也从未间断与农民工法律援助工作站的联系，为了帮助小徐寻求更多解决问题的途径，工作站的办案人员多次往返两家公司之间，核实证据，查找法律依据，同时还要耐心细致地做好小徐的思想工作，叮嘱他冷静对待案情，不要因气愤而作出冲动的事情。援助人员经过反复研究，于 2006 年 7 月 6 日，向北京市西城区劳动争议仲裁委员会提出仲裁申请，要求确认徐庭骆与时代桥公司的劳动合同系受欺骗所签，属无效劳动合同。2006 年 7 月 6 日，北京市西城区劳动争议仲裁委员会受理了徐庭骆的仲裁申请。

2006 年 7 月 26 日，北京市西城区劳动争议仲裁委员会主持召开"肯德基案件"座谈会，邀请国内外 12 家新闻媒体参加。会上，向媒体公开了《关于〈肯德基就全总官员批评外企：劳动用工搞双重标准一文的回复〉的回复》、《劳务派遣在我国存在的问题及对〈劳动合同法草案〉中劳务派遣质疑的回应》及《肯德基公司在华用工制度简评》等文章。

2006 年 8 月 4 日，肯德基公司派出代表及代理律师来北京农民工法律援助工作站和解肯德基案件。那天，徐庭骆又了解到，原来像这样的情况并非只有他一个人，还有另外两名员工也因为和他类似的经历被卷入了漫长的争讼中。不过，最终和解的结果非常理想，徐庭骆和另外两人的案件都达成了和解协议。除此之外，在法律援助工作站的要求和建议下，肯德基公司表示愿意停止使用劳务派遣制度。3 天后，徐庭骆和另外两人分别到法院和仲裁委员会撤回了起诉和仲裁申请，领取了赔偿金。历时近一年的时间，小徐终于拿回了属于自己的钱，应该说，他的心情是复杂的，喜悦和轻松当然占大部分，然而更多的确是感动，领到赔偿金后，他再次来到了他熟悉的法律援助工作站，握住办案人的手，许久没有说出话来。

徐庭骆领到赔偿金的第二天，肯德基公司召开新闻发布会，决定调整政策，将用工方式改成直接录用。宣布从即日起，除特殊情况外，停止使用劳务派遣用工形式，原配销中心的派遣员工将转为北京肯德基公司直接聘用员工，并认可他们以前的工龄。同时，北京肯德基公司也向北京市农民工法律援助工作站在这一纠纷中所付出的大量工作表示真诚的感谢。

点评：

本案的法律援助人员经过大量的调查、取证及法理论证工作，利用仲裁庭召开座谈会的机会，抓住《劳动合同法》制定的契机，结合法理论述，在国内外媒体面前讨论了肯德基劳务派遣合同存在的问题，使肯德基公司认识到了错误，促成了本案的和解。法律援助人员在办理法律援助案件中，要利用一切机会，抓住最有利条件，维护受援人的合法权益，促进社会主义的法制进程。

南京惨案绝人寰　史实岂容歪曲
跨国诉讼维权益　终还历史清白

案件性质：名誉侵权案

指派单位：江苏省南京市法律援助中心

承办人：谈臻先　李大进

提示：

根据国际私法原则以及涉外民事诉讼程序，本国公民对在本国以外的外国人提起民事诉讼，根据我国参加的国际公约、多边条约、协定、议定书的规定处理，在没有以上条约、协定等国际私法规定时，根据国际惯例，使用对等原则。

案情介绍：

2006 年 8 月 23 日，南京大屠杀幸存者夏淑琴缓步走进法庭，饱经风霜的面庞如同大树的年轮，写满了岁月的艰辛。今天，是一个神圣的日子，江苏省南京市玄武区人民法院在这里对由南京市法律援助中心、南京市律师协会委派律师代理的夏淑琴诉日本右翼作者东中野修、松村俊夫和日本展转社株式会社侵犯名誉权一案作出一审判决：①东中野修、松村俊夫和日本展转社株式会社立即停止侵权行为，收回并销毁已出版发行的书籍；②在国内《人民日报》、《新华日报》、《南京日报》和日本《朝日新闻》、《读卖新闻》、《产经新闻》等主流媒体的显著位置刊登道歉声明；③赔偿夏淑琴精神抚慰金 160 万，三被告承担连带责任。至此，在国内造成较大影响的夏淑琴诉日本"右翼分子"名誉侵权一案以原告的胜诉而告一段落。

历史，再一次勾起老人痛苦的回忆：1937 年 12 月 13 日，只有 8 岁的夏淑琴随父母居住在南京市中华门内新路口 5 号（现地名为马道街 110 号）。当天，多名日本侵略军闯入家门，用残忍的手段杀害了她的外祖父、外祖母、父亲、母亲、两个姐姐和最小的妹妹。还对她母亲和两个姐姐进行了强奸，在杀死她们之后，对她们的遗体进行了令人发指的侮辱。夏淑琴当时被日军刺伤三处，昏死过去。她和她4岁的妹妹在日本侵略军走后躲在家中，靠吃积存的锅巴，喝缸中的水维持着生命。直到多天后，被老人堂（当时的老人院）的老大娘发现后转移至"国际安全区"，才得以幸存下来。夏淑琴一家的悲惨遭遇被许多国际友人和东京国际军事法庭予以证实。当时的"国际安全区"委员、美国人约翰·马吉得知后，在另一委员许传英的陪同下走访了有关证人，到前场拍摄了胶片，并在其日记中予以记载。后来，拉贝、贝茨等国际友人也分别在日记、信件中予以记载、描述。约翰·马吉在战后东京国际军事法庭审判日本战犯时，还为此事到庭作证。南京审判日本战犯军事法庭检察官的起诉书中指控日军在新路口5号发动屠杀的罪行，被法庭采信，并在判决书中予以认定。

但日本右翼势力却通过各种方式美化军国主义侵略行为，竭力否认南京大屠杀的历史存在，妄图篡改历史。其中日本亚细亚大学的教授东中野修（笔名东中野修道）和退休工程师松村俊夫是最具代表性的人物。他们分别撰写了《南京大屠杀的彻底检证》和《对南京大屠杀的大疑问》两书，并通过日本展转社株式会社出版发行。松村俊夫的书中称南京大屠杀幸存者夏淑琴、李秀英等人是"假证人"，称夏淑琴"故意编造事实，欺世盗名"，"其证词是某个人在某个时间里想象出来的"，企图诱使人们对夏淑琴的诚实品德产生怀疑，继而否定南京大屠杀的存在，妄图为日本军国主义翻案。东中野修和松村俊夫的卑劣行径遭到夏淑琴、李秀英及爱好和平的日本友人的坚决反对，表示要采取法律行动与这两个日本右翼分子作坚决的斗争，维护历史真相，揭露日本右翼分子的卑鄙行径和险恶用心。

2000年11月27日，夏淑琴来到南京市法律援助中心申请法律援助，要求通过法律途径将东中野修、松村俊夫和日本展转社株式会社告上法庭，维护自己的名誉权和人格尊严。此案是首例在我国境内法院状告日本右翼分子的法律援助案件，南京市法律援助中心给予高度重视，认为夏淑琴作为南京大屠杀幸存者之一，为维护自身的名誉和所有大屠杀幸存者的名誉，依法提起诉讼，是对企图否认南京大屠杀历史的日本右翼势力最有力回击。同时，对于正确认识历史，以史为鉴，面向未来开拓中日世代和平友好关系有着极其重要的意义。日本右翼分子以所谓的"学术研究"等名义，采取诡辩、推理、比较和曲解历史资料的手法，歪曲事实真相，指责夏淑琴、李秀英等大屠杀幸存者是假的，构成对夏淑琴名誉权的侵害。因此，依据《江苏省法律援助条例》有关规定，结合本案的特殊意义，市法律援助中心决定为夏淑琴提供法律援助，指派南京法德永律师事务所资深律师谈臻先等作为夏淑琴的诉讼代理人实施援助。

为确保打赢这场官司，办案律师全力投入案件办理当中。市法律援助中心先后组织召开了十余次案件专题研讨会，邀请国内著名法律专家就案件的管辖、法律适用、证据适用等问题展开研讨，查阅了有关国际私法文献及有关国际公约、多边条约和中日双边条约，形成了数十份专题报告和会议纪要；查阅了1954年以来的户籍资料，邀请有关户籍问题专家出庭作证，确定夏淑琴的身份；调取了夏淑琴舅舅的有关原始档案，证实两者之间的亲属关系；查了约翰·马吉的历史影像资料，采用医学鉴定的形式，确定夏淑琴身上的伤疤形成过程和形成原因。通过语言学家对夏淑琴的语言发音问题进行论证，进一步确立和巩固了夏淑琴就是当年大屠杀的幸存者，为案件的胜诉打下了坚实的基础。2004年9月15日和11月23日、25日，玄武区人民法院先后进行了证据交换和案件审理，在庭审中，援助律师通过大量翔实的证据材料，充分论证了代理词中阐述的观点，获得了理想的诉讼效果。

夏淑琴利用诉讼的形式回击日本右翼分子的行动得到了社会各界广泛支持和声援。中国人权基金会和中华全国律师协会举办了新闻发布会，共同发起并组成诉讼援助团；南京大屠杀遇难同胞纪念馆召开了"批驳日本东中野修与松村俊夫诬陷大屠杀幸存者专家学者座谈会"，用大量的史实资料驳斥了日本右翼分子的攻击。近十名日本律师主动义务加入本案，协助中方律师调查本案被告在日本侵权的事实与证据，并为之提供免费的法律帮助。本案历时6年，直接投入各类人员近三十余名，投入经费保障达二十余万元，堪称我市法律援助第一案。

点评：

夏淑琴起诉日本右翼分子侵权案是国内首例通过法律手段确认历史事实的案件，开创了在国内民间对日维权诉讼的先例。虽然被告没有出庭参加诉讼，但如果被告在中国境内出现，我国有权以被告人在中国境内有未了结的民事债务为由予以扣留，限制其处境，同时，对于国际舆论来讲，能够起到正视史实，揭露被告试图为日本军国主义犯下的累累罪行翻案的险恶用心的作用。夏淑琴的胜诉进一步确认了南京大屠杀这一不可更改的史实，对于驳斥日本右翼势力的谎言、捍卫人权、警示后人、促进中日和平世代友好，有着重要的现实意义和深远的历史意义。

附录二　法律援助相关法律法规及政策

一、法律

中华人民共和国刑事诉讼法

(节录)

　　(1979 年 7 月 1 日第五届全国人民代表大会第二次会议通过。根据 1996 年 3 月 17 日第八届全国人民代表大会第四次会议《关于修改〈中华人民共和国刑事诉讼法〉的决定》第一次修正。根据 2012 年 3 月 14 日第十一届全国人民代表大会第五次会议《关于修改〈中华人民共和国刑事诉讼法〉的决定》第二次修正。)

　　《全国人民代表大会关于修改〈中华人民共和国刑事诉讼法〉的决定》已由中华人民共和国第十一届全国人民代表大会第五次会议于 2012 年 3 月 14 日通过,现予公布,自 2013 年 1 月 1 日起施行。

　　第三十四条　犯罪嫌疑人、被告人因经济困难或者其他原因没有委托辩护人的,本人及其近亲属可以向法律援助机构提出申请。对符合法律援助条件的,法律援助机构应当指派律师为其提供辩护。

　　犯罪嫌疑人、被告人是盲、聋、哑人,或者是尚未完全丧失辨认或者控制自己行为能力的精神病人,没有委托辩护人的,人民法院、人民检察院和公安机关应当通知法律援助机构指派律师为其提供辩护。

　　犯罪嫌疑人、被告人可能被判处无期徒刑、死刑,没有委托辩护人的,人民法院、人民检察院和公安机关应当通知法律援助机构指派律师为其提供辩护。

　　第三十七条　辩护律师可以同在押的犯罪嫌疑人、被告人会见和通信。其他辩护人经人民法院、人民检察院许可,也可以同在押的犯罪嫌疑人、被告人会见和通信。

　　辩护律师持律师执业证书、律师事务所证明和委托书或者法律援助公函要求会见在押的犯罪嫌疑人、被告人的,看守所应当及时安排会见,至迟不得超过 48 小时。

　　危害国家安全犯罪、恐怖活动犯罪、特别重大贿赂犯罪案件,在侦查期间辩护律师会见在押的犯罪嫌疑人,应当经侦查机关许可。上述案件,侦查机关应当事先通知看守所。

　　辩护律师会见在押的犯罪嫌疑人、被告人,可以了解案件有关情况,提供法律咨询等;自案件移送审查起诉之日起,可以向犯罪嫌疑人、被告人核实有关证据。辩护律师会见犯罪嫌疑人、被告人时不被监听。

　　辩护律师同被监视居住的犯罪嫌疑人、被告人会见、通信,适用第 1 款、第 3 款、第 4 款的规定。

　　第二百六十七条　未成年犯罪嫌疑人、被告人没有委托辩护人的,人民法院、人民检察院、公安机关应当通知法律援助机构指派律师为其提供辩护。

第二百八十六条 人民法院受理强制医疗的申请后，应当组成合议庭进行审理。

人民法院审理强制医疗案件，应当通知被申请人或者被告人的法定代理人到场。被申请人或者被告人没有委托诉讼代理人的，人民法院应当通知法律援助机构指派律师为其提供法律帮助。

中华人民共和国律师法

（节录）

（1996 年 5 月 15 日第八届全国人民代表大会常务委员会第十九次会议通过。根据 2001 年 12 月 29 日第九届全国人民代表大会常务委员会第二十五次会议《关于修改〈中华人民共和国律师法〉的决定》修正，2007 年 10 月 28 日第十届全国人民代表大会常务委员会第三十次会议修订，根据 2012 年 10 月 26 日第十一届全国人民代表大会常务委员会第二十九次会议《关于修改〈中华人民共和国律师法〉的决定》第二次修正。）

第四章 律师的业务和权利、义务

第四十二条 律师、律师事务所应当按照国家规定履行法律援助义务，为受援人提供符合标准的法律服务，维护受援人的合法权益。

第六章 法律责任

第四十七条 律师有下列行为之一的，由设区的市级或者直辖市的区人民政府司法行政部门给予警告，可以处 5000 元以下的罚款；有违法所得的，没收违法所得；情节严重的，给予停止执业 3 个月以下的处罚：

（一）同时在 2 个以上律师事务所执业的；

（二）以不正当手段承揽业务的；

（三）在同一案件中为双方当事人担任代理人，或者代理与本人及其近亲属有利益冲突的法律事务的；

（四）从人民法院、人民检察院离任后 2 年内担任诉讼代理人或者辩护人的；

（五）拒绝履行法律援助义务的。

第五十条 律师事务所有下列行为之一的，由设区的市级或者直辖市的区人民政府司法行政部门视其情节给予警告、停业整顿 1 个月以上 6 个月以下的处罚，可以处 100 000 元以下的罚款；有违法所得的，没收违法所得；情节特别严重的，由省、自治区、直辖市人民政府司法行政部门吊销律师事务所执业证书：

（一）违反规定接受委托、收取费用的；

（二）违反法定程序办理变更名称、负责人、章程、合伙协议、住所、合伙人等重大事项的；

（三）从事法律服务以外的经营活动的；

（四）以诋毁其他律师事务所、律师或者支付介绍费等不正当手段承揽业务的；

（五）违反规定接受有利益冲突的案件的；

（六）拒绝履行法律援助义务的；

（七）向司法行政部门提供虚假材料或者有其他弄虚作假行为的；

（八）对本所律师疏于管理，造成严重后果的。

律师事务所因前款违法行为受到处罚的，对其负责人视情节轻重，给予警告或者处 20 000 元以下的罚款。

......

中华人民共和国农业法
（2012 修正）（节录）

（1993 年 7 月 2 日第八届全国人民代表大会常务委员会第二次会议通过。2002 年 12 月 28 日第九届全国人民代表大会常务委员会第三十一次会议修订，根据 2009 年 8 月 27 日第十一届全国人民代表大会常务委员会第十次会议《关于修改部分法律的决定》第一次修正，根据 2012 年 12 月 28 日第十一届全国人民代表大会常务委员会第三十次会议《关于修改〈中华人民共和国农业法〉的决定》第二次修正。）

......

第七十八条 违反法律规定，侵犯农民权益的，农民或者农业生产经营组织可以依法申请行政复议或者向人民法院提起诉讼，有关人民政府及其部门或者人民法院应当依法受理。

人民法院和司法行政主管机关应当依照有关规定为农民提供法律援助。

......

中华人民共和国妇女权益保障法
（2005 修正）（节录）

（《全国人民代表大会常务委员会关于修改〈中华人民共和国妇女权益保障法〉的决定》已由中华人民共和国第十届全国人民代表大会常务委员会第十七次会议于 2005 年 8 月 28 日通过。2005 年 8 月 28 日中华人民共和国主席令第 40 号公布，自 2005 年 12 月 1 日起施行。）

......

第五十二条 妇女的合法权益受到侵害的，有权要求有关部门依法处理，或者依法向仲裁机构申请仲裁，或者向人民法院起诉。

对有经济困难需要法律援助或者司法救助的妇女，当地法律援助机构或者人民法院应当给予帮助，依法为其提供法律援助或者司法救助。

......

中华人民共和国未成年人保护法

（2006 修订）（节录）

（2006 年 12 月 29 日中华人民共和国第 10 届全国人民代表大会常务委员会第 25 次会议修订通过。2006 年 12 月 29 日中华人民共和国主席令第 60 号公布，自 2007 年 6 月 1 日起施行，2012 年修正。）

……

第五十一条　未成年人的合法权益受到侵害，依法向人民法院提起诉讼的，人民法院应当依法及时审理，并适应未成年人生理、心理特点和健康成长的需要，保障未成年人的合法权益。

在司法活动中对需要法律援助或者司法救助的未成年人，法律援助机构或者人民法院应当给予帮助，依法为其提供法律援助或者司法救助。

……

中华人民共和国老年人权益保障法

（节录）

第五十五条　老年人因其合法权益受侵害提起诉讼缴纳诉讼费确有困难的，可以缓交、减交或者免交；需要获得律师帮助，但无力支付律师费用的，可以获得法律援助。

……

中华人民共和国公证法

（节录）

第三十四条　当事人应当按照规定支付公证费。

对符合法律援助条件的当事人，公证机构应当按照规定减免公证费。

……

中华人民共和国固体废物污染环境防治法

（2004 修订）（节录）

第八十四条　受到固体废物污染损害的单位和个人，有权要求依法赔偿损失。

赔偿责任和赔偿金额的纠纷，可以根据当事人的请求，由环境保护行政主管部门或者其他固体废物污染环境防治工作的监督管理部门调解处理；调解不成的，当事人可以向人民法院提起诉讼。当事人也可以直接向人民法院提起诉讼。

国家鼓励法律服务机构对固体废物污染环境诉讼中的受害人提供法律援助。

……

二、行政法规

法律援助条例

（2003 年 7 月 16 日国务院第十五次常务会议通过，2003 年 7 月 21 日中华人民共和国国务院令第 385 号公布，自 2003 年 9 月 1 日起施行。）

第一章　总则

第一条　为了保障经济困难的公民获得必要的法律服务，促进和规范法律援助工作，制定本条例。

第二条　符合本条例规定的公民，可以依照本条例获得法律咨询、代理、刑事辩护等无偿法律服务。

第三条　法律援助是政府的责任，县级以上人民政府应当采取积极措施推动法律援助工作，为法律援助提供财政支持，保障法律援助事业与经济、社会协调发展。

法律援助经费应当专款专用，接受财政、审计部门的监督。

第四条　国务院司法行政部门监督管理全国的法律援助工作。县级以上地方各级人民政府司法行政部门监督管理本行政区域的法律援助工作。

中华全国律师协会和地方律师协会应当按照律师协会章程对依据本条例实施的法律援助工作予以协助。

第五条　直辖市、设区的市或者县级人民政府司法行政部门根据需要确定本行政区域的法律援助机构。

法律援助机构负责受理、审查法律援助申请，指派或者安排人员为符合本条例规定的公民提供法律援助。

第六条　律师应当依照律师法和本条例的规定履行法律援助义务，为受援人提供符合标准的法律服务，依法维护受援人的合法权益，接受律师协会和司法行政部门的监督。

第七条　国家鼓励社会对法律援助活动提供捐助。

第八条　国家支持和鼓励社会团体、事业单位等社会组织利用自身资源为经济困难的公民提供法律援助。

第九条　对在法律援助工作中作出突出贡献的组织和个人，有关的人民政府、司法行政部门应当给予表彰、奖励。

第二章　法律援助范围

第十条　公民对下列需要代理的事项，因经济困难没有委托代理人的，可以向法律援助机构申请法律援助：

（一）依法请求国家赔偿的；

（二）请求给予社会保险待遇或者最低生活保障待遇的；

（三）请求发给抚恤金、救济金的；

（四）请求给付赡养费、抚养费、扶养费的；

（五）请求支付劳动报酬的；

（六）主张因见义勇为行为产生的民事权益的。

省、自治区、直辖市人民政府可以对前款规定以外的法律援助事项作出补充规定。

公民可以就本条第 1 款、第 2 款规定的事项向法律援助机构申请法律咨询。

第十一条 刑事诉讼中有下列情形之一的，公民可以向法律援助机构申请法律援助：

（一）犯罪嫌疑人在被侦查机关第一次讯问后或者采取强制措施之日起，因经济困难没有聘请律师的；

（二）公诉案件中的被害人及其法定代理人或者近亲属，自案件移送审查起诉之日起，因经济困难没有委托诉讼代理人的；

（三）自诉案件的自诉人及其法定代理人，自案件被人民法院受理之日起，因经济困难没有委托诉讼代理人的。

第十二条 公诉人出庭公诉的案件，被告人因经济困难或者其他原因没有委托辩护人，人民法院为被告人指定辩护时，法律援助机构应当提供法律援助。

被告人是盲、聋、哑人或者未成年人而没有委托辩护人的，或者被告人可能被判处死刑而没有委托辩护人的，人民法院为被告人指定辩护时，法律援助机构应当提供法律援助，无须对被告人进行经济状况的审查。

第十三条 本条例所称公民经济困难的标准，由省、自治区、直辖市人民政府根据本行政区域经济发展状况和法律援助事业的需要规定。

申请人住所地的经济困难标准与受理申请的法律援助机构所在地的经济困难标准不一致的，按照受理申请的法律援助机构所在地的经济困难标准执行。

第三章　法律援助申请和审查

第十四条 公民就本条例第 10 条所列事项申请法律援助，应当按照下列规定提出：

（一）请求国家赔偿的，向赔偿义务机关所在地的法律援助机构提出申请；

（二）请求给予社会保险待遇、最低生活保障待遇或者请求发给抚恤金、救济金的，向提供社会保险待遇、最低生活保障待遇或者发给抚恤金、救济金的义务机关所在地的法律援助机构提出申请；

（三）请求给付赡养费、抚养费、扶养费的，向给付赡养费、抚养费、扶养费的义务人住所地的法律援助机构提出申请；

（四）请求支付劳动报酬的，向支付劳动报酬的义务人住所地的法律援助机构提出申请；

（五）主张因见义勇为行为产生的民事权益的，向被请求人住所地的法律援助机构提出申请。

第十五条 本条例第 11 条所列人员申请法律援助的，应当向审理案件的人民法院所在地的法律援助机构提出申请。被羁押的犯罪嫌疑人的申请由看守所 24 小时内转交法律援助机构，申请法律援助所需提交的有关证件、证明材料由看守所通知申请人的法定代理人或者近亲属协助提供。

第十六条 申请人为无民事行为能力人或者限制民事行为能力人的，由其法定代理人代为提出申请。

无民事行为能力人或者限制民事行为能力人与其法定代理人之间发生诉讼或者因其他利益纠纷需要法律援助的，由与该争议事项无利害关系的其他法定代理人代为提出申请。

第十七条 公民申请代理、刑事辩护的法律援助应当提交下列证件、证明材料：

（一）身份证或者其他有效的身份证明，代理申请人还应当提交有代理权的证明；

（二）经济困难的证明；

（三）与所申请法律援助事项有关的案件材料。

申请应当采用书面形式，填写申请表；以书面形式提出申请确有困难的，可以口头申请，由法律援助机构工作人员或者代为转交申请的有关机构工作人员作书面记录。

第十八条 法律援助机构收到法律援助申请后，应当进行审查；认为申请人提交的证件、证明材料不齐全的，可以要求申请人作出必要的补充或者说明，申请人未按要求作出补充或者说明的，视为撤销申请；认为申请人提交的证件、证明材料需要查证的，由法律援助机构向有关机关、单位查证。

对符合法律援助条件的，法律援助机构应当及时决定提供法律援助；对不符合法律援助条件的，应当书面告知申请人理由。

第十九条 申请人对法律援助机构作出的不符合法律援助条件的通知有异议的，可以向确定该法律援助机构的司法行政部门提出，司法行政部门应当在收到异议之日起 5 个工作日内进行审查，经审查认为申请人符合法律援助条件的，应当以书面形式责令法律援助机构及时对该申请人提供法律援助。

第四章　法律援助实施

第二十条 由人民法院指定辩护的案件，人民法院在开庭 10 日前将指定辩护通知书和起诉书副本或者判决书副本送交其所在地的法律援助机构；人民法院不在其

所在地审判的，可以将指定辩护通知书和起诉书副本或者判决书副本送交审判地的法律援助机构。

第二十一条　法律援助机构可以指派律师事务所安排律师或者安排本机构的工作人员办理法律援助案件，也可以根据其他社会组织的要求，安排其所属人员办理法律援助案件。对人民法院指定辩护的案件，法律援助机构应当在开庭 3 日前将确定的承办人员名单回复作出指定的人民法院。

第二十二条　办理法律援助案件的人员，应当遵守职业道德和执业纪律，提供法律援助不得收取任何财物。

第二十三条　办理法律援助案件的人员遇有下列情形之一的，应当向法律援助机构报告，法律援助机构经审查核实的，应当终止该项法律援助：

（一）受援人的经济收入状况发生变化，不再符合法律援助条件的；

（二）案件终止审理或者已被撤销的；

（三）受援人又自行委托律师或者其他代理人的；

（四）受援人要求终止法律援助的。

第二十四条　受指派办理法律援助案件的律师或者接受安排办理法律援助案件的社会组织人员在案件结案时，应当向法律援助机构提交有关的法律文书副本或者复印件以及结案报告等材料。

法律援助机构受到前款规定的结案材料后，应当向受指派办理法律援助案件的律师或者接受安排办理法律援助案件的社会组织人员支付法律援助办案补贴。

法律援助办案补贴的标准由省、自治区、直辖市人民政府司法行政部门会同同级财政部门，根据当地经济发展水平，参考法律援助机构办理各类法律援助案件的平均成本等因素核定，并可以根据需要调整。

第二十五条　法律援助机构对公民申请的法律咨询服务，应当即时办理；复杂疑难的，可以预约择时办理。

第五章　法律责任

第二十六条　法律援助机构及其工作人员有下列情形之一的，对直接负责的主管人员以及其他直接责任人员依法给予纪律处分：

（一）为不符合法律援助条件的人员提供法律援助，或者拒绝为符合法律援助条件的人员提供法律援助的；

（二）办理法律援助案件收取财物的；

（三）从事有偿法律服务的；

（四）侵占、私分、挪用法律援助经费的。

办理法律援助案件收取的财物，由司法行政部门责令退还；从事有偿法律服务的违法所得，由司法行政部门予以没收；侵占、私分、挪用法律援助经费的，由司法行政部门责令追回，情节严重，构成犯罪的，依法追究刑事责任。

第二十七条 律师事务所拒绝法律援助机构的指派，不安排本所律师办理法律援助案件的，由司法行政部门给予警告、责令改正；情节严重的，给予 1 个月以上 3 个月以下停业整顿的处罚。

第二十八条 律师有下列情形之一的，由司法行改部门给予警告、责令改正；情节严重的，给予 1 个月以上 3 个月以下停止执业的处罚：

（一）无正当理由拒绝接受、擅自终止法律援助案件的；

（二）办理法律援助案件收取财物的。

有前款第 2 项违法行为的，由司法行政部门责令退还违法所得的财物，可以并处所收财物价值 1 倍以上 3 倍以下的罚款。

第二十九条 律师办理法律援助案件违反职业道德和执业纪律的，按照律师法的规定予以处罚。

第三十条 法行政部门工作人员在法律援助的监督管理工作中，有滥用职权、玩忽职守行为的，依法给予行政处分；情节严重，构成犯罪的，依法追究刑事责任。

第六章 附则

第三十一条 本条例自 2003 年 9 月 1 日起施行。

信访条例

（节录）

（2005 年 1 月 5 日国务院第七十六次常务会议通过。2005 年 1 月 10 日国务院令第 431 号公布，自 2005 年 5 月 1 日起施行。）

……

第十三条 设区的市、县两级人民政府可以根据信访工作的实际需要，建立政府主导、社会参与、有利于迅速解决纠纷的工作机制。

信访工作机构应当组织相关社会团体、法律援助机构、相关专业人员、社会志愿者等共同参与，运用咨询、教育、协商、调解、听证等方法，依法、及时、合理处理信访人的投诉请求。

……

诉讼费用交纳办法

（节录）

（2006 年 12 月 8 日国务院第一百五十九次常务会议通过。2006 年 12 月 19 日国务院令第 481 号公布，自 2007 年 4 月 1 日起施行。）

……

第四十七条 当事人申请司法救助，符合下列情形之一的，人民法院应当准予缓交诉讼费用：

（一）追索社会保险金、经济补偿金的；

（二）海上事故、交通事故、医疗事故、工伤事故、产品质量事故或者其他人身伤害事故的受害人请求赔偿的；

（三）正在接受有关部门法律援助的；

（四）确实需要缓交的其他情形。

办理法律援助案件程序规定

（司法部令第 124 号）

（《办理法律援助案件程序规定》已经 2012 年 2 月 21 日司法部部务会议审议通过，于 2012 年 4 月 9 日发布，自 2012 年 7 月 1 日起施行。）

第一章　总则

第一条　为了规范办理法律援助案件，保证法律援助质量，根据《中华人民共和国刑事诉讼法》、《法律援助条例》等有关法律、行政法规的规定，制定本规定。

第二条　法律援助机构、律师事务所、基层法律服务所、其他社会组织和法律援助人员办理法律援助案件，适用本规定。

第三条　法律援助机构应当建立健全工作机制，为公民获得法律援助提供便利。

第四条　法律援助人员应当依照法律、法规及本规定，遵守有关法律服务业务规程，为受援人提供优质高效的法律服务。

第五条　法律援助人员应当保守在办理法律援助案件中知悉的国家秘密、商业秘密，不得泄露当事人的隐私。

第六条　法律援助人员办理法律援助案件，应当遵守职业道德和执业纪律，自觉接受监督。

第二章　受理

第七条　法律援助机构应当公示办公地址、通讯方式等信息，在接待场所和司法行政政府网站上公示法律援助条件、程序、申请材料目录和申请示范文本等。

第八条　公民因经济困难就《法律援助条例》第 10 条规定的事项申请法律援助的，由义务机关所在地、义务人住所地或者被请求人住所地的法律援助机构依法受理。

《法律援助条例》第 11 条规定的公民因经济困难申请刑事法律援助的，由办理案件的人民法院、人民检察院、公安机关所在地的法律援助机构受理。

申请人就同一事项向两个以上法律援助机构提出申请的，由最先收到申请的法律援助机构受理。

第九条　公民申请代理、刑事辩护法律援助，应当如实提交下列申请材料：

（一）法律援助申请表。填写申请表确有困难的，由法律援助机构工作人员或者转交申请的机关、单位工作人员代为填写；

（二）身份证或者其他有效的身份证明，申请代理人还应当提交有代理权的证明；

（三）法律援助申请人经济状况证明表；

（四）与所申请法律援助事项有关的案件材料。

法律援助申请人经济状况证明表应当由法律援助地方性法规、规章规定的有权出具经济困难证明的机关、单位加盖公章。无相关规定的，由申请人住所地或者经常居住地的村民委员会、居民委员会或者所在单位加盖公章。

第十条 申请人持有下列证件、证明材料的，无需提交法律援助申请人经济状况证明表：

（一）城市居民最低生活保障证或者农村居民最低生活保障证；

（二）农村特困户救助证；

（三）农村"五保"供养证；

（四）人民法院给予申请人司法救助的决定；

（五）在社会福利机构中由政府出资供养或者由慈善机构出资供养的证明材料；

（六）残疾证及申请人住所地或者经常居住地的村民委员会、居民委员会出具的无固定生活来源的证明材料；

（七）依靠政府或者单位给付抚恤金生活的证明材料；

（八）因自然灾害等原因导致生活出现暂时困难，正在接受政府临时救济的证明材料；

（九）法律、法规及省、自治区、直辖市人民政府规定的能够证明法律援助申请人经济困难的其他证件、证明材料。

第十一条 被羁押的犯罪嫌疑人、被告人、服刑人员，劳动教养人员、强制隔离戒毒人员申请法律援助的，可以通过办理案件的人民法院、人民检察院、公安机关或者所在监狱、看守所、劳动教养管理所、强制隔离戒毒所转交申请。

第十二条 法律援助机构受理法律援助申请后，应当向申请人出具收到申请材料的书面凭证，载明收到申请材料的名称、数量、日期。

第三章 审查

第十三条 法律援助机构应当自受理申请之日起7个工作日内进行审查，并作出是否给予法律援助的决定；属于本规定第14条规定情形的，可以适当延长审查期限。

法律援助机构经审查认为申请人提交的申请材料不齐全或者内容不清楚的，应当发出补充材料通知或者要求申请人作出说明。申请人补充材料、作出说明所需的时间不计入审查期限。申请人未按要求补充材料或者作出说明的，视为撤销申请。

第十四条 法律援助机构认为申请人提交的申请材料需要查证的，应当向有关机关、单位调查核实。

受理申请的法律援助机构需要请求异地法律援助机构协助查证的，按照本规定第28条的规定办理。

第十五条 法律援助机构经审查，对于有下列情形之一的，应当认定申请人经济困难：

（一）申请人及与其共同生活的家庭成员的人均收入符合法律援助地方性法规或者省、自治区、直辖市人民政府规定的经济困难标准的；

（二）申请事项的对方当事人是与申请人共同生活的家庭成员，申请人的个人收入符合法律援助地方性法规或者省、自治区、直辖市人民政府规定的经济困难标准的；

（三）申请人持本规定第10条规定的证件、证明材料申请法律援助，法律援助机构经审查认为真实有效的。

第十六条 法律援助机构经审查，对符合法律援助条件的，应当决定给予法律援助，并制作给予法律援助决定书；对不符合法律援助条件的，应当决定不予法律援助，并制作不予法律援助决定书。

不予法律援助决定书应当载明不予法律援助的理由及申请人提出异议的权利。

第十七条 给予法律援助决定书和不予法律援助决定书应当发送申请人；属于本规定第11条规定情形的，法律援助机构还应当同时函告有关人民法院、人民检察院、公安机关及监狱、看守所、劳动教养管理所、强制隔离戒毒所。

第十八条 申请事项符合《法律援助条例》第10条、第11条规定，且具有下列情形之一的，法律援助机构可以决定先行提供法律援助：

（一）距法定时效届满不足7日，需要及时提起诉讼或者申请仲裁、行政复议的；

（二）需要立即申请财产保全、证据保全或者先予执行的；

（三）其他紧急或者特殊情况。

先行提供法律援助的，受援人应当在法律援助机构确定的期限内补交规定的申请材料。法律援助机构经审查认为受援人不符合经济困难标准的，应当终止法律援助，并按照本规定第33条第2款的规定办理。

第十九条 申请人对法律援助机构不予法律援助的决定有异议的，可以向主管该法律援助机构的司法行政机关提出。

司法行政机关经审查认为申请人符合法律援助条件的，应当以书面形式责令法律援助机构及时对该申请人提供法律援助，同时书面告知申请人；认为申请人不符合法律援助条件的，应当维持法律援助机构不予法律援助的决定，书面告知申请人并说明理由。

第四章　承办

第二十条 对于民事、行政法律援助案件，法律援助机构应当自作出给予法律援助决定之日起 7 个工作日内指派律师事务所、基层法律服务所、其他社会组织安排其所属人员承办，或者安排本机构的工作人员承办。

对于刑事法律援助案件，法律援助机构应当自作出给予法律援助决定或者收到指定辩护通知书之日起 3 个工作日内指派律师事务所安排律师承办，或者安排本机构的法律援助律师承办。

第二十一条 法律援助机构应当根据本机构、律师事务所、基层法律服务所、其他社会组织的人员数量、资质、专业特长、承办法律援助案件的情况、受援人意愿等因素合理指派或者安排承办机构、人员。

法律援助机构、律师事务所应当指派或者安排具有一定年限刑事辩护执业经历的律师担任死刑案件的辩护人。

第二十二条 法律援助机构、律师事务所、基层法律服务所或者其他社会组织应当自指派或者安排法律援助人员之日起 5 个工作日内将法律援助人员姓名和联系方式告知受援人，并与受援人或者其法定代理人、近亲属签订委托代理协议，但因受援人的原因无法按时签订的除外。

第二十三条 法律援助人员应当在受委托的权限内，通过和解、调解、申请仲裁和提起诉讼等方式依法最大限度维护受援人合法权益。

法律援助人员代理受援人以和解或者调解方式解决纠纷的，应当征得受援人同意。

第二十四条 法律援助机构对公民申请的法律咨询服务，应当即时解答；复杂疑难的，可以与申请人预约择时办理。在解答法律咨询过程中，认为申请人可能符合代理或者刑事辩护法律援助条件的，应当告知其可以依法提出申请。

第二十五条 对于民事诉讼法律援助案件，法律援助人员应当告知受援人可以向人民法院申请司法救助，并提供协助。

第二十六条 法律援助人员会见受援人，应当制作会见笔录。会见笔录应当经受援人确认无误后签名或者按指印；受援人无阅读能力的，法律援助人员应当向受援人宣读笔录，并在笔录上载明。对于指定辩护的案件，法律援助人员应当在首次会见犯罪嫌疑人、被告人时，询问是否同意为其辩护，并记录在案。犯罪嫌疑人、被告人不同意的，应当书面告知人民法院、人民检察院、公安机关和法律援助机构。

第二十七条 法律援助人员承办案件，应当根据需要依法进行调查取证，并可以根据需要请求法律援助机构出具必要的证明文件或者与有关机关、单位进行协调。

第二十八条 法律援助人员认为需要异地调查取证的，可以向作出指派或者安排的法律援助机构报告。作出指派或者安排的法律援助机构可以请求调查取证事项所在地的法律援助机构协作。

法律援助机构请求协作的，应当向被请求的法律援助机构发出协作函件，说明案件基本情况、需要调查取证的事项、办理时限等。被请求的法律援助机构应当予以协作。因客观原因无法协作的，应当向请求协作的法律援助机构书面说明理由。

第二十九条 对于人民法院开庭审理的刑事案件，法律援助人员应当做好开庭前准备；庭审中充分陈述、质证；庭审结束后，法律援助人员应当向人民法院提交刑事辩护或者代理书面意见。

对于人民法院决定不开庭审理的指定辩护案件，法律援助人员应当自收到法律援助机构指派函之日起 10 日内向人民法院提交刑事辩护书面意见。对于其他不开庭审理的刑事案件，法律援助人员应当按照人民法院规定的期限提交刑事辩护或者代理书面意见。

第三十条 法律援助人员应当向受援人通报案件办理情况，答复受援人询问，并制作通报情况记录。

第三十一条 法律援助人员应当按照法律援助机构要求报告案件承办情况。

法律援助案件有下列情形之一的，法律援助人员应当向法律援助机构报告：

（一）主要证据认定、适用法律等方面有重大疑义的；

（二）涉及群体性事件的；

（三）有重大社会影响的；

（四）其他复杂、疑难情形。

第三十二条 受援人有证据证明法律援助人员不依法履行义务的，可以请求法律援助机构更换法律援助人员。

法律援助机构应当自受援人申请更换之日起 5 个工作日内决定是否更换。决定更换的，应当另行指派或者安排人员承办。对犯罪嫌疑人、被告人具有应当指定辩护的情形，人民法院、人民检察院、公安机关决定为其另行指定辩护人的，法律援助机构应当另行指派或者安排人员承办。

更换法律援助人员的，原法律援助人员所属单位应当与受援人解除或者变更委托代理协议，原法律援助人员应当与更换后的法律援助人员办理案件材料移交手续。

第三十三条 有下列情形之一的，应当终止法律援助：

（一）受援人不再符合法律援助经济困难标准的；

（二）案件依法终止审理或者被撤销的；

（三）受援人自行委托其他代理人或者辩护人的；

（四）受援人要求终止法律援助的；

（五）受援人利用法律援助从事违法活动的；

（六）受援人故意隐瞒与案件有关的重要事实或者提供虚假证据的；

（七）法律、法规规定应当终止的其他情形。

有上述情形的，法律援助人员应当向法律援助机构报告。法律援助机构经审查核实，决定终止法律援助的，应当制作终止法律援助决定书，并发送受援人，同时函告法律援助人员所属单位和有关机关、单位。法律援助人员所属单位应当与受援人解除委托代理协议。

受援人对法律援助机构终止法律援助的决定有异议的，按照本规定第 19 条的规定办理。

第三十四条 法律援助人员应当自法律援助案件结案之日起 30 日内向法律援助机构提交立卷材料。

诉讼案件以法律援助人员收到判决书、裁定书、调解书之日为结案日。仲裁案件或者行政复议案件以法律援助人员收到仲裁裁决书、行政复议决定书原件或者复印件之日为结案日；其他非诉讼法律事务以受援人与对方当事人达成和解、调解协议之日为结案日；无相关文书的，以义务人开始履行义务之日为结案。法律援助机构终止法律援助的，以法律援助人员所属单位收到终止法律援助决定函之日为结案日。

第三十五条 法律援助机构应当自收到法律援助人员提交的立卷材料之日起 30 日内进行审查。对于立卷材料齐全的，应当按照规定通过法律援助人员所属单位向其支付办案补贴。

第三十六条 作出指派的法律援助机构应当对法律援助人员提交的立卷材料及受理、审查、指派等材料进行整理，一案一卷，统一归档管理。

第五章 附则

第三十七条 法律援助机构、律师事务所、基层法律服务所和法律援助人员从事法律援助活动违反本规定的，依照《中华人民共和国律师法》、《法律援助条例》、《律师和律师事务所违法行为处罚办法》等法律、法规和规章的规定追究法律责任。

第三十八条 法律援助文书格式由司法部制定。

第三十九条 本规定自 2012 年 7 月 1 日起施行。

三、其他法律援助规范性文件

（一）业务类

律师和基层法律服务工作者开展法律援助工作暂行管理办法

（2004 年 9 月 7 日经司法部第 30 次部长办公会议通过）

第一条 为了充分发挥律师和基层法律服务工作者在法律援助工作中的作用，进一步规范法律援助工作，根据《律师法》、《法律援助条例》等有关法律、法规的规定，制定本办法。

第二条 律师应当根据《律师法》、《法律援助条例》的有关规定履行法律援助义务，为受援人提供符合标准的法律援助，维护受援人的合法权益。

基层法律服务工作者应当根据司法部《基层法律服务工作者管理办法》和有关基层法律服务业务的规定，积极开展与其业务范围相适应的法律援助工作。

第三条 律师和基层法律服务工作者每年应当接受法律援助机构的指派，办理一定数量的法律援助案件。承办法律援助案件的年度工作量，由省、自治区、直辖市司法行政机关根据当地法律援助的需求量、律师和基层法律服务工作者的数量及分布等实际情况确定。

第四条　律师和基层法律服务工作者承办法律援助案件，应当接受司法行政机关、律师协会和法律援助机构的业务指导和监督，接受受援人和社会的监督。

第五条　法律援助机构指派法律援助案件，应当通过律师事务所、基层法律服务所安排律师、基层法律服务工作者承办。

律师事务所和基层法律服务所接到指派通知后，应当在 24 小时内，根据案件的具体情况和需要，安排合适人员承办。

第六条　律师和基层法律服务工作者应当在接受案件指派后的 3 个工作日内与受援人或其法定监护人、法定代理人签订委托代理协议。

第七条　律师和基层法律服务工作者在日常业务工作中发现当事人符合法律援助条件时，可以将当事人的有关案件材料转交其所在地的法律援助机构进行审查。法律援助机构应当在 3 个工作日内完成审查，作出是否提供法律援助的决定。

第八条　承办法律援助案件的律师和基层法律服务工作者，应当根据承办案件的需要，依照司法部、律师协会有关法律和基层法律服务工作者执业规范的要求，尽职尽责地履行法律服务职责，遵守职业道德和执业纪律。

第九条　对重大、复杂、疑难的法律援助案件，律师事务所、基层法律服务所应当组织集体研究，确定承办方案，确保办案的质量和效果。

律师事务所、基层法律服务所应当对本所律师、基层法律服务工作者办理法律援助案件的质量进行监督，发现问题的，应当及时纠正。

第十条　律师和基层法律服务工作者自法律援助案件办结后 15 日内，应当向指派案件的法律援助机构提交下列承办案件的材料，接受法律援助机构的审查；对于不符合要求的，应当要求其改正：

（一）法律援助指派函和律师事务所（基层法律服务所）批办单；

（二）委托代理协议及其他委托手续；

（三）起诉书、上诉书、申诉书或者行政复议（申诉）申请书、国家赔偿申请书等法律文书副本；

（四）会见委托人、当事人、证人谈话笔录及其他有关调查材料；

（五）答辩书、辩护词或者代理词等法律文书；

（六）判决（裁定）书、仲裁判决书、调解协议或者行政处理（复议）决定等法律文书副本；

（七）结案报告；

（八）其他与承办案件有关的材料。

法律援助机构应当自收到结案材料之日起 15 日内完成审查，并将材料退还，由承办人员所在的律师事务所、基层法律服务所负责归档保管。

第十一条　法律援助机构应当按照当地人民政府制定的法律援助办案补贴标准，

自收到结案材料之日起 30 日内，向承办法律援助案件的律师或者基层法律服务工作者支付办案补贴。

第十二条 律师和基层法律服务工作者在承办案件过程中，发现受援人有《法律援助条例》第 23 条规定列举的情形时，应当及时向法律援助机构报告，由法律援助机构负责审查核实，决定是否终止该项法律援助。

第十三条 法律援助机构应当采取对结案材料审查、办案质量反馈、评估等方式，督促律师和基层法律服务工作者尽职尽责地开展法律援助工作，确保法律援助服务的质量。

律师协会应当按照律师协会章程的规定对实施法律援助工作予以协助，指导律师和律师事务所不断提高办理法律援助案件的质量，维护律师在开展法律援助工作中的合法权益。

第十四条 对在法律援助工作中作出突出贡献的律师和律师事务所、基层法律服务工作者和基层法律服务所，司法行政机关、律师协会应当给予表彰、奖励。

第十五条 律师和律师事务所有违反《法律援助条例》等有关法律、法规以及本办法规定行为的，由司法行政机关、律师协会依照有关规定给予行政处罚或者行业处分。

基层法律服务工作者和基层法律服务所有违反《法律援助条例》以及本办法规定行为的，由司法行政机关依照有关规定给予行政处罚。

第十六条 法律援助机构、律师协会应当建立法律援助工作投诉查处制度。对受援人或者相关部门的投诉，应当依照有关规定及时调查处理，并告知其查处结果；经调查，认为对被投诉人应给予行政处罚的，应当及时向司法行政机关提出建议。

第十七条 法律援助机构安排本机构工作人员、指派社会组织人员承办法律援助案件的管理，参照本办法执行的。

第十八条 本办法由司法部负责解释。

第十九条 本办法自发布之日起施行。

最高人民法院　司法部
关于民事诉讼法律援助工作的规定

第一条 为加强和规范民事诉讼法律援助工作，根据《中华人民共和国民事诉讼法》、《中华人民共和国律师法》、《法律援助条例》、《最高人民法院关于对经济确有困难的当事人提供司法救助的规定》（以下简称《司法救助规定》），以及其他相关规定，结合法律援助工作实际，制定本规定。

第二条 公民就《法援助条例》第 10 条规定的民事权益事项要求诉讼代理的，可以按照《法援助条例》第 14 条的规定向有关法援助机构申请法律援助。

第三条 公民经济困难的标准，按案件受理地所在的省、自治区、直辖市人民

政府的规定执行。

第四条 法律援助机构受理法律援助申请后，应当依照有关规定及时审查并作出决定。对符合法律援助条件的，决定提供法律援助，并告知该当事人可以向有管辖权的人民法院申请司法救助。对不符合法律援助的，作出不予援助的决定。

第五条 申请人对法律援助机构不予援助的决定有异议的，可以向确定该法律援助机构的司法行政部门提出。司法行政部门应当在收到异议之日起5个工作日内进行审查，经审查认为申请人符合法律援助条件的，应当以书面形式责令法律援助机构及时对该申请人提供法律援助，同时通知申请人。认为申请人不符合法律援助条件的，应当维持法律援助机构不予援助的决定，并将维持决定的理由书面告知申请人。

第六条 当事人依据《司法救助规定》的有关规定先行向人民法院申请司法救助获准的，人民法院可以告知其可以按照《法律援助条例》的规定，向法律援助机构申请法律援助。

第七条 当事人以人民法院给予司法救助的决定为依据，向法律援助机构申请法律援助的，法律援助机构对符合《法律援助条例》第10条规定情形的，不再审查其是否符合经济困难标准，应当直接作出给予法律援助的决定。

第八条 当事人以法律援助机构给予法律援助的决定为依据，向人民法院申请司法救助的，人民法院不再审查其是否符合经济困难标准，应当直接作出给予司法救助的决定。

第九条 人民法院依据法律援助机构给予法律援助的决定，准许受援的当事人司法救助的请求的，应当根据《司法救助规定》第5条的规定，先行对当事人作出缓交诉讼费用的决定，待案件审结后再根据案件的具体情况，按照《司法救助规定》第6条的规定决定诉讼费用的负担。

第十条 人民法院应当支持法律援助机构指派或者安排的承办法律援助案件的人员在民事诉讼中实施法律援助，在查阅、摘抄、复制案件材料等方面提供便利条件，对承办法律援助案件的人员复制必要的相关材料的费用应当予以免收或者减收，减收的标准按复制材料所必须的工本费用计算。

第十一条 法律援助案件的受援人依照民事诉讼法的规定申请先予执行，人民法院裁定先予执行的，可以不要求受援人提供相应的担保。

第十二条 实施法律援助的民事诉讼案件出现《法律援助条例》第23条规定的终止法律援助或者《司法救助规定》第9条规定的撤销司法救助的情形时，法律援助机构、人民法院均应当在作出终止法律援助决定或者撤销司法救助决定的当日函告对方，对方相应作出撤销决定或者终止决定。

第十三条 承办法律援助案件的人员在办案过程中应当尽职尽责，恪守职业道德和执业纪律。

法律援助机构应当对承办法律援助案件的人员的法律援助活动进行业务指导和

监督，保证法律援助案件质量。

人民法院在办案过程中发现承办法律援助案件的人员违反职业道德和执业纪律，损害受援人利益的，应当及时向作出指派的法律援助机构通报有关情况。

第十四条　人民法院应当在判决书、裁定书中写玥作出指派的法律援助机构、承办法律援助案件的人员及其所在的执业机构。

第十五条　本规定自 2005 年 12 月 1 日起施行。最高人民法院、司法部于 1999 年 4 月 12 日下发的《关于民事法律援助工作若干问题的联合通知》与本规定有抵触的，以本规定为准。

最高人民法院　最高人民检察院　公安部　司法部
关于刑事诉讼法律援助工作的规定

第一条　为加强和规范刑事诉讼法律援助工作，根据《中华人民共和国刑事诉讼法》、《中华人民共和国律师法》、《法律援助条例》以及其他相关规定，结合法律援助工作实际，制定本规定。

第二条　犯罪嫌疑人、被告人因经济困难没有委托辩护人的，本人及其近亲属可以向办理案件的公安机关、人民检察院、人民法院所在地同级司法行政机关所属法律援助机构申请法律援助。

具有下列情形之一，犯罪嫌疑人、被告人没有委托辩护人的，可以依照前款规定申请法律援助：

（一）有证据证明犯罪嫌疑人、被告人属于一级或者二级智力残疾的；

（二）共同犯罪案件中，其他犯罪嫌疑人、被告人已委托辩护人的；

（三）人民检察院抗诉的；

（四）案件具有重大社会影响的。

第三条　公诉案件中的被害人及其法定代理人或者近亲属，自诉案件中的自诉人及其法定代理人，因经济困难没有委托诉讼代理人的，可以向办理案件的人民检察院、人民法院所在地同级司法行政机关所属法律援助机构申请法律援助。

第四条　公民经济困难的标准，按案件受理地所在的省、自治区、直辖市人民政府的规定执行。

第五条　公安机关、人民检察院在第一次讯问犯罪嫌疑人或者采取强制措施的时候，应当告知犯罪嫌疑人有权委托辩护人，并告知其如果符合本规定第 2 条规定，本人及其近亲属可以向法律援助机构申请法律援助。

人民检察院自收到移送审查起诉的案件材料之日起 3 日内，应当告知犯罪嫌疑人有权委托辩护人，并告知其如果符合本规定第 2 条规定，本人及其近亲属可以向法律援助机构申请法律援助；应当告知被害人及其法定代理人或者近亲属有权委托诉讼代理人，并告知其如果经济困难，可以向法律援助机构申请法律援助。

人民法院自受理案件之日起 3 日内，应当告知被告人有权委托辩护人，并告知其如果符合本规定第 2 条规定，本人及其近亲属可以向法律援助机构申请法律援助；应当告知自诉人及其法定代理人有权委托诉讼代理人，并告知其如果经济困难，可以向法律援助机构申请法律援助。人民法院决定再审的案件，应当自决定再审之日起 3 日内履行相关告知职责。

犯罪嫌疑人、被告人具有本规定第 9 条规定情形的，公安机关、人民检察院、人民法院应当告知其如果不委托辩护人，将依法通知法律援助机构指派律师为其提供辩护。

第六条 告知可以采取口头或者书面方式，告知的内容应当易于被告知人理解。口头告知的，应当制作笔录，由被告知人签名；书面告知的，应当将送达回执入卷。对于被告知人当场表达申请法律援助意愿的，应当记录在案。

第七条 被羁押的犯罪嫌疑人、被告人提出法律援助申请的，公安机关、人民检察院、人民法院应当在收到申请 24 小时内将其申请转交或者告知法律援助机构，并于 3 日内通知申请人的法定代理人、近亲属或者其委托的其他人员协助向法律援助机构提供有关证件、证明等相关材料。犯罪嫌疑人、被告人的法定代理人或者近亲属无法通知的，应当在转交申请时一并告知法律援助机构。

第八条 法律援助机构收到申请后应当及时进行审查并于 7 日内作出决定。对符合法律援助条件的，应当决定给予法律援助，并制作给予法律援助决定书；对不符合法律援助条件的，应当决定不予法律援助，制作不予法律援助决定书。给予法律援助决定书和不予法律援助决定书应当及时发送申请人，并函告公安机关、人民检察院、人民法院。

对于犯罪嫌疑人、被告人申请法律援助的案件，法律援助机构可以向公安机关、人民检察院、人民法院了解案件办理过程中掌握的犯罪嫌疑人、被告人是否具有本规定第 2 条规定情形等情况。

第九条 犯罪嫌疑人、被告人具有下列情形之一没有委托辩护人的，公安机关、人民检察院、人民法院应当自发现该情形之日起 3 日内，通知所在地同级司法行政机关所属法律援助机构指派律师为其提供辩护：

（一）未成年人；

（二）盲、聋、哑人；

（三）尚未完全丧失辨认或者控制自己行为能力的精神病人；

（四）可能被判处无期徒刑、死刑的人。

第十条 公安机关、人民检察院、人民法院通知辩护的，应当将通知辩护公函和采取强制措施决定书、起诉意见书、起诉书、判决书副本或者复印件送交法律援助机构。

通知辩护公函应当载明犯罪嫌疑人或者被告人的姓名、涉嫌的罪名、羁押场所或者住所、通知辩护的理由、办案机关联系人姓名和联系方式等。

第十一条　人民法院自受理强制医疗申请或者发现被告人符合强制医疗条件之日起 3 日内，对于被申请人或者被告人没有委托诉讼代理人的，应当向法律援助机构送交通知代理公函，通知其指派律师担任被申请人或被告人的诉讼代理人，为其提供法律帮助。

人民检察院申请强制医疗的，人民法院应当将强制医疗申请书副本一并送交法律援助机构。

通知代理公函应当载明被申请人或者被告人的姓名、法定代理人的姓名和联系方式、办案机关联系人姓名和联系方式。

第十二条　法律援助机构应当自作出给予法律援助决定或者自收到通知辩护公函、通知代理公函之日起 3 日内，确定承办律师并函告公安机关、人民检察院、人民法院。

法律援助机构出具的法律援助公函应当载明承办律师的姓名、所属单位及联系方式。

第十三条　对于可能被判处无期徒刑、死刑的案件，法律援助机构应当指派具有一定年限刑事辩护执业经历的律师担任辩护人。

对于未成年人案件，应当指派熟悉未成年人身心特点的律师担任辩护人。

第十四条　承办律师接受法律援助机构指派后，应当按照有关规定及时办理委托手续。

承办律师应当在首次会见犯罪嫌疑人、被告人时，询问是否同意为其辩护，并制作笔录。犯罪嫌疑人、被告人不同意的，律师应当书面告知公安机关、人民检察院、人民法院和法律援助机构。

第十五条　对于依申请提供法律援助的案件，犯罪嫌疑人、被告人坚持自己辩护，拒绝法律援助机构指派的律师为其辩护的，法律援助机构应当准许，并作出终止法律援助的决定；对于有正当理由要求更换律师的，法律援助机构应当另行指派律师为其提供辩护。

对于应当通知辩护的案件，犯罪嫌疑人、被告人拒绝法律援助机构指派的律师为其辩护的，公安机关、人民检察院、人民法院应当查明拒绝的原因，有正当理由的，应当准许，同时告知犯罪嫌疑人、被告人需另行委托辩护人。犯罪嫌疑人、被告人未另行委托辩护人的，公安机关、人民检察院、人民法院应当及时通知法律援助机构另行指派律师为其提供辩护。

第十六条　人民检察院审查批准逮捕时，认为犯罪嫌疑人具有应当通知辩护的情形，公安机关未通知法律援助机构指派律师的，应当通知公安机关予以纠正，公安机关应当将纠正情况通知人民检察院。

第十七条　在案件侦查终结前，承办律师提出要求的，侦查机关应当听取其意见，并记录在案。承办律师提出书面意见的，应当附卷。

第十八条　人民法院决定变更开庭时间的，应当在开庭 3 日前通知承办律师。

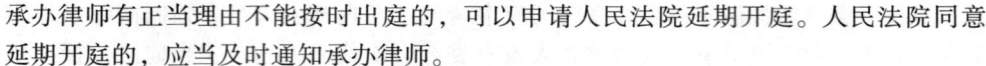

承办律师有正当理由不能按时出庭的，可以申请人民法院延期开庭。人民法院同意延期开庭的，应当及时通知承办律师。

第十九条 人民法院决定不开庭审理的案件，承办律师应当在接到人民法院不开庭通知之日起 10 日内向人民法院提交书面辩护意见。

第二十条 人民检察院、人民法院应当对承办律师复制案卷材料的费用予以免收或者减收。

第二十一条 公安机关在撤销案件或者移送审查起诉后，人民检察院在作出提起公诉、不起诉或者撤销案件决定后，人民法院在终止审理或者作出裁决后，以及公安机关、人民检察院、人民法院将案件移送其他机关办理后，应当在 5 日内将相关法律文书副本或者复印件送达承办律师，或者书面告知承办律师。

公安机关的起诉意见书，人民检察院的起诉书、不起诉决定书，人民法院的判决书、裁定书等法律文书，应当载明作出指派的法律援助机构名称、承办律师姓名以及所属单位等情况。

第二十二条 具有下列情形之一的，法律援助机构应当作出终止法律援助决定，制作终止法律援助决定书发送受援人，并自作出决定之日起 3 日内函告公安机关、人民检察院、人民法院：

（一）受援人的经济收入状况发生变化，不再符合法律援助条件的；

（二）案件终止办理或者已被撤销的；

（三）受援人自行委托辩护人或者代理人的；

（四）受援人要求终止法律援助的，但应当通知辩护的情形除外；

（五）法律、法规规定应当终止的其他情形。

公安机关、人民检察院、人民法院在案件办理过程中发现有前款规定情形的，应当及时函告法律援助机构。

第二十三条 申请人对法律援助机构不予援助的决定有异议的，可以向主管该法律援助机构的司法行政机关提出。司法行政机关应当在收到异议之日起 5 个工作日内进行审查，经审查认为申请人符合法律援助条件的，应当以书面形式责令法律援助机构及时对该申请人提供法律援助，同时通知申请人；认为申请人不符合法律援助条件的，应当维持法律援助机构不予援助的决定，并书面告知申请人。

受援人对法律援助机构终止法律援助的决定有异议的，按照前款规定办理。

第二十四条 犯罪嫌疑人、被告人及其近亲属、法定代理人，强制医疗案件中的被申请人、被告人的法定代理人认为公安机关、人民检察院、人民法院应当告知其可以向法律援助机构申请法律援助而没有告知，或者应当通知法律援助机构指派律师为其提供辩护或者诉讼代理而没有通知的，有权向同级或者上一级人民检察院申诉或者控告。人民检察院应当对申诉或者控告及时进行审查，情况属实的，通知有关机关予以纠正。

第二十五条 律师应当遵守有关法律法规和法律援助业务规程，做好会见、阅卷、调查取证、解答咨询、参加庭审等工作，依法为受援人提供法律服务。

律师事务所应当对律师办理法律援助案件进行业务指导，督促律师在办案过程中尽职尽责，恪守职业道德和执业纪律。

第二十六条 法律援助机构依法对律师事务所、律师开展法律援助活动进行指导监督，确保办案质量。

司法行政机关和律师协会根据律师事务所、律师履行法律援助义务情况实施奖励和惩戒。

公安机关、人民检察院、人民法院在案件办理过程中发现律师有违法或者违反职业道德和执业纪律行为，损害受援人利益的，应当及时向法律援助机构通报有关情况。

第二十七条 公安机关、人民检察院、人民法院和司法行政机关应当加强协调，建立健全工作机制，做好法律援助咨询、申请转交、组织实施等方面的衔接工作，促进刑事法律援助工作有效开展。

第二十八条 本规定自 2013 年 3 月 1 日起施行。2005 年 9 月 28 日最高人民法院、最高人民检察院、公安部、司法部下发的《关于刑事诉讼法律援助工作的规定》同时废止。

（二）综合类

司法部　民政部
关于保障老年人合法权益做好老年人法律援助工作的通知
（1996 年 10 月 23 日 司发通过［1996］134 号）

各省、自治区、直辖市司法厅（局）、民政厅（局）：

维护老年人合法权益，是我国社会主义法制建设和人权保障的重要组成部分。最近，全国人大常委会通过了《中华人民共和国老年人权益保障法》，明确规定需要获得律师帮助但无力支付律师费用的老年人可以获得法律援助。这对于弘扬中华民族尊老敬老的传统美德，促进社会稳定，推动社会主义精神文明建设，建立健全有中国特色的法律援助制度，都具有十分重要的意义。为了配合老年人权益保障法的实施，切实保障老年人的合法权益，做好法律援助工作，特就有关问题通知如下：

一、各级司法行政部门要提高认识，采取有力措施，加强对老年人法律援助工作的指导和管理，切实将为老年人提供法律援助纳入法律服务工作的重要日程，逐步建立起以法律援助专门机构、律师事务所、公证处、法律服务所为主体，以委托或指定的律师事务所为骨干的老年人法律援助网络。

二、各级司法行政部门和民政部门要运用各种宣传手段和多种形式，广泛、深入地宣传《老年人权益保障法》，要组织广大群众和法律工作者认真学习，深刻理解，让全体公民了解和履行应尽的责任和义务，以取得社会各界对老年人法律援助工作的积极支持。

三、各级司法行政部门和民政部门应针对《刑事诉讼法》、《律师法》和《老年人权益保障法》有关法律援助的规定，密切协商，积极配合，采取必要的措施，指导法律服务机构承担起为老年人提供法律援助的义务，使符合条件的老年人就地、就近、及时地得到优质的法律援助。

四、法律援助专门机构、律师事务所、公证处、基层法律服务所等法律服务机构要树立起尊老、敬老、帮老的良好风气，热心为老年人提供各种形式的法律服务；对生活困难、无力支付法律服务费用的老年当事人，应当依照规定减免其法律服务费用。

五、各级民政部门要主动与司法行政机关和法律服务机构建立联系，介绍老年人事业进展和老年人状况，提供老年人法律援助的需求信息，协助法律服务机构解决为老年人提供法律援助中遇到的一些实际问题，并对老年人法律援助工作提出建议。

六、各级司法行政部门和民政部门要结合当地情况制定计划，编印学习材料，在老年福利院、敬老院、老年公寓等老年人比较集中的地方开办相关法律知识讲座，增强老年人的法制观念。

七、各级司法行政部门要经常征求老年人对法律援助的意见，评选、表彰为老年人提供优先、优质法律援助服务的优秀法律援助机构和个人，广为宣传，深入报道，维护社会正义，增强尊老敬老责任意识。对为老年人提供"双优"服务成绩突出的法律援助机构，应当予以表扬或奖励。

请各地接此通知后，要认真落实，并及时向司法部和民政部报告当地老年人法律援助工作的开展情况。

司法部 共青团中央
关于保障未成年人合法权益做好未成年人法律援助工作的通知
（1996 年 11 月 12 日 司发通〔1996〕142 号）

各省、自治区、直辖市司法厅（局），共青团省（市）委：

《中华人民共和国未成年人保护法》颁布五年以来，各级司法行政部门和一些法律服务机构秉承扶弱济幼的传统美德，以促进社会公正、伸张社会正义为己任，采取各种手段，为维护未成年人合法权益做了大量工作。但是，由于未成年人自身的特点和其他种种原因，未成年人的人身及其他合法权益受到侵犯的事件仍然经常发生，有的甚至达到了相当严重的程度。不仅如此，未成年人由于自身条件的限制，基本上不懂得运用法律武器维护自身的合法权益，更无力负担法律服务费用。这种现象应该引起重视。

新修订的《中华人民共和国刑事诉讼法》、新颁布的《中华人民共和国律师法》

都规定了法律援助制度，其中，都明确规定了向未成年人提供法律援助。我国参加的《联合国少年司法最低限度标准规则》（北京规则）也确立了向未成年人提供法律帮助的原则。为切实加强保障未成年人合法权益，做好未成年人法律援助工作，特通知如下：

一、各级司法行政部门和共青团组织要努力提高认识，站在培养跨世纪接班人的高度来认识未成年人保护工作的战略意义，将做好未成年人的法律援助工作作为本级司法行政、共青团组织的一项重要的工作来抓。根据《未成年人保护法》、《刑事诉讼法》和《律师法》规定的精神，共同研究、制定措施、密切配合，将未成年人法律援助工作真正落到实处，切实保障未成年人的合法权益。

二、各级司法行政部门和共青团组织要结合"三五普法"，做好有关未成年人保护及法律援助制度的宣传工作，使全社会都来关心未成年人保护工作。特别要在青少年中做好宣传，增强其法制观念，使其了解自己拥有获得法律援助的权利及其他合法权益。

三、各地法律援助专门机构要把未成年人的法律援助案件作为工作重点，采取特殊措施，提供优先、便捷的法律服务。律师事务所、公证处、基层法律服务所等法律服务机构，要发扬"幼吾幼以及他人之幼"的传统美德，积极为未成年人提供各种形式的法律服务，对家庭经济困难、无力支付法律服务费用的当事人，要酌情减、免其费用。

四、各级共青团组织要主动与司法行政部门和法律服务机构建立联系，共同做好未成年人的法律援助工作，要发挥共青团群众组织的优势，及时提供未成年人在法律援助方面的需求信息，协助司法行政部门和法律服务机构制定适合本地未成年人需求特点的法律援助计划、措施，对本地未成年人法律援助工作提出意见和建议，并为开展未成年人的法律援助工作提供一些必要的条件。

五、各级司法行政部门和共青团组织要主动与教育、妇联、工会等单位和团体建立联系，密切合作，开展信息交流，业务委托、疑难答疑、评优表先等工作，共同做好未成年人的保护工作。请各地接此通知后，认真落实，并将落实情况报告司法部、共青团中央。

司法部　全国妇联
关于保障妇女合法权益做好妇女法律援助工作的通知
（1996 年 11 月 19 日 司发通［1996］154 号）

各省、自治区、直辖市司法厅（局），妇女联合会：

保障妇女的合法权益，是宪法规定的基本原则，也是全社会的共同责任。自《中华人民共和国妇女权益保障法》颁布实施以来，各级司法行政部门和广大法律服务工作者为保障妇女合法权益做了大量工作，但由于各种原因，目前社会上仍存在着侵害妇女合法权益的现象：非法拘禁妇女、限制妇女人身自由，歧视、虐待、遗弃妇女、残害女婴，拐卖、绑架妇女等犯罪行为时有发生；妇女在财产继承、责任田分配、宅基地划分等财产权益方面受到不平等待遇，权益受到损害的现象也大量存在。其中有些妇女则因经济困难无力支付法律服务费用，请不起律师，打不起官司，办不起公证。不能保护自己的合法权益，这些现象已引起全社会的普遍关注。

为了切实保障妇女的合法权益，各级司法行政部门、妇联组织，要依照《妇女权益保障法》、《刑事诉讼法》、《律师法》规定的精神，密切配合，切实做好妇女的法律援助工作。

现就有关工作通知如下：

一、各级司法行政部门、妇联组织要加强妇女实施法律援助工作的领导。法律服务机构应把为妇女提供法律援助工作作为法律服务工作的重要内容来抓，根据各地的实际情况制定实施计划，明确工作重点，完善有关规章制度，使之制度化、规范化。

二、各级司法行政部门、妇联组织应大力开展《妇女权益保障法》的宣传教育工作，提高妇女的法律意识，使广大妇女自觉运用法律武器保护自己的合法权益；提高法律工作者保护妇女合法权益的服务意识，切实做好为符合条件的受害妇女提供法律援助的工作。

三、各级法律援助机构、律师事务所、公证处、基层法律服务所对妇女权益受到侵害案件的控告、申诉、检举，不得推诿、无故拖延，对经济困难的妇女当事人要酌情减、免法律服务费用。

四、各级妇联组织要与司法行政机关密切配合，主动介绍本地区妇女工作的状况，提供本地妇女法律援助方面的需求信息，对本地妇女法律援助工作提出意见和建议，并协助各法律服务机构制定出切实可行的工作措施，为开展妇女法律援助工作提供一些必要的条件。

五、各有关司法行政部门、妇联组织要加强对妇女权益受侵害案件法律援助工作的管理和监督，及时总结推广有益的经验，组织评选，表彰在该项工作中的优秀单位和个人。

请各地接到通知后，认真落实，并将落实情况报告司法部、全国妇联。

司法部　全国总工会
关于保障职工合法权益加强职工法律援助工作的通知

（2002 年 11 月 21 日 司发通［2002］123 号）

各省、自治区、直辖市司法厅（局）、总工会：

保障职工合法权益，是我国社会主义法制建设和人权保障的重要组成部分，也是法律援助工作的重要内容。为了充分发挥各级司法行政机关和工会组织的职能作用，进一步加强并规范职工法律援助工作，切实维护职工合法权益，促进社会稳定，

现就有关问题通知如下：

一、各级法律援助机构和工会组织要从认真实践"三个代表"重要思想和执政为民的高度，重视和开展职工法律援助工作。《工会法》明确规定"维护职工合法权益是工会的基本职责"，"县级以上各级总工会可以为所属工会和职工提供法律服务"。困难职工是特殊的困难群体，为困难职工提供法律援助，维护其合法权益，是各级司法行政机关和工会组织的共同任务，是贯彻落实《工会法》的重要内容，也是当前维护稳定大局的迫切需要。各级司法行政机关和工会组织要从讲政治、抓维护、促稳定的高度，充分认识开展职工法律援助工作的重要性与紧迫性，切实加强组织领导，认真研究部署，明确工作重点，采取有效措施，把这项工作做到实处。

二、要认真研究市场经济条件下劳动关系和劳动争议的规律和特点，采取有效措施，使符合条件的困难职工当事人得到优质的法律援助。对重大劳动争议案件，要及时立案援助；对可能影响社会稳定的突出问题，要及时向党委政府反映，提出解决意见。各级工会组织要以贯彻实施修改后的《工会法》为契机，加强职工法律援助的组织和队伍建设，充分发挥自身优势，加大依法维权力度。要拨出专项经费，设立职工法律援助资金，确保职工法律援助工作的正常开展。

三、各级工会组织要遵循法律援助制度的基本原则，依据修改后的《工会法》和相关法律法规的规定开展职工法律援助工作，不断加强制度化和规范化建设。工会职工法律援助要以协调劳动关系、调处劳动争议为工作重点，以合法权益受到侵犯的困难职工、工会工作者和基层工会组织为主要对象，通过法律咨询、代书、非诉讼调解、仲裁代理和诉讼代理等手段，提供无偿法律服务，维护其合法权益。各地方工会要加强对职工法律援助工作的组织管理。工会开展职工法律援助工作，应当接受司法行政机关的业务指导，确保规范化运行，不断提高工作水平。

四、各级司法行政机关和工会组织在为困难职工提供法律援助工作中要加强协调，密切配合。工会作为实施法律援助的重要社会力量，在维护困难职工合法权益方面发挥着不可替代的作用，司法行政机关应当给予积极支持。要组织经常性的培训、交流和研讨，不断提高工会法律援助人员的业务素质；要在制度上互相衔接，职能上优势互补，及时总结推广经验，定期评选表彰先进，推动职工法律援助工作深入开展。各级工会组织要加强与司法行政机关的联系，主动通报情况，提供需求信息，提出意见建议，协助制订相关措施和办法，共同促进职工法律援助工作的健康发展。

五、各级司法行政机关和工会组织要紧密结合职工法律援助工作的实际需要，采取多种形式，大力开展《劳动法》、《工会法》以及相关法律法规的宣传教育工作，提高广大职工、工会工作者的法律意识，自觉地运用法律武器维护自身的合法权益；提高企业经营者的法律素质，促进他们自觉遵纪守法，保障职工的合法权益，不断优化开展职工法律援助工作的法制环境。各地开展职工法律援助工作情况及时报司法部和全国总工会。

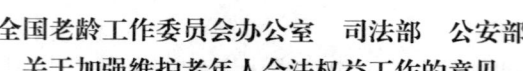
全国老龄工作委员会办公室　司法部　公安部
关于加强维护老年人合法权益工作的意见

（2003 年 2 月 25 日 全国老工办发〔2003〕4 号）

各省、自治区、直辖市、计划单列市老龄工作委员会办公室，新疆生产建设兵团老龄工作委员会办公室，司法厅（局），公安厅（局）：

近年来，各级老龄工作部门、司法行政部门和公安机关认真贯彻执行《中华人民共和国老年人权益保障法》和《中共中央、国务院关于加强老龄工作的决定》等有关法律法规和政策，在维护老年人合法权益方面做了大量工作，收到了积极的社会效果。但是也应看到，维护老年人合法权益工作还不适应形势发展的需要，涉及老年人权益的各种纠纷还比较突出，侵犯老年人合法权益的问题时有发生，应当引起高度重视。进一步加强老年弱势群体合法权益的保障工作，是贯彻落实党的"十六大"精神和"三个代表"重要思想的具体体现，是依法治国和以德治国的重要内容，是维护社会稳定、促进经济发展的重要举措。各级老龄工作部门、司法行政部门和公安机关要充分认识加强老年维权工作的重要性和紧迫性，认真研究新形势下维护老年人合法权益工作的新情况、新特点，充分履行职责，采取有力措施，切实做好老年人权益保障工作。现就有关问题提出如下意见：

一、进一步加强宣传教育工作，积极营造敬老爱老助老的良好社会氛围

各级老龄工作部门、司法行政部门和公安机关，要在组织基层工作人员认真学习有关法律、法规和政策的基础上，运用多种形式和手段，广泛深入地开展维护老年人合法权益的宣传教育活动。要加强对广大群众尤其是青少年的宣传教育，使社会各界和广大群众充分了解老年人依法享有的权利以及家庭、社会和个人对老年人应尽的义务，增强依法维护老年人合法权益意识和为老年人服务的意识，自觉遵守有关法律法规，坚决与侵害老年人合法权益的行为进行斗争。同时也要根据老年人的特点，对其加强法制宣传教育，提高他们维护自身合法权益的意识和能力。各级老龄工作部门要加强与司法行政部门、公安机关及有关新闻媒体的联系协作，整合各方面的宣传资源，广泛、深入、持久地开展保障老年人权益的法制宣传和敬老道德教育。要充分发挥舆论的激励和监督作用，大力宣传维护老年人合法权益的先进典型。要把法制宣传与精神文明建设结合起来，大力弘扬中华民族传统美德，在全社会营造敬老爱老养老助老的良好氛围，为保障老年人的合法权益夯实社会和思想基础。

二、及时为老年人提供法律服务和司法保护，切实保障老年人的合法权益

加强老年人法律服务工作。大力倡导和鼓励广大律师、公证员和基层法律服务工作者为老年人提供优先、及时、便利、高效的法律服务。及时、优先办理涉及老年人合法权益或者老年人委托、求助的法律事务。积极为老年人提供诉讼代理及法律咨询、代书、调解、办理公证等各种非诉讼代理服务。加强基层法律服务工作，

将服务领域不断向城市社区和农村延伸。坚持服务的公益性，将社会效益放在突出位置。对于贫困老年人，根据情况适当实行低收费或减收费。坚持服务的便民性，采取多种形式，使老年人能方便、及时获得法律服务。坚持服务的主动性，为行动不便和有紧急事项的老年人提供上门服务。加强服务的针对性，最大限度地满足不同层次、不同类型老年人的法律服务需求。

各级老龄工作部门要加强老年人来信来访和有关老年人法律政策的咨询服务工作，及时向司法行政机关提供老年人法律服务和法律援助的需求信息。在社会治安综合治理、"两个文明"建设等活动中，要把敬老爱老助老作为重要内容，充分发挥有关部门的职能作用，积极为老年人办好事、办实事，为老年人创造良好的安居环境。

加强涉老纠纷的调解工作。基层老龄工作部门要协调有关方面，依托基层组织，深入排查涉及老年人的矛盾和纠纷，并做好消除矛盾、化解纠纷的工作。人民调解组织要把涉老纠纷的调解作为重要内容，坚持调防结合，以防为主，积极开展摸情况、排重点、查隐患工作，认真研究和掌握涉老纠纷发生的原因和规律，从切实维护老年人合法权益出发，不断提高涉老纠纷调解的成功率，增强涉老纠纷调解的社会效果。基层老年协会等老年群众组织要积极协助基层人民调解组织开展涉老纠纷的调解工作，及时发现和化解矛盾，促进老年人家庭和睦和社会稳定。

依法严肃处理侵害老年人合法权益的违法犯罪活动。有关部门要依法受理涉及侵害老年人合法权益的申诉、控告和检举。基层公安机关和广大公安民警要按照有关规定及时、认真地受理涉及老年人的报警和求助。对伤害老年人人身安全和侵犯老年人财产安全的违法犯罪行为，要充分发挥职能作用，密切配合有关部门，依照有关法律法规严肃处理；对需要调解的，积极做好矛盾纠纷的化解工作；对违反《社会治安管理处罚条例》有关规定的，予以治安处罚；对构成犯罪的，依法追究刑事责任。基层老龄工作部门要及时发现和制止侵害老年人权益的行为，协助公安机关严肃处理严重侵害老年人权益的案件。

各地法律援助机构应从本地实际出发，为老年人提供优质、便捷、多种形式的法律援助。对老年人提出的法律援助申请，要简化程序，优先受理、优先审查、优先指定，其受援标准可在当地政府规定的法律援助标准线上适当上浮；对行动不便的老年人，采取上门服务、定期回访等方法，提高法律援助的效率和质量；有条件的地方可以设立"12348"老年人法律咨询热线、咨询信箱，方便老年人咨询和寻求法律援助。可以参与老龄工作部门重大涉法问题的研究，提出对策建议。也可在基层社区设立老年人法律援助联络站或工作部，配备专（兼）职法律援助工作人员，开展法律咨询、调解、代书等工作，拓展为老年人提供法律援助的范围。

三、切实加强对老年维权工作的指导

各级老龄工作部门、司法行政机关和公安机关，要高度重视老年维权工作，将其列入工作计划，摆上议事日程，认真部署，抓好落实。各级老龄工作部门要与司法行政机关、公安机关、法律服务机构建立经常性联系，及时沟通情况，交换意见，提出建议。老龄工作部门可视情况设立老年维权或法律咨询机构。要及时总结推广老年维权工作中的典型经验和做法，创造性地开展工作。要对在老年维权工作中表现突出的先进集体和个人进行表彰。各级老龄工作委员会办公室认真履行职责，积极发挥综合协调、督促检查作用，配合人大进行执法检查，充分发挥社会和媒体的监督作用，切实把保障老年人合法权益工作落到实处。积极开展创建"敬老模范村"和"敬老模范社区"活动。在赡养问题突出的地区，加强赡养协议签订工作。协调组织贫困老年救助工作，推进老年人优待政策落实工作。全国老龄工作委员会办公室将协同司法部、公安部等有关部门逐步开展"老年人维权示范岗"工作，对在为老年人提供法律援助、法律服务、安全保护、调解纠纷、法律咨询等方面工作成绩突出的单位，给予发证挂牌和表彰。

劳动和社会保障部　建设部
关于切实解决建筑业企业拖欠农民工工资问题的通知
（节录）

（2003 年 9 月 30 日 劳社部发 ［2003］27 号）

各省、自治区、直辖市劳动和社会保障厅（局）、建设厅（建委，山东、江苏建管局）：

为进一步贯彻落实《国务院办公厅关于做好农民进城务工就业管理和服务工作的通知》（国办发 ［2003］1 号）精神（以下简称《通知》），切实解决建筑业存在的拖欠和克扣农民工工资问题，保护农民工合法权益，维护社会稳定，现就有关问题通知如下：

……

八、完善工作机制，疏通处理渠道

各级劳动保障部门和建设部门要建立健全解决拖欠农民工工资的工作机制，切实做到专人负责、申诉有门、处理及时、客观公正。要按照各自职责，认真负责地对侵犯农民工权益的违法行为进行处理，不得相互推诿。要建立健全拖欠农民工工资举报制度，设立举报箱、开通举报电话，并设专人负责接待来访举报。信访机构要认真接待农民工因被拖欠工资等问题的上访，耐心细致地做好政策宣传解释工作。使用农民工较多的地区，建设行政主管部门要与有关部门协商，成立法律援助工作站，开展法律咨询服务活动。

……

司法部　民政部　财政部　劳动与社会保障部　国土资源部
建设部　卫生部　国家工商行政管理总局　国家档案局
关于贯彻落实《法律援助条例》切实解决困难群众打官司难问题的意见

（2004 年 9 月 6 日　司发通〔2004〕127 号）

各省、自治区、直辖市司法厅（局）、民政厅（局）、财政厅（局）、劳动和社会保障厅（局）、国土资源厅（局）、建设厅（局）、卫生厅（局）、工商行政管理局、档案局，新疆生产建设兵团司法局、民政局、财务局、劳动和社会保障局、国土资源局、建设局、卫生局、档案局：

《法律援助条例》（以下简称《条例》）自 2003 年 9 月 1 日颁布实施以来，我国法律援助工作取得了明显的成效，在一定程度上缓解了困难群众请律师难、打官司难的问题。但是，目前法律援助工作还存在经费短缺、相关制度不配套、经济欠发达地区困难群众申请法律援助难等问题，制约了法律援助工作的发展。为进一步贯彻落实《条例》，切实保障困难群众的合法权益，现提出如下意见：

一、认真贯彻落实《条例》，全面开展法律援助工作

《条例》的颁布实施，是我国民主法治建设中的一件大事，是党和政府落实"三个代表"重要思想的重要举措，是坚持立党为公、执政为民的具体体现，有助于落实"国家尊重和保障人权"、"公民在法律面前一律平等"的宪法原则，对于进一步规范和加强法律援助工作，促进司法公正，完善社会保障体系，推动社会文明进步，具有十分重要的意义。

保证《条例》的顺利实施，是各级人民政府的责任，各级司法行政部门、法律援助机构要充分发挥主观能动性，有效组织法律援助工作，各级人民政府有关部门应当积极支持和配合法律援助工作。通过政府各职能部门的共同努力，保障经济困难的公民获得必要的无偿的法律服务，促进"社会主义司法制度必须保障在全社会实现公平和正义"目标的实现。

二、增加财政投入，保障法律援助事业与经济、社会协调发展

为保证《条例》的顺利实施，各级人民政府要按照《条例》的规定，根据本行政区域的经济发展水平及财力状况，将每年法律援助所需要的经费数额，逐步纳入年度财政预算。要随着当地经济发展及财政收入的增加，并根据法律援助的实际需要安排经费，保障法律援助事业与经济、社会协调发展。

为保证法律援助工作在不同地区、不同区域的协调发展，省级财政部门应设立法律援助专项经费，对本行政区域内的贫困地区开展法律援助工作。

各级司法行政部门要积极探索建立资金筹措的社会化、经常化机制，广泛开辟政府财政拨款以外的法律援助经费筹措渠道，充分利用社会财力支持法律援助事业。

要对法律援助经费的使用加强管理和监督，建立完善的财务制度，做到专款专用。

三、完善法律援助机构与民政部门的工作配合机制

各地法律援助机构应当定期向当地民政部门了解有关困难群众的法律援助需求状况，各地民政部门应当将所掌握的本地区经济困难群众的情况，及时与当地法律援助机构进行沟通，并采取相应的便民措施，使困难群众得到及时的法律援助。

法律援助机构依《条例》规定审查法律援助申请人的经济状况时，应根据县级以上（含县级）民政部门颁发的有关救济凭证或者出具的经济困难书面证明，及时为申请人办理有关法律援助手续，尽量简化程序，提高工作效率，对证明材料需要查证的，可向出具证明的部门查证。

四、建立法律援助与劳动仲裁的衔接机制

对法律援助机构决定提供法律援助的案件，劳动仲裁部门要先行缓收仲裁费。受援方胜诉的案件，由非受援的败诉一方承担；受援方败诉的案件，依法裁定受援方当事人确有困难的，由法律援助机构承担。

五、加强法律援助机构与相关部门之间的协调与配合，为法律援助办案人员利用档案资料提供方便

国土资源、建设、卫生、工商、档案管理等部门对法律援助案件办理中利用档案进行的调查取证工作应予支持，对于法院尚未立案的法律援助案件，法律援助人员可凭法律援助机构的证明查询，以免因缺乏有关证明资料，案件难以进入诉讼程序，但涉及国家机密等不公开资料的除外。

相关部门对法律援助案件办理中查阅档案资料所涉及的相关费用应当予以减免，共同降低法律援助成本，减轻经费短缺给法律援助工作造成的压力。对档案资料查询费、咨询服务费、调阅档案（资料）保护费、证明费（包括学历、工龄证明、机构设置证明、房产地产证明、财产证明）予以免收；对相关材料复制费，包括原件复印、缩微胶片复印、翻拍、扫描费给予减、免，减收的标准按复制档案资料所需的原材料成本费计算。

六、加强法律援助机构与有关鉴定机构的沟通与协调，减免收取或缓收法律援助案件的相关鉴定费用

为了解决法律援助案件的受援人因交不起鉴定费用而无法进入诉讼程序，从而无力维护自己合法权益的问题，各鉴定机构应当对法律援助案件所涉及事项的鉴定给予减免的优惠。

司法行政部门管理的面向社会服务的司法鉴定机构，对法律援助案件受援人申请司法鉴定的，要缓收或免收鉴定费。受援人胜诉后，应向鉴定部门补交实际需交纳的费用，受援人败诉，交纳鉴定费用确有困难，鉴定部门给予减免。

其他非财政拨款的鉴定机构对法律援助案件受援人申请人身伤残鉴定、亲子鉴定、笔迹鉴定以及财产评估等，实行缓收相关费用。受援人胜诉后，应向鉴定部门补交实际需交纳的费用。受援人败诉，交纳鉴定费用确有困难，由法律援助机构承担相关费用。

七、各级司法行政部门要加强对法律援助工作的管理监督，确保法律援助工作规范运行

各级司法行政部门要加强法律援助实施主体包括法律援助机构工作人员、律师和社会组织人员的管理监督。对侵占、私分、挪用法律援助经费的，对法律援助机构及其工作人员从事有偿服务的，对律师事务所、基层法律服务所拒绝指派的和律师、基层法律服务工作者不履行义务的，对律师和社会组织人员在法律援助活动中收取当事人财务的，要依据《条例》予以处罚，保证法律援助工作规范健康地发展。

严格法律援助案件办理中的程序规则。承办法律援助案件的人员在查阅、复制档案材料或者现行文件时，应出示法律援助机构出具的指派通知书（适用于社会律师、基层法律服务工作者和社会组织人员）或者介绍信（适用于法律援助机构人员）。在查阅、复制档案材料或者现行文件时，应遵守相关法律法规规定。

各地法律援助机构应对法律援助案件进行严格审查，严禁法律援助人员假借法律援助名义从事有偿法律服务而免费查阅和复制相关材料。如发现有上述情形，经司法行政部门查证属实，承办案件的人员应按规定全额支付相关的查阅和复制档案材料费用，并按有关法律法规规定接受相应处罚。

八、加强领导，密切配合，共同推进法律援助事业的发展

各级人民政府有关部门要高度重视法律援助工作，加强领导，采取有效措施，切实履行政府责任，将《条例》各项规定落到实处。各部门要加强协调和配合，建立协调沟通机制和反馈机制，经常沟通信息，及时帮助解决法律援助工作中存在的困难和问题，认真贯彻落实《条例》，切实保障贫困群众的合法权益，努力使符合法律援助条件的困难群众都能获得法律援助，维护社会公平和正义。

财政部　司法部
关于印发《中央补助地方法律援助办案专款管理暂行办法》的通知
（2005 年 9 月 6 日　财行〔2005〕191 号）

各省、自治区、直辖市财政厅（局）、司法厅（局）：

为落实国务院《法律援助条例》，帮助经济不发达地区解决法律援助经费困难，促进不同地区法律援助工作的协调发展，中央财政专项安排了中央补助地方法律援助办案专款。为充分发挥专款的使用效益，我们制定了《中央补助地方法律援助办案专款管理暂行办法》，现印发给你们，请遵照执行。

中央补助地方法律援助办案专款管理暂行办法

第一条　为加强中央补助地方法律援助办案专款（以下简称法律援助办案专款）的管理，充分发挥法律援助办案专款的使用效益，推动法律援助工作的发展，根据财政部《中央对地方专项拨款管理办法》的规定，特制定本办法。

第二条　法律援助办案专款是为落实国务院《法律援助条例》，帮助经济不发达地区解决法律援助经费困难，促进不同地区法律援助工作的协调发展，由中央财政专项安排的补助地方办理法律援助案件的专项资金。

　　根据司法部、民政部、财政部等九部门《关于贯彻落实〈法律援助条例〉切实解决困难群众打官司难问题的意见》的规定，各级政府应将法律援助所需经费纳入预算，省级财政部门应设立法律援助专项资金，各级司法行政部门要广泛开辟政府财政拨款以外的法律援助经费筹措渠道，充分利用各方面力量解决法律援助办案所需经费。

　　第三条　法律援助办案专款的投向是国家级和省级扶贫开发工作重点县（市、区），以及经费保障能力较低的其他困难县（市、区）法律援助机构（含未单独设立法律援助机构，承担法律援助任务的县、市、区司法局，下同）。

　　第四条　法律援助办案专款的使用范围

　　（一）支付接受法律援助机构指派办理案件的律师、基层法律服务工作者和接受安排办理案件的社会组织人员、法律援助支援者的办案补贴，包括差旅费、交通通讯费、文印费、调查取证费等。

　　各省级司法行政部门应会同同级财政部门根据本地区实际情况制定办案补贴标准。

　　（二）法律援助机构办理法律援助案件的直接费用。

　　（三）受援人败诉后确因经济困难无力交纳的鉴定费和仲裁费。

　　第五条　法律援助办案专款的分配

　　（一）法律援助办案专款分配原则是：公开、公正、透明；保贫困、保基层、保基本，体现政府的责任和财政支付能力的协调平衡。

　　（二）法律援助办案专款采用"因素计算法"进行分配，即根据国家有关部门的统计资料，选择贫困人口数量、财政状况、法律援助办案量及其他客观因素，在量化的基础上，根据各因素对经费需求的影响程度和财政管理的要求，确定各因素的权重和差异系数，通过公式计算确定补助各地的法律援助办案专款的数额。

　　（三）贫困人口数量以国家统计的上年全国各地贫困人口数为准；财政状况以人均可用财力指标为准，适当参考其他财政指标；法律援助办案量以上年实际完成法律援助案件数为准；其他因素要考虑法律援助办案专款的管理情况和各级财政的法律援助专项资金安排情况。

　　计算专款的因素及其所占权重可根据情况的变化进行适当调整。

　　（四）省级财政部门在分配法律援助办案专款时，也要以"因素计算法"为基础，坚持鼓励办案数量多和本身安排办案经费多的地区的原则。

第六条　法律援助办案专款的使用管理

（一）法律援助办案专款实行集中安排、一次下达的办法，由财政部直接拨付到省级财政部门。

（二）省级财政部门要在司法行政部门的配合下，将中央财政补助的法律援助办案专款，结合省级财政安排专项资金，在收到中央补助资金的两个月内，按财政预算管理程序核定并下拨到县级法律援助机构。县级法律援助机构要将上级补助的法律援助办案专款、本级财政安排的办案经费和各种渠道筹集的社会资金结合起来，统筹安排使用。

（三）有条件实行财政国库直接支付的地区，省级财政可直接将法律援助办案专款拨付给县级法律援助机构。

（四）承办法律援助案件的办案人员在领取法律援助办案费补贴时，应当向法律援助机构提交有关的法律文书副本或复印件以及结案报告等材料，并在领取单上签字。

（五）法律援助机构应建立台账，标明承担的法律援助案件事项、时间、承办人、办案费补助数额或报销数额等。

第七条　法律援助办案专款的监督管理

（一）各级财政部门和司法行政部门要加强对法律援助办案专款的监督管理，制定切实有效的管理办法，保证法律援助办案专款及时、足额到位，专款专用，不得用于司法行政部门和法律援助机构的人员经费和公用经费。

（二）每年度终了后4个月内，省级财政部门和司法行政部门要将法律援助办案专款的安排和使用情况如实向财政部和司法部作出书面报告。中央财政将以此作为考核省级财政和司法行政部门对法律援助办案专款管理工作的一项重要内容和安排下一年度法律援助办案专款的参考依据。

（三）省级财政部门要会同司法行政部门建立效益考核制度，对适用法律援助办案专款的情况进行量化考核，定期向上级和下级财政、司法行政部门通报考核情况，及时提出问题和改进意见。

（四）财政部、司法部将定期或不定期地直接或委托有关部门对专款的使用情况进行现场检查、审计。对法律援助办案专款到位不及时、使用效益不高、存在挤占挪用现象等违反本办法规定的地区，将暂停以后年度法律援助办案专款并按照《财政违法行为处罚处分条例》的规定予以处罚处分。

第八条　本办法自发布之日起施行。省级财政部门和司法行政部门可结合本地实际制定具体实施办法。

第九条　本办法由财政部负责解释。

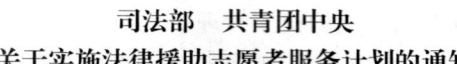

司法部　共青团中央
关于实施法律援助志愿者服务计划的通知

（2002 年 12 月 3 日　司发通〔2002〕124 号）

各省、自治区、直辖市司法厅（局）、团委，新疆生产建设兵团司法局、团委，军委总政治部司法局、青年局，全国铁道团委，全国民航团委，中直机关团工委，中央国家机关团工委，中央金融团工委，中央企业团工委：

为深入贯彻"三个代表"重要思想，贯彻落实依法治国与以德治国相结合的基本方略和中央关于青年志愿者工作的指示精神，动员社会各界、特别是青年人才通过志愿服务方式积极投身法律援助工作，推动法律援助和志愿服务事业的进一步发展，为改革、发展、稳定大局服务，司法部、共青团中央决定共同实施法律援助志愿者服务计划。现提出如下实施意见。

一、主要任务和方式

法需援助志愿者服务计划的主要任务是：动员和组织法律界以及热心法律援助的各界志愿者参与法律援助工作，开展普法宣传、法律咨询、法律培训等方面的志愿服务，为建设社会主义法治国家贡献力量。其实施方式包括：

1. 专业法律援助。按照国家法律规定和服务对象的实际需要，招募专业法律人才作为法律援助志愿者，在各级司法行政机关所属法援助机构的指导下，为符合援助条件的当事人提供专业法律援助服务。

2. 社区法律援助。依托各级法律援助中心、青年志愿者服务站，组织法律援助志愿者开展面向普通居民的形式多样的普法宣传、法律咨询等方面的志愿服务工作。

3. 远程法律援助。依托中国志愿服务网等网站，建立法律援助服务网点以及需求信息库，实现供需信息的网上对接。

4. 西部普法宣传。配合西部大开发战略的实施，与东西部对口法律援助、大中学生志愿者三下乡、青年志愿者扶贫接力计划等工作有机结合起来，招募法律援助志愿者前往中西部贫困地区开展法律援助制度普法宣传活动。

5. 法律援助培训。定期开设法律援助志愿者培训班，邀请法律专家开办专题讲座、案例分析等培训活动，不断提高法律援助志愿者的服务水平。

6. 志愿捐助。组织和动员社会各界捐赠款物支持法律援助志愿服务工作。

二、实施范围和步骤

法律援助志愿者服务计划依照法律援助和志愿服务事业的总体发展规划，紧密围绕国家经济社会发展和人民群众生产生活实际需要，有重点、分阶段地逐步推广实施。2003 年开始，司法部、团中央将选择部分省（区、市）进行试点，在总结经验的基础上，逐步在全国开展。

三、招募对象与方式

志愿者主要在县级以上城市招募，同时也欢迎其他城镇的志愿者参与。报名者原则上应具有奉献精神，大专以上学历，身体健康，具备相应法律专业知识或资格，能够适应相应法律援助志愿服务工作的实际要求，年龄一般在 20~60 岁之间；确系工作需要的，年龄、学历可适当放宽。

招募工作应坚持公开招募、自愿报名的原则。招募方式：一是社会招募，即通过新闻媒体和其他形式发布招募启事，举办招募说明会，开展各种宣传活动，面向社会公开招募志愿者。二是组织招募，即各级司法行政管理部门、团组织、志愿者组织在当地党委、政府的领导和支持下，按照有关规定，通过组织系统开展动员工作。

法律援助志愿者报名时，应在所在地区或单位的青年志愿者组织就近就便注册登记，成为中国注册志愿者。

四、组织管理

法律援助志愿者服务计划由司法部、共青团中央共同组织实施，并成立中国青年志愿者协会法律援助志愿者分会，负责规划、协调、指导全国法律援助志愿服务的各项工作，筹划、组织全国性法律援助志愿服务活动，推动实施长期工作项目，配合每年全国青年志愿者行动十杰百优评选表彰工作，推荐参评人选，并组织法律援助志愿服务的专项宣传、表彰活动。分会秘书处设在司法部法律援助中心。各省（区、市）司法厅（局）、团委根据实际工作需要建立相应的组织机构，并推荐司法厅（局）分管厅（局）长、团委分管书记担任中国青年志愿者协会法律援助志愿者分会执委，推荐法律援助机构、青年志愿者协会秘书处负责人担任分会委员。

五、政策保障

1. 法律援助志愿者服务计划是促进法律援助社会人力资源开发的一种重要方式，各级司法行政管理部门、团组织应当结合实际制定具体政策，鼓励社会各界、特别是法律工作者或法律院校师生积极参与。

2. 企业向中国法律援助基金会、中国青年志愿者协会以及各级法律援助机构、志愿者组织或中西部贫困地区捐赠款物的，享受国家规定的税收优惠政策。

六、资金落实与管理

法律援助志愿者服务计划所需资金，主要依托中国法律援助基金会、中国青年志愿者协会开展社会募集，同时积极争取政府的支持。各地要结合实际采取多种方式支持法律援助志愿者服务计划的实施。

社会募集的资金须汇入中国法律援助基金会、中国青年志愿者协会以及省级（含副省级）法律援助机构、青年志愿者协会指定的银行账号，根据捐助者的要求和项目实施情况统一划拨。资金使用应严格遵守有关财务制度，尊重捐助者的意愿，建立规章制度，加强监督管理。

七、工作要求

1. 高度重视，加强领导。各地司法行政机关和共青团组织要加强对这项工作

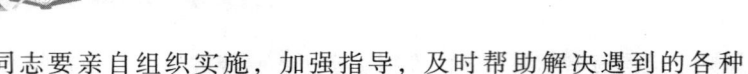

的领导，有关负责同志要亲自组织实施，加强指导，及时帮助解决遇到的各种问题。

2. 精心组织，注重实效。各地要按照通知要求，根据本地区法律援助和志愿服务工作的实际情况，认真研究服务需求，制定切实可行的工作计划，创造性地开展工作。选拔志愿者要坚持自愿原则，严格审核。要积极争取党委和政府的政策支持，积极开发社会资源，确保服务项目的顺利实施。

3. 加强协作，优化配置。各地在实施法律援助志愿者服务计划过程中，要按照法律援助和志愿服务事业发展的总体要求，加强与"四五普法"、"注册志愿者"等工作的衔接和配合，合理配置各种资源。

4. 认真总结，加强宣传。各地要注意总结经验，对具有导向和示范作用的典型，要利用各种新闻媒体积极组织宣传，并结合实际开展法律援助志愿者服务计划的专项宣传活动，营造良好的舆论氛围，动员更多的社会公众支持和参与法律援助志愿服务工作。

具体事项可与司法部法律援助中心、团中央青年志愿者行动指导中心联系。

司法部　共青团中央
关于实施西部基层法律援助志愿服务行动的通知
（2005 年 5 月 9 日　中青联发［2005］23 号）

各省、自治区、直辖市和新疆生产建设兵团司法厅（局）、团委：

从 2002 年开始，司法部和共青团中央共同实施了法律援助志愿者计划，动员社会各界特别是青年法律人才通过志愿服务方式积极投身法律援助工作，取得了良好效果，推动了法律援助和志愿服务事业的发展。为进一步推动法律援助志愿者计划的深入开展，根据司法部、共青团中央《关于实施法律援助志愿者计划的通知》（司发通【2002】124 号）精神，司法部、共青团中央决定共同组织实施西部基层法律援助志愿服务行动。现将有关事项通知如下。

一、主要任务

建立青年法律人才由东部和城市向西部基层流动的渠道，推动西部基层法律援助事业的发展，维护社会公平和正义；带动基层司法行政干部队伍素质的提高，促进西部基层司法行政机关的各项工作的开展；培养一批既具有扎实专业知识，又具有基层工作经验和社会责任感的青年法律人才，不断充实法律援助志愿者骨干队伍。

二、工作方式

按照公开招募、自愿报名、组织选拔、集中培训、统一派遣的方式，从全国普通高等学校（以下简称"高校"）招募一批品学兼优、具有奉献精神的普通高校法律专业应届毕业生，到基层司法行政部门从事为期 1 年的法律援助志愿服务。每个县级司法行政部门派遣志愿者 1～2 名。志愿者服务期满后，鼓励其扎根基层，或者自主择业和流动就业。

2005 年计划选派志愿者 100 名，到部分西部计划服务省开展法律援助志愿服务。今后将形成制度，逐步推广，长期坚持。

三、选拔条件

本科及本科以上学历为主，法律专业应届高校毕业生，要求政治过硬、品学兼优，具有奉献精神、身体健康。

四、政策支持

参加西部基层法律援助志愿服务行动的大学生志愿者除享受团中央、教育部、财政部、人事部《关于实施大学生志愿服务西部计划的通知》（中青联发【2003】26号）和《关于做好 2004 年大学生志愿服务西部计划工作的通知》（中青联发【2003】16 号）规定的政策外，给予以下政策支持：

1. 服务期间，志愿者可在所服务的西部省（区、市）当地报名参加国家司法考试，享受司法部制定的有关优惠政策；服务单位应向参加国家司法考试的志愿者提供与在职工作人员相同的复习时间。

2. 服务期间，志愿者可享受所在服务单位自定的奖金和补贴。

3. 服务期满后，对于有志扎根西部地区的志愿者，司法行政机关应优先录用。志愿服务时间可确认为法律工作经历。

五、经费保障

所需经费由司法部负责解决，具体工作由中国法律援助基金会承担，由共青团中央负责使用，具体工作由青年志愿者工作部承担。经费使用应严格遵守有关财务制度。

六、组织管理

1. 司法部、共青团中央共同负责这项工作的总体规划、协调、指导有关保障政策。司法部主要负责确定、落实服务需求和岗位，协调组织专业培训，具体工作由司法部法律援助中心承担；共青团中央主要负责志愿者的招募、培训、派遣等方面的组织实施工作，具体工作由团中央青年志愿者工作部承担。

2. 各省（区、市）司法厅（局）、团委具体负责工作的组织实施，同时负责协调、指导服务县开展宣传、组织工作；志愿者服务县司法局、团委具体负责志愿者的日常管理和服务工作。

七、工作要求

1. 高度重视、加强领导。要站在践行"三个代表"重要思想，落实科学发展观和构建社会主义和谐社会，开创基层司法行政工作新局面的高度，切实加强对这项工作的领导，求真务实、开拓创新，建立长效工作机制，及时解决工作中遇到的问题，确保这项工作稳步推进，健康发展。

2. 按需招募，认真选拔。要贯彻按需、择优的原则认真做好岗位申报和志愿者遴选工作，为志愿者提供合适的服务岗位，选拔政治素质高、业务能力强，具有奉

献精神和责任意识，身体健康的优秀大学毕业生到西部基层行政司法机关从事法律援助志愿服务工作。

3. 完善制度，严格管理。要加强沟通，按照"谁用人、谁受益、谁负责"的原则，建立健全各项规章制度，齐抓共管、明晰责任，做好志愿者管理工作；要进一步健全志愿服务定期督导制度，定期巡回检查各地项目实施和日常管理等情况。

4. 以人为本，搞好服务。始终坚持以人为本，在工作、生活、就业等各个方面努力为志愿者提供切实有效的服务；要贯彻培养与使用并重的原则，加大培养力度，为志愿者发挥作用，成长成才创造条件。要加强宣传，大力弘扬"奉献、友爱、互助、进步"的志愿精神，为志愿者开展工作及就业等方面营造良好舆论氛围。

附录三 《法律援助文书格式》目录与样本

根据《办理法律援助案件程序规定》，司法部对 2005 年下发的《法律援助格式文书（示范文本）》进行了修改，于 2013 年 3 月 19 日发布了新的《法律援助文书格式》目录与样本。

1. 法律援助来访/电话/信函/网络咨询登记表
2. 法律援助申请表
3. 法律援助申请委托书
4. 法律援助申请人经济状况证明表
5. 法律援助申请材料接收凭证
6. 补充材料/说明通知书
7. 法律援助协作函
8. 法律援助审批表
9. 给予法律援助决定书
10. 不予法律援助决定书
11. 送达回证
12. 指派通知书
13. 委托代理/辩护协议
14. 法律援助公函
15. 法律援助公函（转交申请）
16. 法律援助公函（通知辩护）
17. 法律援助公函（强制医疗通知代理）
18. 法律援助案件承办情况通报/报告记录
19. 法律援助中心（处）介绍信
20. 更换法律援助人员审批表
21. 更换法律援助人员通知书
22. 终止法律援助决定书
23. 终止法律援助公函
24. 结案报告表

法律援助文书格式一

法律援助来访/电话/信函/网络咨询登记表

咨询日期：　年　月　日　　　　　　　　　援咨字〔　　〕第　　号

咨询人基本情况															
姓名		性别			出生日期						民族				
身份证号															
住所地 （经常居住地）															
联系电话					共同咨询人数										
咨询方式	□来访　　　□电话　　　□信函　　　□网络														
咨询事项类别															
□刑事 □民事（□劳动　□侵权　□婚姻家庭　□其他＿＿＿＿＿＿＿＿） □行政 □其他															
咨询内容															
答复意见															
接待人员（签字）：															
备注：															

法律援助文书格式二

法律援助申请表

援申字〔 〕第 号

申请人基本情况															
姓名		性别			出生日期				民族						
身份证号															
户籍所在地															
住所地 （经常居住地）															
邮政编码				联系电话											
工作单位															
代理人基本情况															
姓名				□法定代理人		□委托代理人									
身份证号															

案情及申请理由概述

本人承诺以上所填内容和提交的证件、证明材料均真实。

申请人（签字）：

代理人（签字）：

年　　月　　日

法律援助文书格式三

法律援助申请委托书

本人 _____ （身份证号 _____ ） 委托
_____ （身份证号 _____），系本人 _____
（与本人关系），办理_____一案法律援助申请有关事宜。

委托人（签字）：

年　　月　　日

法律援助文书格式四

法律援助申请人经济状况证明表

申请人：　　　　　　　　　　　　　　　工作单位：

住所地（经常居住地）：

	姓名	关系	工资性 收入（元）	生产经营性 收入（元）	其他 收入（元）	合计（元）
申请人及共同生活的家庭成员月收入状况		本人				
	总计			家庭人均收入（元）		
资产状况	房产：□无　□有＿＿＿＿＿＿套，＿＿＿＿＿＿平方米					
	汽车（经营性运输工具除外）：□无　　□有					
	现金、存款、有价证券等资产：＿＿＿＿＿＿元					
重大支出						

本人承诺以上内容真实无误，如有不实，将承担相应法律后果。

申请人或者　　　　　　　　　　　　　　　　　出证单位（公章）

法定代理人（签字）：　　　　　　　　　　　　联系电话：

　　　　　年　月　日　　　　　　　　　　　　　　　年　月　日

注：1. 出证单位是指法律援助地方性法规、规章规定的有权出具经济困难证明的机关、单位。无相关
　　　规定的，申请人住所地或者经常居住地的村民委员会、居民委员会或者所在单位为出证单位。

　　2. 申请事项的对方当事人是与申请人共同生活的家庭成员的，申请人仅填报个人情况。

　　3. 重大支出是指自提出申请之日前 12 个月内的家庭或者个人重大支出。

法律援助文书格式五

法律援助申请材料接收凭证

本中心（处）收到_____（申请人）_____一案法律援助申请材料如下：

编号	提交材料名称		页数
1		□原件　□复印件	
2		□原件　□复印件	
3		□原件　□复印件	
4		□原件　□复印件	
5		□原件　□复印件	
6		□原件　□复印件	
7		□原件　□复印件	
8		□原件　□复印件	
9		□原件　□复印件	
10		□原件　□复印件	

注：本凭证一式二份，申请人、法律援助中心（处）各一份。

申请人（签字）：　　　　　　　　　　　　　收件人（签字）：

（公章）

年　　月　　日

法律援助文书格式六存根

补充材料/说明通知书

申请人：

案　由：

经办人（签字）：

日　期：

法律援助文书格式六

补充材料/说明通知书

_____:

　　经审查，你提交的法律援助申请材料不齐全/内容不清楚，根据《办理法律援助案件程序规定》第十三条第二款规定，请自收到本通知书之日起_____个工作日内补充下列材料/说明有关情况。未按要求提交补充材料/进行说明的，视为撤销申请。

　　需要补充的材料：

　　1._____

　　2._____

　　3._____

　　需要说明的情况：

（公章）

年　　月　　日

法律援助文书格式七存根

法律援助协作函

援协字 ［　　］第　　号

发往单位：

申请人/受援人：

案　由：

协作事项：

经办人（签字）：

日　期：

法律援助文书格式七

法律援助协作函

援协字 ［　　］第　　号

＿＿＿＿＿＿＿＿＿＿法律援助中心（处）：

本中心（处）受理的＿＿＿＿＿＿＿＿＿＿一案，案件基本情况是：

＿＿＿＿＿＿＿＿＿＿＿＿＿＿＿＿＿＿＿＿＿＿＿＿＿＿＿

＿＿＿＿＿＿＿＿＿＿＿＿＿＿＿＿＿＿＿＿＿＿＿＿＿＿＿

＿＿＿＿＿＿＿＿＿＿＿＿＿＿＿＿＿＿＿＿＿＿＿＿＿＿＿

因＿＿＿＿＿＿＿＿＿＿＿＿＿＿＿＿，现根据《办理法律援助案件程序规定》第十四条第二款、第二十八条规定，请贵中心（处）协助调查下列事项，并请于＿＿＿＿年＿＿月＿＿日前回复我中心（处）。

1.＿＿＿＿＿＿＿＿＿＿＿＿＿＿＿＿＿＿＿＿＿

2.＿＿＿＿＿＿＿＿＿＿＿＿＿＿＿＿＿＿＿＿＿

3.＿＿＿＿＿＿＿＿＿＿＿＿＿＿＿＿＿＿＿＿＿

请予协助。

联 系 人：

联系方式：

（公章）

年　　月　　日

法律援助文书格式八

法律援助审批表

援审字〔　　　〕第　　号

申请人基本情况					
姓名		案由		申请日期	
文化程度		□文盲　　□小学　　□中学　　□大专以上			
人群类别 （可重复交叉）		□女性　　□未成年人　　□残疾人　　□老年人（60岁以上） □农民　　□农民工　　□少数民族　　□军人军属 □一般贫困者　　　□外国籍人或无国籍人 □其他（注明）			

经济状况

是否符合法律援助经济困难标准	□是　　　　□否

案件来源

□当事人直接申请
□转交申请（□人民法院　□人民检察院　□公安机关　□监狱　□看守所　□劳动教养管理所　□强制隔离戒毒所）
□其他来源（注明）

申请事项

□刑事案件
□请求国家赔偿
□请求给予最低生活保障待遇或社会保险待遇
□请求发给抚恤金、救济金
□请求给付赡养费、抚养费、扶养费
□请求支付劳动报酬　　□主张因见义勇为行为产生的民事权益
□工伤　□交通事故　　□医疗纠纷
□婚姻家庭（不含请求给付赡养费、抚养费、扶养费）
□其他（注明）

申请事项所处阶段
□尚未进入法律程序
□侦查
□审查起诉
□诉讼（□一审　□二审　□审判监督程序）
□仲裁 □调解
□行政处理　□行政复议　□国家赔偿
□死刑复核
□申诉
□执行

案件概况

审查意见
签字： 年　　月　　日：

审批意见
签字： 年　　月　　日：

注：1. 审查意见由对法律援助申请进行初审的工作人员出具。

　　2. 审批意见由法律援助机构负责人或者其他有权签署意见的人员出具。

法律援助文书格式九存根

给予法律援助决定书

援决字 〔　　〕第　　号

申请人：
案　由：
经办人（签字）：
日　期：

法律援助格式文书九

给予法律援助决定书

援决字 〔　　〕第　　号

_____：
　　你于 _____ 年 _____ 月 _____ 日向本中心（处）提出的
_____一案法律援助申请，经审查．符合法律援助条件，决
定给予法律援助。

（公章）
年　　月　　日

法律援助文书格式十存根

不予法律援助决定书

援拒字 〔　　〕第　　号

申请人：

案　由：

经办人（签字）：

日　期：

法律援助文书格式十

不予法律援助决定书

援拒字 〔　　〕第　　号

_____：

　　你于 _____ 年 _____ 月 _____ 日向本中心（处）提出的 _____ 一案法律援助申请，经审查，不符合 _____的规定，决定不予法律援助。

　　如对本决定有异议，可以自收到本决定书之日起_____个工作日内向 _____司法局（厅）提出。

（公章）
　年　　月　　日

法律援助文书格式十一

送达回证

送达文书名称			
送达人		送达方式	
送达地址			
受送达人 （签字）		送达日期	
代收人（签字） 及代收理由			
拒绝或无法 送达原因			
备注			

注：1. 送达回证用于证明向受送达人送达了给予法律援助决定书、不予法律援助决定书或者终止法律
援助决定书。

2. 送达方式参照民事诉讼法关于送达的规定。

3. 送达回证签收后退还法律援助中心（处）。

法律援助文书格式十二存根

指派通知书

援指字 〔　　〕第　　号

发往单位：

受 援 人：

案　　由：

经 办 人（签字）：

日　　期：

法律援助文书格式十二

指派通知书

援指字〔　　〕第　　号

_____:

　　本中心（处）决定对_____一案提供法律援助，现指派你单位承办该案。请自收到本通知书之日起_____个工作日内安排合适承办人，并自安排之日起 5 个工作日内将承办人姓名和联系方式告知受援人及本中心（处），与受援人或者其法定代理人、近亲属签订委托代理/辩护协议。

　　特此通知。

法律援助中心（处）地址：

联 系 人：

联系方式：

（公章）

年　　月　　日

法律援助文书格式十三

委托代理/辩护协议

甲方　受援人姓名：　　　　　性别：　　　　出生日期：　　　　民族：

　　　身份证号码：

　　　法定代理人（或近亲属）姓名：　　　　系受援人（关系）：

　　　身份证号码：

　　　联系地址：　　　　联系电话：

乙方　（承办机构）：

　　　地　　址：

　　　联系电话：

　　　甲方＿＿＿＿＿＿＿＿＿一案，经＿＿＿＿＿＿＿＿＿法律援助中心（处）审查，决定给予法律援助，并指派乙方承办。现双方就委托事项达成如下协议：

　　　一、乙方接受甲方的委托，安排＿＿＿＿＿＿＿＿＿（承办人）担任本案＿＿＿＿＿＿＿＿＿阶段的代理/辩护人，提供下列第＿＿＿项的法律援助：

　　　（一）刑事辩护；（二）刑事被害人代理；（三）刑事附带民事诉讼代理；（四）自诉代理；（五）民事诉讼代理；（六）行政诉讼代理；（七）劳动仲裁代理；（八）其他非诉讼代理。

　　　二、甲方委托乙方承办人的权限包括＿＿＿＿＿＿＿＿＿＿＿＿＿＿＿＿

＿＿＿＿＿＿＿＿＿＿＿＿＿＿＿＿＿＿＿＿＿＿＿＿＿＿＿＿＿＿＿＿＿＿

＿＿＿＿＿＿＿＿＿＿＿＿＿＿＿＿＿＿＿＿＿＿＿＿＿＿＿＿＿＿＿＿＿。

　　　三、乙方承办人应当遵守职业道德和执业纪律，在受委托的权限内依法完成受托事项，维护甲方的合法权益。

　　　乙方承办人代理甲方以和解或者调解方式解决纠纷的，应当征得甲方同意。

　　　对于民事诉讼法律援助案件，乙方承办人应当告知甲方可以向人民法院申请司法救助，并提供协助。

　　　四、乙方及承办人不得要求甲方支付任何形式的费用，不得接受甲方的财物或者牟取其他利益。

五、甲方应当真实完整地叙述案件事实，提出的要求应当明确、合法、合理，并对所提供证据材料的真实性、合法性负责；与案件有关的事实或者经济状况发生变化的，应当及时告知乙方承办人。

六、甲方有权向乙方承办人了解委托事项办理进展情况，进行法律咨询。乙方承办人应当向甲方通报案件办理情况，答复甲方询问。

七、甲方有证据证明乙方承办人不依法履行职责的，可以请求法律援助机构更换承办人。

法律援助机构决定更换的，乙方应当另行安排承办人，并与甲方变更本协议。乙方因客观原因无法另行安排的，应当书面报告法律援助机构。法律援助机构另行指派承办机构的，乙方与甲方解除本协议。

八、乙方承办人遇有下列情形之一的，有权中止委托事项，并向法律援助机构报告：

（一）甲方不再符合法律援助经济困难标准的；

（二）案件依法终止审理或者被撤销的；

（三）甲方又自行委托其他代理人或者辩护人的；

（四）甲方要求终止法律援助的；

（五）甲方利用法律援助从事违法活动的；

（六）甲方故意隐瞒与案件有关的重要事实或者提供虚假证据的；

（七）法律、法规规定应当终止的其他情形。

法律援助机构决定终止法律援助的，甲乙双方解除本协议。

九、甲乙双方就下列事项进行约定：

_____

_____

_____

_____

_____

十、本协议自双方签署之日起生效，至_____终止。本协议一式三份，甲乙双方各一份，法律援助机构备案一份。

甲方：   乙方：

                              （公章）

　年　　月　　日   　年　　月　　日

法律援助文书格式十四存根

法律援助公函

援函字 [   ] 第   号

发往单位：

受 援 人：

案   由：

经 办 人（签字）：

日   期：

    注：本函用于承办人向办理案件的人民法院、人民检察院、公安机关、仲裁机构、行政机关以及看守所等表明身份。

法律援助文书格式十四

法律援助公函

爱函字 [   ] 第   号

_____：

    本中心（处）对_____（受援人）_____一案，已指派_____（承办机构）_____（承办人）担任其代理人/辩护人。

    特此函告。

承办人联系方式：

（公章）

年   月   日

法律援助文书格式十五存根

法律援助公函（转交申请）

援转函字〔　　〕第　　号

发往单位：

申　请　人：

案　　　由：

经 办 人（签字）：

日　　　期：

　　注：本函用于法律援助机构对人民法院、人民检察院、公安机关、监狱、看守所、劳动教养管理所、强制隔离戒毒所转交申请的回复。

法律援助文书格式十五

法律援助公函（转交申请）

援转函字〔　　〕第　　号

_____：

　　本中心（处）于_____年_____月_____日收到贵单位转来的_____（申请人）_____一案的法律援助申请。经审查，本中心（处）认为符合下列第_____种情形：

　　1. 申请人_____符合法律援助条件，决定给予法律援助。

　　2. 申请人_____不符合_____的规定，决定不予法律援助。

　　特此函告。

（公章）
年　　月　　日

法律援助文书格式十六存根

法律援助公函（通知辩护）

援刑通函字 ［　　］第　　号

发往单位：

受　援　人：

案　　　由：

经 办 人（签字）：

日　　　期：

　　注：本函用于法律援助机构回复人民法院、人民检察院、公安机关通知辩护公函。

法律援助文书格式十六

法律援助公函（通知辩护）

援刑通函字 ［　　］第　　号

＿＿＿＿＿＿＿＿：

　　本中心（处）于＿＿＿＿＿＿年＿＿＿＿＿＿月＿＿＿＿＿＿日收到你单位通知为＿＿＿＿＿＿＿＿＿＿（犯罪嫌疑人/被告人）＿＿＿＿＿＿＿＿＿＿一案提供法律援助的函，现指派＿＿＿＿＿＿＿＿＿＿（承办机构）＿＿＿＿＿＿＿＿＿＿律师担任其辩护人。

　　特此函告。

　　律师联系方式：

（公章）

年　　月　　日

法律援助文书格式十七存根

法律援助公函（强制医疗通知代理）

援医代函字〔　　〕第　　号

发往单位：

受 援 人：

案　　由：

经 办 人（签字）：

日　　期：

　　注：本函用于强制医疗案件中法律援助机构回复人民法院通知代理公函。

法律援助文书格式十七

法律援助公函（强制医疗通知代理）

援医代函字〔　　〕第　　号

_____人民法院：

　　本中心（处）于_____年_____月_____日收到你单位通知为_____（被申请人/被告人）_____一案提供法律援助的函，现指派_____（承办机构）_____律师担任其代理人。特此函告。

　　律师联系方式：

（公章）
年　　月　　日

法律援助文书格式十八

法律援助案件承办情况通报/报告记录

受援人：
案　由：
承办人：

编号	时间	方式	内容
1			
2			
3			
4			
5			
6			
7			
8			

注：通报/报告记录用于承办人记载向受援人通报和向法律援助机构报告案件办理进展情况，需存档。

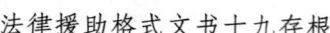

法律援助格式文书十九存根

法律援助中心（处）介绍信

援介字［　　］第　　号

发往单位：

使用人：　　　共　　人

事　　由：

经办人（签字）：

日　　期：

法律援助格式文书十九

法律援助中心（处）介绍信

援介字［　　］第　　号

＿＿＿＿＿＿＿＿＿：

兹介绍＿＿＿＿＿＿＿＿＿等＿＿＿＿＿人前往贵单位办理＿＿＿＿＿＿＿＿＿。

请予协助。

联系人：

联系方式：

（公章）

年　　月　　日

法律援助文书格式二十

更换法律援助人员审批表

援更审字 [   ] 第   号

申请人基本情况			
姓名		案由	
承办机构		承办人	
申请更换日期			

申请更换理由
      申请人（签字）：

承办人履行义务情况

审批意见
    签字： 年　　月　　日

备注：

注：工作人员应当及时告知受援人变更决定等相关事项。

法律援助文书格式二十一存根

更换法律援助人员通知书

援更通字 〔   〕第   号

发往单位：

受　援　人：

案　　由：

经　办　人（签字）：

日　　期：

　　注：本函用于法律援助机构告知原承办机构更换承办人的决定。

法律援助文书格式二十一

更换法律援助人员通知书

援更通字 〔   〕第   号

＿＿＿＿＿＿＿＿＿＿（原承办机构）：

　　＿＿＿＿＿＿＿（受援人）于＿＿＿＿年＿＿＿＿月＿＿＿＿日向本中心（处）提出申请更换＿＿＿＿＿＿＿＿＿＿一案承办人，经审查符合条件，现决定予以更换，并按下列第＿＿＿＿＿＿种情形办理：

　　1. 请自收到本通知书之日起＿＿＿＿＿个工作日内另行安排合适承办人，并自安排之日起＿＿＿＿＿个工作日内将更换后的承办人姓名和联系方式告知受援人及本中心（处），与受援人变更委托代理/辩护协议。原承办人要及时与更换后的承办人办理案件材料移交手续。

　　2. 你单位不再承办本案，请自收到本通知书之日起＿＿＿＿＿个工作日内与受援人解除委托代理/辩护协议，并将案件材料交回本中心（处）。

　　特此通知。

（公章）

年　　月　　日

法律援助文书格式二十二存根

终止法律援助决定书

援终决字 ［　　　］第　　　号

受援人：

案　　由：

经办人（签字）：

日　　期：

法律援助文书格式二十二

终止法律援助决定书

援终决字 ［　　　］第　　　号

＿＿＿＿＿＿＿＿：

　　本中心（处）正在办理你的 ＿＿＿＿＿＿＿＿＿＿＿＿ 一案，因 ＿＿＿＿＿＿＿＿＿＿＿＿＿＿＿＿，根据＿＿＿＿＿＿＿＿的规定，决定终止法律援助。

　　如对本决定有异议，可以自收到本决定书之日起＿＿＿＿个工作日内向 ＿＿＿＿＿＿＿＿司法局（厅）提出。

（公章）
年　　月　　日

法律援助文书格式二十三存根

<table>
<tr><td colspan="2" align="center">**终止法律援助公函**</td></tr>
<tr><td></td><td align="right">援终函字〔 　〕第 　 号</td></tr>
<tr><td colspan="2">发往单位：</td></tr>
<tr><td colspan="2">受 援 人：</td></tr>
<tr><td colspan="2">案 　 由：</td></tr>
<tr><td colspan="2">经 办 人（签字）：</td></tr>
<tr><td colspan="2">日 　 期：</td></tr>
<tr><td colspan="2">注：本函用于法律援助机构告知案件承办机构，以及人民法院、人民检察院、公安机关、仲裁机构、行政机关等有关终止法律援助的决定。</td></tr>
</table>

法律援助文书格式二十三

<table>
<tr><td colspan="2" align="center">**终止法律援助公函**</td></tr>
<tr><td></td><td align="right">援终函字〔 　〕第 　 号</td></tr>
<tr><td colspan="2">＿＿＿＿＿＿＿：</td></tr>
<tr><td colspan="2">　　本中心（处）给予＿＿＿＿＿＿（受援人）＿＿＿＿＿＿一案的法律援助，因＿＿＿＿＿＿＿＿＿＿＿＿，根据＿＿＿＿＿＿＿＿＿＿的规定，决定终止法律援助。</td></tr>
<tr><td colspan="2">　　特此函告。</td></tr>
<tr><td colspan="2" align="right">（公章）
年 　 月 　 日</td></tr>
</table>

法律援助文书格式二十四

结案报告表

填表日期：

承办机构		承办人	
承办人分类	□法律援助机构工作人员　□律师事务所律师 □基层法律服务工作者　□社会组织人员　□法律援助志愿者		
受援人		案由	
办案机关 （单位）		所处阶段	
指派日期		结案日	
援助形式	□刑事辩护　　　□刑事被害人代理　□刑事附带民事诉讼代理 □自诉代理　　　□民事诉讼代理　　□行政诉讼代理 □劳动仲裁代理　□其他非诉讼代理		
承办情况 小结 （可另附页）			
承办结果	民事/行政：□判决/裁决结案（□胜诉　□败诉　□部分胜诉） 　　　　　　□调解或和解　　□撤诉 刑　　　事：□全部采纳　　□部分采纳　　□未采纳 其　　　他：		
备注			

注：诉讼案件以法律援助人员收到判决书、裁定书、调解书等法律文书之日为结案日。仲裁案件或者行政复议案件以法律援助人员收到仲裁裁决书、行政复议决定书原件或者复印件之日为结案日；其他非诉讼法律事务以受援人与对方当事人达成和解、调解协议之日为结案日；无相关文书的，以义务人开始履行义务之日为结案日。法律援助机构终止法律援助的，以法律援助人员所属单位收到终止法律援助决定函之日为结案日。

图书在版编目（ＣＩＰ）数据

法律援助实务/刘爱君，郑自文主编. —2版. —北京:中国政法大学出版社,2015.7
（2025.2重印）

ISBN 978-7-5620-5636-2

Ⅰ.①法…　Ⅱ.①刘…　②郑…　Ⅲ.①法律援助—基本知识—中国　Ⅳ.①D926

中国版本图书馆CIP数据核字(2014)第229366号

出　版　者	中国政法大学出版社
地　　　址	北京市海淀区西土城路 25 号
邮　　　箱	fadapress@163.com
网　　　址	http://www.cuplpress.com (网络实名：中国政法大学出版社)
电　　　话	010-58908435(编辑部)　58908334(邮购部)
承　　　印	北京鑫海金澳胶印有限公司
开　　　本	720mm×960mm　　1/16
印　　　张	27.75
字　　　数	528 千字
版　　　次	2015 年 7 月第 2 版
印　　　次	2025 年 2 月第 3 次印刷
印　　　数	4501～6500
定　　　价	49.00 元